Peter Blos

Adoleszenz
Eine psychoanalytische Interpretation

Klett-Cotta

Aus dem Amerikanischen übersetzt von Gertrude Kallner
Die Originalausgabe erschien unter dem Titel
»On Adolescence. A Psychoanalytic Interpretation«
bei The Free Press, New York, Collier-Macmillan Ltd., London

Umschlag: Heinz Edelmann
Druck: Gutmann + Co, Heilbronn

Dritte Auflage, 1983

CIP-Kurztitelaufnahme der Deutschen Bibliothek

Blos, Peter:
Adoleszenz : e. psychoanalyt. Interpretation /
Peter Blos. [Aus d. Amerikan. übers. von Gertrude
Kallner]. – 3. Aufl. – Stuttgart : Klett-Cotta, 1983.
(Konzepte der Humanwissenschaften)
Einheitssacht.: On adolescence ⟨dt.⟩
ISBN 3-608-95279-9

Ich? Ich? Was bin ich? »Ich bin allein mit dem Schlagen meines Herzens.« Ich, heda, Ich! Was ist Ich? »Es ist das Einsame und das Verlorene, immer auf der Suche nach ... wem?« Nach einem anderen Ich? Nach einem Ich, das mir antwortet? Nein? Aber was dann? Da ist mehr; das Ich ist der Weg vom Inneren zum All, vom kleinsten im Selbst zum Größten in allen.
Nun sehe ich in mich selbst hinein und sehe mein Ich, das schwache und ziellose Ding, das mich ausmacht. Mein Ich ist nicht stark und sollte es sein. »Ich« muß eine Richtung gewiesen bekommen, hat aber keine. Mein Ich ist unsicher, da sind zu viele Unrechte und gemischte Wahrheiten drinnen zu erkennen. »Ich« verwandelt sich und weiß es nicht. »Ich« kennt wenig Wirklichkeit und viele Träume. Was ich jetzt bin, wird dazu benutzt werden, das spätere Selbst zu bauen. Was ich bin, ist nicht das, was ich sein möchte, wenn ich auch nicht sicher bin, was es ist, das ich nicht möchte.
Aber dann: was ist »Ich«. Mein Ich ist meine Antwort auf jedes All von allen Leuten. Es ist das, was ich der wartenden Welt zu geben habe, und daraus kommt alles, was anders ist.
»Ich« muß schaffen.

Aus einem dramatischen Gedicht von John D., 17 Jahre.

Inhalt

Vorwort

Wenn man sich mit einem bestimmten Problem befaßt, kommt immer ein Zeitpunkt, an dem die vielen Beobachtungen und Spekulationen, die sich vor dem fragenden Geist angehäuft haben, es zu einer dringenden Aufgabe machen, organisierende Prinzipien und eine gewisse Rangordnung der Ideen einzuführen. Denn nur durch Systematisierung unserer Befunde können wir unsere Beobachtungen und Erfahrungen nutzbringend für eine Untersuchung verwenden. Diese Worte umreißen das geistige Klima, in dem dieses Buch nach mehreren Dezennien der Beschäftigung mit Adoleszenten entstanden ist. Die ganze Zeit hindurch habe ich Freuds Worte nicht vergessen, mit denen er die »Umgestaltungen der Pubertät« abschließt: »Bei dem beschriebenen Entwicklungsgang liegen Ausgang und Endziel klar vor unseren Augen. Die vermittelnden Übergänge sind uns noch vielfach dunkel. Wir werden an ihnen mehr als ein Rätsel bestehen lassen müssen.«

Die Konzentration auf die »Übergänge« brachte mich zu einer Formulierung der fünf Phasen des Adoleszenzprozesses. Ich befinde mich hier in Übereinstimmung mit der allgemeinen Richtung der psychoanalytischen Theorie, wenn ich der prägenitalen und prä-ödipalen Phase der Trieb- und Ich-Entwicklung eine immer wachsende Bedeutung zumesse. Im Laufe der Jahre ist es fast ein Gemeinplatz geworden, sich über die Unzulänglichkeiten einer Theorie der Persönlichkeitsentwicklung auszulassen, die sich einzig und allein auf libidinöse Progression stützt. Ein viel umfassenderes Konzept, das die gesamte psychologische Entwicklung in Betracht zieht, ist jetzt zu einem wichtigen Teil des psychoanalytischen Denkens geworden, und zwar dadurch, daß die jüngste Entwicklung der Ich-Psychologie uns auch die Latenzperiode mit neuen Augen sehen läßt. Wir haben schließlich erkannt, daß sie eine wesentliche vorbereitende Transformierung darstellt, ohne die sich die Adoleszenz als Entwicklungsphase nicht etablieren kann. Daher widmen wir dieser vorausgehenden Periode unsere ausdrückliche Aufmerksamkeit.

Es muß schon hier gesagt werden, daß dieses Buch sich mit der psychoanalytischen Theorie der Adoleszenz in ihrer typischen oder, wenn man so sagen will, normalen Form beschäftigt. Weder die Psychopathologie noch die Therapie Adoleszenter wird hier in Betracht gezogen, denn die Darstellung dieser Themen hängt davon ab, daß wir vorher eine einheitliche Theorie der Adoleszenz entwickeln, was eben die Aufgabe der vorliegenden Untersuchung ist. Was auf der Theorie, wie sie hier geboten wird, aufgebaut werden kann, muß der Zukunft überlassen bleiben.

Es muß ferner klargestellt werden, daß ich mich in diesem Buch auf jene Art der Adoleszenz und auf jene Art der Untersuchung beschränkt habe, die ich aus eigener Erfahrung kenne. Das bedeutet, daß meine Beobachtungen, meine Beschreibungen und meine Schlußfolgerungen sich auf jene Jugendlichen der Westlichen Welt stützen, die Psychoanalytikern wohlbekannt sind. Natürlich habe ich freizügig und dankbar von dem Reichtum des Wissens um die Adoleszenz Gebrauch gemacht, der das Ergebnis psychoanalytischer Arbeiten ist. Durch Integrierung dieser Beiträge mit meiner eigenen Arbeit habe ich den verschiedenen Autoren meinen Dank abgestattet. Andererseits habe ich mich gehütet, mich um anthropologische und soziologische Daten zu kümmern, da ich keine relevanten Beziehungen zwischen der Psychoanalyse und anderen Disziplinen aufstellen wollte. Trotzdem sind Umwelt und Kultur als wesentliche Faktoren in der Persönlichkeitsentwicklung besonders beachtet worden und zwar in einem Kapitel, das speziell diesen Themen gewidmet ist.

Beim Schreiben dieses Buches und bei der Anwendung meiner Erfahrungen mit Adoleszenten habe ich bewußt versucht, zwei Schwierigkeiten zu umgehen, die die Arbeit so vieler Autoren auf diesem Felde verhext haben. Einerseits habe ich mir William James' Warnung über den »Irrtum der Psychologen« zu Herzen genommen — d. h. die »Verwechslung des eigenen Standpunktes mit dem der gedanklichen Tatsache, über die man berichtet«. Die andere Vorsichtsmaßnahme kann am besten in humorvoller Weise ausgedrückt werden. Zu diesem Zweck möchte ich einen Dialog aus Shakespeares »Antonius und Kleopatra« zitieren.

Lepidus: Was für'ne Sorte von Geschöpf ist euer Crocodil?
Antonius: Es hat eine Gestalt, Herr, wie es selbst, und ist so breit, als seine Breite trägt; just so hoch, als es hoch ist und bewegt sich mit seinen eigenen Gliedern fort. Es lebt von seiner Nahrung, und haben seine Elemente sich aufgelöst, so wird ein neues Wesen aus ihm.
Lepidus: Was hat es für eine Farbe?
Antonius: Auch seine eigenthümliche Farbe.
Lepidus: Ein curioser Wurm.

Ich möchte Drs. Mary O'Neil Hawkins und Marjorie Harley meinen

Dank für ihr kritisches Lesen des Manuskripts aussprechen. Ganz besonders bin ich aber Dr. Andrée Royon zu Dank verbunden dafür, daß sie mich mit ihrem Enthusiasmus unterstützte, als sich meine Ideen formten, und sie mit der Schärfe ihres Geistes und der Fülle ihres psychoanalytischen Wissens behandelte; nicht zuletzt dafür, daß sie mir — vom Anfang bis zur Fertigstellung dieses Buches — den großzügigen kritischen Beistand eines wahren Freundes und Kollegen gab. Meine dauernde Dankbarkeit gehört auch den vielen heranwachsenden Jugendlichen, die mir durch die Jahre hindurch bei meinen Bemühungen, sie zu verstehen, geholfen haben.

Sommer 1961 — Peter Blos
Holderness, N. H.

1

Einleitung: Pubertät und Adoleszenz

Noch niemals haben Beobachter der menschlichen Entwicklung versäumt, die ungeheure Bedeutung der physischen und psychischen Dimensionen der Pubertät anzuerkennen. Die geschlechtliche Reifung, mit der die Persönlichkeitsveränderungen dieser Periode direkt und kausal in Beziehung stehen, hat immer diesem Wachstumsstadium eine besondere Bedeutung gegeben. Jedoch mußte die Psychologie der frühen Kindheit erst durch die Psychoanalyse erforscht und systematisiert werden, bevor es möglich war, die Pubertät in ihren psychologischen Aspekten zu verstehen: es sind diese Aspekte, die wir meinen, wenn wir von Adoleszenz sprechen. Die Erhellung der Probleme der frühen Kindheit verbindet, genetisch gesehen, die Adoleszenz mit früheren Lebensepochen. So wurde also die Pubertät in das Kontinuum der psychologischen Entwicklung eingeordnet und wurde schließlich als das Endstadium der vierten Phase der psychosexuellen Entwicklung, nämlich der Genitalphase, erkannt, die durch die Latenzperiode unterbrochen wird.

Das psychoanalytische Wissen um die Kindheit wurde zuerst durch Rekonstruktion aus der Erwachsenenanalyse abgeleitet und später durch Kinderanalysen und direkte Beobachtung bestätigt und weiter ausgebaut. Was wir über die Adoleszenz wissen, ist fast alles das Ergebnis klinischer Studien an Adoleszenten. Diese Informationsquelle wird zweifellos durch Erinnerung und Rekonstruktion der Adoleszenz in der Erwachsenenanalyse bereichert und ausgebaut werden. Es scheint so, als ob gewisse seelische Sphären und Prozesse, die während der Adoleszenz selbst der Analyse unzugänglich bleiben, leichter und präziser retrospektiv an den Abkömmlingen der Adoleszenzperiode erkannt werden können, wenn die Analyse in späterem Alter vorgenommen wird. Neuerdings hat die Rekonstruktion der Adoleszenz in der Erwachsenenanalyse besondere Aufmerksamkeit erregt und wird in der Tat immer mehr als ein notwendiger Teil einer genetischen Gesamtrekonstruktion angesehen.

Das biologische Ereignis der Pubertät ruft eine neue Triebstrebung und Ich-Organisation ins Leben. In diesem Prozeß erkennen wir die Entwicklungsform der frühen Kindheit wieder, wo geistige Organisation mit physiologischer Funktion zusammenwirkt, um so die erogenen Körperzonen zu schaffen. Der Ausdruck Pubertät wird hier gebraucht, um die körperlichen Manifestationen der sexuellen Reifung zu beschreiben: so z. B. bedeutet Pubertät die Periode kurz vor der Entwicklung der primären und sekundären Geschlechtsmerkmale. Der Ausdruck Adoleszenz dagegen wird für die psychologische Anpassung an die Verhältnisse der Pubeszenz gebraucht. Infolgedessen bleibt die Phase der Präadoleszenz, die bei einem gewissen Stadium der physischen Reife eintritt, in ihrem Verlauf unabhängig: So kann z. B. die Präadoleszenzphase, unberührt von dem Fortschritt der physischen Reife, übermäßig lange bestehen bleiben.

Es steht fest, daß die Veränderungen der Pubeszenz oder der Zustand der sexuellen Reifung die Zunahme oder Abnahme gewisser Interessen und Haltungen beeinflußt. Dies ist durch statistische Untersuchungen bewiesen worden (Stone u. a., 1939). Die Autoren haben gezeigt, daß »ein größerer Anteil von post-menarchischen als von prä-menarchischen Mädchen auf Befragen aussagte, daß sie heterosexuelle Interessen und Interesse am Sich-Schmücken und an dem Zurschaustellen ihrer Person hatten. Andererseits zeigten sie kein Interesse an Spielen und sonstigen Betätigungen, die Kraft und Anstrengung erforderten. Sie beschäftigten sich mit Phantasien und Tagträumen, oder waren daran interessiert«. Solche Befunde enthüllen natürlich nicht die wesentlichen Charakteristika der Pubertät. Sie zeigen aber, wie die sexuelle Reifung Verschiebungen und Veränderungen im geistigen Leben des Kindes einleitet. Die Qualität und der Inhalt dieser Veränderungen ist ungeheuer flexibel. Es muß den Soziologen überlassen bleiben, diese Manifestationen zu beobachten und zu studieren. Zweck der vorliegenden Untersuchung ist, aus dem manifesten geistigen Inhalt jene psychologischen Prozesse zu abstrahieren, die als spezifisch für die verschiedenen Phasen der Adoleszenz angesehen werden können.

In den Tagen der vor-psychoanalytischen Psychologie wurde die Pubertät als die Periode des physischen und emotionalen Beginns der geschlechtlichen Entwicklung angesehen. Die analytische Einsicht in die frühe Kindheit hat jedoch diese Ansicht widerlegt, und das Einsetzen der Sexualität in der frühen Kindheit ist inzwischen als Faktum anerkannt worden. Freud (1905b) hat in großen Umrissen die Phasen der psychosexuellen Entwicklung in seinen »Drei Aufsätzen über die Theorie der Sexualität« beschrieben und damit das erste psychoanalytische Konzept der Pubertät geschaffen: er wandte das genetische Prinzip auf die Pubertätsperiode an. Schon im Jahre 1898 stellte er fest, daß es ein Irrtum sei zu glauben, daß das sexuelle Leben des Kindes erst mit dem Einsetzen der Pubertät anfange.

Die Psychoanalyse hat immer von zwei besonders wichtigen Epochen in der Entwicklung der Sexualität gesprochen, nämlich der frühen Kindheit und der Pubertät. Beide Phasen erwachsen unter dem Einfluß physiologischer Funktionen, wie das Saugen im Säuglingsalter und die geschlechtliche Reifung in der Pubertät. Triebregungen in der Morgendämmerung des Lebens setzen zur Spannungsminderung den perzepto-motorischen Apparat ein. Als Folge davon wird das Kind bald unentwirrbar mit seiner Umgebung verwoben, von der seine Bedürfnisbefriedigung abhängt. Die lange Dauer der kindlichen Abhängigkeit ist es, was den Menschen zum Menschen macht. In diesem Prozeß ermöglichen Erinnerung, Kausalität, Gewissen und Phantasie das Denken und den Konflikt. Auf diese Weise sehen wir uns nun einem Überfluß an Alternativlösungen, um mit dem Triebdruck fertig zu werden, gegenüber. Die Variabilität des Triebobjekts ist von der Psychoanalyse schon immer als fast unendlich groß angesehen worden, während das Ziel selbst viel konstanter bleibt. Es überrascht nicht weiter, daß sich die psychologische Repräsentanz der Umgebung mit all ihren Konfliktsängsten bald in den Weg jeder einfachen Lösung der Triebbefriedigung stellt. Mit anderen Worten, die Gesamtpersönlichkeit wird allmählich an der Aufrechterhaltung einer psycho-somatischen Homöostase beteiligt.

Während der Wachstumsperiode — die ungefähr die beiden ersten Lebensjahrzehnte umfaßt — findet eine progressive Differenzierung und Integrierung der Persönlichkeit statt. Differenzierungsprozesse kommen durch gleichzeitig von innen und von außen wirkende Reifungsreize zustande, die sich gegenseitig ergänzen und vervollständigen und nach dem Reifungsschema des Körpers und des seelischen Apparates integriert werden. Die Fähigkeit, innere und äußere Reize — seien sie nun gutartig oder gefährlich — einzuschätzen, auszugleichen und einander anzupassen, macht es dem Ich möglich, in relativer Harmonie mit dem Trieb, dem Über-Ich und der Umgebung zu leben.

Kehren wir nun zu dem Bergpanorama der Entwicklung zurück. Einige von den Gipfeln verdienen unsere besondere Aufmerksamkeit, denn sie werden uns später helfen, uns auf einem noch komplizierteren Terrain zurechtzufinden. Man darf nicht vergessen, daß die komplexen Phänomene der Adoleszenz sich auf spezifischen, in der frühen Kindheit liegenden Antezedenzen aufbauen. Wenn wir das Überleben dieser grundlegenden Organisationen in ihrer abgeleiteten Form wiedererkennen, können wir psychische Ursprünge unterscheiden und die Bildung psychischer Strukturen untersuchen.

Das Säuglingsalter unterliegt dem Lust-Unlust-Prinzip, das mit dem Erstarken des Vertrauens des Kindes zur Mutter als der Trösterin in physischer und emotionaler Not seine Herrschaft verliert. Diese Grundsituation des Lebens ist von dauerndem Einfluß und kann später in kritischen Lagen wiederbelebt werden. Die Funktion des Angstregulativs kommt in den frühen Jahren den Eltern zu — besonders der Mutter — und wird dann teilweise vom Kind selbst übernommen, wenn sein Phantasieleben sich entwickelt und beruhigende Betätigungen — saugen, streicheln, Masturbation, Spiel, Körperbewegung — in immer größerem Maße, von seinem Willen gelenkt werden. So verfolgt also das Kind unerbittlich immer neue Wege, um die Angst zu meistern, Wege, bei denen sich Spiele mit Phantasie-Inhalt und psychologischer Bedeutung in den Vordergrund drängen. Die Unterscheidung zwischen der inneren und der äußeren Realität — dem Ich und dem Nicht-Ich — signalisiert die zunehmende Trennung von der Mutter und ein Nachlassen der Abhängigkeit von ihr. Diese Differenzierung tritt im Alter von etwa zwei Jahren in eine entscheidende Phase, indem sie den Prozeß der Individualisierung einleitet. Gewöhnlich hat sie mit drei Jahren einen gewissen Grad der Stabilität erreicht. Beweglichkeit, Sprache und soziale Erfahrung erweitern den Lebensraum des Kindes, und es bemerkt nun, daß es wünschenswert ist, so wie die anderen, ganz besonders wie die Eltern und Geschwister zu sein. Dieser Vorwärtsschub ins Leben erfüllt das Vier- oder Fünfjährige mit dem Wunsch, die Stelle des Vaters oder der Mutter, oder auch abwechselnd einmal die eine, einmal die andere, oder sogar beide zugleich einzunehmen. Als logische Folge seiner Abhängigkeit vom Erwachsenen glaubt das Kind, daß ihm, wenn es die Rolle des gleichgeschlechtlichen Elternteiles übernimmt, die erwünschten Attribute des verdrängten Elternteils zukommen würden — Attribute, die von dem kleinen Kinde mit so großer Bewunderung und so tiefem Neid angesehen werden. In Wirklichkeit ist jedoch dieses Streben vergebens, und das Kind muß sich — wenn auch widerwillig — mit dem Versprechen abfinden, daß die Zukunft ihm die Erfüllung dessen bringen wird, was es in diesem Stadium nicht erreichen kann. Das Kind bewahrt sich aber für immer seine Aspirationen und seine Niederlage, die es dadurch erlitten hat, daß es die Eltern zu einem Teil seiner selbst gemacht hat. Das Über-Ich ist daher als »der Erbe des Ödipus-Komplexes« (Freud, 1923 a) definiert worden.

Die Zwischenperiode zwischen der frühen Blüte der kindlichen und der genitalen Sexualität in der Pubertät wird als die Latenzzeit bezeichnet: »Die vollkommene Abhängigkeit von den Eltern hört auf, und Identifizierung tritt an die Stelle der Objektliebe« (A. Freud, 1936). Infolgedessen zieht jetzt formelles Lernen und Gruppenleben die Aufmerksamkeit des Kindes an. Sozialbewußtsein trägt das Kind über den Familienkreis hinaus, wobei aber die Konzentration auf die Familie weiter ihren Einfluß ausübt. Während der Jahre zwischen etwa fünf und zehn kommt kein neues sexuelles Ziel auf, d. h. also vom Ende der frühen Kindheit bis zum Beginn der Pubertät. Dies sind die Jahre der Latenzperiode, für die der Mangel eines neuen sexuellen Zieles charakteristischer ist als der vollkommene Mangel an sexueller Betätigung. Es gibt unzählige Beweise dafür, daß durch die ganze mittlere Kindheit hindurch sexuelle Betätigung oder Phantasien in der einen oder anderen Form weiter bestehen. Das Latenzkind erwirbt Kräfte und Fähigkeiten, um sowohl die Realität als auch seine Triebe zu beherrschen (Sublimierung), wobei es von erzieherischen Einflüssen unterstützt wird. Diese Leistungen sind die Frucht der Latenzperiode; wenn sie nicht vorhanden wären, oder — um es anders auszudrükken — wenn es nicht durch die Latenzperiode hindurchgegangen wäre, würde das Kind von der Pubertät umgeworfen werden. Es ist eine Vorbedingung für den Adoleszenzprozeß, erfolgreich durch die Latenzzeit hindurchzukommen.

Die Zweiphasen-Entwicklung der Sexualität verlängert die Kindheit und stellt so einen spezifisch menschlichen Zustand her, der in hohem Maße für die kulturellen Leistungen des Menschen verantwortlich ist. In unserer Zeit besteht eine Neigung, angesichts der Kompliziertheit des modernen Lebens die Adoleszenz zu verlängern. So etwas kann natürlich nicht ohne Einfluß auf den jungen Menschen bleiben und überfordert oft seine Anpassungsfähigkeit.

Für die Adoleszenz sind in der Hauptsache physische Veränderungen charakteristisch — Veränderungen, die sich in allen Verhaltensaspekten zeigen. Es ist nicht nur so, daß die Heranwachsenden beiderlei Geschlechts tief von den physischen Veränderungen, die in ihrem Körper vor sich gehen, aufgewühlt werden — sondern auf einem diffizileren und unbewußten Niveau beeinflußt der Adoleszenzprozeß auch die Entwicklung von Interessen, sozialem Verhalten und der Qualität des Gefühlslebens. Dies alles sollte natürlich nicht als die direkte Folge physiologischer Faktoren angesehen werden, da keine direkte Parallelität zwischen den Adoleszenzveränderungen, die gleichzeitig in der anatomischen, physiologischen, geistigen und emotionalen Entwicklung stattfinden, besteht. Dispositionen, die schon vor der Pubertät vorhanden waren, werden immer das Resultat beeinflussen.

Es existieren aber gewisse wesentliche Züge des pubeszenten Wachstungsprozesses, die für ein Verständnis des Adoleszenzverhaltens wichtig sind, und die daher unsere Aufmerksamkeit beanspruchen sollten.

Beobachter waren immer überrascht von der weiten Schwankungsbreite in bezug auf Einsetzen, Dauer und Beendigung der Pubertät. Das Tempo der physiologischen Veränderungen ist individuell weitgehend verschieden und bildet einen Teil des spezifischen Wachstumsbildes. Das Alter allein stellt kein gültiges Kriterium für die physische Reife dar. Unter den hundert Knaben, die Stolz (1951) beobachtet hat, waren zehn, die zwei oder mehr Jahre zurück waren, und ebensoviele, die in den männlichen anatomischen und physiologischen Charakteristika zwei oder mehr Jahre voraus waren, wenn das Alter als Norm genommen wird. Bei Mädchen besteht für die Menarche ein Spielraum von fünf Jahren — von elf bis sechzehn — im Mittel also 13,5 Jahre (in den USA) (Gallagher, 1960). Statistische Untersuchungen haben gezeigt, daß in der heutigen Generation die Menarche etwas früher eintritt (Shuttleworth, 1938) und daß die Durchschnittsgröße bei heranwachsenden Jungen, bei denen das Wachstum abgeschlossen ist, höher ist als bei ihren Vätern. Nicht nur die individuelle Wachstumsvariabilität ist auffallend, sondern es müssen auch Generationsveränderungen in Betracht gezogen werden; denn in der Adoleszenz sind immer zwei Generationen in bedeutsamer und entscheidender Weise verstrickt.
Natürlich herrscht in jeder Altersklasse eine gewisse Entwicklungsstufe vor; und diese von äußeren Umständen beeinflußte Majorität wird gern als der Maßstab für die normale physische Entwicklung der Gruppe angesehen. In bezug auf Frühreife und Zurückbleiben hat Stolz (1951) bemerkt, daß nur in ein oder zwei Fällen von den hundert von ihm beobachteten Jungen der Beweis erbracht wurde, daß Frühreife zu Fehlanpassung führt, daß aber bei acht von den zehn zurückgebliebenen Kindern Zeichen emotionaler Unsicherheit vorhanden waren. Ganz allgemein kann man sagen, daß die Adoleszenten, die früh in die Pubertät eintreten, schnell durch diese Phase hindurchgehen, während beim spätreifenden Kind das Tempo langsamer ist.
Es ist allgemein bekannt, daß Mädchen früher die puberale Entwicklung und endgültige Körpergröße erreichen als Knaben. Mädchen wachsen zwischen neun und zwölf Jahren schneller, während dies bei Knaben zwischen elf und vierzehn Jahren der Fall ist. Daraus ergibt sich, daß zwischen elf und dreizehn Jahren Mädchen größer sind als Jungen. (Stuart, 1946). Dieser Unterschied in der physischen Entwicklung der Geschlechter ist offenbar wichtig, wenn man Kindergruppen zusammenstellt, was gewöhnlich nach dem Alter geschieht. Auf diese Weise werden dann Kinder, die zwar gleichaltrig, aber körperlich verschieden entwickelt sind, in Situationen zusammengebracht, die soziale und geistige Kooperation, aber auch Wettbewerb verlangen. Der einzelne

Adoleszent lebt immer in einer Gruppe von Gleichaltrigen, die in ihrer körperlichen Entwicklung und in ihren Interessen weit auseinandergehen. Diese Form des Zusammenlebens ist für die vielen Arten des imitativen und »Als-Ob«-Verhaltens verantwortlich, zu dem die Jugendlichen Zuflucht nehmen, um innerhalb der erwarteten Verhaltensnorm zu bleiben und die soziale Angleichung an die Altersgruppe zu wahren, zu der sie gehören.

Zu den Diskrepanzen in bezug auf Einsetzen und Dauer der Pubertät kommt noch, daß die individuelle Wachstumsverteilung innerhalb des Körpers nicht einheitlich vor sich geht. Jedes Organsystem hat sein charakteristisches Wachstum. Im Hinblick auf die ganze Lebensdauer des Individuums erfüllt jedes System konsequent seine Funktion in optimaler Weise. Während der Pubertät jedoch bewirken extreme Beschleunigung oder Wachstumsverzögerung in den verschiedenen Organsystemen, daß die Wachstumsverhältnisse innerhalb des Gesamtorganismus ungleichmäßig werden. Zunahme des Körperumfangs braucht nicht mit der proportionellen Zunahme in Breite oder Höhe einherzugehen. Auch die primären und sekundären Geschlechtsmerkmale entwickeln sich nicht alle gleich schnell. Diese Ungleichmäßigkeit in der körperlichen Entwicklung — asymmetrisches Wachstum genannt — stellt oft ungeheure Anforderungen an die physische und geistige Anpassungsfähigkeit des Individuums. Im Zusammenhang hiermit muß man sich auch klar darüber sein, daß Wachstum öfter als eine Reihe von plötzlichen Veränderungen und seltener in der Form einer allmählichen glatten Progression vor sich geht.

Der adoleszente Wachstumsschub in bezug auf Körpergröße findet bei Mädchen im zehnten, bei Knaben im dreizehnten Jahr statt. Der Wechsel vom beschleunigten zum retardierten Wachstum geschieht bei Mädchen im dreizehnten, bei Knaben im fünfzehnten Jahr (Stuart, 1946). Wachstumsschübe in Größe, Gewicht, Muskulatur und Entwicklung der primären und sekundären Geschlechtsmerkmale können von den relevanten emotionalen Zuständen begleitet sein. Ein Wechsel in der eigenen Körpervorstellung und eine Neu-Einschätzung des Selbst im Lichte der neuen körperlichen Kräfte und Empfindungen sind zwei von den psychologischen Folgen des veränderten Körperzustandes. (Diese Folgen sollen weiter unten beschrieben werden, wenn die Phase der Adoleszenz abgehandelt wird.) Und da die physischen Veränderungen während der Pubeszenz so stark und sichtbar sind, neigt der Heranwachsende dazu, seine eigene Körperentwicklung mit der seiner Altersgenossen zu vergleichen.

Die meisten Adoleszenten sind irgendwann beunruhigt, ob ihr körperlicher Zustand auch normal sei. Der Mangel an klaren Altersnormen für die Adoleszenzphysiologie trägt nur zu ihrer Unsicherheit bei. Körperliche Unterschiede bei Individuen von vergleichbarem Reifungsniveau — und diese Unterschiede sind in Gruppen derselben Altersstufe noch größer — machen sich bei Mädchen in bezug auf Menstruationszyklus und Brustentwicklung, bei Knaben in der verschiedenen Genitalentwicklung, Stimmwechsel und Gesichtsbehaarung bemerkbar. Solche auffallenden Anzeichen der sexuellen Reifung geben dem körperlichen Wachstum eine hochpersönliche Note.

Die körperliche Entwicklung geht außerdem nicht immer nach der Regel vor sich — manchmal treten Züge auf, die eigentlich dem anderen Geschlecht angehören. Das scheint Mädchen weniger zu stören als Knaben, vielleicht weil in manchen Mädchengruppen sowieso die Neigung besteht, einen jungenhaften Körper — der auch von den Jungen selbst geschätzt wird — vorzuziehen. Knaben (und auch ihre Eltern) sind viel mehr beunruhigt, wenn Merkmale auftreten, die nicht zum Geschlecht passen. Die Entwicklung der Brust beim Jungen (Greulich, et. al., 1942; Gallagher, 1960) kann bisexuelle Phantasien und Triebregungen auslösen oder akzentuieren. Entwicklung der Brust wurde von Stuart (1946) als »eine Erhebung der Brustwarze in einer etwas volleren Areola« beschrieben. Gelegentlich findet man unter dieser Areola festes, scharf begrenztes Gewebe im Durchmesser von mehreren Zentimetern, das den Anschein der Entwicklung eines richtigen Busens erweckt. Das geschieht ungefähr in der Zeit, da das dichte, dunkle Schamhaar an der Basis des Penis erscheint, und die Achselhaare zu sprießen anfangen. Dieses Gewebe verschwindet dann nach einigen Monaten, manchmal früher, manchmal später, je nach Grad und Entwicklung. Es muß auch erwähnt werden, daß der präadoleszente Knabe zum Fettansatz in der unteren Körperhälfte neigt, der die feminine Körperlinie noch betont, aber normalerweise verschwindet, wenn er dann in die Höhe schießt.

Die Menarche wird gewöhnlich als Zeichen der sexuellen Reife gewertet. In Wirklichkeit zeigt sie nur an, daß die Reifung der Fortpflanzungsorgane im Gange, aber keineswegs abgeschlossen ist. Benedek (1959a) weist darauf hin, daß wir zwar wissen, daß bei den meisten Mädchen die Menstruation einsetzt, bevor die Eierstöcke imstande sind, reife Eier zu produzieren, und daß eine Ovulation stattfinden kann, bevor der Uterus den Reifegrad für eine normale Schwangerschaft erlangt hat. So kommt es zu einer Periode der adoleszenten Sterilität. Diese postmenarchische Sterilität kann ein Jahr und länger bestehen (Josselyn, 1954).

Die Pubeszenz ist oft von körperlichen Symptomen gekennzeichnet, die den betreffenden heranwachsenden Menschen befangen machen können. Akne, eine entstellende Hauterscheinung, und viele Formen der Dysmenorrhoe können mit dem Wunsche, erwachsen zu werden, in Konflikt geraten. Fettsucht von verschiedenem Ausmaße und Typus, wie man sie besonders bei Mädchen findet, führt oft dazu, daß mit verschiedenen Diäten herumexperimentiert wird.

Oft reagiert der Adoleszente mit verlegenem Widerstreben auf eine ärztliche Untersuchung, denn der Arzt könnte ja regelwidrige oder anormale Entwicklungsmerkmale entdecken. Auch kann die Aussicht auf eine Untersuchung Masturbationskonflikte oder sexuelle Phantasien und die sie begleitenden Schuldgefühle intensivieren.

Eine Schwierigkeit, die sich in jeder Diskussion über die Adoleszenz ergibt, resultiert aus den vielen Möglichkeiten, sie erfolgreich zu Ende zu führen und so ein stabiles Ich und eine feste Trieborganisation zu erreichen. Außerdem ist die Zeitspanne für diese Entwicklung im selben Maße relativ, wie die Adaptationsprozesse, die mit der Reifung einhergehen, komplex sind. Dort, wo Ritualisierung und Formalisierung es dem Menschen abnehmen, seine eigenen Lösungen für die Probleme des Erwachsenwerdens zu suchen, braucht keine idiosynkratische oder persönliche Anpassung gesucht zu werden: die Auswahl ist klein und die Konflikte minimal. Jedoch in Kultursphären, in denen Tradition und Gebräuche keinen unbestrittenen Einfluß auf das Individuum ausüben, muß der Heranwachsende die Anpassung durch eigene Findigkeit erreichen, was eine Institutionalisierung ihm abnehmen würde. Andererseits bietet gerade dieser Mangel an einem institutionalisierten Modell Gelegenheit für eine individuelle Entwicklung, für die Schaffung einer ganz einzigartigen, hochoriginellen und persönlichen Variante auf dem Boden der Tradition. Die Zunahme der physiologischen Differenzierung ist während der Adoleszenz notwendigerweise von einer Zunahme der psychischen Labilität begleitet. Dies zeigt sich in den vorübergehenden oder permanenten Emotionsstörungen der Adoleszenz, die verschieden stark sein können und deren schädigende Wirkung ebenfalls variiert.

Unter Berücksichtigung der Variabilität war es möglich, für Kleinkinder Entwicklungsnormen aufzustellen. (Tatsächlich sind aber die Schwankungen kleiner, je jünger das Kind ist.) Jede normative Beurteilung der Adoleszenz muß aber ungenau und widerspruchsvoll bleiben. Die hochgradige Plastizität, die für sie so charakteristisch ist, macht eine solche Methode unmöglich. Natürlich gibt es gewisse Sequenzen im Reifungsprozeß, aber ihre Altersgebundenheit ist nur lose.

Das Verhalten in diesem Alter ist komplex und hängt weitgehend von der individuellen Vorgeschichte und von dem Milieu ab, in dem der Adoleszente aufwächst. Wenn wir jedoch die Adoleszenz als eine Reifungsperiode ansehen, in der jeder Mensch sich für sich ganz allein durch die Nöte seines Gesamterlebens hindurcharbeiten muß, um ein stabiles Ich und eine stabile Trieborganisation zu erlangen, so müssen wir versuchen, jene Prozesse zu erhellen, die zu neuen psychischen Bildungen oder zur psychischen Restrukturierung führen.

In vielen Gesellschaften werden diese Neubildungen durch die traditionellen Sanktionen und Tabus konventionalisiert. Die Initiationsriten, die von den Anthropologen so häufig beschrieben werden, sind beredte Zeugen dafür, daß in der Pubertät eine tiefgreifende Reorganisation des Ichs und der Libidobesetzung stattfindet. Manche Gesellschaften liefern daher wirkliche Modelle, nach denen der Adoleszente seine persönlichen Lösungen ausrichten kann. Wo dies der Fall ist, fängt also die Gesellschaft den Reifungsstoß in ihrer Organisation auf und macht von ihm für ihre eigenen Zwecke Gebrauch. Die Zuerkennung einer neuen Rolle und eines neuen Status bietet dem Adoleszenten ein klares, wechselseitiges, an die Gruppe gebundenes Eigenbild. Gleichzeitig wird die soziale Assimilation des reifenden Kindes gefördert. Ohne diese Art der Ergänzung und Unterstützung durch die Außenwelt verliert das Eigenbild des Adoleszenten seine Klarheit und seinen Zusammenhang, und er braucht daher dauernd restitutive und defensive Aktionen, um es aufrecht zu erhalten.

Die Formen des institutionalisierten Status haben durch die Jahrhunderte hindurch und in den verschiedenen Gesellschaften gewechselt. Hier in dieser Untersuchung wollen wir uns nicht mit ihnen befassen, sondern wollen uns auf die westliche Kultur beschränken, da nur hier die psychoanalytische Methode für das Studium der Adoleszenten benutzt worden ist. Im Gegensatz zu vielen anderen Kulturen hat die moderne westliche Gesellschaft in fortschreitendem Maße die ritualisierte und institutionalisierte Assimilation des Jugendlichen ausgeschaltet. Religiöse Überreste solcher Praktiken bestehen noch, sind aber zu historischen, isolierten Überbleibseln zusammengeschrumpft, die nicht mit dem Schema der Statusveränderungen auf allen anderen Gebieten des modernen Lebens Schritt halten können.

In der westlichen Kulturgesellschaft gibt es noch keine Übereinstimmung über das Alter, in dem das Individuum aufhört, ein Kind oder ein Adoleszent zu sein, und anfängt, erwachsen zu werden. Die Definitionen der Reife im Hinblick auf das Alter haben in den verschiedenen Zeiten gewechselt, und unterscheiden sich noch heute geographisch.

Staatsgesetze unterscheiden sich wesentlich, was die Festlegung des Alters der wirtschaftlichen Geschäftsfähigkeit betrifft. Ebenso ist es mit dem Alter für einen Führerschein, für Heiratserlaubnis und für strafrechtliche Verantwortlichkeit. Es ist nicht weiter zu verwundern, wenn unter diesen widersprüchlichen und flexiblen Gesellschaftsverhältnissen die Jugend ihre eigenen sozialen und auf Erfahrung gestützten Formen geschaffen hat. Die jetzt bestehenden »Jugend-Kulturen« oder »Kulturen von Gleichaltrigen« sind der sprachliche Ausdruck für die adoleszenten Bedürfnisse. Der Jugendliche wird sozusagen in seine selbstgewählte und selbstgeschaffene Lebensform hineingezwungen. All diese Bemühungen der Jugend sind Versuche, ein biologisches Geschehen in eine psychologische Erfahrung umzuwandeln.
Es ist noch zu wenig beachtet worden, daß die Adoleszenz nicht nur trotz, sondern eher wegen ihres emotionalen Aufruhrs oft eine Spontanheilung für schwächende Kindheitseinflüsse bietet, und dem Individuum Gelegenheit gibt, Kindheitserfahrungen, die seine fortschreitende Entwicklung bedroht haben, zu modifizieren und zu korrigieren. Die regressiven Prozesse der Adoleszenz erlauben eine Umformung defekter oder unvollständiger früherer Entwicklungen. Neue Identifizierungen und Gegenidentifizierungen spielen dabei eine bedeutende Rolle. Der tiefe Umbruch, der mit der emotionellen Reorganisation der Adoleszenz einhergeht, hat also auch sein Gutes: Wie Hartmann, Kris und Löwenstein (1946) andeuten, ist das Potential für eine Persönlichkeitsformung in der Latenzzeit und in der Adoleszenz im psychoanalytischen Schrifttum unterschätzt worden. Fenichel (1945) deutet einen ähnlichen Gedankengang an, indem er darauf hinweist, daß die Erfahrungen der Pubertät Konflikte lösen oder sie in eine endgültige Richtung bringen können. Darüber hinaus können sie älteren und oszillierenden Konstellationen eine endgültige Form geben. Erikson (1956) hat vorgeschlagen, daß wir die Adoleszenz nicht als ein Gebrechen, sondern als eine »normative Krise«, d. h. eine normale Phase mit Konfliktverstärkung ansehen sollten, die durch eine scheinbare Fluktuation in der Ich-Stärke und trotzdem auch durch ein hohes Wachstumspotential charakterisiert ist. Was unter voreingenommener Betrachtung als Anfang einer Neurose erscheinen mag, ist oft nur eine aggravierte Krise, die sich von selber auflösen kann und, in Wirklichkeit, zum Prozeß der Identifizierung beiträgt. Man könnte hinzufügen, daß der definitive Ausgleich von Konflikten am Ende der Adoleszenz entweder bedeutet, daß sie ihre störenden Qualitäten verlieren, weil sie charaktermäßig stabilisiert worden sind, oder daß sie sich zu permanenten verkrüppelnden Symptomen oder Charakterstörungen ver-

dichten. Wir werden auf diesen komplexen Prozeß bei der Diskussion des Endstadiums der Adoleszenz noch zurückkommen.

Die Adoleszenz wird hier als die Gesamtsumme aller Anpassungsversuche der Pubertät an die neuen inneren und äußeren — endogenen und exogenen — Zustände angesehen, denen das Individuum gegenübersteht. Die dringende Notwendigkeit, mit der neuen Lage fertig zu werden, ruft all die Formen der Erregung, Spannung, Befriedigung und Abwehr auf den Plan, die je in früheren Jahren — d. h. während der psychosexuellen Entwicklung der Säuglingszeit und frühen Kindheit — eine Rolle gespielt haben. Diese infantile Beimischung ist für den bizarren und regressiven Charakter des Adoleszenzverhaltens verantwortlich. Sie ist der typische Ausdruck des Kampfes um ein Wiederfinden oder Beibehalten eines psychischen Gleichgewichts, das durch die Krise der Pubertät einen Stoß bekommen hat. Die bezeichnenden emotionalen Bedürfnsse und Konflikte der frühen Kindheit müssen rekapituliert werden, bevor neue Lösungen mit qualitativ verschiedenen Triebzielen und Ich-Interessen gefunden werden können. Es ist aus diesem Grunde, daß die Adoleszenz eine zweite Ausgabe der Kindheit genannt worden ist. Beiden Perioden ist gemeinsam, daß »ein relativ starkes Es einem relativ schwachen Ich gegenübersteht« (A. Freud, 1936). Man darf auch nicht vergessen, daß die Prägenitalphasen der sexuellen Organisation immer noch weiterwirken und sich durchzusetzen versuchen. Zu Zeiten stören sie auf diese Weise den Reifeprozeß. Das allmähliche Fortschreiten zur Genitaleinstellung und zur heterosexuellen Orientierung während der Adoleszenz ist nur die Fortsetzung einer Entwicklung, die beim Niedergang der ödipalen Phase vorübergehend zum Stillstand gekommen war — ein Stillstand, der die sexuelle Zweiphasen-Entwicklung beim Mann noch betont.
Die Adoleszenz stellt einen zweiten Schritt zur Individualisierung dar; der erste findet am Ende des zweiten Jahres statt, wenn das Kind die schicksalsträchtige Unterscheidung zwischen dem »Selbst« und dem »Nicht-Selbst« macht. Ein ähnliches, jedoch viel komplexeres Individualisationserlebnis findet in der Adoleszenz statt, das in seinen letzten Auswirkungen zum Bewußtsein der Identität führt. Vor einer Konsolidierung dieser Bildung muß der Heranwachsende durch Stadien des Bewußtseins seiner selbst und einer fragmentierten Existenz hindurchgehen. Die oppositionellen, rebellierenden und resistiven Triebe, das Experimentierstadium, das Sich-selbst-Testen durch Exzeß — all das hat einen positiven Nutzen im Prozeß der Selbstdefinierung. Das »das bin nicht ich« stellt einen wichtigen Schritt im Erreichen der Indivi-

duation und in der Errichtung der Autonomie dar; in jüngerem Alter ist all das in einem einzigen Wort — dem »Nein« — zusammengefaßt.

Die adoleszente Individuation ist von dem Gefühl der Isolierung, der Vereinsamung und Verwirrung begleitet. Die Individuation bringt einige der liebsten megalomanen Träume der Kindheit unwiderruflich zu Fall. Sie müssen nun ganz in das Gebiet der Phantasie verwiesen werden; ihre Erfüllung kann nie mehr ernsthaft in Betracht gezogen werden. Dieses Bewußtsein der Endgültigkeit am Ende der Kindheit, des bindenden Charakters von Verpflichtungen, der entschiedenen Begrenzung der individuellen Existenz selbst, all das schafft ein Gefühl der Dringlichkeit, der Furcht und der Panik. Manch ein Heranwachsender versucht daher, für immer in dem Übergangsstadium zu bleiben, was als *verlängerte Adoleszenz* bezeichnet wird.

Die langsame Lösung der emotionalen Bindungen an die Familie, das furchtsame oder freudige Eintreten in das neue Leben, das ihm winkt, gehören zu den tiefsten Erlebnissen der menschlichen Existenz. Nur Dichter können das Besondere dieser Gefühle, ihre Tiefe und ihre Reichweite richtig ausdrücken. Sherwood Anderson hat ein bewegendes Bild dieses Geisteszustandes in der Gestalt eines Jungen gegeben, der im Begriffe ist, seine Vaterstadt Winesburg, Ohio, zu verlassen. Seine Mutter ist gerade gestorben; er ist unterwegs in die große Stadt, wo er sich sein Leben selber aufbauen soll. Am Abend vor seiner Abreise geht er durch die vertrauten Straßen. Seltsame Gedanken und Gefühle steigen in ihm auf, erwecken den Wunsch nach Klarheit, nach Bewußtheit, nach einem Verbindungsglied zwischen Vergangenheit und Zukunft — kurz, er erlebt das Bewußtwerden der Existenz, die den Eintritt in die Welt des Erwachsenseins bedeutet.

»George Willard, der Dorfjunge aus Ohio, wurde schnell zum Mann, und neue Gedanken gingen ihm durch den Sinn. Den ganzen Tag über, im Gedränge der Menschen auf dem Jahrmarkt, war er herumgegangen und hatte sich einsam gefühlt. Er war dabei, Winesburg zu verlassen, in irgendeine Großstadt zu gehen, wo er hoffte, bei einer Zeitung Arbeit zu bekommen, und er fühlte sich erwachsen. Die Stimmung, die ihn beherrschte, war etwas, was Männer kennen, einem Jungen aber unbekannt ist. Er fühlte sich alt und ein bißchen müde. Erinnerungen stiegen in ihm auf. Durch dieses neue Gefühl der Reife fühlte er sich abseits, es machte ihn zu einer halbtragischen Figur. Er wollte, daß jemand das Gefühl, das ihn seit dem Tode seiner Mutter ergriffen hatte, verstehen würde.

Es gibt bei jedem Jungen eine Zeit, da er zum ersten Mal auf sein Leben zurückschaut. Vielleicht ist das der Augenblick, in dem er die Grenze überschreitet und ein Mann wird. Der Junge geht durch die Straßen seiner Stadt. Er denkt an die Zukunft und an das, was er einmal darstellen wird. Ehrgeiz und Bedauern wachen in ihm auf. Plötzlich geschieht etwas. Er hält unter einem Baum an und wartet auf eine Stimme, die seinen Namen rufen soll. Die Geister vergangener Dinge kriechen in sein Bewußtsein, die Stimmen um ihn herum flüstern eine Botschaft über die Begrenzungen des Lebens. Eben war er seiner selbst und der Zukunft noch ganz sicher, und plötzlich ist er überhaupt nicht mehr sicher. Wenn er phantasievoll wäre, würde sich ihm jetzt eine Tür öffnen und zum ersten Male würde er die Welt sehen, mit einer Prozession der zahllosen Gestalten der Menschen, die vor ihm aus dem Nichts in die Welt gekommen waren, ihr Leben gelebt und wieder in das Nichts verschwunden waren. Die Traurigkeit des Wissens überkommt ihn. Mit einem kleinen Seufzer sieht er sich als ein vom Winde verwehtes Blatt, das durch die Straßen des Dorfes treibt. Er weiß, daß er trotz des kraftvollen Geredes seiner Kameraden in Unsicherheit leben und sterben muß, verweht vom Wind, verurteilt, wie Korn in der Sonne zu verwelken. Er fröstelt und sieht sich eifrig um. Die achtzehn Jahre, die er gelebt hat, scheinen ihm nur wie ein Augenblick, eine Atempause in dem langen Marsch der Menschheit. Er hört schon den Tod rufen. Von ganzem Herzen wünscht er sich, irgendeinem anderen menschlichen Wesen nahe zu kommen, jemanden mit seinen Händen zu berühren, von eines anderen Hand berührt zu werden. Wenn er möchte, daß dieser andere eine Frau sein soll, so deswegen, weil er glaubt, daß eine Frau sanft sein würde, daß sie verstehen würde. Vor allem anderen wünscht er sich das — Verständnis.«

Anderson beschreibt hier das Ende des Adoleszenzprozesses. Die Kindheit ist schon zur Geschichte, zur Erinnerung geworden, eine neue Zeitperspektive mit umschriebener Vergangenheit und begrenzter Zukunft setzt für ihn das Leben zwischen Geburt und Tod. Zum ersten Mal wird es vorstellbar, daß man altern wird, wie die Eltern es taten und die Großeltern vor ihnen. Das Bewußtsein seines Alters wird plötzlich verschieden von dem der Kindheit. Georgs Trauer um den Tod der Mutter wird zum Symbol für den tiefen Verlust, den die Adoleszenz bedeutet. Allein und umgeben von der ewigen Furcht des Menschen vor Verlassensein und Panik, erwacht in ihm das lebenslange Bedürfnis nach menschlicher Nähe; Liebe und Verständnis sollen das Vertrauen zum Leben wieder anfachen, die Furcht vor dem Alleinsein und dem Tod verscheuchen.

Die unbegrenzte Zukunft der Kindheit schrumpft zu realistischen Proportionen zusammen, zu einer Zukunft mit begrenzten Chancen und Zielen. Aber ebenso wird die Beherrschung von Zeit und Raum und die Überwindung der Hilflosigkeit zum bisher nie gekannten Versprechen der Selbstverwirklichung. Es ist die Adoleszenz des Menschen, die der Dichter hier beleuchtet hat.

2
Genetische Betrachtungen

Es war von Anfang an ein Bestandteil der psychoanalytischen Theorie, daß die Adoleszenz nur eine Phase in dem Kontinuum der psychosexuellen Entwicklung darstellt. Das evolutionäre Konzept der Psychoanalyse hat das Verständnis der komplexen Vorgänge ermöglicht, die — in der Adoleszenzperiode — die Wechselhaftigkeit der Triebregungen der frühen Kindheit mit den biologischen und sozialen Aufgaben, die dem Individuum im zweiten Lebensjahrzehnt aufgezwungen werden, in Harmonie bringen. Die Jahre, die zwischen der frühen Kindheit und der Adoleszenz liegen — die Latenzperiode —, sind von größter Bedeutung für die Vorbereitung der Adoleszenz selbst; denn es ist gerade diese Periode, in der dank der Entwicklung neuer physischer und geistiger Fähigkeiten, neue Wege zur Beherrschung der Probleme der sozialen Einordnung in die Umgebung gefunden werden. Dazu kommt, daß die Latenzentwicklung die Spannungstoleranz verstärkt und geordnetes Lernen möglich macht. Sie erweitert aber auch die konfliktfreie Sphäre des Ich, schafft stabilere und weniger ambivalente Objektbeziehungen und entwickelt gut funktionierende und zuverlässige Methoden zur Erhaltung des Selbstbewußtseins. Die wichtigsten Aspekte dieser Methoden liegen im Bereich der Realitätsprüfung, der Defensivhandlungen und Identifizierungen. Zunehmende Unabhängigkeit der physischen Regulativfunktionen von der Umgebung, die für diese Periode typisch ist, wird gewöhnlich als das Zeichen von Ich-Stärkung angesehen.

In vielfacher Hinsicht ist daher das Kind beim Eintritt in die Pubertät nicht mehr dasselbe, das es beim Eintritt in die Latenzperiode war. Die Triebregungen der frühen Kindheit, die in den Latenzjahren schwächer werden, kommen zwar in der Pubertät wieder zum Vorschein. Aber das Kind, bei dem die Entwicklung des Ichs während der dazwischenliegenden Kindheitsjahre unnachgiebig vorangegangen ist, ist jetzt erfindungsreich genug, um sich zwischen der Scylla der Triebverdrängung und der Charybdis der Triebbefriedigung — oder um es einfacher auszudrücken, zwischen der progressiven und der regressiven Entwicklung (Bornstein, 1951; Buxbaum 1951) hindurchzumanövrieren. Die abenteuerliche Durchfahrt durch diese Meerenge ist die Geschichte der Adoleszenz.

Die Geschlechtsreife ist das biologische Ereignis, das die Pubertät einleitet: die Triebregungen werden jetzt stärker, neue Triebziele kommen — wenn auch langsam und allmählich — zum Vorschein. Andererseits treten aber auch die infantilen Zielsetzungen der Triebbefriedigung wieder in den Vordergrund. Dieser Prozeß kommt erst zum Abschluß, wenn eine dem Geschlecht entsprechende und ich-syntonische Identität erreicht ist. Der Adoleszenzprozeß, der die Persönlichkeit entscheidend und endgültig formt, kann nur im Hinblick auf die Vorgeschichte, den eingeborenen Reifungsdrang und das zielgerichtete Streben verstanden werden, da es diese Faktoren sind, die durch ihr Zusammenwirken die endgültige Persönlichkeitsformung bestimmen. Die Einzigartigkeit und die Spezifität der Adoleszenzentwicklung wird jedoch durch die vorhergehende psychische Organisation, durch Einzelerfahrungen während der Latenzperiode bestimmt.

Der genetische Gesichtspunkt, unter dem die Adoleszenz hier betrachtet wird, macht es unerläßlich, daß wir unsere Aufmerksamkeit zuerst der frühen Kindheit zuwenden. Das bedeutet aber nicht, daß hier die ganze Geschichte der psychischen Entwicklung des Kindes wiederholt werden soll. Es sollen nur einige Aspekte der Trieb- und Ich-Entwicklung herausgegriffen werden, besonders im Hinblick auf die Entwicklung der Maskulinität und Femininität. Die Stabilität dieser Vorgänge ihre irreversible, ich-syntonische Fixiertheit bereitet am Ende den Grund vor, in dem das Identitätsbewußtsein verankert ist. Die nun folgende Besprechung der frühen Kindheit wird in dem Bewußtsein unternommen, daß spezifische Aspekte dieser Periode genetisch einzigartige Einflüsse auf den Adoleszenzprozeß ausüben. Diese Betrachtungsweise verhilft dazu, daß adoleszente Verhaltensphänomene dadurch etwas über ihre Natur aussagen, daß sie etwas von ihrer Genese enthüllen. Jede genetische Betrachtungsweise von Verhaltensformen tendiert zur Schaffung einer kausalen Relevanz und zwar in drei Dimensionen: die erste bezieht sich auf die abgelaufene Entwicklung als eine Methode, um die Reihenfolge der Erscheinungen der Differenzierung und Integrierung aufzuspüren; die zweite auf den Anpassungsprozeß an die momentane Lebenslage des Individuums, während sich die dritte auf die Zukunft bezieht mit Richtungen, Zielen, Erwartungen, die die Gegenwart in sich trägt: »Le présent est chargé du passé et gros de l'avenir« (Die Gegenwart ist mit der Vergangenheit belastet und mit der Zukunft schwanger) (Leibniz).

Es braucht nicht besonders betont zu werden, daß die biologischen Vorgänge der Pubertät das Problem der Maskulinität und Femininität in ihre Endstellung oder zu einem endgültigen Kompromiß bringen. Und in der Tat wird die Ich-Entwicklung dieser Jahre von denjenigen

Trieben bestimmt, die während der aufeinander folgenden Phasen der Adoleszenz Übergewicht bekommen oder Dominanz gewinnen. Will man also die Libido- und Aggressionsverschiebungen und die Ich-Veränderungen während der Adoleszenz verstehen, so muß man die Entwicklung der Maskulinität und Femininität durch die verschiedenen Stadien der psychosexuellen Entwicklung hindurch verfolgen und den Einfluß dieser Entwicklung auf das Ich untersuchen. Dies soll hier geschehen und zwar mit besonderer Betonung der Verschiedenheit der Wege, die Jungen und Mädchen zur Bildung ihrer jeweiligen Maskulinität oder Femininität einschlagen. Es wird versucht werden, irreführende Verallgemeinerungen zu vermeiden und immer die folgende Bemerkung Freuds (1931) im Auge zu behalten: »Alle Erwartungen eines glatten Parallelismus zwischen männlicher und weiblicher Sexualität haben wir ja längst aufgegeben.«

Die hier besonders zu erörternden Aspekte der Frühentwicklung wurden deshalb ausgewählt, weil sie wesentliche, vorausgehende genetische Geschehnisse darstellen, die die verschiedenen Phasen der Adoleszenz definieren und ihnen ihren Platz in dem Kontinuum der psychischen Entwicklung zuweisen. Diese Aspekte der Frühentwicklung sollen dann in bezug auf ihre dynamischen und genetischen Beziehungen zum Prozeß der Adoleszenz betrachtet werden. Eine Krankengeschichte — die von Judy — soll hier benutzt werden, um den deutlichen engen Zusammenhang zwischen der frühen Kindheit und der Adoleszenzentwicklung aufzuzeigen.

1. Frühe Kindheit und Adoleszenz

Der Säugling ist ein durch und durch abhängiger Organismus, der ohne die Pflege und Ernährung der Mutter nicht existieren kann. Die Wechselseitigkeit der Bedürfnisbefriedigung zwischen Mutter und Kind — eine zyklische Reaktion — schafft eine Art der gegenseitigen Abhängigkeit, die die Grundlage für ein gesundes physisches und emotionales Wachstum des Kindes bildet. Da die Nahrungsaufnahme im Mittelpunkt des ersten Kontaktes zwischen Mutter und Kind steht, wird dieses Erlebnis zum Prototyp späterer Einverleibungsakte, gleichgültig, ob auf physischem oder geistigem Gebiet. Mit diesem Vorgang sind Gefühlsqualitäten von bemerkenswerter Dauer im bewußten und unbewußten Leben des Menschen verbunden.

Der Urquell der Betätigung des Säuglings sind seine physischen Bedürfnisse, die nach dem Lust-Unlust-Prinzip funktionieren. Die stillende Mutter, die Brust *, stellt einen Teil des Kindes selbst dar; nur ganz langsam werden sie als Objekte oder vielmehr Teil-Objekte erlebt. In diesem Stadium wird die Mutter zur Gesamtrepräsentanz der ganzen störenden Umwelt. Sie wird entweder als ein gutes oder böses und daher nicht immer als dasselbe Objekt wahrgenommen. Wir sprechen deshalb von einem prä-ambivalenten Stadium der Objektbeziehung. Diese Beschreibung ist dadurch gerechtfertigt, daß die positiven und negativen Emotionen des Säuglings, die er durch Lächeln oder Weinen ausdrückt, sich auf ein und dieselbe Person beziehen, die aber für ihn — in diesem Frühstadium — keine kohäsive und differenzierte geistige Vorstellung repräsentiert. Dieser Zustand ist mit der Theorie vereinbar, daß der Säugling ausschließlich Selbst-Erlebnisse hat, nämlich seine Tendenz, jene physischen und emotionalen Zustände, die gut sind (satt, angenehm, beruhigend) als Repräsentation des Selbst, jene aber, die schlecht sind (schmerzhaft, Spannung hervorrufend), als zum Nicht-Selbst, als zur Außenwelt gehörig zu empfinden. Schutzschranken werden gegen desorganisierende Reize aufgerichtet, und diese Anpassungsvorgänge sind die Vorläufer gewisser späterer Abwehrmechanismen. Diese ersten verschwommenen Schatten einer psychischen Struktur gehören in den Bereich des primären Narzißmus, nach dem Modell des Oralschemas, demzufolge das, was gut ist (Spannung vermindert, Lust auslöst und sättigt) »eingenommen«, während das, was böse ist, (was Spannung fördert, Schmerz und Frustration bereitet) ausgespien wird. Die archaischen Abwehrakte, die durch die einfache, orale Dichotomie bestimmt werden, stellen *Introjektionen* und *Projektionen* dar. Diese Mechanismen werden dann immer wieder gerne in Bewegung gesetzt, wo die Umgebung — oder Konflikte im allgemeinen — unter Zuhilfenahme des oralen Weges bewältigt werden müssen.

Mit zunehmendem Bewußtwerden der Außenwelt bildet sich beim Säugling ein geistiges Bild der besänftigenden und pflegenden Mutter. Diese Fähigkeit macht es ihm möglich, Spannungen — für kurze Zeit — abzuwehren, indem er sich die Rückkehr der Mutter oder, ganz generell, des bedürfnisbefriedigenden Objektes vorhalluziniert. Auf diese Weise wird ein Teil des Triebes differenziert und wird schließlich zum Vermittler zwischen Trieb und Umgebung — zwischen der inneren und äußeren Welt. Die Abgrenzung zwischen diesen beiden Welten ge-

---

* Nach Winnicot (1953) wird zum Ausdruck »Brust« (»Ein subjektives Phänomen entwickelt sich im Säugling, das wir die Mutterbrust nennen«) als ein Gesamtausdruck für das ganze »Muttersein« gebraucht.

schieht zuerst durch sensorisch und motorisch-affektive Erlebnisse. Folglich ist das frühe Ich ein Körper-Ich. Dieses Körper-Ich erhält Verstärkung aus noch einer anderen Quelle. Der allmähliche Entzug der Brust, die mit der abnehmenden Befriedigung der Mutter beim Stillen gekoppelt ist — dies beides zusammen führt den Säugling zu der Entdeckung, daß sein eigener Körper, unabhängig von der Umgebung, auch eine Quelle der Befriedigung werden kann, durch Saugen, Schaukeln, Streicheln usw. Die Autoerotik, die eine Ersatzbefriedigung darstellt, leitet so ein Selbstregulativ für Spannungsverminderung ein. Trotzdem bleibt der Zufluß weiterer Befriedigung, die vom Objekt ausgeht, für eine normale Gefühlsentwicklung notwendig. Offenbar besteht zwischen der autoerotischen und der objektbedingten Befriedigung ein fein ausgewogenes Gleichgewicht. Das eine Extrem würde zur Süchtigkeit führen, das andere zur infantilen Abhängigkeit. Alice Balint (1939) hat das Problem der infantilen Autoerotik, das in der Pubertät zu einer so kritischen Situation der Ausweglosigkeit führt, sehr klar dargestellt: »Doch eine Überbelastung der autoerotischen Funktion zeigt sich alsbald in krankhaften Erscheinungen: Die autoerotische Betätigung entartet zur Sucht. Aber auch umgekehrt können wir beobachten, daß eine allzu erfolgreiche erzieherische Unterdrükkung der Autoerotik die Überbelastung der Objektbeziehungen zur Folge hat, was zumeist in abnormer Unselbständigkeit und krankhaftem Hängen an der Mutter oder sonstigen Pflegepersonen zum Ausdruck kommt. Eine nicht übermäßige Hemmung der Autoerotik hingegen festigt die Objektbindung in dem, vom Standpunkt der Erziehbarkeit erwünschten Grade«.

Das »Sauberwerden« stellt einen entschiedenen Schritt vorwärts in der Ich-Entwicklung dar. Die Sphinkter-Beherrschung gibt dem Kinde ein Gefühl der Meisterschaft und gleichzeitig einer Körperbegrenzung, dargestellt durch die Exkretionsöffnungen, die eine endgültige Trennung zwischen dem Selbst und der Außenwelt etabliert. Sehr unterstützt wird diese Trennung durch die Tatsache, daß sich in der Zwischenzeit die Beweglichkeit entwickelt hat und zu koordinierten, zielgerichteten Bewegungen vorgeschritten ist, die es ferner dem Kinde möglich machen, den Raum zu erleben und entfernte Objekte zu erreichen. Zu der Wahrnehmung der Entfernung durch Auge, Ohr, Nase kommt eine neue Dimension durch die Wahrnehmung der Nähe — das taktile Gefühl. Das Objekt wird so für das Kind tastbar. Obgleich es immer noch dazu neigt, alle Objekte in den Mund zu nehmen, so werden sie doch jetzt allmählich auch zum Spielen benützt und erwerben so taktile Eigenschaften. Alle diese Errungenschaften machen das Kind unabhängig von der nahrungspendenden Fürsorge der Mutter. Gleichzeitig aber bringen sie auch wieder neue Aspekte der Abhängigkeit heraus. Die Mutter wird nicht mehr ausschließlich für die Triebbefriedigung gebraucht (füttern, körperliches Wohlbehagen), sondern ihre Gegenwart wird immer mehr für den neuartigen Zweck der Triebbeherrschung benötigt. Die Angst, ihre Liebe zu verlieren, wird zum Vehikel für die Erziehbarkeit des Kindes.

Die Beherrschung der Analfunktion (Sauberwerden) erfordert das komplette Aufgeben der primitiven Triebbefriedigung zugunsten einer äußeren Regulation in bezug auf Ort, Zeit und Modus. Neue Verteidigungsstellungen werden ausgebaut, z. B. Reaktionsbildung und Verdrängung. Das kann nur dann gelingen, wenn die Umgebung durch Unterstützung und Verstärkung hilft. Lob und Angst vor Strafe spielen eine allmächtige Rolle bei der Domestikation der exkretorischen Sphinkter. Ein eingeborener Antagonismus zwischen Exkretionstrieb und seiner Beherrschung — und, in der Tat, die außerordentliche Kraft der analen Autonomie — spiegelt sich in den zahllosen Schwierigkeiten, Verzögerungen und Rückfällen im Verlaufe der Reinlichkeitserziehung wider. Der innere Kampf des Kindes ist in diesem höchst ambivalenten Stadium leicht am Verhältnis des Kindes zu Mutter oder Vater zu erkennen. Stark aggressive Manifestationen kommen zum Ausbruch und treffen gewöhnlich auf eine Umgebung, die genau so fest entschlossen ist, sie zu unterdrücken. Das impulsiv-aggressive Verhalten des Kindes (beißen, schlagen, stoßen) wird zum Gegenstand der Verdrängung oder wird durch Transposition und Reaktionsbildung modifiziert. Die Abfuhr der Triebenergie wird durch die zunehmenden verschiedenartigen Interessen des Kindes und seine lokomotorische Unabhängigkeit erleichtert. Tatsache bleibt trotzdem, daß das Kind jetzt bemerkt, daß die elterliche Liebe und Zustimmung nur dadurch erworben werden kann, daß es seine aggressiven, zerstörerischen Triebregungen aufgibt und seinen Sphinkter dem elterlichen Willen unterwirft. Dieser Trainingsprozeß ist nicht ohne spezifisch bipolare Orientierung. Und es ist während der Analphase, daß die Triebelemente des Sadismus und des Masochismus zum ersten Male deutlich werden. In der hilflosen Wut, die für den »Bock« charakteristisch ist, sind die beiden Komponenten in Kurzschlußstellung. Bald finden sich aber zahllose Umbesetzungsmöglichkeiten, was das Objekt und das Ziel anbelangt. Nicht nur, daß das sado-masochistische Gleichgewicht schicksalbestimmend für das ganze Leben wird, es beeinflußt auch im besonderen die Entwicklung der Maskulinität und Femininität.

Während der ersten Jahre spielt die männlich-weibliche Polarität im

geistigen Leben des Kindes psychologisch keine Rolle. Mutter, Vater und andere Erwachsene werden hauptsächlich im Sinne der individuellen Unterschiede wahrgenommen, der Besänftigung, des Wohlbehagens oder Unbehagens, das sie dem Kinde in ihren verschiedenen Rollen bereiten. Von größter Bedeutung ist es aber, daß Kinder beiderlei Geschlechts die Mutter der frühen Kindheit nicht als etwas Weibliches, sondern als den aktiven Spender von Wohlbehagen oder Frustration erleben. Mack Brunswick (1940) weist darauf hin, daß vor der sexuellen Differenzierung die Rolle der Mutter nicht eine feminine, sondern eine aktive ist. In seiner Beziehung zur Mutter ist das kleine Kind im Grunde passiv; es ist ein reiner Empfänger, und alle Fürsorge wird ihm zuteil. Das Entzücken der Mutter über das Kind trägt zu seinem Gefühl des Wohlbehagens bei und stellt eine Quelle der Lust dar, und schon ganz früh bemüht es sich — und lernt sogar — sie zu beherrschen. Das Kind selbst hat kein altruistisches Motiv in seiner Gegenleistung. Es versucht nur, zu seinem eigenen Vorteil die Lustgefühle im Erwachsenen, hauptsächlich bei der Mutter, auszulösen. Ein langer Weg führt von der Objektabhängigkeit zur Objektliebe. Die erstere bezieht sich auf die Selbsterhaltung und wird vom Lust-Unlust-Prinzip beherrscht; das Kind fühlt, daß die Interessen der Mutter mit den seinen identisch sind (A. Balint, 1939). Bei der letzteren wird das Selbstinteresse des Partners anerkannt.
Am Anfang seines Lebens ist der libidinöse Trieb beim Kinde im wesentlichen passiv. Man sollte jedoch nicht übersehen, daß er in seiner Umgebung aktive Reaktionen auslöst, obgleich das Triebziel an sich passiv ist. In der Tat besteht eine wichtige Demarkationslinie zwischen der frühen Passivität des Kindes gegenüber einer im Grunde aktiven Mutter (Umgebung) und der darauffolgenden Periode, wenn es anfängt, die Mutter zu imitieren, und sich tatsächlich mit ihr identifiziert. Das Kind kommt jetzt in eine Phase des aktiven libidinösen Strebens zur Mutter, die Zeit des »Laß mich das machen« und »laß mich das Dir tun«. Ferner erwirbt das Kind durch die Identifizierung mit der Mutter eine zunehmende Unabhängigkeit von ihr. Tatsächlich wird ihre Hilfe und Pflege mehr und mehr als störendes Eingreifen empfunden. Das Kind tendiert jetzt aktiv dazu, das zu tun, was es in der Vergangenheit passiv erlebt hat. Diesen schicksalsträchtigen Schritt von der Passivität zur Aktivität meint Mack Brunswick (1940), wenn er schreibt, daß man sagen könnte, daß die Unfähigkeit eines kleinen Kindes, eine adäquate Aktivität zu entwickeln, eine der frühesten Anomalien ist. Die klinische Bedeutung dieser Behauptung steht heute fest. Die Bipolarität des Aktiven und Passiven gehört dem Prä-Phal-

lischen an (Mack Brunswick 1940). Der Versuch, die passive Grundposition zu überwinden, beschäftigt das Kind viele Jahre lang. Der Ausgleich zwischen diesen beiden Bestrebungen bestimmt in signifikanter Weise die Entwicklung der Maskulinität und Femininität. Die Zweideutigkeit und die Schwankungen im Bereiche der antithetischen Bestrebungen der Passivität und Aktivität kommen erst in der Endphase der Adoleszenz, der Phase der Konsolidierung, zu einem endgültigen Ausgleich und Kompromiß.

Die meisten Menschen, Kinder wie Erwachsene, reagieren verschieden auf männliche und weibliche Babys. Durch diese selektive Resonanz — sei sie nun offen oder versteckt — die das frühe Zufallsverhalten des Kindes bei seiner Umgebung, besonders bei der Mutter hervorruft, werden gewisse Verhaltensaspekte qualitativ differenziert und vorzugsweise entwickelt. Die Rolle, die der sogenannte IRM-Faktor * in bezug auf die differenzierten Reaktionen des männlichen und des weiblichen Säuglings oder Kleinkindes spielt, ist noch zu unklar, um als zuverlässiger Wegweiser zu dienen. Auf jeden Fall kann man beobachten, daß in Verbindung mit männlichem und weiblichem Verhalten und geistiger Betätigung schon im frühen Alter ein allmählicher Wechsel der Betonung eintritt. Diese Modulation ist eine Folge der selektiven Reaktionen der Umgebung, die ihrerseits auf allen Ebenen des geistigen und physischen Lebens die Bevorzugung gewisser Reaktionen bewirken. Dieser Differenzierung fehlt jede neue psychosexuelle Bedeutung, bis das Kind die anatomischen Geschlechtsunterschiede anerkennt. Diese Entdeckung und ihre psychologische Integration findet während der phallischen Phase statt, die von der Dreiecks-Konfliktsituation, in der Kind und Eltern stehen — der ödipalen Situation — beherrscht wird.

Mit dem Einsetzen der phallischen Phase fangen die Wege der psychosexuellen Entwicklung bei den beiden Geschlechtern an, so schnell und so gründlich auseinanderzugehen, daß es ratsam scheint, ihre Entwicklung getrennt zu verfolgen. Diese Betrachtungsweise betont die Verschiedenheit der männlichen und weiblichen Entwicklung, die schon früh einsetzt. Dadurch, daß wir ihre Ursprünge verfolgen, können wir die späteren Divergenzen der adoleszenten Persönlichkeitsentwicklung beim Jungen und Mädchen ins richtige Licht setzen.

Alle Kinder haben dasselbe erste Liebesobjekt, nämlich die Mutter. Alles und jeder, der die bereitwillige Verfügbarkeit der Mutter, wenn

* IRM — inner-release mechanism — innerer Auslösungsmechanismus.

sie benötigt wird, hindert, wird von dem Kind als Eindringling betrachtet und allmählich zum Ziel seiner aggressiven und feindlichen Impulse; die Rudimente des Besitzen-Wollens und der Eifersucht sind früh erkennbar. Für den Jungen bleibt die Mutter durch die ganze Kindheitsperiode hindurch der Gegenstand seiner Zuneigung. Während der ersten Jahre ist es nur das Ziel seines Triebs, das sich mit der Aszendenz der aktiven Komponente in seinen jetzt maskulinen (phallischen) Bestrebungen verändert. Diese Strebungen drücken sich in den bekannten Verhaltensweisen, Haltungen, Interessen, Wünschen und Phantasien aus. In der Genitalphase werden die Beziehungen zwischen den Geschlechtern — den ödipalen Eltern — für alle Kinder ein Gegenstand der Neugier, und gleichzeitig fangen sie an, sich darüber Gedanken zu machen, wo die Kinder herkommen. Diese Neugier wird aber nur sehr unvollkommen befriedigt, da sie prägenitale Konzeptionen und Erlebnisse zu Hilfe nimmt. In der Besprechung der Präadoleszenz werden wir sehen, daß sexuelle Aufklärung das Fortbestehen infantiler, sexueller Theorien nur verdeckt.

Wenn das Kind — Junge wie Mädchen — vom Genitale Notiz nimmt, ist es sich im Anfang noch keines Geschlechtsunterschiedes bewußt. In seiner egomorphen Haltung denkt es, daß die anderen genau so aussehen wie es selbst — sie haben einen Mund, Augen, Hände, einen Anus so wie es selbst, also müssen sie auch dasselbe Genitale haben. Hier liegt eine Manifestation des primären Narzißmus vor. Die Erkenntnis der Geschlechtsunterschiede wird während der Sauberkeitsgewöhnung gefördert, sobald das Kind beobachtet, daß Jungen und Mädchen beim Urinieren eine verschiedene Haltung einnehmen. Diese Beobachtung wird jedoch nicht vor der ödipalen Periode zur definitiven Schlußfolgerung; dann erst verschmilzt sie mit Phantasien, nimmt eine Bedeutung an und führt zur Konflikts- und Körperverletzungsangst — alles Anzeichen, daß das Kind den männlich-weiblichen Genitalunterschied bemerkt hat und daß seine psychosexuelle Organisation zur phallischen Phase vorgeschritten ist. Diese Phase wird von einer Antithese, die nun nicht mehr »aktiv-passiv« sondern »phallisch-kastriert« ist, beherrscht (Mack Brunswick, 1940; Freud, 1923b).

Das Organ, das in der phallischen Phase dem Knaben zur Entladung erogener Spannungen dient, ist der Penis. Aber darüber hinaus dient es auch als Spannungsregulator bei Angstzuständen. So übernimmt es also die autoerotische besänftigende und beruhigende Funktion der frühen erogenen Zonen, nämlich die der Abfuhr übermäßiger Reize. Dieser spannungsregulierende Mechanismus der autoerotischen Genitalbetätigung zeigt jedoch jetzt eine neue Note: denn — mit dem Ein-

setzen der ödipalen Konstellation — führt ein genitales (phallisches) Ziel, das in der Phantasie erlebt wird, zum Konflikt und zu hemmender Angst. Man muß sich daran erinnern, daß, wenn beim Knaben in der phallischen Phase die genitale Masturbation Zwangscharakter annimmt und jedem Versuch der Beherrschung widersteht (»habit disturbance«, Gewohnheitsstörung), dieser Verlauf oft die einzige verfügbare Gegenmaßnahme gegen Regression in die infantile Passivität darstellt. In der Pubertät wird die Masturbation dann reaktiviert und nimmt wieder ihre primitiv-spannungsregulierende sowie auch defensive Rolle im Kampf gegen die Regression an. Ihre progressive Funktion in der Adoleszenz soll weiter unten besprochen werden.
Die genitale Masturbation des Kindes findet bei seiner Umgebung weit weniger Duldung als seine frühen, oralen autoerotischen Betätigungen oder die undifferenzierten Hand-Körperkontakte, die als vorübergehende taktile Angewohnheiten angesehen werden. An dieser Intoleranz mag ein ungelöster Masturbationskonflikt des Erwachsenen selbst schuld sein. Tatsache bleibt aber, daß das phallische Verhalten des Knaben dem Erwachsenen näher an Sexualität heranzukommen scheint, als das autoerotische Verhalten früherer Jahre. Ob nun die Eltern in diesem Punkt intolerant oder nachgiebig sind, der kleine Junge gibt die Masturbation auf jeden Fall im Laufe der Zeit auf, und zwar als Folge von Schuldgefühlen, die durch inzestuöse Phantasien hervorgerufen sind, durch Furcht vor Vergeltung und Beschädigung und nicht zuletzt durch narzißtische Enttäuschung, wenn er sich seiner physischen Unreife bewußt wird. Schon diese Tatsache allein muß notwendigerweise alle seine Wünsche zunichte machen.
Kein Kind bekommt je eine genaue Vorstellung von den Sexualbeziehungen der Erwachsenen — nämlich seiner Eltern —, die in ihren verschiedenen Rollen als Vorbilder für seine Identifizierung dienen. Alle Phasen der psychosexuellen Organisation tragen mit ihren Erfahrungen zur Bildung der infantilen Sexualvorstellungen dieser Periode bei. Das Kind stützt sich auf seine eigenen physischen Erfahrungen; folglich ist seine Vorstellung von den sexuellen Beziehungen der Eltern von der Prävalenz gewisser Phasen in seinem eigenen libidinösen Leben bestimmt. Wir nennen die Dominanz solcher persistierender Triebe *Fixierungspunkte*. Demzufolge bildet jedes Kind eine idiomatische Theorie des Geschlechtsverkehrs, in der alle Elemente der Prägenitalität eine prominente Rolle spielen: saugen, beißen, essen, urinieren, defäzieren, schlagen, anschauen, berühren, liebkosen usw. Das Anschauen und Befühlen der Genitalien scheint für die phallische Phase spezifisch zu sein; die Penetration als Zentralvorstellung scheint

bis in die Zeit der Pubertät aufgeschoben zu werden (Mack Brunswick, 1940). Das Ineinander-Übergreifen aller Phasen der psychosexuellen Entwicklung muß im Auge behalten werden, wenn man die Vorstellung einer gekünstelten und starren Simplizität der Abläufe vermeiden will, und statt dessen die komplexe und — bis zu einem gewissen Grade — leicht reversible Entwicklung beim Kleinkind anerkennt.
Und nun zur trilateralen Konfliktskonstellation beim kleinen Jungen — dem Ödipuskomplex —, jener Situation, die sich zwischen ihm und den Eltern herausbildet und sich als von so tiefer Bedeutung für sein späteres Leben erweist. Seine frühen aktiven Bestrebungen zur Identifizierung mit der Mutter verwandeln sich allmählich, aber unverkennbar, in eine emotionale Bindung, die schon ganz früh eine ödipale Note annimmt. Der Vater wird als Eindringling betrachtet, er wird abgelehnt, da durch die Abhängigkeit des Jungen von der Mutter die Möglichkeit, sie zu verlieren, als ewige Drohung vor ihm steht. Zeichen einer possessiven Eifersucht tauchen hier viel eher auf als irgend etwas Entsprechendes beim Mädchen. Der Grund für diese Diskrepanz und die verschiedene emotionale — und folglich die Ich und Über-Ich-Entwicklung — zwischen Jungen und Mädchen, liegt in der Tatsache, daß das Liebesobjekt (die Mutter) für den Jungen durch alle Phasen der psychosexuellen Entwicklung hindurch immer das gleiche bleibt, während das Mädchen sein erstes Liebesobjekt aufgeben muß, wenn seine Femininität sich normal entwickeln soll.
Von Anfang an spielt der Vater eine andere Rolle als die Mutter. Vor allem ist seine Hingebung an das Kind niemals so vollständig wie die der Mutter. Er existiert niemals als ein Teilobjekt so deutlich, wie die Mutter es während der frühen Mutter-Kind-Beziehungen tut. »Das Kind benimmt sich dem Vater gegenüber realitätsgerechter, weil jener Urgrund einer ursprünglichen, natürlichen Interessengemeinschaft im Verhältnis zum Vater nicht vorhanden ist . . . Also: die Liebe zur Mutter ist ursprünglich eine Liebe ohne Realitätssinn, den Vater hingegen lieben und hassen wir — die Ödipuseinstellung miteinbezogen — realitätsgerecht.« (A. Balint, 1939) Die Beziehungen zwischen Kind und Mutter und zwischen Kind und Vater hängen nicht einfach vom Verhalten von Vater oder Mutter ab, da dies ja willkürlich geändert werden kann. Die Beziehungen sind qualitativ verschieden, da ihre Grundlagen nicht die gleichen sind. Der kleine Junge entwickelt eine possessive Liebe zur Mutter, aber Bewunderung und Stolz für den Vater. Diese Bewunderung wird noch mehr durch seinen Narzißmus verstärkt, und überhaupt ist die Bindung des kleinen Jungen an den Vater auf narzißtischer Objektwahl begründet. »Vater und ich sind gleich«. Of-

fenbar ist diese Bindung auch eine Quelle der Ambivalenz, der Konkurrenz, des Vergleichs und der Feindschaft, und alle diese Emotionen des Vergleichs und der Feindschaft kommen besonders stark in der Rivalität um die Mutter zum Ausdruck. Die Identifizierung mit dem Vater — ein notwendiger Schritt in der Entwicklung der Maskulinität — ist unvermeidlich mit Liebe und Rivalität verbunden, und das ist die trilaterale Konfliktsituation, wie sie unter dem Namen Ödipuskomplex zusammengefaßt wird.

Wir müssen uns hier an die komplexe Natur der Ödipus-Situation erinnern und uns klar machen, wie unrealistisch die Vorstellung eines reinen Ödipuskomplexes ist. Das theoretische Schema ist eine Abstraktion: im wirklichen Leben mischen sich aktive und passive, positive und negative Positionen. Bedeutsam ist aber, daß eine dieser Tendenzen entweder dominant oder gedämpft, manifest oder latent, bewußt oder verdrängt, ich-syntonisch oder ich-fremd ist. Die verschiedenen ödipalen Konstellationen und die Art und Weise, wie der Knabe sie bewältigt, sind von besonderer Bedeutung, da genau dieselben Phänomene in der Adoleszenz wieder auftauchen.

Die früheste Identifizierung mit der aktiven Mutter wird erst vollkommen aufgegeben, wenn dem Kinde klar wird, daß das weibliche Wesen keinen Penis hat, daß die Frau kastriert ist. Mit dieser Entdeckung — verschwommen, allmählich und oft nur teilweise akzeptiert — wird die Mutter entwertet. Ein Schatten von Enttäuschung fällt auf ihr Image, und Verlangen mischt sich mit Angst bei dem Gedanken an diese mysteriöse physische Abweichung von der Norm — die für den Knaben natürlich das männliche Genitale ist. Diese herabsetzende und defensiv-entwertende Haltung zu allem Weiblichen — in der phallischen Phase entstanden — kommt in der Präadoleszenz wieder zum Vorschein, und bleibt oft das ganze Leben hindurch als eine verächtliche Haltung dem ganzen weiblichen Geschlecht gegenüber bestehen.

Wenn der Knabe ganz früh in der ödipalen Phase sein sexuelles Streben auf die Mutter richtet, ist sein libidinöses Ziel, nach dem archaischen Muster der Rezeption, passiv. Identifizierung mit der Mutter ermutigt ihn, seine Libido auf den Vater zu richten, und zwar wieder mit einer passiven Zielsetzung. Dies ist die *passive* (negative) *ödipale Position* des Knaben. Phantasien passiver Natur, wie zum Beispiel der Wunsch, ein Kind vom Vater zu bekommen, spielen während der ödipalen Frühperiode in seinem geistigen Leben eine wichtige Rolle. Die Identifizierung mit der Mutter ist, wie schon erwähnt, dadurch aufgehoben, daß er erkennt, daß, eine Frau zu sein, gleichbedeutend damit ist, den Penis zu verlieren. Die auf dieses Organ gerichtete narzißtische Kathexis zwingt den Jungen, seine Identifizierung mit der Mutter aufzugeben und sich der mit dem Vater zuzuwenden. Dieser Schritt führt dann schließlich zu seiner aktiven, libidinösen und aggressiven (maskulinen) Hinwendung zur Mutter — was wiederum zur Bildung seiner *aktiven (positiven) ödipalen Position* führt. Dieser Schritt ist von grundlegender Bedeutung für die Entwicklung der Maskulinität. Wenn er dann seinen aktiven libidinösen Trieb mit zunehmender Intensität auf die Mutter lenkt, ist es nur zu erwarten, daß gegen den Vater gerichtete feindliche und destruktive Wünsche und Phantasien auftauchen. Eifersucht und Rivalität, Liebe und Haß erfüllen den kleinen Jungen bei der leidenschaftlichen Verfolgung seiner Wünsche.

Wenn Identifizierung mit dem Vater eintritt, ist in der psychosexuellen Entwicklung des Knaben ein Schritt getan, der ihn bei der Bewältigung seines emotionalen Dilemmas mit einer schicksalsschweren Alternative konfrontiert. Drei Faktoren sind es, die ihn dazu bringen, die aktiv-ödipale Position aufzugeben: die Kastrationsangst gegenüber dem Vater, die Liebe zu ihm, und die Einsicht in seine eigene physische Unreife. Während dieses langen Kampfes sind seine Beziehungen zu Vater und Mutter sehr ambivalent und spiegeln die relative Stärke der aktiven und passiven Bestrebungen wider. Zur Bewältigung der ödipalen Situation stehen dem Knaben zwei Wege offen: 1. sich mit dem Vater zu identifizieren, statt ihn ersetzen zu wollen, oder in Zukunft wie er zu werden, statt schon jetzt wie er zu sein, 2. seine aktiven rivalisierenden und eifersüchtigen Bestrebungen aufzugeben und — wenigstens teilweise — sich wieder der aktiven (phallischen) Mutter zu unterwerfen. Die erste Alternative stärkt das Realitätsprinzip, die zweite setzt wieder die Herrschaft des Lustprinzips ein. Die Unterwerfung unter die phallische Mutter bedeutet eine Regression, die in der Pubertät, wenn die physische Reife eintritt, zur entscheidenden Herausforderung wird.

Es muß immer wieder betont werden, daß die Vorgänge, die hier getrennt beschrieben werden, in Wirklichkeit keineswegs so klar und deutlich sind. Ein aktiver und ein passiver Ödipuskomplex sind nicht ganz so unverträglich wie etwa Öl und Wasser: sie vermischen sich in verschiedenem Ausmaß. Ferner läßt Verdrängung eine Komponente im Unterbewußtsein weiterbestehen, wenn auf ihr Ziel und ihren Zweck nicht verzichtet werden kann. In der mittleren Kindheitsperiode und besonders in der Adoleszenz kann diese Komponente an den aus ihr abgeleiteten Erscheinungen wieder erkennbar werden.

Die normale Bewältigung des Ödipuskomplexes beim Knaben führt zur maskulinen Identifizierung (Bildung des Über-Ichs und Ich-Ideals), und durch massive Verdrängung der ödipalen Wünsche kommt es zur zeitweisen Regelung in bezug auf den phallischen Trieb. Jetzt kann eine Konsolidierung der Latenzperiode eintreten: da keine zielgehemmte Triebenergie für eine Sublimierung verfügbar ist und da zahllose geordnete Beschäftigungsmöglichkeiten eine kräftige Ich-Entwicklung und eine feste Verankerung des Realitätsprinzips zulassen. In Kapitel III sollen diejenigen Aspekte der Latenz besprochen werden, die Vorbedingung für die Entfaltung des Adoleszenzprozesses sind.

Beim Mädchen zeigt die ödipale Situation, daß die weibliche Entwicklung — kraft ihrer Frühgeschichte — Aufgaben und Lösungen einbeziehen muß, die von denen des Knaben ganz verschieden sind. Trotzdem darf man nicht außer acht lassen, daß alle Kinder dieselben Fundamentalerfahrungen haben, auf denen sich dann alles Folgende aufbaut. Daher führen die inhärenten Probleme der Polarität, des Neides zwischen den Geschlechtern, zu einem Gefühl der relativen Unvollkommenheit. In dieser rein menschlichen Situation erkennen wir die Kräfte, die bisweilen die Geschlechter leidenschaftlich zueinanderziehen und zu anderen Zeiten gewaltsam auseinandertreiben. Wollen wir nun die Wechselfälle in der emotionalen Entwicklung des Mädchens betrachten.

Wie schon bemerkt, machen sich die Unterschiede in der psychosexuellen Entwicklung bei Jungen und Mädchen im Frühstadium der phallischen Phase bemerkbar. Bis dahin teilen die beiden Geschlechter mehr oder weniger die passive Position in bezug auf die Mutter oder ihre Vertreter. Mit der Entwicklung der Beweglichkeit und den lokomotorischen Möglichkeiten treten beide in eine zunehmend aktive Phase ein, mit besonderer Betonung der Unabhängigkeit und Beherrschung der Objektwelt. Die Tendenz zur Aktivität ist beim Knaben ausgeprägter als beim Mädchen, obwohl in dieser Hinsicht die Stellung in der Geschwisterreihe und Anregung und Lob durch die Umgebung stark modifizierende Einflüsse ausüben. Die Endsumme dieser Einflüsse ist nicht ohne Folgen für die künftigen Aufgaben des Mädchens, nämlich die, sowohl auf die aktive wie später auf die phallische Position zu verzichten, — ein protrahierter Prozeß, der erst in der Adoleszenz wirklich zum Abschluß kommt.

Die Tatsache, daß beim Mädchen die erste Liebe der Mutter gilt, prädestiniert diese dazu, in Streß-Situationen immer wieder als Zuflucht angesehen zu werden. Das wird besonders deutlich, wo die Liebe der Mutter entweder fehlt oder als gefährlich oder antagonistisch erlebt wird, und das Mädchen dann sein Leben lang verzweifelt nach ihr sucht. Nebenbei gesagt, ist die Suche nach der prä-ödipalen Mutter eine typische Konstellation in der Ätiologie der weiblichen Kriminalität (vgl. Kapitel VII, S. 259 ff.). Die frühe Liebe des Mädchens zur Mutter ist hochambivalent — eine charakteristische Eigenschaft, die sie nie verliert. Und, in der Tat, bei jeder Regression in dieses frühe Verhältnis findet man die charakteristische, übermäßige, primitive Ambivalenz wieder. Die frühe Identifizierung mit der aktiven Mutter bringt das Mädchen in eine initiale *aktive* (negative) *ödipale Position,* die für die weibliche Entwicklung typisch ist. Wenn das Mädchen sein Liebesbedürfnis dem Vater zuwendet, besteht immer die Gefahr, daß sein passives Streben nach ihm die frühe orale Modalität wieder erweckt, was eine Rückkehr zur Ur-Passivität und eine erfolgreiche Entwicklung zur Femininität ausschließt. Die Ausweglosigkeit der Situation zeigt sich während der Jahre der Adoleszenz oft in dramatischer Weise. Wo immer in der ödipalen Situation des Mädchens eine überstarke ödipale Bindung an den Vater besteht, ist fraglos ihr Vorläufer eine tiefe und beharrliche Bindung an die Mutter in den prä-ödipalen Jahren. Eine starke Bindung an den Vater folgt also einer starken Bindung an die Mutter: »Die starke Vaterabhängigkeit des Weibes tritt nur das Erbe einer ebenso starken Mutterbindung an« (Freud, 1931).

Die aktiv-passive Zweiphasen-Entwicklung, die den ödipalen Ablauf beim Mädchen kennzeichnet, bedeutet nicht nur eine Verschiebung des Triebzieles sondern auch einen Wechsel des Triebobjekts — von der Mutter zum Vater. Nichts in der Entwicklung des Knaben ist dem analog. Könnte wohl dieser im Grunde weibliche Entwicklungsaspekt dafür verantwortlich sein, daß Frauen — ja, sogar heranwachsende Mädchen — ein intuitives Verständnis für das männliche Gefühlsleben haben, viel tiefer, als es Männer gewöhnlich in bezug auf das Gefühlsleben der Frau zeigen? Wie dem auch sei, ist es doch bemerkenswert, daß das Mädchen seine aktive (phallische) Position für lange Zeit aufgibt. Der Penisneid — im weiteren Sinne als der Maskulinitätskomplex der Frau verstanden — muß als eine Sekundärbildung angesehen werden (Deutsch, 1944). In der Tat wirkt dieser Komplex als eine Verteidigung oder als Widerstand gegen die Ur-Passivität. Er kann nicht verschwinden, bis nicht — durch Identifizierung mit der ödipalen Mutter — der Weg zur femininen Passivität freigegeben ist.

Die mit passiver Zielsetzung verbundene Hinwendung des Mädchens zum ödipalen Liebesobjekt, dem Vater — die *passive* oder *positive ödipale Position* — kommt im Vergleich zur aktiven oder positiven ödipalen Position des Knaben recht spät. Die aktive Tendenz der weiblichen Entwicklung wird nie so weit verdrängt wie die antithetische Tendenz der Passivität beim Knaben. Ihre Verdrängung ist während der aktiven ödipalen Position sehr fest verankert. Man muß sich klarmachen, daß die weiblichen legitimen — biologischen und sozialen — Abfuhrmöglichkeiten für ihre aktiven Bestrebungen zahlreich und für ihr Leben als Frau und Mutter wesentlich sind, während für den Jungen jede Passivität Anathema ist und eine Negation seiner männlichen Identifizierung bedeutet. So wird sein »Wunsch nach dem Kind« viel stärker verdrängt als des Mädchens »Wunsch nach dem Penis« — eine Tatsache, die von der analytischen Arbeit mit Kindern, Adoleszenten und Erwachsenen her wohlbekannt ist. Die Parallele, soweit es die Persönlichkeitsentwicklung betrifft, liegt in der Tatsache, daß die Frau beides besitzt, ein aktives und ein passives Sexualorgan (Klitoris und Vagina), während der Mann anatomisch kein Äquivalent für solch eine erogene Bipolarität hat.

Während der Zeit der genitalen Libido-Organisation — also in der phallischen Phase — erkennt das Mädchen noch nicht ganz den anatomischen Geschlechtsunterschied an. Es verhält sich so, als ob es einen Penis hätte. So ist die Nachahmung jungenhaften Benehmens zum Beispiel in dieser Periode charakteristisch für die phallische Komponente. Hier liegen die Anfänge des »Tomboy«-Verhaltens (jungenhaftes Mädchen), das in späteren Jahren der unerbittliche Verteidiger der phallischen Position, oft, in der Tat, die einzig mögliche Lebensform für das heranwachsende Mädchen ist. Normalerweise bringt ihr Realitätssinn sie dann schließlich dazu, die Tatsache anzuerkennen, daß sie eben keinen Penis hat. Aber eine Zeitlang verhält sie sich so, als ob das nicht wahr wäre. Was der kleine Junge (vielleicht ein Bruder) aus Übermut und Stolz tut, kann das kleine Mädchen aus Hartnäckigkeit und Trotz imitieren — mit dem einzigen Erfolg, daß sie sich dabei lächerlich und befangen vorkommt. Das Gegenteil kann auch passieren, aber mit einem Unterschied: wenn ein Junge Mädchen imitiert, so wird er dabei schon in ganz frühem Alter durch strenge gesellschaftliche Tabus entmutigt. Ein jungenhaftes Mädchen wird gesellschaftlich lange Zeit geachtet, ein mädchenhafter Junge hört nie auf, verächtlich zu sein.

Die antithetische Position — phallisch-kastriert — setzt sich beim Mädchen fest und löst eine Reihe von Reaktionen aus. Das offenbar nächstliegende Objekt, um daran seiner Enttäuschung Ausdruck zu geben, ist die Mutter, die der Tochter vorenthält, was sie dem Sohn gegeben hat. Das Trauma des Abstillens, der Verlust der Mutterbrust und das Gefühl des teilweisen Körperverlustes, das mit der Sphinkter-Beherrschung verbunden ist — all das kommt wieder zum Vorschein. Sie sind die Vorläufer einer später auftauchenden Kastrationsangst. Das Forschen nach körperlichen Unterschieden, sexuelle Neugier in bezug auf die Eltern, die Geburt von Geschwistern, Beobachtung von Menstruation und Schwangerschaft u. s. w. machen dem Mädchen schließlich klar, daß die Mutter seine Unzulänglichkeiten teilt, und es ist diese Einsicht, die ihm erlaubt, sich mit der Mutter zu vergleichen. Die Folge davon ist dann, daß sie die Mutter geringer bewertet und sich dem Vater zuwendet. Auch hier trägt die narzißtische Libido das Ihre zur Wahl des Liebesobjekts bei, und am Ende wird diesem Liebesobjekt der Besitz des Phallus zugestanden: dieser Verzicht löst passive Wünsche aus und das Verlangen, besessen zu werden.

Wir sehen also, daß gerade diejenige Tatsache — nämlich die Erkenntnis der Kastration —, die beim Knaben den Ödipuskomplex aufhebt, ihn beim Mädchen erst hervorbringt (Freud, 1924b; Mack Brunswick, 1940). Dem Mädchen steht in dieser Situation keine Kraft und kein Umstand zu Gebote wie der, der beim Jungen den Verzicht auf die ödipalen Wünsche bewirkt. Nur die Einschränkung durch physische Unreife und die persistent narzißtische Verwundbarkeit, die sich an masturbatorische Betätigung anknüpfen, vereinigen sich, um ein Absinken ödipaler Phantasien zu bewirken und den Eintritt in die Latenzperiode zu erleichtern. Die Bewältigung des Ödipuskomplexes geschieht beim Mädchen erst in der Adoleszenz (Mack Brunswick, 1940), vielleicht sogar erst später, mit der Geburt eines Kindes, vielleicht aber auch niemals in einer vollständigen Form.

Es ist leicht zu sehen, daß der zeitliche Ablauf dieser entscheidenden Konflikte und ihre Lösung bei den beiden Geschlechtern so hochgradig verschieden ist, daß Verallgemeinerungen, die sich auf beide beziehen, die Dinge wesentlich verzerren. Es muß daher immer wieder darauf hingewiesen werden, daß schematische Beschreibungen nicht wörtlich und starr auf das Leben angewandt werden können. Zum Beispiel kann die passive (positive) ödipale Haltung des Mädchens nicht die Tatsache aus der Welt schaffen, daß sie immer weiter in ihrem Leben die Mutter zum Schutz und zum Trost braucht. Die Mutter fährt fort — wie Greenacre (1948) sagt — der »Nahrungsspender und Körperwärmer« zu sein. Der aktive und der passive Ödipuskomplex mischen sich beim Mädchen und bestehen mit wechselnder Betonung fort.

Der Verzicht auf ödipale Wünsche, vereint mit dem Nachlassen oder der Verdrängung der Masturbation — beides normalerweise zwischen dem fünften und siebenten Jahr vollendet — bringen das Mädchen in zunehmende Abhängigkeit von der Mutter und zur Identifizierung mit ihr. Diese Mutter-Identifizierung unterscheidet sich aber von der früheren aktiven und schließt jetzt deren Rolle als Mutter und Ehefrau und ihre Beziehung und Haltung zum Ehemann-Vater mit ein. Jetzt wird auch die soziale Rolle der Mutter im Hause und in der Gesellschaft zur Kenntnis genommen. Der normale Verlauf für das Mädchen ist dann der, auf den ödipalen Vater zu verzichten, während es sich mit der ödipalen Mutter identifiziert. Das Resultat kann aber auch anders sein: es entsteht eine Spaltung des Ichs. In einem solchen Falle hilft das Mädchen sich mit einer regressiven Lösung: im Sinne der oralen Form inkorporiert sie sich den Vater (Sachs, 1929), und macht ihn zu einem Teil ihrer selbst, während sie weiter in ängstlicher und hartnäckiger Abhängigkeit von der prä-ödipalen Mutter lebt. Durch eine solche Einverleibung des Vaters gibt sie das Liebesobjekt in der äußeren Welt auf, hält aber seine Existenz für immer bei, indem sie mit ihm verschmilzt und eine Identität aufbaut, die die Dichotomie des ödipalen Subjekts und Objekts verwischt. Weiter unten sollen die Folgen der regressiven Bewältigung des Ödipuskomplexes für die Körpervorstellung des Mädchens in der Pubertät und für ihren Realitätssinn besprochen werden. Auf jeden Fall kommt diese ganze Konstellation der frühen Adoleszenz in eine Sackgasse, wenn das Mädchen sich mit seiner Bisexualität abfinden muß. Viel von dem, was als Konfliktproblem der Adoleszenz erscheint, ist bei näherer Betrachtung nur die Folge von frühen Ich-Defekten und Ich-Mißbildungen.

Der Weg des Mädchens von der primitiv-passiven, oralen Abhängigkeit zur passiv-genitalen Rezeptivität verlangt eine massive Verdrängung der infantilen, prägenitalen Sexualität, die mit der primären Mutter-Kind-Beziehung in der Entwicklung verbunden ist. Die Tatsache, daß der Junge fortfährt, seine psychosexuelle Progression in bezug auf ein und dieselbe Person, nämlich die Mutter, auszuarbeiten, befreit ihn von dieser Notwendigkeit einer massiven Verdrängung der Prägenitalität. »Einer der größten Unterschiede zwischen den Geschlechtern ist das enorme Ausmaß, in dem beim Mädchen die infantile Sexualität verdrängt wird. Außer in tief-neurotischen Zuständen flüchtet sich kein Mann in irgendeine auch nur ähnliche Verdrängung seiner infantilen Sexualität« (Mack Brunswick, 1940). Dieser quantitative Unterschied der Verdrängung wirft ein Licht auf die auffallenden Verhaltensunterschiede der Geschlechter in der Präadoleszenz.

Da der Ödipuskomplex für das Mädchen eine »Sekundärbildung« (Freud, 1924b) ist, muß es psychische Mittel und Wege entwickeln, um das erste (archaische) Liebesobjekt zu entfernen und dem Zug der Regression zu widerstehen. Diese Mittel sind völlig verschieden von denen, die der Junge anwendet, um mit demselben Problem fertig zu werden. Für ihn ist die Hauptaufgabe, auf seine frühere Passivität zu verzichten, für das Mädchen bedeutet sie das Aufgeben seines ersten Liebesobjekts. Beim Knaben wie beim Mädchen gilt es, Konstanz des Objekts zu erreichen, Ambivalenz zu überwinden und so den Fortschritt zu einer stabilen (post-ambivalenten) Beziehung möglich zu machen. Diese Hauptaufgaben ziehen entscheidende Bereiche der psychischen Integration und Differenzierung in Mitleidenschaft — Bereiche, die potentiell ein Entwicklungsversagen auslösen können, und zwar entweder als Folge der traumatischen oder der exzessiv befriedigenden Natur der frühen Kindheitserlebnisse. Beide Extreme schaffen Fixierungspunkte, die in voller Stärke erst während der Adoleszenz deutlich werden. Ja, diese Fixierungspunkte sind es, die für die Struktur der Adoleszenzkrise verantwortlich sind. Fixierungspunkte, wie sie sich spezifisch auf die verschiedenen Phasen der Adoleszenz beziehen, sollen später besprochen werden und zwar im Zusammenhang mit dem Adoleszenzprozeß und mit der besonderen und höchst persönlichen Bedeutung hinter der Fassade von Gleichmäßigkeit oder Ähnlichkeit, die der Jugendliche dem Beobachter bietet.

Außer der Triebentwicklung müssen wir auch die Fähigkeit des kleinen Kindes untersuchen, das homoeostatische Gleichgewicht seines seelischen Apparates aufrecht zu erhalten. Die Fähigkeit, die im Ich liegt, wird von der fortschreitenden Reifung der Funktion und Struktur des Körpers bestimmt. In diesem Sinne kann sie als ein regulierendes System verstanden werden, das — in bezug auf Zeit und Weg — einen beherrschenden Einfluß auf das immer komplexer werdende Triebleben gewinnt, auf Bewußtsein, Wahrnehmung, Erkenntnis und Handeln. So beschützt also auf dem Niveau, auf dem die Entwicklung gerade angekommen ist, das Ich die Integrität der Persönlichkeit. Es vermittelt zwischen Trieb und Außenwelt und gibt im Idealfalle dem Individuum ein Maximum an Befriedigung mit einem Minimum von Angst. Zensur und hemmende Ich-Einflüsse, die sich schließlich in einer neuen Instanz, dem Über-Ich konsolidieren, erscheinen schon früh im geistigen Leben des Kindes.

Hier scheinen einige Bemerkungen über die Ich-Entwicklung in der frühen Kindheit angebracht, wobei ich diejenigen Aspekte betonen möchte, die für die Adoleszenz wichtig sind. Das Ich erwächst aus dem »id«, dem »es«, und trennt sich von ihm, wenn der Säugling erkennt, daß die orale Befriedigung von der Existenz eines separaten Objektes, der Brust, abhängt. Die erste Ich-Begrenzung ist also eine körperliche. Sie wird durch Wahrnehmung und Gedächtnis verstärkt, die beide daran beteiligt sind, eine psychische Darstellung der Umgebung und der Reaktion auf sie (Erfahrung) zu bewirken. Es ist schon bemerkt

worden, daß der früheste auf die Außenwelt gerichtete Mechanismus nach dem Lust-Unlust-Prinzip arbeitet und oral orientiert ist. Er besteht in »Einnehmen« (Introjektion) oder »Ausspeien« (Projektion). Die erstere ist der Vorläufer der (sekundären) Identifizierung, während die letztere auf Verdrängung hinweist. Beides, die Identifizierung wie auch die Verdrängung, werden erst in Gang gesetzt, wenn sich das Realitätsprinzip durchgesetzt hat und die Ambivalenz wenigstens teilweise überwunden ist. Die Zeit, zu der dies geschieht, hängt von dem Reifegrad der Wahrnehmung, der Fortbewegung und besonders von der Sprache ab. Ein Versagen bei den frühen Identifizierungsvorgängen und eine übermäßig lange und intensive Abhängigkeit von der Mutter — d. h., ganz allgemein, von der Umgebung — die das Kind braucht, um Identität und Realitätssinn aufrechtzuerhalten, machen das Kind beim Aufbau seiner Ich-Autonomie außerordentlich empfindlich. So ein Kind muß dann ewig »gefüttert« und beruhigt werden, wenn seine Angst in erträglichen Grenzen bleiben soll.
Sobald das Kind sauber ist, wird seine Furcht vor dem Liebesverlust immer stärker, und wird jetzt von magischen Gedanken beherrscht. Hieraus ergibt sich dann der Zerstörungsmechanismus, der einem Zwangsverhalten so nahe kommt. Die radikalste Form, mit dem koprophilen Trieb und verwandten Triebkomponenten fertig zu werden, manifestiert sich im »Sich ins Gegenteil verwandeln« oder im Mechanismus der Reaktionsbildung. Diese Bemühungen erwecken die Affekte des Mitgefühls und des Widerwillens und stellen einen festen Halt in bezug auf Wirklichkeit und soziale Normen auf. Darüber hinaus dienen sie als eine feste Garantie für die elterliche Liebe durch Identifizierung mit deren Wünschen. Hier tut sich eine Quelle für das Gefühl des Wohlbehagens und der Zufriedenheit auf, ähnlich dem Gefühl, geliebt zu werden — indem das Kind die internalisierten Eltern dadurch zu erfreuen versucht, daß es tut, was sie wünschen. Während dieser Jahre verstärkt sich das eifrige Interesse an der Objektwelt. Intellektuelle Wißbegierde und Neugier erreichen hier ihren frühkindlichen Höhepunkt, und die Beobachtungskraft schärft den Geist des Kindes. Das Spiel erblüht im Reichtum der Phantasie, und das Kind widmet sich ihm mit dem Ernst einer Arbeit. Im Spiel bannt und meistert es seine Ängste durch Wiederholung, indem es allmählich den Anprall von traumatischen oder Konfliktserfahrungen, wie sie seine Tage und Nächte erfüllen, assimiliert.
Wenn das Kind volle Sphinkterkontrolle hat, seine Bewegungen koordinieren kann, Sprache und Wahrnehmung beherrscht und denken kann, erheben sich bei ihm Gefühle von Stolz und Überschwang,

die sein Temperament bestimmen. Dieser Gemütszustand wird aber bald durch ödipale Triebe und die Erkenntnis der eigenen Unreife gedämpft. Unter der Wucht des Realitätsprinzips findet das Kind nur vorübergehende Erleichterung durch ödipale Bindungen, erkennt die Alternativen, die sich ihm bieten und rettet seine Integrität durch Identifizierung und dadurch, daß es eine psychische Instanz, das Über-Ich, fest etabliert, das nun zur dritten Quelle der Angst wird — die anderen beiden sind das »es« und die Außenwelt — mit der es von nun an zu rechnen hat.

Das Über-Ich entwickelt sich beim Jungen und Mädchen verschieden. Die Tatsache, daß beim Mädchen der Ödipuskomplex nicht vor der Adoleszenz abgebaut wird, unterscheidet ihre Entwicklung auffallend von der des Knaben, dessen ödipale Wünsche im Beginn der Latenzperiode massiver verdrängt werden. Das Über-Ich, der »Erbe des Ödipuskomplexes« stellt daher beim Jungen größere Anforderungen und ist strenger als beim Mädchen. Als Folge der massiven Verdrängung der ödipalen Libido ist beim Knaben das geistige Leben mehr auf die Wirklichkeit gerichtet; er hat eine klarere und unabhängigere Körpervorstellung. Im Gegensatz dazu erreicht das Mädchen niemals diese Enfachheit und Unmittelbarkeit der Verdrängung. Die klarere Körpervorstellung des Knaben rührt bei ihm natürlich auch daher, daß sein Genitale offen liegt und visuell und taktil zugänglich ist. Da das weibliche Genitale invaginiert ist, bietet sich hier eine weniger konkrete Beobachtungsmöglichkeit (Freud, 1925; Greenacre, 1948), Klitoris-Empfindungen und Berührungsreize sind für sie die Elemente, aus denen sie sich die geistige Vorstellung ihres Genitale zusammenbaut. Diese Bedingungen und ihre psychologischen Folgen, nämlich die Entwicklung von Interessen, Talenten, körperlicher Fertigkeiten und Lernfähigkeit, sollen später als Erscheinungen innerhalb der Adoleszenz besprochen werden.

Und hier möchte ich noch einen grundlegenden Unterschied in der emotionalen Frühentwicklung bei Knaben und Mädchen betonen. Der Knabe verdrängt ganz radikal seine ödipalen Strebungen mit der Konsequenz, daß er ein strenges Über-Ich erwirbt. Im Gegensatz dazu verdrängt das Mädchen gewaltsam seine prägenitalen Strebungen, und infolgedessen drängt sich die Genitalität schnell und eindeutig auf, sobald die Triebspannungen mit dem Einsetzen der Pubertät aufsteigen. Einer der Gründe für die beim Knaben stärkere Verdrängung beim Eintritt in die Latenzperiode ist sicherlich sein radikaler Verzicht auf Passivität. Nichts Ähnliches geschieht beim Mädchen mit der gleichen Dringlichkeit, wenn es auf seine aktive Einstellung verzichtet.

Die psychosexuelle Entwicklung, durch die ödipale Sackgasse unterbrochen, wird in der Pubertät wieder aufgenommen und fortgeführt. Freud (1938b): »In den frühen Phasen gehen die einzelnen Partialtriebe unabhängig voneinander auf Lusterwerb aus, in der phallischen Phase beginnen die Anfänge einer Organisation, die die anderen Strebungen dem Primat der Genitalien unterordnet und den Beginn der Einordnung des allgemeinen Luststrebens in die Sexualfunktion bedeutet. Die volle Organisation wird erst durch die Pubertät in einer vierten, der genitalen Phase erreicht.«
Wie diese wichtigen Ereignisse, die alle Aspekte des Trieblebens und der Ich-Entwicklung in der frühen Kindheit repräsentieren, ihren Einfluß deutlich im Prozeß der Adoleszenz bemerkbar machen, ist das Thema, dem wir uns jetzt zuwenden wollen.

2. Adoleszenz und frühe Kindheit: Judy

Es ist recht leicht, die bedeutsamen Entwicklungsphasen der frühen Kindheit zu beschreiben, die eine besondere Bedeutung für den Adoleszenzvorgang haben. Es ist jedoch eine schwierige und sehr komplexe Aufgabe, jene typischen und allgemeinen Verbindungen und Übereinstimmungen, die zwischen Adoleszenz und früher Kindheit bestehen, in ein System zu bringen. Ein Versuch, die Entwicklungsphasen der Adoleszenzperiode — das heißt also, die Theorie der Adoleszenz — zu umreißen, soll später gemacht werden. Ich werde hier die induktive Methode anwenden und möchte an der Lebensgeschichte eines einzelnen Individuums zeigen, wie die Transformationen der Pubertät in bedeutsamer Weise durch die Erfahrungen der frühen Kindheit bestimmt werden, und wie sie in idiosynkratischer Weise innerhalb der typischen Phänomenologie des Adoleszenzmilieus verlaufen.
Die Beziehung zwischen Adoleszenz und früher Kindheit soll hier durch die Geschichte eines heranwachsenden Mädchens, Judy, illustriert werden. Ihr Weg durch diese Periode wird hier im Kontinuum ihrer psychologischen Entwicklung betrachtet. Die eigentliche Krise der Adoleszenz, wie sie sich in Judys Leben abspielte, soll zu den entscheidenden Erfahrungen, die ihre frühe Persönlichkeitsentwicklung geformt hatten, in Beziehung gesetzt werden. Genauer gesagt, soll ein Versuch gemacht werden, ihre Adoleszenzkonflikte ebenso wie das Gelingen und Mißlingen der Adaptation in der frühen Kindheit aufzuspüren.
Bei ihrem Eintritt in die Pubertät war Judy plötzlich ganz verwandelt. Ihre Familie und ihre Lehrer bemerkten, wie verdrießlich und ver-

ängstigt sie war. Als dieser Zustand sich nach mehreren Jahren nicht besserte, wurde sie im Alter von vierzehn in die Erziehungs-Beratungsstelle gebracht.

Es muß von Anfang an klargemacht werden, daß wir uns bei der Darstellung dieses Falles nicht mit der Therapie als solcher befassen wollen. Jedoch die Neben-Erfolge der Therapie — die Erhellung der dynamischen und genetischen Aspekte in Judys Persönlichkeitsbildung — stellen wertvolle Gegebenheiten dar, die für die Rekonstruktion ihrer ganzen Entwicklung verwendet werden können. Es kann kein Zweifel darüber bestehen, daß die Geschichte dieses Mädchens ungewöhnliche Züge enthält; aber das trifft auf jede Geschichte im Bereiche der persönlichen Erfahrung zu. In Judys Fall bot ihre besondere Geschwisterkonstellation eine konkrete — wenn auch seltene — Situation dar, die eine klare Beobachtung des sich daraus ergebenden emotionalen Bildes erlaubte, und dies bildet die Hauptaufgabe unserer Untersuchung. In diesem Sinne bot ihr Fall also Vorteile, da hier eine klare Rekonstruktionsmöglichkeit vorhanden war. Trotz seiner offenbaren Ungewöhnlichkeit war dieser Grund für seine Auswahl bestimmend. Die wesentlichen Seiten von Judys Adoleszenzentwicklung sollen hier wiedergegeben werden, wie sie sich während der drei Jahre der klinischen Beobachtung darboten. Nach diesem Bericht soll dann die besondere Konstellation in Judys früher Kindheit besprochen und das spezifische Trauma herausgearbeitet werden, das eine spezifische Krise in ihrer Adoleszenz voraussehen ließ.

A. Judys Adoleszenz

Judy kam unglücklich und zornig bei uns an. Eine Hautstörung (Akne) entstellte ihr Gesicht, und Judy machte alles nur schlimmer, indem sie dauernd an ihrem Gesicht herumkratzte und -drückte. Sie kam sich häßlich vor und saß viel zu Hause, wo sie viele Tag- und Nachtstunden mit Lesen verbrachte. Beim geringsten Anlaß zankte sie sich mit ihrer Mutter und warf ihr vor, daß sie sich noch nicht einmal Mühe gäbe, sie zu verstehen.

Judy war ein Drilling. Die anderen zwei waren Jungen, denen die Mutter, wie Judy sagte, großes Interesse und viel Liebe entgegenbrachte. Judy hatte sich schon immer einem sechs Jahre älteren Bruder verbunden gefühlt. Er nahm nie von ihrer schwesterlichen Zuneigung Notiz, blieb aber trotzdem für Judys emotionale Entwicklung das wichtigste Familienmitglied. Judy fand es schrecklich, ein Drilling zu sein. Von Anfang an hatte sie immer alles teilen müssen. Mit dem Einsetzen

der Pubertät kamen Zeiten von Wut und Verzweiflung, die von Reue und bedrückter Stimmung abgelöst wurden. Kopfschmerzen ließen sie fürchten, daß sie eine Gehirnkrankheit hätte. Todes- und Suizidgedanken erfüllten ihre Phantasie. Sie erfand sich Szenen, die voll von Reue und Kummer der trauernden Hinterbliebenen, besonders der Eltern, waren.
Judy litt unter dem Bewußtsein, daß sie ihre Eltern nicht liebte, ja manchmal sogar eine Abneigung gegen sie hatte, und sie wußte, daß das unrecht war. Nach ihren Begriffen verstieß das gegen die Zehn Gebote, und es war eine Sünde, solche Gedanken zu hegen. Ihre ersten Worte bei der ersten Begegnung mit dem Therapeuten waren: »Sie wissen doch, was mit mir los ist? Ich kann meine Mutter nicht leiden«. Seit den ersten Anfängen der Pubertät, im Alter von zehn Jahren, hatten diese Gedanken Judy verfolgt und gequält. Sie wurden so stark, daß sie Angst hatte, von ihrer inneren Wut und Verzweiflung überwältigt zu werden. Bei ihren übertriebenen emotionalen Bedürfnissen wurde für sie jede Freundschaft mit Gleichaltrigen oder jede Freundlichkeit, die ihr von seiten Erwachsener gezeigt wurde, schnell zur Enttäuschung. Judy zeigte jedem zuerst ihre häßlichste Seite. Nur selten — und dann nur für kurze Momente — zeigte sie, wie freundlich, lieb und großzügig sie sein konnte — und eigentlich sein wollte.
Ihr innerer Aufruhr hatte Judy nie daran gehindert, ihre Schularbeiten gewissenhaft zu machen. Im Gegenteil, sie war eine überaus gute Schülerin. Mit zehn bis zwölf Jahren wurde ihr aber die Schule so wichtig, daß sie ihr große Sorgen machte. Am Tag vor einem Examen schlief sie schlecht, in ewiger Angst, daß sie auf dem Schlachtfeld der Schule versagen könnte. Jedoch niemals — oder jedenfalls nur sehr selten — geschah es, daß sie etwa keine guten Zeugnisse nach Hause brachte. Sie tat, als ob ihr Leben davon abhinge, wie sie in der Schule reüssierte, und war entschlossen, trotz fehlendem Interesse und trotz der Entmutigung von seiten ihrer Familie ins College zu gehen. Verächtlich wies sie das Argument zurück, daß Schwestern zugunsten von Brüdern auf eine College-Laufbahn verzichten müßten. Sie stempelte ihre Eltern als egoistisch, wenn sie einwandten, daß eine gute Tochter so früh wie möglich anfängt, Geld zu verdienen, und arbeitet, bis sie verheiratet ist. Judy wußte, daß das Einkommen ihrer Familie nah an der niedrigsten Grenze lag und daß in kritischen Zeiten Wohlfahrtsunterstützung die erniedrigende Alternative zu wirklicher Armut war. Natürlich hatte die Familie es wirtschaftlich schwer, aber darüber hinaus war es die Furcht der Mutter, die Tochter zu verlieren, die sie gegen die Idee einer Hochschulerziehung einnahm. Sie sagte ihr ganz offen, daß sie

als Akademikerin sicherlich über ihrem Stand heiraten und auf ihre Eltern herabsehen, sie vielleicht sogar ignorieren würde. Ein andermal argumentierte die Mutter in unvernünftiger Art laut vor sich hin (so etwas war in der Familie üblich): »Bitte laß doch Deinen Bruder Charlie das College ganz für sich alleine haben; er hat niemals zu irgend etwas getaugt, und das wird ihn entschädigen.« Kein Wunder, daß Judy glaubte, daß ihre Mutter böse auf sie sei und sich darüber ärgerte, daß sie in der Schule besser war als die Jungens. Judy war davon überzeugt, daß die Mutter ihren Ehrgeiz unterdrückte und ihre Leistungen heruntersetzte, um von dem Ruhm der öffentlichen Anerkennung etwas für ihre weniger erfolgreichen Söhne zu lassen.

Judy fand, daß ihr eine Hochschulausbildung zustehe; schließlich war sie das begabteste Kind der Familie und von den Lehrern oft als »begabt« und als »ein Genie« hingestellt worden — sehr zur Geringschätzung ihrer Mutter, die sich ganz offen über solche Komplimente mokierte. Judy war stolz auf ihre Intelligenz und schleuderte sie ihren Brüdern in Gegenwart der Mutter ins Gesicht. In der Familie nannte man sie den »Alleswisser« mit »hochnäsigen Manieren«, aber niemand konnte ihre Schulerfolge leugnen. Wenn aber auch diese Erfolge nützlich waren, um ihre Ansprüche an das Leben abzustecken, so waren sie doch als Quelle der Freude und der Befriedigung völlig nutzlos. Ganz im Gegenteil wurde der Erfolg zu einer Quelle dauernder Besorgnis. Am bemerkenswertesten war Judys feste Entschlossenheit, später Krankenschwester und schließlich Lehrerin an einer Schwesternschule zu werden. Nicht ein einziges Mal ging sie von diesem Entschluß ab oder bezweifelte, daß er für sie absolut richtig sei.

Judys Kummer, keine engen Freunde zu haben, war groß. Was sie sich am allermeisten wünschte, war eine gute und nahe Freundin. Aber jedes Zeichen von Freundschaft von seiten eines Mädchens erfüllte sie sogleich mit so starken Gefühlen, daß sie über-anspruchsvoll und herrschsüchtig wurde. Sie wirbelte bald eine solche Wolke von Emotionen auf, daß die potentielle Freundin sich bald zurückzog. Wenn das geschah, fühlte Judy sich allein und verlassen und war voll Neid und Eifersucht. Es machte sie befangen, daß sie ein »Außenseiter« war. Alle Mädchen gingen zu zweit spazieren, und sie ging allein hinterher. »Ich gehe so gerne in der Mitte«, so drückte Judy ihr Gefühl des Ausgeschlossenseins aus. Dasselbe passierte im Ferienlager, wo elf Mädchen zusammen in einem Schlafquartier wohnten. Sie nannte sich die »Elfte«, die »Überflüssige«, die »Extranummer«. Wann immer sie Leute zusammen sah, wiederholte sich bei ihr monoton diese »Außenseiter«-Idee. Manchmal kam es ihr am besten vor, überhaupt die Menschen zu meiden; dann würde sie sie weder beneiden noch häßlich zu ihnen sein. Damit, daß sie sich in ihre Bücher vergrub, bewahrte sie sich vor großem Zorn, den sie bei solchen geselligen Situationen in sich aufsteigen fühlte. Ihr Temperament erschreckte sie selbst, und sie flüchtete sich in Zurückgezogenheit.

In solchen Zeiten wurde Judy deprimiert und fing an zu brüten. Auch zu Hause fühlte sie schmerzlich, wie allein sie war, und sie wünschte sich verzweifelt, daß ihre Mutter ihre Freundin wäre. In Tränen erzählte sie einmal dem Therapeuten, daß ihre Mutter sie schon wieder nicht verstanden hätte, als sie sich ihr anvertrauen wollte. Sie hatte der Mutter erzählt, daß ein bestimmtes Mädchen, das sie kannte, eine Mutter habe, der sie alles erzählen könne, gerade so, als ob sie eine Schwester sei. Judy wünschte sich, auch so jemanden zu haben. Die Mutter hatte geantwortet: »Du kannst mir alles sagen«, aber Judy gab zurück: »Ich kann Dir nicht trauen«, worauf die Mutter ihr eine Ohrfeige gab. »Schön hat sie mich verstanden!« meinte Judy dazu bitter. Solche Vorkommnisse verkleinerten jedoch nicht die starke Bindung, die zwischen ihnen bestand. Oft wandte sich Judy an ihre Mutter um Hilfe und bettelte direkt um ihre Liebe und ihr Verständnis. Bei anderen Gelegenheiten wandte sie sich gegen sie und beschuldigte sie, an ihrem ganzen Elend schuld zu sein. Die Bitte, daß der Psychotherapeut auch ihre Mutter behandeln solle, war für ein heranwachsendes Mädchen außergewöhnlich; aber Judy fühlte, daß alles, was ihrer guten Beziehung förderlich sein könnte, wünschenswert sei. Es erübrigt sich zu sagen, daß alle Hoffnungen, die sie in diese Situationen hineinwebte, immer zerrannen.

Die widersprüchlichen Wünsche, die Judy ihrer Mutter gegenüber hegte, führten zu endlosen Streitereien zwischen ihnen. Judy beklagte sich, daß ihre Mutter sie wie ein Kind behandele; trotzdem fügte sie sich. Einmal beschuldigte sie ihre Mutter, ihr vorgeschrieben zu haben, wie sie ihr Geld ausgeben solle (»sie schreibt mir vor, wie ich denken und was ich sein soll«), nur um ihr gleichzeitig vorzuwerfen, daß sie kein Interesse habe an irgend etwas, was Judy tat, fühlte oder wünschte. Nichts wurde ihr gegeben, klagte sie, alles, was sie gelernt habe, komme aus Büchern.

In diesem Zusammenhang ist Judys Vorbereitung auf die Menstruation besonders lehrreich. Die Mutter hatte ihr von der Menstruation erzählt, als Judy ungefähr zehn Jahre alt war. Soweit sie sich erinnern konnte, hatte die Mutter ihr gesagt, daß »bald jeden Monat etwas passieren werde«. Judy fragte besorgt, was das denn sein würde; aber die einzige Antwort, die sie bekam, war ein vager Hinweis: »Du wirst schon sehen, etwas wird geschehen, etwas Körperliches«. Diese Ungenauigkeit erschreckte sie, und sie stellte sich vor den Spiegel, betrachtete sich und fragte sich, was ihr wohl passieren würde. Sie erwartete etwas Schreckliches. »Kriege ich vielleicht jeden Monat einen Fleck auf der Nase oder eine Beule auf dem Rücken?« Als sie elf Jahre alt war, wachte sie eines Morgens auf und fand Blutflecken auf ihrem Laken. Sie erschrak, versuchte aber, das ganze zu ignorieren — doch als sie aus der Schule nach Hause kam, hatte sie Blut an den Beinen, auf dem Schlüpfer und auf dem Rock. Sie lief schreiend zur Mutter: »Mutti, ich sterbe, ich sterbe, ich verblute mich zu Tode!« Die einzige Antwort, die sie bekam, war: »Jetzt bist Du eben eine Frau.« Judy flehte die Mutter an, es ihr zu erklären, aber die Mutter wiederholte immer nur, daß sie eines Tages, wenn sie älter sein würde, schon alles verstehen werde. Ungefähr ein Jahr später wandte sich Judy an eine Kusine, und jetzt endlich wurde ihr alles erklärt. Es war aber immer noch verwirrend für sie, an Heirat, Masturbation oder Homosexualität zu denken. »Das einzige, was mir hilft, aus all der Verwirrung herauszukommen, sind Bücher.« Am Anfang der Pubertät erschreckte sie alles Sexuelle. Sie erzählte von einem Vorkommnis im Hause ihres Onkels, als sie dort Babysitter war, und der Onkel ihr sagte, sie solle sich vor ihm ausziehen. Judy fügte hinzu: »Natürlich habe ich das nicht getan«, und erzählte weiter, wie der Onkel sie »am ganzen Körper angefaßt« habe. Sie hatte keine Ahnung, was er eigentlich wollte; sie wußte nur, daß sie seine Berührung nicht länger würde ertragen können. »Es hat mich fast verrückt gemacht«, fügte sie hinzu und schloß den Bericht über diese Episode mit der rätselhaften Bemerkung: »Mein Vater, der faßt mich niemals an«.

Judys psychische Empfindlichkeit hatte eine physische Parallele — eine intensive Abneigung gegen jede körperliche Berührung. Sie fühlte sich von den Zärtlichkeitsbezeugungen ihrer Mutter abgestoßen und schreckte vor jedem körperlichen Kontakt mit anderen zurück. Andererseits hatte sie jahrelang Angst gehabt, allein zu sein, und schlief immer noch mit der Mutter zusammen in einem Bett. Merkwürdigerweise hatte sie nie versucht, ein Bett für sich allein zu bekommen. Daß sie mit der Mutter zusammen schlief, hing nur ganz entfernt mit praktischen Notwendigkeiten zusammen, denn am Wochenende, wenn der Vater — der nachts arbeitete — zu Hause war, mußte Judy im Wohnzimmer schlafen. Nur ungern gab sie ihren Platz im elterlichen Bett ab. Als die Familie schließlich in eine größere Wohnung zog, wo Judy ein Zimmer für sich allein hatte, blieben ihre Schlafgewohnheiten unverändert und wurden lange Zeit auch dem Psychotherapeuten gegenüber weder von der Mutter noch von der Tochter erwähnt. Als Judy schließlich das »Geheimnis« preisgab, war sie verlegen und wurde schrecklich rot. Schließlich fing sie an, sich zu beklagen, daß dieses Schlafarrangement nicht angenehm sei; aber niemals kam die Absicht zum Ausdruck, etwas daran zu ändern, so daß alles beim alten blieb. In ihrem unruhigen Schlaf schlug sie oft die Mutter, oder breitete ihren Arm über ihr Gesicht, wobei sie zornige Worte murmelte, die die Mutter nicht verstand. Niemals erinnerte sich Judy an solche nächtlichen Szenen, aber sie erfuhr von ihnen durch die Mutter.

Zum Schluß kaufte sich Judy ein eigenes Bett und brachte so die physische Trennung von der Mutter zustande. Sie zeigte damit an, daß sie ihre Konflikte als ihre eigenen anerkannte, die nicht durch mütterlichen Schutz und Befriedigung gelöst werden könnten. Erst dann konnte sie ihrer Mutter und ihrem eigenen Wunsch nach engem Zusammensein widerstehen, der immer nur zur vollen Erfüllung kam, wenn sie nach dem Zubettgehen sich »richtig aussprechen« konnten. Auch als sie allein schlief, war ihr Schlaf weiter unruhig: sie erzählte von Alpträumen, die ihr Angst machten, Träume vom Tod, immer Tod durch Mord. Judy hatte große Angst vor dem Alleinsein — jetzt und in Zukunft allein zu sein. Das, was sie ängstigte, kann in einem Satz zusammengefaßt werden: »Vielleicht wird mich nie jemand lieben, und ich werde niemanden lieben.« Mit all diesen Zweifeln fühlte sie sich gemein und selbstsüchtig: wäre es nicht besser, wenn so ein Mensch wie sie gar nicht mehr leben würde? Sie konnte nie den Gedanken ganz loswerden, daß sie selber an ihrem ganzen Unglück schuld sei. Ein schweres Schuldgefühl bedrückte sie. In Wachträumen von Selbstmord sah sie sich den Fluß hinuntertreiben. Eine Weile würden die Leute noch Briefe schreiben, dann aber würden sie ganz vergessen, daß sie je gelebt hatte.

Diese trüben Launen standen im Gegensatz zu ihren heiteren Momenten, die besonders dann kamen, wenn sie mit Freundinnen zusammen war. Bei solchen — wenn auch seltenen — Gelegenheiten konnte sie albern, verspielt und sorglos sein. Einmal verbrachte sie eine Nacht mit einer Freundin, in der sie viel Spaß hatten. Beide Mädchen, damals dreizehn, benahmen sich ganz verdreht und ließen sich von ihrer Phantasie hinwegtragen. Sie spielten, daß sie im Buckingham Palast lebten: wunderbar angezogen, vertrieben sie sich die Zeit damit, die Möbel umzustellen und den Palast richtig einzurichten. Sie stolzierten im Zimmer umher, gaben ihren Dienern Anordnungen und lachten dabei über ihre eigene Dummheit. Eine von Judys Lieblingsbeschäftigungen war, sich ihr Familienleben als eine Mischung von Gegenwart und Zukunft auszudenken. Immer waren ihre Mutter und ihre Drillingsbrüder dabei, niemals ihr Vater; das fiel ihr sogar selbst als merkwürdig auf. Judys fröhliche Laune dauerte nie lange, bald wurde sie traurig. Wenn sie von Kranken oder Sterbenden hörte — auch wenn sie diese nicht kannte — oder wenn sie einen toten Hund auf der Straße liegen sah, kamen ihr die Tränen, und sie weinte still in sich hinein.

In ihren Bemühungen, ein besserer Mensch zu werden, wandte sich Judy von den Oberflächlichkeiten des modernen Lebens ab, um nach der tieferen Bedeutung menschlichen Daseins zu forschen. Es war ihr nicht klar, ob man sie in der Religion oder in der Treue zu seinen eigenen Überzeugungen und Vorstellungen finden könnte. Sie probierte beides aus, ohne jedoch je von ihrer Hingabe befriedigt zu sein. Als Judy in eine neue Oberschule kam, beklagte sich die Mutter über den Zustand des Gebäudes; aber Judy war begeistert und erklärte, daß saubere Wände und gekachelte Korridore unwichtig seien. Wie dumm es doch von der Mutter sei, sagte sie, nur die äußere Erscheinung der Dinge zu sehen und zu ignorieren, was wirklich wichtig war, nämlich das Wesentliche, der Gedanke, die Atmosphäre, die Menschen. Solche Sophistereien verstrickten sie in viele Diskussionen und brachten ihr den Ruf ein, ein Snob zu sein.

Mit Jungen außerhalb der Familie fühlte sich Judy nie so recht wohl. Sie fühlte sich ungeliebt und unliebenswert. Sie war ganz überzeugt davon, daß sie sie nicht mochten, weil sie nicht hübsch war. Ihre Freundinnen waren alle hübsch, und sie beneidete sie sehr um ihre Eroberungen. Judy war immer der Zuschauer, der Außenseiter. Das Liebesspiel, das die heranwachsenden Mädchen um sie herum so geschickt zu spielen schienen, blieb für sie immer ein geheimnisvolles Rätsel. Eine Zeitlang behandelte sie Jungen und Mädchen gleich und löschte so die Ungleichheiten aus, die sie ängstigten. Vieles zeigt, daß Judy vor ihren eigenen Begierden Angst hatte und die Stärke ihrer Gefühle ihr Schrekken einjagte. Im Ferienlager wurde sie einmal nach einer Tanzerei, auf der sie sehr glücklich und heiter gewesen war, ohnmächtig. Ein Jahr später — wieder im Ferienlager — überkam sie, als sie mit einem Jungen am Teich entlang ging, ein merkwürdiges Gefühl: sie hatte plötzlich Angst, daß er sie ins Wasser stoßen würde. Phantasien, die sich auf Vergewaltigung und Gewalt bezogen, standen im Gegensatz zu ihrem Verlangen nach zärtlicher Liebe. Als sie mit dem Psychotherapeuten über die Szene am Teich sprach, gab Judy zu, daß sie sich gerne von dem Jungen hätte küssen lassen, da sie noch nie in ihrem Leben von jemandem geküßt worden war. Aber, fügte sie hinzu, »all das Übrige am Sex« erschrecke sie. »Wie weiß man denn«, fragte sie

ganz außer sich, »ob man verliebt ist?« Sie hatte immer Angst, daß sie sich von ihren sexuellen Wünschen wegtragen lassen würde, ohne wirklich zu lieben. Wenn ihre Mutter sie nur zarter und weniger grausam aufgeklärt hätte, so dachte sie, wäre alles anders gekommen.
Wenn sie in Gesellschaft war, wurde sie dauernd daran erinnert, daß sie nicht so gut wie die anderen war. Das sei der Grund — so dachte sie — warum sie nicht anziehend für die Jungen sei. Sie ging zu Schulfesten, zu Y-Parties, zu Klubzusammenkünften, zu politischen Versammlungen, immer nur um jedesmal mit ihrem ungesättigten Hunger nach Freundschaft und Liebe nach Hause zu kommen. Ihre eigene Unzulänglichkeit, ein kleinlicher Zug und ihre unfreundlichen Gefühle — so argumentierte sie — waren an ihren gesellschaftlichen Mißerfolgen schuld. Zu solchen Zeiten kam sie immer wieder auf den Gedanken zurück, daß mit ihr körperlich irgend etwas nicht in Ordnung sei, vielleicht ein Gehirntumor, den man operieren könnte. Sie war nie überzeugt, daß ihre Befürchtungen wirklich stimmten; aber während mehrerer Jahre der Adoleszenz hatte sie immer ein Gefühl der Unsicherheit, ob auch mit ihr körperlich alles in Ordnung sei.
Zu Hause verbrachte Judy viel Zeit mit endlosen Debatten in der Familie. Sie gab allen zu verstehen, wie sie sich langweilte, und machte abwechselnd sich und ihre Mutter dafür verantwortlich, daß sie dazu verdammt sei, die vier Wände anzustarren. In all dieser Zeit sprach Judy selten von ihrem Vater. Sie hatte das Gefühl, ihn kaum zu kennen und wußte nur wenig von ihm. Einmal, während einer Befragung, als sie an ihn dachte, wurde sie plötzlich ein paar Minuten still. Ihre Unterlippe fing an zu zittern, die Tränen kamen ihr in die Augen, und sie sagte: »Ich muß doch einen Vater gehabt haben, als ich ein Kind war, wenn ich ihn doch jetzt habe. Er muß schon dagewesen sein, aber ich kann mich nicht an ihn erinnern. Wo war er denn? Warum war er nicht da? Machte er sich nichts aus mir?« Ihr Vater, fügte sie höhnisch hinzu, »liebte nur seinen Magen«. In Tränen enthüllte sie ihre tiefste Angst — die, daß sie nicht geliebt werden könnte.
Diese depressiven Perioden, die Judy während ihrer Adoleszenz öfters erlebte, hörten von selbst auf und wichen Zeiten heiterer und ausgelassener Laune. Das war zum Beispiel, als Judy sich verliebte. Zuerst traf sie Billy zufällig, und die Beziehung zu ihm fand aus der Ferne statt. Von ihrem Fenster aus beobachtete sie ihn, wie er von und zur Arbeit ging, auf dem Fahrrad fuhr oder einkaufen ging. sie fühlte sich wie ein »Peeping Tom«, wenn sie das tat, und nannte sich einen »Spion«. Schließlich traf sie ihn wieder, und sie gingen zusammen aus; das ganze endete aber damit, daß der Junge kurz danach aus der Stadt wegzog.

Judy zögerte nicht, dem Psychotherapeuten zu erzählen, daß sie nachts von ihm träumte und am Tage an ihn dachte. Eine Mode, die gerade damals unter den Schulmädchen in Schwung war, paßte gut zu Judys Träumereien, und gleichzeitig machte sie dies zum Mitglied einer Gruppe von Gleichaltrigen, die sich alle damit befaßten. Das Spiel bestand darin, sich Geschichten über einen »Papier-Puppen-Freund« auszudenken, wo man doch in Wirklichkeit keinen hatte, sondern ihn sich nur ausdachte, aber man brauchte nicht zu lügen, da die anderen Mädchen ja wußten, daß alles nur Schein war. Manchmal gingen dann Tatsachen und Träume durcheinander — z. B. wenn die ganze Gruppe, Judy mit eingeschlossen, sich anläßlich der Verlobung eines der Mädchen in einen Zustand von Aufregung und Verdrehtheit steigerte, bevor sie ernüchtert feststellten, daß alles ja nur eine »Papier-Puppen-Verlobung« war. Damals war Judy sechzehn Jahre alt; sie hielt sich für reichlich kindisch, genoß aber trotzdem dieses dumme Scheinspiel während der paar Wochen, als es Mode war. Kurz nach dieser Episode der gemeinsamen Träumereien, schloß sich Judy an einen Lehrer an, dessen Kritik oder Lob ihren Tag verdüsterte oder erhellte. Sie sprach von ihm mit aufrichtiger Zuneigung und Vertrauen und faßte dieses neue Erlebnis folgendermaßen zusammen: »Alles, was ich weiß, ist, daß ich ihn gern habe.« Sie fügte hinzu: »Mein Vater hat nie so wie er gelächelt. Ich konnte niemals zu meinem Vater gehen, aber ich kann zu Herrn X. gehen; *er* ist interessiert — *er* hört mir zu.«
Als Judy fünfzehn Jahre alt war, heiratete ihr älterer Bruder, damals einundzwanzig, und Judy war bei der Hochzeit Brautjungfer. Sie gehörte »richtig zur Hochzeit dazu« und war von dem Ereignis so absorbiert, als ob sie selber die Braut gewesen wäre. Sie geriet über ihr Kleid in wahre Ekstase und erging sich in Phantasien von Liebe und Glück. Ihr Gefühlszustand ging von der Ekstase zur erotischen Erregung über. Sie konnte nicht anders als kichern und erröten und an Brautkleider und Brautschmuck denken. Zu dieser Zeit haßte sie es besonders, allein zu sein. Als sie davon sprach, enthüllte sie eine tatsächlich klaustrophobische Angst; sie brauchte unbedingt Gesellschaft, um sich gegen die Versuchung der Masturbation zu schützen. In solchem Zustand von sexueller Erregung geriet sie in Panik und fürchtete, daß ihre Impulse die Schranken der strengen Kontrolle durchbrechen könnten. Judy hatte ihren älteren Bruder immer geliebt, als wäre er eine Mischung von Bruder und Vater. Kein Wunder, daß seine Heirat inzestuöse Wünsche in ihr hochkommen ließ, die durch altruistischen Verzicht geheiligt wurden — d. h. durch ihre hingebungsvolle Liebe zu ihrer künftigen Schwägerin. Ihr Wunsch nach einem Kinde war kaum ver-

hüllt und wurde ihr bewußt, sobald die Schwägerin im ersten Jahr der Ehe schwanger wurde. Als das Baby geboren wurde, erklärte sie, daß der einzige Mensch, mit dem sie auskomme, das Baby ihres Bruders sei. Sie liebte dieses Kind und sagte, daß sie eines Tages genau so ein Baby haben wolle. Damals war sie sechzehn.

Nur ganz allmählich wandte Judy ihre heterosexuellen Gefühle Menschen außerhalb ihres Familienkreises zu. Eine Weile ging sie mit ihrem Drillingsbruder Charlie aus, der damals keine Freundin hatte. Wann immer Judy Zuneigung zu einem Jungen zeigte und sich daraus irgendeine Art von Verbindung zu entwickeln schien, machte die Mutter sofort in irgendeiner Form Einwendungen, um die Wahl ihrer Tochter herabzusetzen. Judy merkte wohl die Eifersucht und Besitzgier ihrer Mutter, aber um sich von ihr zu befreien, mußte sie erst ihr eigenes Abhängigkeitsbedürfnis loswerden und ihre sexuellen Wünsche anerkennen. Für eine Weile machte sie einen strengen Unterschied zwischen zärtlicher und sexueller Liebe. Wenn sie sich von einem Jungen sexuell angezogen fühlte, mied sie ihn, bespionierte ihn aber aus der Entfernung. Dann sah sie sich ganz bewußt im Bilde einer Prostituierten, »in der Dämmerung um eine Telephonstange herumschleichend, ein Barett über das eine Auge heruntergezogen«. Sie fügte mit affektiertem Zynismus hinzu: »Schließlich ist ja diese Generation in der Ära von Pat X groß geworden« — damit meinte sie ein »call girl«, das in einen Sensationsprozeß wegen Prostitution in der New Yorker Gesellschaft verwickelt war. Diese Posen einer »glitzernden Prostituierten«, die alle ihre verbotenen sexuellen Phantasien durchdrangen, wechselten dann ohne Übergang mit romantischer Liebe in der Klasse, am Strand, beim Tanzen ab. Solche hingebungsvolle Sehnsucht und Gefühle der Zuneigung zu mehreren Jungen kamen zu einer plötzlichen Klimax und verschwanden dann genau so plötzlich, wie sie gekommen waren: immer wieder kam die Angst dazwischen.

Ungeachtet ihrer Niederlagen und Enttäuschungen trieb Judys Liebesbedürfnis sie in immer neue Freundschaften mit Jungen. Langsam ging sie durch die verschiedenen Stadien dieser Entwicklung hindurch, wobei Vorwärtsschübe sich mit Stillstand und Rückschlägen abwechselten. Erst im Alter von siebzehn Jahren erreichte Judy den Punkt in ihrer seelischen Entwicklung, wo sie die ersten Zeichen einer extrafamiliären heterosexuellen Orientierung anerkannte. Allmählich kam sie dazu, ihre sexuellen Impulse direkter zu akzeptieren und traute sich dadurch immer mehr zu, ihre Triebstrebungen zu beherrschen. Die beiden grundlegenden Ängste, die Judy schon früh in der Adoleszenz erkannt hatte — die Angst, die Beherrschung zu verlieren, und die Angst, nicht zur Liebe fähig zu sein — stellten sich als zwei Seiten derselben Münze heraus.

B. Rekonstruktion eines Entwicklungskontinuums

Wir wollen uns nun Judys früherem Leben zuwenden, um zu sehen, wie die genetische Betrachtungsweise uns zur Würdigung einiger der Faktoren in ihrem früheren Leben verhelfen kann, die ihre Adoleszenzentwicklung weitgehend bestimmten. Indem wir ein Kontinuum in ihrer Entwicklung feststellen, können wir die Änderungen wichtiger emotionaler Formen bis in die frühe Kindheit zurückverfolgen — Wandlungen, die von äußeren Faktoren beeinflußt waren, wie z. B. von der Familienstruktur und Handlungs-Vorbildern, wie sie sich unter den Familienmitgliedern herausgebildet hatten. Gleichzeitig müssen wir die formativen Wirkungen wesentlicher Faktoren, so wie z. B. konstitutionelle Begabung und Reifung, mit in Betracht ziehen. Das Zusammenspielen dieser verschiedenen Komponenten bringt es in den frühen Lebensphasen zu einer grundlegenden regulativen Methode für die Aufrechterhaltung optimalen Wohlbehagens. Diese regulative Methode zeigt später viele Abänderungen, die durch den Fortschritt in der Entwicklung des Ichs und auch durch die besonderen Wege, in der die prägenitalen Phasen der psychosexuellen Entwicklung liquidiert werden, hervorgerufen sind. Wir wollen daher unsere besondere Aufmerksamkeit nicht nur auf die Vorläufer der Adoleszenzkonflikte, sondern auch auf Anpassungsvorgänge und ihre Keime im frühen Leben richten.

Wie schon erwähnt, war Judy das eine Mädchen von Drillingen und hatte schon einen Bruder, der sechs Jahre älter war als sie. Diese zweite Schwangerschaft war nicht beabsicht gewesen. Im Gegenteil, die Eltern wollten gar keine Kinder mehr. Sie konnten kaum richtig für das erste sorgen, da es dem Vater nie gelungen war, feste und passende Arbeit zu bekommen. Die Mutter hatte sich mit der Schwangerschaft abgefunden. Der Vater aber war trotz aller praktischen Einwendungen glücklich, daß seine Familie nun größer wurde. Im siebenten Monat der Schwangerschaft erfuhr die Mutter, daß sie Drillinge haben würde, was sie sehr erschreckte und erboste. Doch der Vater war stolz und glücklich über diese Nachricht. Dieser Unterschied in der elterlichen Reaktion bestand weiter: die Mutter fühlte sich durch die Kinder gefangen, vernichtet und ausgesaugt. Der Vater behielt seine positive und warme Einstellung ihnen gegenüber bei, war interessiert und optimistisch in bezug auf ihre Entwicklung — ohne jedoch seinen Teil an Mühe und Verantwortung für die Bedürfnisse einer so großen Familie beizutragen. Er liebte es, eine Familie zu haben, hielt sich aber diesen geliebten Besitz vom Leibe, um sein Leben auf seine eigene Art zu führen, und wehrte sich gegen die emotionalen und materiellen Forderungen, die Frau und Kinder an ihn stellten.

Die Geburt war normal, die Kinder waren ausgetragen. Judy kam zuerst. Von Anfang an zeigte sie die größte Vitalität und stellte an die Mutter die geringsten Anforderungen von den Dreien. Dies ist von besonderer Bedeutung, da die beiden Jungen eine dauernde Quelle der Besorgnis für die Mutter waren. Judy und ihr Bruder Ben wogen bei der Geburt jeder etwas über 2000 g, aber beide Jungen blieben in der Gewichtszunahme hinter Judy zurück. Weder in bezug auf ihr Essen noch auf ihre Schlafgewohnheiten waren sie jemals so verläßlich wie Judy, die bald geschickter, selbständiger und überhaupt reifer war als ihre Brüder. Die Mutter beschrieb Judy als ein »lebhaftes, flinkes und gutmütiges« Baby, während sie für die Jungen nur Ausdrücke des Jammers und Mitleids hatte. Judy konnte mit neun Monaten laufen, Ben mit fünfzehn Monaten und Charlie mit vierundzwanzig Monaten. Judy fing ungefähr mit einem Jahr zu sprechen an, die Brüder folgten nach, wobei Charlie etwas zurückblieb. Judy war früh sauber, und das ging so einfach, daß die Mutter sich an keine Daten und Einzelheiten erinnern konnte. Andererseits hatte sie eine Menge genauer Erinnerungen, was die Jungen betraf. Ebenso war es mit der Gesundheit der Drillinge. Während die Jungen dauernde Aufmerksamkeit brauchten, hatte Judy in ihrer frühen Kindheit niemals ein Gesundheitsproblem. Erst in der Präpubertät fing Judys Gesundheit an, problematisch zu werden, zuerst in bezug auf die Haut (Akne) und bald darauf wegen ihrer Kopfschmerzen.

Während all der Jahre der frühen Kindheit war Judy immer — wenigstens sah die Mutter es so — die Norm oder das »Maß«, an dem der Fortschritt der Kinder gemessen wurde. Es kann kein Zweifel bestehen, daß Judys Entwicklung die beste unter den dreien war. Die Mutter empfand es aber als Ungerechtigkeit, daß die Jungen kränklich und schwach, das Mädchen aber gesund und kräftig war.

Judy war die Erstgeborene; auch beim Lernen war sie stets voran. Dieser charakteristische Zug wurde immer deutlicher, als sie aus dem Säuglingsalter heraus waren. Da Judy sich gut entwickelte, wendete die Mutter ihr die wenigste Aufmerksamkeit zu, und folglich entbehrte Judy schon früh, daß sie nicht bemuttert wurde. Sie schien mit dem, was sie bekam, zufrieden zu sein, während die Jungen immer mehr verlangten. Solange man die Babys mit Flaschen und körperlicher Pflege befriedigen konnte, wurden sie alle gleich behandelt. Die Jungen brauchten aber eine spezialisiertere Nahrung und Pflege als Judy.

In der Erinnerung der Mutter hatte sie die Kinder nie als Einzelindividuen, sondern immer nur als »drei Babys, die die Flasche brauchten«, gesehen. Die Schwierigkeiten fingen an, als die Babys nicht länger durch Füttern beruhigt werden konnten, sondern je nach ihren individuellen Bedürfnissen verschieden behandelt werden mußten.
Bei ihren Versuchen, sich die Mutterliebe zu sichern, richtete sich Judy nach den Reaktionen ihrer Umgebung, d. h. den Reaktionen, die ihre bessere Entwicklung hervorrief. Infolgedessen kam sie dazu, sich zur Aufrechterhaltung ihres Abhängigkeitsbedürfnisses auf ihre Leistungen zu verlassen. Schon ganz früh fing sie an, der Mutter mit der Betonung ihrer Leistungen und einer gewissen Selbständigkeit Freude machen zu wollen. Um sich die Liebe der Mutter zu sichern, mußte Judy also zu früh auf Befriedigungen verzichten, die ihre Brüder außergewöhnlich lange Zeit genossen. Die Umstände, das Tempo der Reifung und besondere Talente trugen ihren Teil zu der frühen Persönlichkeitsorganisation dieses Kindes bei, in der eine außergewöhnliche Toleranz gegenüber Frustration und eine Tendenz zur Nachgiebigkeit als Mittel, Angst zu überwinden, bemerkbar wurde. Judys zufriedenstellende Entwicklung im Säuglingsalter war von Anfang an für das Niveau der Erwartungen bestimmend, und scheinbar war es ihr leicht, sich an das Bild anzupassen, das die Umgebung von ihr bekommen hatte. Sie wurde das, was die anderen wollten, das sie sein sollte. Als Belohnung wurde sie akzeptiert und gelobt, büßte aber dabei das Gefühl des Wertes und der Ganzheit ein — ein Mangel, der während ihrer Adoleszenz so offenbar wurde.
So wurde Judy also ein Musterkind. Sie mußte ihre Fortschritte beibehalten, um den Eltern, besonders ihrer Mutter, Freude zu machen. Es erübrigt sich zu sagen, daß ihr Drang nach Leistungen durch ihre aggressiven und Wiedervergeltungsimpulse sehr verstärkt wurde. Judy konnte in allem ihre Brüder in den Schatten stellen, und so wurde sie bald »Mutters kleine Hilfe«. Judys fortgeschrittene Entwicklung machte sie zu einer Art älterer Schwester, die auf ihre Brüder aufpassen und ihnen helfen mußte. Viele Jahre lang war sie der Führer, der Beschützer und, tatsächlich, das kleine Kindermädchen ihrer Brüder. »Ich mußte jedem helfen (damit meinte sie ihre Brüder), aber keiner half mir«, waren Judys zornige und grollende Worte, wenn sie später an die Jahre ihrer Kindheit zurückdachte. Judys Hunger nach Liebe, ihr Gefühl der Einsamkeit, ihre grenzenlose Eifersucht und emotionale Unersättlichkeit — all das hatte seine Wurzeln in jenen frühen Jahren.
In der prä-ödipalen Periode identifizierte sich Judy mit der aktiven Mutter; sie half ihr, die Kinder großzuziehen. Durch diese Identifizie-

rung wurde ihr die orale Abhängigkeit erspart. Aber sie bekam auch schon ganz früh ein tiefes Gefühl der Schuld. Ihre Mütterlichkeit verdeckte kaum ihre feindlichen Impulse gegen ihre Brüder und ihre unersättlichen oralen Bedürfnisse gegenüber der Mutter. Um die Trennung von der Mutter aufrechtzuerhalten und trotzdem eng mit ihr verbunden zu sein, wurde das Kind wie sie; sie einverleibte sich die Befehle und Erwartungen der Mutter, die sie dann besonders gut erfüllte, und wie! Rund um diese feindliche Identifizierung herum wuchs das emotionale Leben des Kindes in einer integrierteren und permanenten Form: große Selbsterwartungen gingen Hand in Hand mit einer niedrigen Meinung von sich selbst. Das Kind strebte danach, artig zu sein, aber es gelang ihm niemals, dieses Ideal zu erreichen. Darin war es der Mutter ähnlich, die zwar viel Güte besaß, aber nie die selbstlose großzügige Güte einer Mutter, wie Judy sie sich wünschte. Judys Selbstbeschuldigungen sind ein Echo ihrer Beschuldigungen gegen die Mutter, die sie um der Brüder und *ihres* Eigeninteresses willen im Stich gelassen hatte.

Judy war in den Augen der Mutter ein »wundervolles, reizendes und artiges Baby« — bis zum Alter von fünf Jahren. In dieser Zeit zeigte sich ihre Enttäuschung über den Vater, der sich zu den Kindern in seiner ihm eigenen freundlichen Weise verhielt, aber nur wenn er selbst Gesellschaft brauchte, und kaum bemerkte, daß seine Kinder seine Liebe brauchten. Judy entzog dem Vater ihre Liebe und wandte sie dem älteren Bruder zu, der in jenen Jahren für das kleine Mädchen zum Vaterersatz wurde. Ein Vorzeichen für dieses Verlagern der ödipalen Strebungen vom Vater auf den ältere Bruder waren die engen Beziehungen zwischen der Mutter und ihrem ältesten Sohn — Beziehungen, die diesen Jungen definitiv zum bevorzugten männlichen Wesen in der Familie machten. In mancher Hinsicht nahm der ältere Bruder Judy gegenüber tatsächlich eine väterliche Rolle ein. Der zu jener Zeit präadoleszente Junge zeigte keinerlei offene Zuneigung für seine kleine Schwester, drückte aber sein Interesse für sie dadurch aus, daß er ihr sagte, wie sie sich benehmen solle, und daß er sie tadelte, wenn sie einmal etwas falsch machte. Das Ausmaß, in dem der Bruder der Repräsentant des ödipalen Vaters wurde, zeigte sich in dramatischer Weise in Judys emotionaler Teilnahme an seiner Heirat, als sie fünfzehn war. Die Größe von Judys Enttäuschung an dem ödipalen Vater läßt sich ermessen, wenn man an ihre Entrüstung denkt, als sie sich erinnerte, wie ihr Vater sie in ihrer Kindheit im Stich gelassen hatte, gerade zu einer Zeit, als sie ihn am meisten brauchte.

Mit dem Ende der ödipalen Periode, mit ungefähr fünf Jahren, kam über Judy eine Veränderung: genau wie früher schon einmal entschädigte sie sich für eine Enttäuschung dadurch, daß sie unabhängig und tüchtig wurde. Aber diesmal überkompensierte sie und wurde snobistisch und mürrisch. All das wurde noch deutlicher, je weiter die Latenzperiode fortschritt. Judy fühlte sich der übrigen Familie überlegen und meinte, ihr käme ein spezielles eigenes Leben zu. Die Umrisse dieser Familiengeschichte zeigten sich in ihrer arroganten Haltung und kamen dann in der Adoleszenz wieder zum Vorschein, als sie mit ihrer Freundin das Theater mit dem Buckingham Palast aufführte.

Eine ihrer frühen Phantasien soll hier erwähnt werden, da sie sich bis in die Adoleszenz hinein zog, nämlich die, daß sie eigentlich Vierlinge gewesen seien, zwei Jungen und zwei Mädchen; daß das eine Mädchen aber bei der Geburt gestorben war, »und ich blieb allein«. Ihre Suche nach der Vollständigkeit blieb die Suche nach der verlorenen Zwillingsschwester. In dieser Phantasie spricht sich ihr früher Mangel an »Bemutterung« aus ebenso wie der Ersatz für die genitale Unvollkommenheit, die sie ihren Brüdern gegenüber empfand. Judy brauchte immer eine Freundin, die sie bewundern konnte und die ihr gehörte; aber eben dieses Bedürfnis war der Grund dafür, daß sie diese Freundinnen, die sie doch so verzweifelt nötig hatte, immer bald wieder verlor.

Die Folgen der ödipalen Enttäuschung waren in Judys Fall leicht erkennbar: sie gab sich ganz dem Lernen hin und zwar mit großem Erfolg. Sie ließ ihre Brüder weit hinter sich, während sie mit unbeugsamem intellektuellem Eifer und Ehrgeiz vorwärts stürmte. Zweitens wurden Judys sexuelle Gefühle massiv verdrängt, was für sie eine Gefühlsverarmung bedeutet, die ihre kritische Phase erst in der Pubertät erreichte. Die Verführungsszene mit dem Onkel war scheinbar ein Präpubertätstrauma nach dem Modell, das von Greenacre (1950) beschrieben wurde. »Diese Traumen wurden von den Opfern provoziert und stellten Zwangswiederholungen prä-ödipaler Konflikte dar, die die Intensität der ödipalen Phase mit der sich daraus ergebenden Strenge und Deformation des Über-Ichs beeinflußten.« Noch eine andere Schlußfolgerung in Greenacres Arbeit wird durch Judys Fall bewiesen, nämlich die »Benutzung des Traumas als eine masochistische Rechtfertigung für Abwehr gegen Sexualität«. Die Hautempfindlichkeit, die in Judys Verführungsszene eine so große Rolle spielt, weist auf eine frühe Körperberührungsstörung im Säuglingsalter hin. Die Aufforderung des Onkels, sich auszuziehen, spiegelt sowohl ihren eigenen Wunsch nach sexueller Erregung durch Liebkosungen und gleichzeitig eine Bestätigung der sexuellen Gefahr, die der Mann darstellt, wieder. Nach diesem Zwischenfall vermied Judy jede Situation, die sexuelle Gefühle hervorrufen könnte. Als sie sich dann endlich zum ersten Mal mit einem

Jungen allein fand, fürchtete sie, von ihm attackiert zu werden. Ganz offenbar fürchtete sie, ihre Selbstbeherrschung zu verlieren. Wenn sie in so eine ausweglose Situation geriet, reagierte sie mit Übelkeit und Erbrechen. Wir erkennen in diesen flüchtigen Symptomen eine Verdauungslabilität, die in die Zeit der oralen Ambivalenz zurückzureichen scheint. Als Judy während der frühen Adoleszenz im Ferienlager war, hatte sie Hungergefühle oder hatte einen verdorbenen Magen. Sie rief zu Hause an und bat um Essen, weigerte sich aber entschieden, dem ängstlichen Vorschlag der Mutter zu folgen und heimzukommen.

Judys Persönlichkeitsorganisation gruppierte sich um eine Trias von Konstellationen: 1. orale Unersättlichkeit, die sie zu depressiven Zuständen prädisponierte, 2. Abhängigkeit und ambivalente Objektbeziehung, die den Weg für eine feindliche Identifizierung ebneten und ihr erlaubten, Kontakt mit dem geliebten und verhaßten Objekt aufrechtzuerhalten, 3. aggressive, eifersüchtige Impulse, die gehemmt und gegen sich selbst gerichtet werden; es besteht ein permanentes Schuldgefühl. Diese charakteristische Form, mit dem Trieb, dem Über-Ich und der Umgebung fertig zu werden, war mehr oder weniger vollendet, als das Kind in die Latenzperiode eintrat. Sie blieb intakt, bis die Pubertät das Gleichgewicht störte und die unsichere Ruhe der vorhergehenden Jahre umwarf. Jedoch der Kraftaufwand, der Judy durch die Latenzperiode hindurchtrug, sollte nicht unterschätzt werden. Mit hartnäckiger Entschlossenheit widerstand sie einer Rückkehr zur Mutter-Abhängigkeit und überließ ihren Brüdern die Welt der kindlichen Vergnügungen, während sie selbst sich aufmachte, um jene Wege der Befriedigung (Schulerfolge) zu erreichen, die ihr außerhalb der engen Grenzen der Familie offen waren. Judy verwandte ihre ganze Energie auf das Lernen, und wir erkennen in ihrem Ich-Ideal das Resultat ihrer widersprechenden Tendenzen wieder. Sie wollte Krankenschwester und zwar eine Lehrerin an einer Schwesternschule werden. Dieser berufliche Ehrgeiz, den sie mit ungewöhnlicher Konsequenz verfolgte, stellt eine Sublimierung ihrer eigenen Bedürfnisse, von ihrer Mutter gepflegt zu werden, dar, ebenso wie die frühe Identifizierung des Kindes mit der aktiven Mutter. Weiterhin erkennen wir hier Judys Methode, Frustration zu meistern und dem regressiven Zug entgegenzuwirken, indem sie das, was sie sich passiv wünschte, in etwas umwandelte, was sie aktiv vollbringen konnte. Ihre Berufswahl stützte sich also auf ein fokales Kindheitstrauma. Sie bot ihr innerhalb der Matrix von sozialer Konformität und Prestige eine organisierte Betätigung, durch die die Meisterung des Traumas in einen Lebenszweck umgeformt werden konnte.

Ihr übertriebener Gebrauch des Abwehrmechanismus der Umkehrung störte Judys Entwicklung zur Femininität. Ihre Passivität blieb an die frühkindliche Abhängigkeit von der Mutter gebunden und wurde während der ödipalen Phase nur zögernd aufgegeben. Als mit der Pubertät die Triebregungen stärker wurden, kehrte das Mädchen im wörtlichen Sinne zur Mutter zurück und schlief mit ihr in einem Bett. Das Geheimnis, mit dem das Ganze umwoben wurde, und die Einzelheiten der Schlafgewohnheiten, die wir oben beschrieben haben, lassen keinen Zweifel darüber bestehen, daß sie sich an die Mutter als eine Fortsetzung ihrer prä-ödipalen Wünsche klammerte, die sie niemals aufgegeben hatte. Interessant ist, daß Judy es erst fertig brachte, von der Mutter loszukommen — anfangs nur im physischen Sinne — als sie eine positive Beziehung zur Psychotherapeutin bekam, die eine junge, verständnisvolle und anziehende Frau war. Das Mädchen fand in ihr ein Ich-Ideal, mehr Schwester als Mutter. Da die Psychotherapeutin weniger streng und toleranter als Judys Über-Ich war, erlaubte sie damit dem Mädchen, sie als selbstlos, ohne Ausnutzungsgedanken anzusehen. Manchmal zog Judy auch einen Pullover an von derselben Farbe, wie sie ihn hatte: sie hatte endlich ihre Zwillingsschwester gefunden. Der Einfluß der Psychotherapeutin machte sich in Judys Kleidung bemerkbar. Sie fing an, Geschmack an weiblicher Kleidung zu finden, was ganz offenbar etwas Neues war, denn bei ihr zu Hause gingen alle schlampig und ungepflegt umher. Diese Übertragung half ihr, ihre fordernde in eine teilnehmende Abhängigkeit zu verwandeln. Sie assimilierte also innerhalb dieser Beziehung ein idealisiertes alter ego, das aus dem Reiche der Phantasie herausgehoben und zu einer realen Erfahrung gemacht wurde. Während all das vor sich ging, erwuchs in Judy ein Gefühl der Vollständigkeit und des eigenen Wertes. Gleichzeitig ließ ihr aggressiver Wetteifer nach und ihre feindliche Identifizierung nahm ab. Sexuelle Phantasien traten in den Vordergrund, und sie fing an, für Lehrer zu schwärmen, die sie dann idealisierte.

Die allmähliche Loslösung von der prä-ödipalen Mutter führte dazu, daß aufgegebene ödipale Wünsche wieder auftauchten. Heterosexuelle Objektbesetzungen wurden ihr ebenso wichtig wie Schulerfolge und hörten auf, ihnen antagonistisch gegenüberzustehen. Sexuelle Phantasien und Empfindungen wurden als ich-gerecht anerkannt, ohne dabei die zum Selbstschutz errichteten Schranken ihres physischen und emotionalen Selbsts niederzureißen. Obgleich die Angst vor der Macht ihrer Emotionen immer noch in Judys Verhalten bemerkbar war, zeigten ihre Interessen, Betätigungen und Erfahrungen deutlich, daß eine entscheidende Wendung zur Femininität eingetreten war. Und damit trat Judy in die Phase der Spätadoleszenz ein.

3 Die Phasen der Adoleszenz

Der Durchgang durch die Adoleszenzperiode vollzieht sich weder in gleichmäßigem Tempo noch in gerader Linie. In der Tat sind die Ziele und Errungenschaften des geistigen Lebens, die die verschiedenen Phasen der Adoleszenz charakterisieren, oft widerspruchsvoll in Richtung und heterogen in Qualität. Das bedeutet, daß Progression, Digression und Regression abwechselnd zum Vorschein kommen, wie es immer in Phasen geschieht, die vorübergehend antagonistische Ziele verfolgen. Defensive und adaptive Mechanismen sind ineinander verwoben, und die Dauer keiner der Phasen kann nach irgendeiner Zeit- oder Altersskala festgesetzt werden. Diese außerordentliche Elastizität der psychologischen Bewegung, die der spektakulären Mannigfaltigkeit der Adoleszenzperiode zugrunde liegt, kann gar nicht genug betont werden. Jedoch bleibt es Tatsache, daß trotzdem eine geordnete Sequenz der psychischen Entwicklung besteht und als mehr oder weniger deutlich gegeneinander abgesetzte Phasen beschrieben werden kann.

Der Heranwachsende kann durch die verschiedenen Phasen hindurchstürmen oder kann bei irgendeiner von ihnen verweilen — in endlosen Variationen — aber er kann nicht ganz und gar den wesentlichen psychischen Transformationen der verschiedenen Phasen entgehen. Ihre Ausarbeitung durch Differenzierungsprozesse — über eine lange Zeit hin — bringt es zu einer komplexen Persönlichkeitsstruktur; ein schnelles Abtun der Adoleszenz hinterläßt gewöhnlich seine Spuren im Erwachsenen, ein Zustand, der am besten als Primitivisierung bezeichnet wird. Keiner dieser beiden Entwicklungsformen sollte mit dem Reifungsniveau verwechselt werden. Sie sind eher ein Zeichen verschiedengradiger Komplexität und Differenzierung. Beides, der eingeborene Vorwärtsschub und das Wachstumspotential der adoleszenten Persönlichkeitsentwicklung, zielen unerbittlich auf die integrierende Reifung der Pubertät und die älteren gewohnten Formen der Aufrechterhaltung des Gleichgewichts hin. Durch diesen Integrationsprozeß wird die Kontinuierlichkeit des Ich-Erlebnisses aufrechterhalten, die das Entstehen eines stabilen Selbstgefühls — oder eines Gefühls der Identität — unterstützen.

Die spezifische Bedeutung der Latenzperiode dafür, daß der Betreffende den richtigen Zugang zur Adoleszenz findet, in sie eintritt und erfolgreich durch sie hindurchkommt, ist schon erwähnt worden. Die Latenzperiode gibt dem Kinde für die Ich-Entwicklung jene Mittel in die Hand, die es braucht, um sich auf die Begegnung mit der vermehrten Triebzufuhr der Pubertät vorzubereiten. Mit anderen Worten — das Kind wird für die Aufgabe bereit gemacht, den Energiezufluß auf alle die Ebenen der Persönlichkeitsfunktion zu verteilen, die in der Latenzperiode erarbeitet worden sind. So kann es also Triebenergien auf differenzierte psychische Strukturen und mannigfache Betätigungen psychosozialer Dimensionen ablenken, anstatt sie lediglich als Zunahme der sexuellen und aggressiven Spannung zu erleben. Freud (1905 b) nennt eine abgekürzte Latenz eine »spontane sexuelle Frühreife«, die daher kommt, daß die Latenzperiode sich nicht erfolgreich etabliert hat. Er glaubte, daß so die »sexuellen Hemmungen«, die eine wesentliche Komponente der Latenzperiode darstellen, nicht ausreichend erworben wurden und dadurch »Sexualäußerungen veranlassen, die — einerseits wegen des unfertigen Zustandes der Sexualhemmungen und andererseits wegen des unentwickelten Sexualsystems — nur den Charakter der Perversion in sich tragen können«.

Die wörtliche Interpretation des Ausdrucks »Latenzzeit«, als ob es sich hier um Jahre handle, die frei von sexuellen Triebregungen sind — d. h. daß die Sexualität latent sei — ist schon lange durch die Anerkennung klinischen Beweismaterials ersetzt worden, das zeigt, daß sexuelle Gefühle, die sich in Onanie, Voyeurismus, Exhibitionismus und sado-masochistischen Betätigungen ausdrücken, während der Latenzperiode nicht zu existieren aufhören (Alpert, 1941; Bornstein, 1951). In dieser Periode erscheint jedoch kein neues Triebziel. Was indessen doch geschieht, ist das Wachsen der Kontrolle, die das Ich und Über-Ich auf das Triebleben ausübt. Fenichel (1945 b) bezieht sich darauf, wenn er darauf hinweist, daß während der Latenzperiode die Triebforderungen selbst sich nicht viel verändern, wohl aber das Ich. Die sexuelle Betätigung ist während dieser Periode in die Rolle eines vorübergehenden Spannungsregulativs relegiert. Diese Funktion wird durch das Auftauchen einer Reihe verschiedener Ich-Betätigungen, sublimierende, adaptierende und Abwehrakte ersetzt. Diese Verschiebung wird wesentlich durch die Tatsache gefördert, daß, nach Freud (1924 b), Objektbesetzungen aufgegeben und durch Identifizierungen ersetzt werden. Die Verschiebung der Besetzung vom äußeren zum inneren Objekt kann sehr wohl ein wesentliches Kriterium der Latenzperiode genannt werden. Freud (1905 b) bezog sich gerade auf diesen Tatbestand, der aber durch den allgemeineren Gedanken überschattet wurde, daß »sexuelle Hemmung« das hervorragendste Merkmal dieser Periode sei. Er schreibt: »(Während der Latenzzeit) bricht zeitweise ein Stück Sexualäußerung durch, das der Sublimierung entgangen ist. Oder irgendwelche Sexualäußerungen können durch die ganze Latenzperiode hindurch fortbestehen, bis dann in der Pubertät der Sexualtrieb mit größerer Intensität durchbricht. Als Folge der Latenzentwicklung nimmt der direkte Ausdruck z. B. von sexuellen und Abhängigkeitsbedürfnissen ab, da sie jetzt mit komplexeren alloplastischen Bemühungen amalgamiert sind, oder von Abwehrmechanismen in Schach gehalten werden, von denen die Zwangsvorstellungen für diese Periode typisch sind.«

Die Abhängigkeit von elterlicher Unterstützung für das Gefühl des eigenes Wertes und der eigenen Wichtigkeit wird in der Latenzzeit fortschreitend durch ein Gefühl der Selbstachtung ersetzt, das sich auf Errungenschaften und Beherrschung stützt, die objektive und soziale Anerkennung finden. Des Kindes eigene innere Hilfsquellen vereinigen sich mit den Eltern zum Regulativ für seine Selbstachtung. Mit dem Heraufsteigen des Über-Ichs kann nun das Kind besser, in mehr oder weniger unabhängiger Weise, sein narzißtisches Gleichgewicht aufrechterhalten. Die größere Reichweite seiner sozialen, intellektuellen und motorischen Fähigkeiten gibt ihm ihrerseits eine große Reihe von Mitteln in die Hand, die alle helfen, sein narzißtisches Gleichgewicht aufrechtzuerhalten, und zwar in einem engeren Rahmen, als es in der frühen Kindheit möglich war. Es zeigt sich jetzt auch eine größere Stabilität in bezug auf Affekt und Stimmung.

Gleichzeitig erwerben die Ich-Funktionen eine zunehmende Resistenz gegen Regression, und wesentliche Ich-Betätigungen (wie z. B. Perzeption, Lernen, Gedächtnis und Denken) konsolidieren sich immer mehr in der konfliktfreien Sphäre des Ichs. Es folgt daraus, daß das Fluktuieren von Triebspannungen die Unversehrtheit von Ich-Funktionen nicht bedroht, wie es in den Prälatenzjahren noch geschehen konnte. Stabile Identifizierungen machen das Kind von den Objektbesetzungen und ihrer schwankenden Intensität und Qualität unabhängiger. Die Ambivalenz geht, besonders im späteren Teil der Latenzperiode, merklich zurück (Bornstein, 1951). Strengere innere Kontrolle zeigt sich in Verhaltensweisen und in Haltungen, die logisch motiviert und wertgerichtet sind. Diese allgemeine Entwicklung bringt autonom höhere geistige Funktionen ins Spiel und reduziert entscheidend den Gebrauch des Körpers als Ausdrucksinstrument für innere Vorgänge. Von diesem Standpunkt aus kann die Latenz als »Reduktion im Ausdrucksgebahren des ganzen Körpers, Zunahme der Fähigkeit des vom Motorischen getrennten, sprachlichen Ausdrucks« beschrieben werden (Kris, 1939). Die Sprache selbst wandelt sich. Die Konjunktion »weil« wird geschickter angewendet (Werner, 1940). Weiterhin wird die Sprache mehr und mehr zum Verhüllen benutzt, was sich im Gebrauch von Allegorien, von Vergleichen und Similia zeigt. Dies steht im Gegensatz zum jüngeren Kind, dessen Sprache ohne Umschreibung seine Emotionen und Wünsche ausdrückt. Ella Sharpe (1940) hat gezeigt, daß in der Latenzzeit und in der Adoleszenz der Gebrauch von Metaphern auffällig ist und daß diese spezifische Redeweise »sich zusammen mit der Beherrschung der Körperöffnungen entwickelt. Die Emotionen, die ursprünglich die Körperausscheidungen begleiten, finden nun Ersatzwege und Ersatzmaterial«. Ein Zunehmen der künstlerischen Ausdrucksfähigkeit gleicht den Verlust der körperlich unbewußten Spontaneität aus.

Das Fortschreiten des Sozialbewußtseins geht in der Latenzzeit Hand in Hand mit der Trennung von rationellem Denken und Phantasie, mit einer Trennung zwischen »Sozialwelt« und »Privatwelt« — kurz, mit einer neuartigen, stark empfundenen Differenzierung. In dieser Differenzierung spricht das Kind eifrig auf normative soziale Einrichtungen an, wie Erziehung, Schule und Spielplatz, um sich ein Wertmodell zu schaffen, das sein Integrationsverhalten fördert.

Für die Latenzentwicklung ist der Unterschied der Geschlechter signifikant. Regression zum prägenitalen Niveau als Abwehrreaktion im Anfang der Latenz scheint für Knaben typischer zu sein als für Mädchen. Die beim Knaben beobachtete Neigung zur Regression kündigt schon seine präadoleszente Entwicklung an. Die Tatsache, daß er seine ödipale Phase härter und in entscheidenderer Weise aufgibt als das Mädchen, macht den ersten Teil seiner Latenzperiode außerordentlich schwierig. Im Gegensatz dazu tritt das Mädchen weniger konfliktbeladen in diese Periode ein. Allerdings behält sie, zusammen mit einem Gefühl der Freiheit, einige der phallischen Züge der prä-ödipalen Vergangenheit bei. Greenacre (1950) war der Meinung, daß »bei den meisten Mädchen wahrscheinlich ein gewisser Grad von bisexueller Identifizierung irgendwann in der Latenzperiode besteht, wenn nicht das Mädchen weitgehend unter der Dominanz prolongierter ödipaler Strebungen steht«. Die konfliktreiche Zeit kommt dann in der Latenz, wenn ein Trieb-Durchbruch bevorsteht und ihr Über-Ich sich als unzulänglich erweist, die herannahende Flut der Vorpubertät zurückzudämmen.

Die allgemeinen Kennzeichen der Latenz, die ich hier zusammengefaßt habe, sind im einzelnen in mehreren psychoanalytischen Untersuchungen der Latenzperiode beschrieben worden (Fries, 1958). Bei einigen wird die Auswahl des Lesestoffs (Peller, 1958; Friedlaender, 1942), bei anderen der Gebrauch des Witzes (Wolfenstein, 1955) und des Spieles (Peller, 1954) besonders betont.
Eine Vorbedingung für das Eintreten in die adoleszente Phase der Trieborganisation ist die Konsolidierung der Latenzperiode. Wo dies nicht geschieht, erlebt das Kind in der Pubertät nichts anderes als eine Intensivierung der Prälatenzstrebungen und zeigt ein frühkindliches Verhalten, das eher stehengeblieben als regressiv ist. In der analytischen Arbeit mit Adoleszenten — hauptsächlich den jüngeren — bei denen die Latenzperiode niemals befriedigend etabliert war, gehen wir gewöhnlich so vor, daß wir die analytische Arbeit mit erzieherischen Eingriffen einleiten oder die Arbeit mit ihnen durchsetzen, um einige wesentliche Latenzleistungen zu erreichen.

In einem Fall äußerte ein gut entwickelter Zehnjähriger, der Lernschwierigkeiten hatte, sich sozial nicht einordnen konnte und eine bizarre Art zu denken zeigte, plötzlich, als er zehn Jahre alt wurde, den Wunsch, im Bett der Mutter zu schlafen und den Vater von ihr fernzuhalten. Bitten, umarmt und geküßt zu werden, wechselten mit dem Wunsch ab, von der Mutter wie ein Kind aufgenommen zu werden und auf ihrem Schoß sitzen zu dürfen. Die Mutter neigte dazu, seinen Wünschen nachzugeben. Als mit der Analyse des Kindes angefangen wurde, schien es von größter Wichtigkeit, die Mutter dabei zu unterstützen, daß sie eine Resistenz gegen die sexuellen Annäherungen ihres Sohnes entwickelte, und ihr zu zeigen, wie sie seine Wünsche vereiteln, ihm aber gleichzeitig Ersatzbefriedigung anbieten könne. Die Tatsache, daß die Mutter ihn aktiv von der Erfüllung seiner ödipalen Wünsche zurückhielt, beeinflußte die Reaktion des Kindes ganz entscheidend: er reagierte auf das Verbot der Mutter mit Unterdrückung der ödipalen Wünsche und zeigte eine erkennbare Resignation. Er fing an, sich in zwanghafter Weise mit seinen Schularbeiten zu beschäftigen, schrieb Heft nach Heft voll, und prüfte seine Antworten unaufhörlich. Dieses Zwangsverhalten diente zur Abwehr gegen analen Vergeltungsdrang, der sich gegen die frustrierende Mutter richtete. Dieser Drang wurde in bezug auf die Mütter seiner Schulkameraden agiert. Nachdem sein regressives Verhalten durchgearbeitet war, traten in der Analyse ödipales Material und Kastrationsangst in den Vordergrund, angedeutet durch Versagen, Projektion und verwirrtes Denken. Sein Interesse richtete sich jetzt auf Kastrationsthemen, hauptsächlich aus der Bibel: das Töten des männlichen Lammes zum Passahfest; der Herr, der »alle Erstgeborenen im Lande Ägypten schlug«, der Herodianische Kindermord in Bethlehem. Man muß annehmen, daß ohne vorbereitende erzieherische Methoden am Anfang der Analyse die Behandlung dieses Knaben ernsthaft in Frage gestellt gewesen wäre.

Die Errungenschaften der Latenzperiode, die sehr wohl die Vorbedingung für das Fortschreiten in die Adoleszenz darstellen können, sollen folgendermaßen zusammengefaßt werden: Die Intelligenz muß sich durch eine scharfe Trennung von primären und sekundären Denkvorgängen und durch Anwendung von Urteil, Verallgemeinerung und Logik entwickelt haben. Soziales Verständnis, Einführungsvermögen und altruistische Gefühle müssen eine merkbare Stabilität erreicht haben; das physische Wachstum muß Unabhängigkeit und Beherrschung der Umgebung erlauben; die Ich-Funktionen müssen unter dem Einfluß unwichtiger, d. h. alltäglicher kritischer Situationen immer widerstandsfähiger gegen Regression und Auflösung geworden sein; die Synthetisierungsfähigkeit des Ichs muß wirksam und komplex und endlich muß das Ich fähig geworden sein, seine Integrität mit immer weniger Unterstützung von der Außenwelt zu verteidigen. Diese Latenzerrungenschaften müssen nun der puberalen Zunahme der Triebenergie weichen. Wenn der neue Zustand der Pubertät nur Latenzerrungenschaften verstärkt, die unter dem Einfluß der sexuellen Verdrängung entstanden sind, »dann wird«, wie Anna Freud (1936) sagt, »der Charakter der Latenzperiode in Permanenz erklärt«. Das bleibende Resultat ist dann emotionale Unreife, wie es immer ist, wenn eine Aufgabe, die für eine Phase spezifisch ist, dadurch umgangen wird, daß man in die Errungenschaften der vorhergehenden Entwicklungsphase zurückfällt oder sich an sie klammert.

2. Präadoleszenz

Während der Präadoleszenz bewirkt die Zunahme des Triebdruckes eine wahllose Besetzung all der libidinösen und aggressiven Befriedigungsarten, die dem Kinde in seinen ersten Lebensjahren so gut gedient hatten. Weder ein neues Liebesobjekt noch ein neues Triebziel kann in dieser Zeit schon festgestellt werden. Jedes Erlebnis kann sexuell stimulierend wirken — sogar jene Gedanken, Phantasien und Handlungen, die offenbar jeder erotischen Nebenbedeutung entbehren. So sind z. B. die Reize, auf die der prä-adoleszente Junge mit einer Erektion reagiert, nicht spezifisch. Es ist also nicht notwendigerweise ein erotischer Reiz, der genitale Erregung hervorruft. Sie kann auch durch Zorn, Furcht, Schock oder allgemeine Aufregung ausgelöst werden, und erste Ejakulationen im Wachszustand sind oft eher Folgen eines Affekts als die spezifisch erotischer Reizung. Bei Wettkämpfen physisch reiferer Knaben, wie z. B. beim Ringen, sind spontane Ejakulationen beschrieben worden. All das zeigt, daß beim Knaben, wenn er in die Pubertät eintritt, das Genitale als unspezifisches Organ für Spannungsabfuhr dient. Dies ist für die Kindheit bis zum eigentlichen Eintritt in die Adoleszenz charakteristisch, wo dann das Organ allmählich seine exklusive Empfindlichkeit gegen heterosexuelle Reize erwirbt.

Das Wiederauftauchen eines prägenitalen Dranges ist bei den Geschlechtern nicht gleichmäßig, da jedes mit den puberalen Trieben in verschiedener Weise fertig wird. So beschreibt Erikson (1951) den auffallenden Unterschied in der präadoleszenten Spielstruktur. Aus seinem Material geht hervor, daß das Thema Männlichkeit und Weiblichkeit bei Jungen und Mädchen zu verschiedenen Formen des Spieles führt. Es ist das Interesse an den Sexualorganen (unbewußt oder vorbewußt), an ihrer Funktion, ihrer Unversehrtheit und an ihrem Schutz und nicht das Thema der Liebesbeziehungen und ihrer Erfüllung, das in der Spielkonstruktion der Präadoleszenz eine hervorragende Rolle spielt. Erikson schreibt: »Die wichtigsten Geschlechtsunterschiede in der Ausnutzung des Spiel-Raumes ergeben also das folgende Bild: Beim Knaben sind die hervorragendsten Spiel-Charakteristika: Höhe, Herunterfallen und Bewegung und wie sie kanalisiert und aufgehalten werden (Polizist). Beim Mädchen sind es: statische Innenräume, die offen stehen, einfach eingeschlossen oder blockiert sind und in die eingedrungen wird.«

Ganz allgemein kann man sagen, daß eine quantitative Triebzunahme die Präadoleszenz charakterisiert, und daß dies zu einem mehr oder weniger starken Wiederaufleben der Prägenitalität führt (A. Freud, 1936). Diese Innovation bringt die Latenzperiode zum Abschluß; es wird schwerer, an das Kind heranzukommen, es zu unterrichten und unter Kontrolle zu bekommen. Was auch immer die Erziehung der vorhergehenden Jahre an Triebbeherrschung und sozialer Einordnung erreicht hat, scheint nun zur Auflösung verurteilt.

Gesell (1956) berichtet, daß Mädchen im Alter von zehn Jahren zu »schmutzigen Witzen, die gewöhnlich mehr mit ihrer Kehrseite als mit Sex zu tun haben, neigen«, während Jungen »schmutzige Witze, bei denen es sich gewöhnlich um Ausscheidungsvorgänge handelt, vorziehen«. Er gibt an, daß Mädchen eine klarere Unterscheidung zwischen den Ausscheidungs- und Fortpflanzungssystemen machen, aber immer noch dazu neigen, die beiden zu verwechseln. Die sexuelle Neugier verschiebt sich von Anatomie und Inhalt zu Funktion und Vorgang. Sie wissen, wo die Kinder herkommen, aber es ist ihnen noch immer ein Geheimnis, wie sich das auf ihren eigenen Körper bezieht. Bei den Mädchen tritt Flüstern und Geheimnistuerei an die Stelle der offenen Neugier und, ein Geheimnis zu teilen, dessen Inhalt gewöhnlich ganz unverhüllt sexueller Natur ist, bleibt in dieser Phase eine Form der Intimität und Verschwörung. Diese Situation unterscheidet sich von der Latenzperiode, wo einfach die Tatsache, ein Geheimnis zu haben — welchen Inhalts auch immer — schon eine Quelle des Entzückens und der Aufregung ist.

Der folgende Ausschnitt aus der Analyse eines präadoleszenten Jungen mit Lernschwierigkeiten als Folge von fehlender Triebbeherrschung zeigt, wie das Wiederaufleben der prägenitalen Impulse allmählich verdrängt und transformiert wird, bevor wieder Sublimierung eintritt.

Ein zwölfjähriger Junge, der mit dem Aufwallen der Prägenitalität zu kämpfen hatte, und der wiederholt zu Hause und in der Schule peinvolle Zusammenstöße hatte, war endlich in der Lage, instinktive Vorsichtsmaßregeln anzuwenden (Schule und Kirche), die ihm in der Triebbeherrschung halfen und ihn vor Angst und Schuldgefühlen beschützten. Er kam dazu, die analen Witze und Worte, die ihn in Schwierigkeiten gebracht hatten, als sündhaft anzusehen, und erinnerte sich selbst an die Strafe, die auf eine solche Sünde folgen konnte, nämlich Ausschließung aus der Schule und Verdammung durch Gott. Er wies auf einen eingebildeten Phantasiejungen hin, der aus der Schule verwiesen wurde (natürlich sprach er von sich selbst), weil er folgenden Scherz erzählt hatte: »Mrs. Hershey tat ihre Nüsse in ihre Schokolade«. Nach seiner Erklärung hatte das Wort »Nüsse« (nuts) drei Bedeutungen: essen, verrückt sein und Penis; Schokolade beziehe sich auf die Kloake. Aber jetzt, so versicherte der Junge dem Therapeuten, denke er nicht mehr an solche schmutzigen Witze oder lache bei dem Ausdruck: »stinkendes Arschloch«. Er denkt sich jetzt komischen Wortunsinn oder Sätze aus. Wenn er nur an sie denkt, muß er in Gelächter ausbrechen. Er bietet ein Beispiel an: »George Washingmaschine radelte den Missislappy hinunter und unterzeichnete die Unverdaulichkeitserklärung«. Verkleidet, aber wie durchsichtig, denn der aufgeregte Spaß, den er an dem Unsinn hat, und der sich in fröhlichem Lachen Luft macht, verrät die unbewußte Bedeutung. Der Junge konnte nun offen eine Zuhörerschaft für seine »Witze« zusammenbringen und sich so Erleichterung der Schuldgefühle verschaffen, die von dem anstößigen Impuls herstammen (Blos, 1941). Nach einer Zeit, in der er fast zwangsweise solche »gereinigten« Witze erfand und erzählte, gab der Junge mehr und mehr seine antiphobische Courage auf und konzentrierte sich mit großem Eifer auf seine Schularbeiten.

Direkte Triebbefriedigung stößt gewöhnlich auf ein mißbilligendes Über-Ich. In diesem Konflikt flüchtet sich das Ich in viele wohlbekannte Lösungen: Abwehrmaßnahmen wie Verdrängung, Reaktionsbildung, Verlagerung und anderes werden wieder eingesetzt und verstärkt. Das erlaubt dem Kinde, Fähigkeiten und Interessen zu entwickeln, die ihm in der Gruppe der Gleichaltrigen Zustimmung und Prestige verschaffen, und sich den vielen überkompensierenden Betätigungen, Zwangsverhalten und Zwangsvorstellungen hinzugeben, um die Angst zu bannen. Typisch für dieses Stadium ist das zielbewußte Interesse des Sammlers, der sich auf Briefmarken, Münzen, Streichholzheftchen, Vereinsabzeichen oder irgendein anderes Objekt konzentrieren kann, das sich dafür eignet. Eine neuartige Lösung im Dienste der Triebbefriedigung erscheint in der Präadoleszenz: die Sozialisierung der Schuld. Dieses neue Mittel, um den Über-Ich-Konflikt zu umgehen, rührt von der in der Latenzzeit erworbenen sozialen Reifung her, und das Kind benutzt sie, um die Schuld auf die Gruppe im allgemeinen abzuwälzen oder, genauer gesagt, auf ihren Führer als den Anstifter von Vergehen. Die Sozialisierung der Schuld macht die autoplastische Abwehr wenigstens in gewissem Ausmaße überflüssig. Das Phänomen der geteilten oder projizierten Schuldgefühle ist in diesem Stadium einer der Gründe für die wachsende Bedeutung der Gruppen- oder Bandenzugehörigkeit.

Natürlich sind alle diese Abwehrmaßnahmen nicht immer dem Angriff der Triebforderungen angemessen. Furcht, Phobien und nervöse Angewohnheiten können als vorübergehende Symptome auftreten. Entwicklungs- und Deskriptivpsychologie beschreiben als *Spannungsventile* für dieses Stadium: häufige Magen- und Kopfschmerzen, Nägelknabbern, Einziehen der Lippen, Stottern, Murmeln, mit den Händen am Mund herumspielen, am Haar drehen, mit Dingen herumspielen; einige Kinder lutschen auch noch am Daumen (Gesell, 1956).

Zwei typische Formen des Präadoleszenzverhaltens bei Knaben und Mädchen werfen ein Licht auf die Zentralkonflikte der beiden Geschlechter in diesem Stadium: Der Knabe zeigt eine mädchenfeindliche Einstellung, setzt Mädchen herab und versucht, sie zu meiden; wenn er mit ihnen zusammen ist, protzt er, bläst sich auf, neckt sie, spielt sich auf und übertreibt. Im wesentlichen verbirgt er seine Ängstlichkeit, statt zu versuchen, eine Beziehung herzustellen. Die Kastrationsangst, die die ödipale Phase zum Verschwinden brachte, taucht wieder auf und zwingt den Knaben, nur mit gleichgeschlechtlichen Kameraden zusammen zu sein. Beim Mädchen ist diese Phase durch einen »Aktivitätsschub« charakterisiert, in dem Agieren und jungenhaftes Benehmen ihre Höhe erreichen (Deutsch, 1944). In diesem demonstrativen Verleugnen der Femininität kann man den ungelösten Kindheitskonflikt des Penisneids, den Zentralkonflikt des präadoleszenten Mädchens ausmachen — ein Konflikt, der temporär unterbrochen wird, wenn die phallischen Phantasien sich zum letzten Mal austoben, bevor die Femininität sich durchsetzt.

Ein siebzehnjähriges Mädchen beschrieb ihre Präadoleszenz folgendermaßen: »Die Umwandlung, die ich im Alter von elf erlebte, als ich so gesellig war wie eine Fünfjährige, aber so sein wollte wie eine Vierzehnjährige, wurde von einer Reihe von Faktoren begleitet. Unter ihnen war wahrscheinlich der wichtigste und für mich der, den ich mir am schwersten erklären konnte, meine eigene Reifung. Ich machte mich allmählich von der Vorstellung der Inferiorität der Mädchen, an die mein Bruder bis zu seinem sechzehnten Jahr glaubte, los. Ich lief jetzt nicht mehr den Jungensbanden nach, die mich nicht akzeptierten, sondern schloß mich Mädchengruppen an, die es taten. Hier war es, wo die Pfadfindermädchen zu einer führenden Kraft in meinem Leben wurden. Stolz tat ich jeden Tag meine gute Tat. Die Führerin war eine flotte Frau, die ich bewunderte, weil sie in so direktem Gegensatz zu den übergeschäftigen Lehrerinnen und zu meinen Eltern stand.«

In einer anderen Untersuchung (More, 1953) wurden die Wünsche von Mädchen in bezug auf — »der Mensch, der ich gern sein möchte« — in verschiedenen Altersstufen vermerkt. Dieses Selbst-Image, in die Zukunft projiziert, wirft ein Licht auf die Konvergenz der Ich-Interessen und der psychosexuellen Entwicklung. Im Alter von elf Jahren wolle das eine Mädchen eine WAVE * sein, — »eine Uniform tragen und aussehen wie meine Mutter«. Außerdem wollte sie gerne »im Flugzeug fliegen und fliegen lernen«. Mit zwölf Jahren wollte sie Krankenschwester werden, weil eine Schwester »den Menschen hilft und so adrett angezogen ist«. Mit sechzehn wollte sie entweder Mannequin oder Stenotypistin werden, wollte »einsfünfundsechzig groß sein und so um 55 kg wiegen«. Sehnsüchtig fügte sie hinzu: »Ich wollte zu den WAVEs, aber ich kann nicht, so muß ich mich wohl mit den anderen Berufen begnügen. Das war mein geheimer Ehrgeiz.«

Es ist allgemein bekannt, daß die psychologische Entwicklung in der Präadoleszenz bei den beiden Geschlechtern völlig verschieden verläuft. Der Unterschied ist auffallend. Die deskriptive Psychologie widmet dieser Periode große Aufmerksamkeit und hat eine große Menge von wichtigem Beobachtungsmaterial gesammelt. Der Knabe kommt auf Umwegen zur genitalen Orientierung über prägenitale Triebbesetzung. Im Gegensatz dazu wendet sich das Mädchen viel schneller und stärker dem anderen Geschlecht zu.

Es trifft nur auf das männliche Geschlecht zu, daß die quantitative Triebzunahme während der Präadoleszenz zu einer wahllosen Besetzung der Prägenitalität führt. In Wirklichkeit zeigt das Wiederauf-

---

* Women Accepted for Voluntary Emergency Service (Frauen, die für den freiwilligen Notstandsdienst angenommen sind).

flackern der Prägenitalität hier das Ende der Latenz an. Zu dieser Zeit beobachtet man bei Jungen eine Zunahme der allgemeinen Beweglichkeit (Unruhe, Zappligkeit) und orale Gier, sadistische und anale Betätigungen (wie sie sich in der Freude am Koprophilen ausdrükken), sie gebrauchen »schmutzige« Worte, mißachten Sauberkeit, sind von Gerüchen fasziniert, geschickt im Nachahmen von onomatopoetischen Geräuschen und lieben phallische, exhibitionistische Spiele. Ein Elfjähriger, bei dem die Analyse mit zehn Jahren angefangen worden war, illustrierte diese Entwicklung treffend, indem er sagte: »Mein Lieblingswort ist jetzt ›Scheiße‹. Je älter ich werde, desto schmutziger werde ich ...« Als er vierzehn war, machte er folgenden retrospektiven Vergleich: »Mit elf waren meine Gedanken nur beim Schmutz, jetzt beim Sex. Das ist ein großer Unterschied.«

Wir fühlen uns hier an Dostojewskis Bemerkung über Jungen jenes Alters erinnert. Man kann nicht umhin, die Konstanz in bezug auf Ort und Alter der präadoleszenten Charakteristika zu bemerken. In den »Brüdern Karamasow« finden wir diese Stelle: »Es gibt ›gewisse‹ Wörter und Gespräche, die unglücklicherweise nicht aus den Schulen auszumerzen sind. Jungen reinen Geistes und Herzens, fast Kinder, haben es gern, in der Schule untereinander von Dingen zu reden, von Bildern und Vorstellungen, bei denen sogar Soldaten manchmal zögern würden, sie auszusprechen. Darüber hinaus ist vieles, wovon Soldaten nichts wissen und keine Vorstellung haben, kleinen Kindern der intellektuellen und höheren Gesellschaftsklassen wohlbekannt. Das ist keine moralische Verderbtheit, kein wirklicher innerer korrupter Zynismus, sieht aber so aus, als ob es das wäre und wird oft unter ihnen selbst als gescheit, kühn und nachahmenswert angesehen.«

Die Phantasien der präadoleszenten Jungen werden gewöhnlich gut behütet; eher mitgeteilt werden die Ich-syntonischen Größenideen und Zotigkeiten. Eine gut behütete Phantasie, herübergerettet aus dem frühen Alter von ungefähr fünf Jahren und im Alter von elf wieder benutzt, um genitalen Reiz zu verursachen, wurde von einem Jungen in der Analyse in Fortsetzungen enthüllt: Erst zwei Jahre später deckte er die sexuellen Begleitgefühle auf, als er selbst spontan sein früheres Verhalten korrigierte. Seine Vorstellung war folgende: »Ich dachte immer, Mädchen werden mit einem Schlüssel aufgezogen, den man ihnen in die Seite des Oberschenkels steckt. Wenn sie aufgezogen sind, werden sie sehr groß. Im Vergleich dazu sind Jungens nur ein paar Zentimeter hoch. Die Jungen klettern an den Beinen dieser großen Mädchen hoch, kommen ihnen unter die Röcke und in ihre Unterwäsche hinein. Dort gibt es Hängematten, die am Nichts hängen. Die

Jungens klettern in die Hängematten. Bei mir selbst nannte ich das immer ›auf dem Mädchen reiten‹.« So bekam das Wort »Reiten« bei ihm eine ganz spezielle erotisch gefärbte und leicht verlegene Note.
Dieser Tagtraum wurde, wie es gewöhnlich der Fall ist, in der Präadoleszenz ausgearbeitet und mit den laufenden Ereignissen verschmolzen. Im Falle dieses Jungen nahm er die Form einer Phantasie an, in der Mädchen in der Schule seinen besten Freund gefangen nahmen und nackt auszogen. Das Thema des Tötens, Unterwerfens, Demütigens und der Ausnutzung des Riesen, d. h. der phallischen Frau (das archaische Mutter-Imago) tauchte in endlosen Variationen wieder auf. Die Ungerechtigkeit des vorgestellten Kampfes zwischen Jungen und Mädchen gab in diesem Falle der Angst vor dem Weiblichen ebenso wie vor des Knaben eigenen aggressiven Impulsen, die gegen den Körper der Mutter, besonders gegen die Brust, gerichtet waren — die er »jene vorstehenden Massen« oder auch abfällig »die Zitzen« oder die »oberen Geschlechtsorgane« nannte — besondere Bedeutung. Er empfand das, was ihn zurückhielt, mit Mädchen zu ringen oder irgendwie anders roh mit ihnen umzugehen, als einen Weg, seinen destruktiven Drang gegen die Brüste zu zügeln. Mädchen, so argumentierte er, werden beschützt, weil sie »die Dinger da brauchen«. Eine seiner Tiraden gegen Mädchen ging folgendermaßen: »Mädchen gelten als so schwach. Ist ja alles nicht wahr. Warum soll man ihnen die Türe aufmachen? Sie können es ja selber. In Wirklichkeit sind sie oft stärker als Jungens. Das ist alles nur wegen der Babys, daß man sie beschützt. Immer nur ein Baby auf einmal. Ein Mann kann eine Million machen, ganz schnell. Aber, nein, der Mann kann ja im Krieg geopfert und getötet werden.« Er hatte das Bedürfnis, einem Mädchen auf die Brust zu schlagen, als er fühlte, daß es nicht erlaubt war, sie anzufassen. Er wußte genau über die Brustentwicklung bei jedem Mädchen seiner Klasse Bescheid. Typischerweise war das Gegengewicht gegen diese Phantasien und Bedürfnisse die Behauptung: »Ich bin froh, daß ich ein Junge bin.« In kollektiver Abwehr tat er sich mit seinen Freunden zusammen.
Das obige Material wird hier als weitere klinische Unterstützung für das theoretische Modell der Präadoleszenz zitiert. Eine Interpretation des Materials erlaubt die Herausarbeitung des typischen Präadoleszenzkonfliktes des Knaben, als von Furcht und Neid gegenüber der Frau bestimmt. Die Tendenz der Identifizierung mit der phallischen Mutter mildert die Kastrationsangst. Normalerweise wird gegen diese Tendenz eine Abwehr errichtet. Wir werden hier an Bettelheims (1954) These erinnert, die besagt, daß puberale Initiationsriten dem

Zweck dienen, dem Knaben seinen Neid gegenüber der Frau aufzulösen. Im wesentlichen hat daher eine bisexuelle Identifizierung aufgelöst zu werden (Mead, 1958). Bettelheim (1954) gibt klinisches Material, aus dem hervorgeht, »daß gewisse Initiationsriten auf die Versuche des Adoleszenten zurückgehen, seinen Neid gegen das andere Geschlecht zu integrieren oder der sozialen Rolle anzupassen, die für sein Geschlecht vorgeschrieben ist, und prägenitale kindische Befriedigungen aufzugeben«.

Im Stadium der Präadoleszenz muß der Knabe wieder, und dieses Mal endgültig, seinen Wunsch nach dem Kinde (Brust, Passivität) aufgeben und mehr oder weniger die Aufgaben der ödipalen Periode zu Ende führen (Mack Brunswick, 1940). Bei einem begabten Mann kann dieser Wunsch in schöpferischem Werk Erfüllung finden. Wann immer solch ein Mann zur Behandlung kommt, weil seine schöpferische Tätigkeit erlahmt ist, enthüllt er eine typische Trieborganisation, die Jacobson (1950) in ihrer Abhandlung »Der Wunsch nach dem Kinde beim Knaben« beschreibt. In bezug auf solche Patienten, so schreibt sie, »zeigt die schöpferische Betätigung eine intensive Besetzung mit unbewußt femininen Fortpflanzungsphantasien«. Van der Leeuw (1958) betont den normalen Neid des Knaben gegenüber der prä-ödipalen Mutter und die Wichtigkeit einer progressiven Lösung, die in seiner Auflösung liegt, nämlich dem Aufgeben des »prä-ödipalen Wunsches, schwanger zu werden und wie die Mutter Kinder zu gebären«. Van der Leeuw fährt fort: »Die Hindernisse, die dem im Wege stehen, sind Wut, Eifersucht, Rivalität und vor allem Impotenz und Hilflosigkeit und die destruktive Aggression, die diese Erlebnisse begleiten. In der frühen Kindheit wird das Gebären von Kindern als eine Leistung angesehen, als Macht und Rivalität mit der Mutter. Es bedeutet, aktiv zu sein wie die Mutter. Es ist eine Identifizierung mit der aktiven, produzierenden Mutter.« Fixierung an das präadoleszente Niveau macht diese Phase zur permanenten Trieborganisation; in Fällen solcher Fixierung ist die Phase der Präadoleszenz wegen unüberwindlicher Kastrationsangst in bezug auf die archaische Mutter mißlungen, und wird durch Identifizierung mit der phallischen Frau aufgelöst.

Wie sieht der präadoleszente Knabe das gleichaltrige Mädchen? Sicher ist, daß das präadoleszente Mädchen nicht die gleichen Züge hat wie er. Sie ist entweder ein »Tomboy« oder eine junge aggressive Frau. Dem präadoleszenten Knaben erscheint sie als Diana, die junge Göttin der Jagd, die ihre Reize entfaltet, während sie mit einer Meute von Hunden durch die Wildnis jagt. Ich benutze hier diese mythologische Beziehung, um den defensiven Charakter der prägenitalen Triebbesetzung beim Jungen zu betonen, nämlich sein Meiden der kastrierenden Frau, der archaischen Mutter. Aus meiner Kenntnis der Phantasien, der Spiele, Träume und des symptomatischen Verhaltens des präadoleszenten Knaben ergibt sich für mich, daß Kastrationsangst in bezug auf die phallische Mutter nicht nur ein universelles Phänomen der männlichen Präadoleszenz ist, sondern als ihr zentrales Thema angesehen werden kann. Diese immer wiederkehrende Beobachtung mag daher kommen, daß ich in der Analyse so viele heranwachsende Jungen mit passiven Strebungen sehe, die aus Familien mit starken, dominierenden Müttern kommen, und dieser Aspekt verdient sicher eine genaue Untersuchung. Die oben gezogenen Schlüsse sollen jetzt durch einige Beispiele aus den Analysen präadoleszenter Jungen illustriert werden.

In mehreren Träumen eines elfjährigen Jungen, der sehr dick war, dabei fügsam, gehemmt und Zwangsverhalten zeigte, erschien wiederholt eine nackte Frau. An den unteren Teil ihres Körpers konnte er sich nicht genau erinnern, und er wurde auch nur ganz verschwommen gesehen. Ihre Brüste, die an der richtigen Stelle saßen, hatten penisartige Qualitäten, entweder als erektiles oder urinierendes Organ. Die Träume dieses Jungen wurden immer durch seine Erlebnisse in einer gemischten Schule ausgelöst, wo der Wettbewerb zwischen Jungen und Mädchen ihm endlose Beweise von der Böswilligkeit der Mädchen, ihrem unfairen Verhalten und ihrer räuberischen Verderbtheit lieferte. Als ihm die durch zwanghafte Masturbation erreichte Beruhigung als die oben beschriebene präadoleszente Sackgasse interpretiert wurde, entwickelte sich bei ihm eine Schlafstörung, in der die Furcht, die Mutter könne ihn während der Nacht töten, vorherrschte.

Ein Vierzehnjähriger war noch in der präadoleszenten Phase und litt an schwerer psychogener Lernunfähigkeit. Er beschrieb wiederkehrende Träume, in denen er von einem Affen im Dschungel gejagt wurde, oder in denen ein Ungeheuer des nachts durch die halboffene Tür in sein Zimmer hineinspähte. Obgleich er vor Schrecken erstarrt war, beschloß er doch im Traum, daß er das Ungeheuer töten würde. Diese Träume kamen der Wirklichkeit seines Lebens immer näher, als seine Aggression gegen seine Mutter und die Furcht vor ihr eine neue Klimax erreichten. Dieses Ereignis traf damit zusammen, daß er den Therapeuten bat, ihn sexuell aufzuklären, da er, wie er vorgab, hier völlig unwissend sei. Während dieser Unterhaltungen rief der Junge plötzlich aus: »Natürlich, der Gorilla ist Mammi.« Das Affenungeheuer stellte die phallische, prä-ödipale, kastrierende Mutter dar. Der Vater wurde als gutartig und fügsam gesehen. Er stellte keine Gefahr dar.

Ein dritter Junge, der sich mit vierzehn Jahren noch in protrahierter Präadoleszenz befand und dessen betonte Gleichgültigkeit den Mädchen gegenüber zum Gegenstand der analytischen Untersuchung wurde, erkannte selbst seine unterdrückte Neugier und Anziehung, aber auch tödliche Furcht vor der Frau. Er rechtfertigte das Verbergen seiner Gefühle und seine zur Schau getragene Gleichgültigkeit und Feindseligkeit damit, daß er sagte: »Mädchen sind darauf aus, einen umzubringen, aber man darf sie nicht anfassen; sie sind ja so zart.« Er fühlte, daß Selbstbehauptung nicht erlaubt sei und daß er zum Schluß dem Angriff unterliegen würde, was der einzig mögliche Ausgang des Zusammentreffens sein würde.
Grete Bibring (1953) hat den Verlauf einer Entwicklung beschrieben, in der der Knabe die positive ödipale Phase ohne die Hilfe eines verbietenden Vaters durch Regression zur prä-ödipalen Mutter erreichte. Jedoch in seiner Bindung an sie spielten ödipale Ängste mit; diese Mutter, die Verführerin, wird zur Hexe der matriarchalischen Familie: prä-ödipale Versagung und ödipale Drohung konzentrieren sich hier in ein und derselben Figur.
Die Kastrationsangst, die die ödipale Phase beim Knaben zum Abklingen bringt, taucht mit dem Einsetzen der Pubertät wieder auf. Puberale Kastrationsangst beim Jungen bezieht sich im Anfangsstadium auf die aktive, die mächtige, die fruchtbare Mutter. Ein zweites Stadium, das für die eigentliche Adoleszenz typisch ist, soll später beschrieben werden. In der Präadoleszenz beobachten wir, daß die passiven Strebungen überkompensiert und die Abwehr gegen sie kraftvoll durch die sexuelle Reifung verstärkt wird (A. Freud, 1936). Die typische Stadium der männlichen Präadoleszenz, bevor sich der Knabe erfolgreich der Maskulinität zuwendet, hat als charakteristischen Zug die homosexuelle Abwehr gegen die Kastrationsangst. Es ist genau diese Abwehrhaltung des Knaben, die dem typischen Gruppenverhalten zugrundeliegt, die die deskriptive Psychologie mit »Banden-Stadium« * bezeichnet hat. In der psychoanalytischen Psychologie wird es als das »homosexuelle Stadium« der Präadoleszenz bezeichnet.
Dieses Stadium muß von einer späteren, vorübergehenden und mehr oder weniger ausgeprägten homosexuellen Phase der frühen Adoleszenz unterschieden werden, in der unter dem Einfluß des Ich-Ideals ein Mitglied des eigenen Geschlechts als Liebesobjekt gewählt wird. In der präadoleszenten homosexuellen Phase ist beim Knaben die Zu-

* Nicht zu verwechseln mit den »Banden« der älteren Adoleszenten.

wendung zum eigenen Geschlecht ein Ausweichmanöver. In der zweiten homosexuellen Phase — die diesen Namen mehr verdient — hat sich eine narzißtische Objektwahl durchgesetzt. Intensive Freundschaften mit erotischer Note sind wohlbekannte Manifestationen dieses späteren Stadiums.

Die Verschiedenheit im männlichen und weiblichen Präadoleszenzverhalten wird schon durch die massive Verdrängung der Prägenitalität angezeigt, die das Mädchen zu bewältigen hat, bevor sie in die ödipale Phase übergehen kann. In der Tat ist diese Verdrängung eine Vorbedingung für die normale Entwicklung zur Femininität. Wie das Mädchen sich in narzißtischer Enttäuschung von der Mutter als der kastrierten Frau abkehrt, so verdrängt sie auch alle jene Triebe, die eng mit der Fürsorge und körperlichen Pflege durch die Mutter verbunden sind, d. h. also die ganze Reichweite der Prägenitalität. Mack Brunswick (1940) bemerkt in ihrer klassischen Abhandlung »Die prä-ödipale Phase in der Libidoentwicklung«: »Einer der größten Unterschiede zwischen den beiden Geschlechtern ist das ungeheure Ausmaß, in dem die frühkindliche Sexualität beim Mädchen verdrängt wird. Außer in tiefneurotischen Zuständen nimmt kein Mann zu irgendeiner ähnlichen Verdrängung der infantilen Sexualität Zuflucht.«

Das Mädchen, das die Verdrängung ihrer Prägenitalität nicht aufrechterhalten kann, begegnet dann Schwierigkeiten in ihrer Entwicklung. Infolgedessen übertreibt das junge Mädchen normalerweise ihre heterosexuellen Wünsche und wirft sich — oft in toller Folge — Jungen an den Hals. Es sei paradox, so meint Helene Deutsch (1944) daß die Mutterbeziehung des Mädchens persistenter und oft auch intensiver und gefährlicher ist als die des Knaben. Die Hemmung, der sie begegnet, wenn sie sich in der Präpubertät der Realität zuwendet, bringt sie für eine Zeit zur Mutter zurück, — eine Periode, die durch erhöhte und infantilere Liebesforderungen gekennzeichnet ist.

Wenn man die Unterschiede zwischen der männlichen und weiblichen Präadoleszenz betrachtet, muß man sich daran erinnern, daß beim Mädchen der ödipale Konflikt nicht so abrupt zu der schicksalsträchtigen Beendigung gebracht wird wie beim Knaben. Freud (1931) weist darauf hin, daß das Mädchen für unbestimmte Zeit in der ödipalen Situation verbleibt und sie nur spät im Leben und dann unvollständig aufgibt. Als Folge davon kämpft das Mädchen während der Adoleszenz intensiver mit Objektbeziehungen. In der Tat stellt der lange und schmerzliche Trennungsprozeß von der Mutter die Hauptaufgabe dieser Periode dar. »Wenn der puberale Versuch, sich von der Mutter zu befreien, nicht gelingt oder zu schwach ist, kann dadurch das weitere psychische Wachstum gehemmt werden und eine entschieden infantile Prägung in der ganzen Persönlichkeit der Frau zurücklassen« (Deutsch, 1944).

Der präadoleszente Knabe kämpft in bezug auf die archaische Mutter mit der Kastrationsangst (Furcht und Wunsch) und wendet sich so von dem ganzen anderen Geschlecht ab. Das Mädchen andererseits wehrt sich gegen den regressiven Zug zur prä-ödipalen Mutter durch eine ungestüme und entschiedene Wendung zur Heterosexualität. In dieser Rolle kann man das präadoleszente Mädchen nicht »feminin« nennen, da es so offenbar die Angreiferin und die Verführerin in dem Pseudo-Liebesspiel ist. In der Tat ist die phallische Qualität ihrer Sexualität in diesem Stadium auffallend und gibt ihr für eine kurze Zeit ein ungewöhnliches Gefühl, allem gewachsen und komplett zu sein. Die Tatsache, daß das Durchschnittsmädchen zwischen elf und dreizehn größer ist als der Durchschnittsjunge im selben Alter, unterstreicht nur diese Situation. Benedek (1956) spricht hier von endokrinen Befunden: »Bevor die Fortpflanzungsfunktionen reifen, bevor die Ovulation mit einiger Regelmäßigkeit einsetzt, herrscht die oestrogene Phase vor, als ob sie die Entwicklungsaufgabe der Adoleszenz erleichtern, d. h. emotionale Beziehungen mit dem männlichen Geschlecht herstellen müßte.« Helene Deutsch (1944) spricht von der »Präpubertät« des Mädchens als der »Periode der größten Freiheit von infantiler Sexualität«. Dies ist gewöhnlich von einer ungestümen »Wendung zur Realität« (Deutsch) begleitet, die meiner Meinung nach dazu dient, dem Wiederauftauchen der infantilen Strebungen, d. h. der Prägenitalität, entgegenzuarbeiten.

Dieser Konflikt, der für die weibliche Präadoleszenz spezifisch ist, enthüllt seine Abwehrnatur besonders deutlich in Fällen, in denen eine progressive Entwicklung nicht aufrechterhalten werden konnte. Weibliche Kriminalität ist z. B. ganz besonders geeignet, die präadoleszente Trieborganisation beim Mädchen zu untersuchen. Wir wissen, daß in der Präpubertät des Mädchens die Bindung an die Mutter eine größere Gefahr darstellt als die Bindung an den Vater (Deutsch, 1944). Bei der weiblichen Kriminalität, die im weiteren Sinne ein sexuelles Agieren darstellt, spielt die Fixierung an die prä-ödipale Mutter eine ganz entscheidende Rolle. In der Tat wird die weibliche Kriminalität oft durch den starken regressiven Zug zur prä-ödipalen Mutter und durch die Panik beschleunigt, die all dies auslöst. Genaue Beobachtungen zeigen, daß die Neigung des Mädchens zum heterosexuellen Agieren, die das Wiederaufflammen der ödipalen Wünsche darstellt, tatsächlich zu früheren Fixationspunkten in Beziehung steht, die in den prägenitalen Phasen der psychosexuellen Entwicklung liegen. Hier war Frustration oder Überreizung oder beides erlebt worden. Die Pseudo-Heterosexualität des kriminellen Mädchens dient als Abwehr gegen den regressiven Zug zur prä-ödipalen Mutter — ein Zug, dem sie verzweifelt widersteht, denn es würde bedeuten, an ein homosexuelles Objekt gebunden zu bleiben, womit der Entwicklung zur Femininität der Todesstoß versetzt werden würde. Als man ein vierzehn Jahre altes Mädchen fragte, wieso sie zehn Freunde auf einmal brauchte, antwortete sie mit berechtigter Empörung: »Ich muß das tun. Wenn ich nicht so viele Freunde hätte, würde man von mir sagen, daß ich lesbisch sei.« Das »man« in dieser Aussage ist die Projektion jenes Triebdranges, den das Mädchen durch ihr exhibitionistisches Verhalten so vehement zu widerlegen versucht.

Die durch das Einsetzen der Pubertät bewirkte Unterbrechung der emotionalen Entwicklung beim Mädchen stellt eine ernstere Bedrohung für ihre Persönlichkeitsintegrierung dar, als es irgendein ähnlicher Bruch für den Knaben tut. Der folgende Auszug aus einer Krankengeschichte illustriert einen typischen kriminellen Zusammenbruch der weiblichen präadoleszenten Trieborganisation und enthüllt die entscheidende Natur der emotionalen Aufgabe, die das Mädchen vollbringen muß, bevor sie in die weiteren Stadien der Adoleszenz eintreten kann. Nancy, deren Fall in Kapitel VII ausführlicher beschrieben werden soll, ist eine gute Illustration der weiblichen Präadoleszenz und ihrer Schwankungen.

Nancy war dreizehn Jahre alt und war ein Sexualfall. Sie hatte wahllos sexuelle Beziehungen mit noch nicht zwanzigjährigen Burschen und quälte ihre Mutter mit der Beschreibung ihrer Erlebnisse. Seit ihrer Kindheit hatte sie immer das Gefühl der Einsamkeit gehabt und machte ihre Mutter für ihr Elend verantwortlich. Nancy glaubte, daß ihre Mutter sie nie hatte haben wollen, und stellte unaufhörliche und unvernünftige Forderungen an sie. Sie war von dem Wunsch nach einem Kind besessen. Alle ihre sexuellen Phantasien wiesen auf das »Mutter-Kind«-Thema hin und, im Grunde, auf eine überwältigende orale Gier. Sie träumte von sexuellen Beziehungen zu jungen Burschen. Im Traum hatte sie 365 Babys, eines für jeden Tag des Jahres, von einem Jungen, den sie, als das vollbracht war, erschoß.

Das sexuelle Agieren hörte allmählich auf, als Nancy eine Freundschaft mit einer jungen (zwanzigjährigen), promiskuösen, verheirateten, schwangeren Frau schloß, die drei Kinder hatte. Nancy fand hier Befriedigung für ihre oralen wie auch für ihre mütterlichen Bedürfnisse und war dagegen geschützt, der Homosexualität zu erliegen. Sie spielte Mutter bei den Kindern und paßte auf sie auf, während ihre Mutter »auf die Straße« ging. Aus dieser Freundschaft kam Nancy mit fünfzehn Jahren als eine narzißtische und recht prüde

Person heraus. Sie entwickelte jetzt Interesse an der Schauspielerei und fing mit der entsprechenden Ausbildung an: es gelang ihr aber nicht, zu einer echten heterosexuellen Objektbesetzung zu gelangen.

Zusammenfassend kann man sagen, daß bei der normalen weiblichen Entwicklung die Phase der adoleszenten Trieborganisation von der Abwehr gegen einen regressiven Zug zur prä-ödipalen Mutter beherrscht ist. Dieser Kampf spiegelt sich in den vielen Konflikten wider, die sich in dieser Periode zwischen Mutter und Tochter abspielen. Der Fortschritt zur eigentlichen Adoleszenz ist beim Mädchen durch das Auftauchen ödipaler Gefühle gekennzeichnet, die zuerst der Transposition unterliegen und zum Schluß durch einen »irreversiblen Transpositions-Prozeß« ausgelöscht werden, der von Anny Katan (1937) treffend als »Objektbeseitigung« bezeichnet wird.

Nachdem wir nun die präadoleszente Triebsorganisation in bezug auf ihre prä-ödipalen Einstellungen definiert haben, wollen wir die erste Analyse eines adoleszenten Mädchens, nämlich Dora (Freud, 1905) ansehen. Dora war sechzehn, als sie Freud zum ersten Mal besuchte, und achtzehn, als die Behandlung begann. Das Material der Krankgeschichte, die wir hier besprechen wollen, bezieht sich auf die präadoleszente Trieborganisation des Mädchens. Ihre prä-ödipale Mutterfixierung stellte sich als intensiv pathogen heraus und als ein unüberwindliches Hindernis auf dem Wege zur Adoleszenzentwicklung.

Am Ende des Kapitels »Das klinische Bild« führt Freud ein Element ein, das, wie er zugibt, nur dazu dienen kann, die Umrisse des schönen, poetischen Konflikts zu verdunkeln und zu verwischen, den wir Dora zuschreiben konnten. Denn hinter dem bei Dora überwertigen Gedankengang, der sich mit den Beziehungen ihres Vaters zu Frau K. beschäftigte, lag ein Gefühl der Eifersucht, die diese Frau zum *Objekt* hatte, das heißt also ein Gefühl, das nur auf Doras Zuneigung zu einer Person ihres eigenen Geschlechts basieren konnte. Wir könnten das Ende dieses Satzes paraphrasieren, indem wir sagen: die nur auf Doras Zuneigung zu ihrer Mutter basieren konnte. Freud beschreibt Doras Verhältnis zu ihrer Erzieherin, ihrer Kusine, und zu Frau K., das einen »größeren pathogenen Effekt« hatte als die ödipale Situation, die »sie als Schirm« für das tiefere Trauma, von ihrer besten Freundin, Frau K., geopfert worden zu sein, zu gebrauchen versuchte, »unbedenklich, nur um in ihrem Verhältnis mit dem Vater nicht gestört zu werden«. Freud schließt daraus, daß »Doras überwertiger Gedankenzug, der sich mit dem Verhältnis des Vaters zu Frau K. beschäftigte, dazu bestimmt war, nicht nur zur Unterdrückung der einst bewußt gewesenen Liebe zu Herrn K. sondern auch die im tieferen Sinne unbewußte Liebe zu

Frau K. zu verdecken hatte«. Wir wissen, daß ödipale Strebungen in der Adoleszenz stärker und deutlicher sind, als die prä-ödipalen Fixierungen, die jedoch gewöhnlich eine tiefere pathogene Bedeutung haben. In Doras Fall fand die Analyse ihr Ende, »bevor sie Licht auf diese Seite ihres geistigen Lebens hätte werfen können«.

Immer wieder vermitteln die Adoleszenten uns den Eindruck, daß sie verzweifelt nach einem festen Halt auf dem ödipalen Niveau suchen — nach einer geschlechtsgerechten Einstellung — bevor frühere Fixierungen der analytischen Untersuchung zugänglich gemacht werden können. In diesem Zusammenhang scheint ein Hinweis auf einen jungen, passiven, adoleszenten Knaben wichtig. Während einer dreijährigen Analyse, vom elften bis zum dreizehnten Jahr, hielt er hartnäckig an dem Bilde seines weichlichen (»milk-toast«) Vaters als dem starken und wichtigen Mann in der Familie fest. Der starke Vater diente dem Knaben als Abwehr gegen die prä-ödipale Kastrationsangst. Der Junge erlaubte sich niemals, den Analytiker zu kritisieren, anzuzweifeln oder ihn etwas zu fragen: in seinen Augen hatte der Analytiker immer recht. Er erlaubte sich noch nicht einmal, auf die Uhr zu sehen, aus Angst, er könne ihn beleidigen. Die Analyse dieser Transferenz brachte seine Angst vor dem Analytiker zu Tage: Angst vor Vergeltung und Verletzung. Die Analyse dieser ödipalen Kastrationsangst öffnete den Weg für die weit schlimmere Angst, die er vor der prä-ödipalen Mutter hatte. Das Aufdecken der früheren Fixierungen resultierte in einer realistischen, — wenn auch enttäuschenden — Neueinschätzung des Vaters. Dieser Fall zeigt, wie das Aufrechterhalten einer »illusionären ödipalen Situation« eine starke prä-ödipale Fixierung maskieren kann.

Die Definition der Präadoleszenz, die ich hier auf der Basis der Trieborganisation vorgeschlagen habe, scheint auf den ersten Blick nicht mit den Unterabteilungen, die von Helene Deutsch (1944) für das Mädchen aufgestellt worden sind, übereinzustimmen. Sie nennt die Eröffnungsphase der Adoleszenz die Präpubertät (Alter zehn bis zwölf), die die »vor-revolutionäre« Zeit ist, während der das Mädchen sich der »größten Freiheit von infantiler Sexualität« erfreut. In diesem Stadium zeigt es eine entschiedene »Neigung zur Realität« und einen »intensiven Prozeß der Anpassung an die Realität«, der durch einen Aktivitätsschub charakterisiert ist. »Theaterspielen« und »Tomboy-Benehmen« sind Zeugen für ihr »Aufgeben der infantilen Phantasien«; ihr »Interesse verschiebt sich von den anatomischen Unterschieden zu den physiologischen Vorgängen«. Die Aegis, unter der diese Entwicklung stattfindet, ist, kurz gesagt, die »Befreiung von der Mutter«.

Diese Formulierung paßt gut zu dem Modell, das ich beschrieben habe. Ich fürchte jedoch, daß beim Mädchen der »Aktivitätsschub«, der der Zunahme der Passivität vorausgeht, einen Versuch darstellt, aktiv zu meistern, was es passiv erfahren hat, als es noch in der Pflege der nährenden Mutter war. Statt die prä-ödipale Mutter zum Liebesobjekt zu wählen, identifiziert sich das Mädchen vorübergehend mit ihrem aktiven, phallischen Bild. Die vorübergehende phallische Illusion des Mädchens gibt dieser Periode ihre verstärkte vitale Note, die der Gefahr der Fixation nicht entbehrt.
Diese Phase erscheint mit großer Klarheit in der Analyse jener Mädchen, die während ihrer Präadoleszenzjahre »verrückt nach Pferden« sind. Eine Analyse ihrer Träume zeigt, daß das Pferd vom Mädchen als phallisches Äquivalent übernommen wird, und mit hingebungsvoller, liebender Fürsorge behandelt wird; als pars pro toto stellt es den ödipalen Vater dar. Die Liebe zu Pferden ist narzißtisch, im Gegensatz z. B. zur Liebe zu Hunden, die mütterlich und gesellig ist. Solch eine vorübergehende Hingebung zu Pferden in der Präadoleszenz mag sehr wohl ein normales Stadium der weiblichen Entwicklung sein. Aber wo es den libidinalen Fortschritt hemmt, bedeutet es eine Fixierung auf diesem Niveau.
Die Kraft, mit der sich das Mädchen von den frühkindlichen Phantasien und der Sexualität abwendet, verhält sich proportional zu der des regressiven Zuges in der Richtung auf das Ur-Liebesobjekt, die Mutter. Wenn sie unterliegt, wenn die Regression durch Transposition ersetzt wird, oder zum frühen prä-ödipalen Fixationspunkt zurückkehrt, ist die Folge eine abwegige Adoleszenzentwicklung.

3. Über die adolszente Objektwahl

Der geistige und körperliche Zustand, der allgemein mit der Adoleszenz in Verbindung gebracht wird, (sowohl der frühen als auch der eigentlichen Adoleszenz) unterscheidet sich deutlich von der Phase der Präadoleszenz. Der Unterschied zeigt sich in einem viel weiteren und reicheren emotionalen Leben, einer mehr auf das Aufwachsen gerichteten Zielorientierung, in einem unermüdlichen Versuch der Selbstdefinition als Antwort auf die Frage: »Wer bin ich?« Die Frage der Objektbeziehungen rückt als Zentralthema in den Vordergrund, und seine Variationen geben der ganzen psychischen Entwicklung der beiden folgenden Phasen ihre Farbe. Was diese Periode von der der Präadoleszenz unterscheidet, ist daher die Verschiebung von einer rein quantitativen Triebzunahme zum Auftauchen einer deutlich neuen Triebqualität. Der Verzicht auf die präadoleszente regressive Einstellung wird hier deutlich. Die Prägenitalität verliert immer mehr die Rolle einer Befriedigungsfunktion, und da sie in eine initiatorische Rolle relegiert wird — sowohl geistig als auch physisch — macht sie einer neuen Triebkomponente Platz, nämlich der Vor-Lust. Diese Verschiebung in der Trieborganisation räumt schließlich der Genitalität einen hervorragenden Rang ein. Diese hierarchische Trieborganisation mit ihrem entscheidenden und irreversiblen Charakter stellt eine Innovation dar, die die Ich-Entwicklung entscheidend beeinflußt. Das Ich richtet sich, sozusagen, nach den Verschiebungen der Trieborganisation und arbeitet in seine eigene Struktur eine hierarchische Organisation der Ich-Funktionen und Formen der Abwehr ein. Am Ende der Adoleszenz nehmen beide eine irreversible Fixiertheit an, die wir Charakter nennen. Diese festere Struktur, die aus diesen Phasen hervorgeht — und letzten Endes auf den Leistungen der Latenzperiode aufgebaut ist — wird erst im Stadium der Postadoleszenz vollständig.

Während die Unterscheidung zwischen Präadoleszenz und den beiden folgenden Phasen recht klar ist, braucht es doch eine gewisse Rechtfertigung, warum hier zwischen »früher« und der »eigentlichen« Adoleszenz unterschieden wird. Auf reine Beobachtung gestützt, ist diese Teilung gerechtfertigt, da nach der Präadoleszenz wiederholte Versuche der Trennung vom primären Liebesobjekt bemerkbar werden. In der Frühadoleszenz kommt es gewöhnlich zu engen, idealisierenden Freundschaften mit Personen des eigenen Geschlechts. Stetiges Interesse und schöpferisches Gestalten sind an ihrem tiefsten Punkt angelangt, und ein ungeschicktes Tasten nach — nicht rein oppositionellen — Werten taucht hier auf. Kurz gesagt, es besteht hier eine Übergangsphase von besonderem Charakter, bevor sich die Adoleszenz in voller Blüte durchsetzt.

Während der eigentlichen Adoleszenz findet eine entschiedene Wendung zur Heterosexualität und der endgültige und irreversible Verzicht auf die inzestuösen Objekte statt. A. Katan (1937) hat vorgeschlagen, diesen Prozeß »Objektbeseitigung« (»object removal«) zu nennen. Gewisse Abwehrtypen, so wie z. B. Intellektualisierung und Askese, gehören zur Phase der eigentlichen Adoleszenz. Ganz allgemein wird eine Tendenz zum inneren Erlebnis und zur Selbstentdeckung bemerkbar. Daher die religiösen Erlebnisse, die Entdeckung der Schönheit in all ihren möglichen Manifestationen. Man erkennt, daß diese Entwicklung eine Form der Sublimierung der Liebe des Kindes zu den idealisierten Eltern und eine Folge des definitiven Verzichts auf die frühen Liebesobjekte darstellt. Das Gefühl, »verliebt zu sein«, und die Beschäftigung mit philosophischen, politischen und sozialen Problemen sind für die eigentliche Adoleszenz typisch. In dieser Phase findet der entscheidende Bruch mit der Lebensform der Kindheit statt. Den Jahren der Spätadoleszenz bleibt es überlassen, diese neuen und wichtigen Leistungen auszuprobieren und sie in das Kontinuum der Gesamtlebenserfahrung einzubauen.

Mit meiner Unterscheidung der beiden Phasen, der frühen und der eigentlichen Adoleszenz, bin ich in Übereinstimmung mit Helene Deutsch (1944), die die Adoleszenz des Mädchens in »Frühpubertät« und »Pubertät und Adoleszenz« einteilt. Für die letztere Phase, die sie auch »fortgeschrittene Pubertät« nennt, sind heterosexuelle Tendenzen charakteristisch. Ich betone hier, was charakteristischerweise beide vereint, nämlich Objektverzicht und Objektbesetzung, d. h. eine entschiedene Wendung zur Trennung von der Familie und zur allmählichen hierarchischen Ordnung der Triebkomponenten und Ich-Funktionen. Ein zunehmendes soziales Selbst-Gefühl, verbunden mit der dazugehörigen Angst und Schuld, ist ein wesentlicher Bestandteil dieser beiden Phasen.

Natürlich bleibt jede Einteilung in Phasen eine Abstraktion. Die wirkliche Entwicklung kann nicht ordentlich in Kästchen eingeteilt werden. Der Wert dieser Phasen-Einteilung liegt aber darin, daß sie die Aufmerksamkeit auf geordnete Entwicklungssequenzen konzentriert. Die Phasen erleichtern auch, die wesentlichen psychologischen Modifikationen und Aufgaben zu erkennen, wie sie jede Phase charakterisieren und ungefähr dem epigenetischen Entwicklungsprinzip entsprechen. Die Übergänge sind vage, langsam und pendeln hin und her. Größere oder kleinere Reste von scheinbar abgeschlossenen Phasen persistieren trotzdem für längere oder kürzere Zeit innerhalb der folgenden Phasen. Diese Unregelmäßigkeiten können das Entwicklungsschema verwischen, wenn es zu eng und zu wörtlich genommen wird.

Während der frühen und in der eigentlichen Adoleszenz findet eine tiefgehende Reorganisation des ganzen emotionalen Lebens statt, von leicht erkennbaren chaotischen Zuständen begleitet. Das Herausarbeiten von charakteristischen Abwehrformen — oft so extrem wie transitorisch — garantiert die Integrität des Ichs. Gewisse Defensivmanöver der Adoleszenz erweisen sich als Adaptationsprozesse und erleichtern die Integration realistischer Neigungen, Talente, Fähigkeiten und Ehrgeize. Es besteht kein Zweifel, daß die stabile Montage solch vielfältiger Tendenzen eine Vorbedingung für den Eintritt in die erwachsene Gesellschaft ist.

Das Problem, um das sich in der frühen und eigentlichen Adoleszenz alles dreht, liegt in einer Reihe von Schwierigkeiten in der Objektbesetzung. Die Lösung des Problems hängt von den vielen Variationen ab, die dieses Thema während der Jahre erfährt, und diese bestimmen schließlich, ob das Erreichen des Erwachsenenstadiums echt oder falsch ist. Einige von diesen Variationen gehen auf die Kindheit zurück. Man muß sich nur daran erinnern, daß das Bedürfnis des Kindes, geliebt zu werden, nur allmählich mit dem Bedürfnis, selbst zu lieben, verschmilzt. Und das Bedürfnis zu empfangen, findet nur langsam sein Gegenstück im Bedürfnis zu geben; das Bedürfnis, etwas mit sich »getan zu bekommen« wird mehr oder weniger kräftig in das Bedürfnis, »anderen etwas zu tun« verwandelt. Die passive Rolle des Beherrschtwerdens wird allmählich und nur teilweise durch den Drang des Kindes ersetzt, die Außenwelt aktiv zu beherrschen. Diese Polarität der aktiven und passiven Ziele taucht in der Adoleszenz als ein entscheidendes Problem wieder auf. Die für die Adoleszenz so charakteristische Ambivalenz schließt nicht nur die Liebe-Haß-Alternative ein, sondern manifestiert sich mit noch größerer Schärfe in der Polarität der aktiven und passiven Triebziele. Das gilt für beide Geschlechter. Die Rebellion gegen das Über-Ich in der männlichen Adoleszenz stellt oft eine aktive Opposition gegen passiv-feminine Tendenzen dar, die einmal ein wesentlicher Teil in der ödipalen Beziehung des Knaben zum Vater waren. Freud (1915) formulierte das Problem in bezug auf die Adoleszenz dahingehend, daß erst mit der Vollendung der Entwicklung zur Zeit der Pubertät die Polarität der Sexualität mit dem Männlichen und Weiblichen zusammenfällt. Die Männlichkeit konzentriert in sich Subjekt, Aktivität und den Besitz eines Penis; Weiblichkeit bleibt Objekt und passiv. Von nun an wird die Vagina als eine Zuflucht für den Penis bewertet, und tritt so die Erbschaft des Mutterschoßes an.

Bevor Harmonie und reifer Ausgleich erreicht sind, wird das Adoleszenzverhalten für eine gewisse Zeit von der extremen Einstellung absoluter Aktivität oder Passivität, oder öfter noch einem Hin- und Herschwanken zwischen den beiden bestimmt. Die früheste passive Abhängigkeit von der Mutter besitzt eine unleugbare Anziehungskraft für Adoleszenten beiderlei Geschlechts. Es muß bemerkt werden, daß Knaben oft das Bedürfnis der passiven Abhängigkeit auf den Vater übertragen. In solch einem Fall tritt er in die homosexuelle Triebkonstellation ein, die entweder vorübergehend oder dauernd sein kann. Je stärker dieses passive Bedürfnis empfunden wird — z. B. bei einem sehr verzogenen oder schwer vernachlässigten Kinde — desto stärker wird seine Abwehr dagegen durch rebellierende und feindselige Handlungen und Phantasien; auch sind paranoide Ideen nicht selten. Es liegt auf der Hand, daß solch ein Konflikt leicht zum Unterliegen unter den passiven Strebungen führen kann, zu einer fordernden, sich anklammernden Haltung oder aber zur Aufgabe des Triebes. Dieser letztere Zustand ist dem der Latenzperiode sehr ähnlich. Die Regel ist eine Mischung all dieser Versuche, die aktiv-passive Polarität zu stabilisieren.

Dieses Konfliktthema spiegelt die Triebmodifikationen wieder, und die Versuche, sie mit dem Ich, dem Ich-Ideal, dem Über-Ich und dem somatischen Zustand der Pubertät in Harmonie zu bringen. Auto-erotische Befriedigung muß letzten Endes zur objektbesetzten Befriedigung führen. Die Triebpolarität »aktiv-passiv« wirkt sich in bezug auf das Ich, das Objekt und die Außenwelt aus. Dieser Zustand ist weitgehend für die adoleszente Objektbesetzung und Stimmungsfluktuation verantwortlich, für den Verhaltenswechsel und Schwankungen in der Fähigkeit zur Realitätsprüfung. Diese Instabilität und Inkongruität sind oft beschrieben und in der Tat als die signifikanten allgemeinen Charakteristika der Adoleszenz hervorgehoben worden. Und das trifft auf die frühe und die eigentliche Adoleszenz zu. Es ist bekannt, daß Polaritäten wie die folgenden in ein und derselben Person beobachtet werden können: Unterwerfung und Rebellion, Zartgefühl und emotionale Grobheit, Geselligkeit und Verkriechen in die Einsamkeit, Altruismus und Egoismus, grenzenloser Optimismus und niedergeschlagene Hoffnungslosigkeit, intensive Bindung und plötzliche Treulosigkeit, hohe Ideale und kleinliches Argumentieren, Idealismus und Materialismus, Hingabe und Gleichgültigkeit, Annehmen und Abweisen von Impulsen, gieriger Appetit, übermäßiges Wohlleben und grausame Selbstversagung (Askese), Überschwänglichkeit und Trägheit. Diese oszillierenden Verhaltensformen reflektieren psychologische Veränderungen, die weder gradlinig noch stetig fortschreiten. Das Problem der Ambivalenz, des Narzißmus und der Fixierung spielen hier eine wichtige Rolle. Ihre Implikationen werden weiter unten abgehandelt.

Frühe und eigentliche Adoleszenz müssen den Verzicht auf die primären Liebesobjekte, die Eltern als Sexualobjekte, zustandebringen. Geschwister und Ersatzeltern müssen in diesen Verzicht mit einbezogen werden. Diese Phasen sind also hauptsächlich mit Objektsverzicht und mit Objektbesetzung ausgefüllt, und diese Prozesse finden ihren Widerhall im Ich, um die kathektischen Verschiebungen zu bewirken, die sowohl die bestehende Objekt- wie die Selbstdarstellung beeinflussen. Als Folge davon erwirbt das Selbst-Gefühl und das Identitätsgefühl eine bis dahin unbekannte Labilität.

Während der frühen und der eigentlichen Adoleszenz wendet sich der

Trieb zur Genitalität, die Libido-Objekte verschieben sich von den Prä-ödipalen und ödipalen zu den nicht-inzestuösen und hetero-sexuellen. Das Ich sichert sich seine Integrität durch Defensivhandlungen; einige von ihnen sind Ich-beschränkend, und antikathektische Energien müssen freigemacht werden, um sie aufrecht zu erhalten, während andere sich als adaptiv erweisen und eine zielgehemmte (sublimierende) Triebabfuhr erlauben. Diese werden zu den permanenten Regulatoren der Selbstachtung.

4. Die Frühadoleszenz

Die puberale Reifung treibt den Knaben normalerweise aus seiner präadoleszenten defensiven Selbstgenügsamkeit und aus seiner prägenitalen Triebbesetzung heraus. Das Mädchen wird ebenso in die Entwicklung ihrer Femininität hineingestoßen. Bevor sie aber diesen Schritt machen kann, muß sie ihre neuerworbene präadoleszente Identität als Amazone — oft in der Verkleidung des Vamp — aufgeben, die sie eine Zeitlang gegen die Regression zur prä-ödipalen Mutter geschützt hat. Sowohl Jungen als auch Mädchen wenden sich nun ungestümer den libidinösen, extrafamiliären Objekten zu, d. h. also, der echte Trennungsprozeß von den frühen Objektbindungen hat begonnen. Dieser Prozeß geht durch mehrere Stadien hindurch, bis dann — schließlich und im Idealfalle — reife Objektbesetzungen eintreten. Der besondere Charakter der frühen Adoleszenz liegt in der Absetzung des inzestuösen Liebesobjektes, und als Folge davon drängt die freischwebende Objektlibido nach neuer Unterbringung.

Bevor wir diesen Gedankengang weiterverfolgen, müssen wir einige der Konsequenzen der Dekathexis besprechen, die für diese Phase typisch sind. Der Prozeß als ganzer kann im Rahmen der inter- und intrasystemischen Dynamik beschrieben werden. Zuallererst nimmt das Über-Ich, eine Kontrollinstanz, deren Aufgabe es ist, die Selbstbewertung zu hemmen und zu regulieren, in seiner Wirkung ab. Das läßt das Ich ohne die einfachen und zwingenden Direktiven des Gewissens. Das Ich kann sich nicht länger auf die Autorität des Über-Ich verlassen, auf seine eigenen Anstrengungen, zwischen Trieb und Außenwelt zu vermitteln, die unsicher und ungeschickt werden. In der Tat wird das Über-Ich jetzt zu einem offeneren Gegner, so daß das Ich schwach, isoliert und inadäquat der dreifachen Notsituation gegenübersteht (A. Freud, 1936). Die Schwächung des Über-Ichs ist eine Folge seiner Ursprungsbestandteile, nämlich der Verinnerlichung eines Elternteils, wenn der ödipale Konflikt beigelegt wird. Wenn der junge Adoleszent

sich von den Eltern zurückzieht, schließt, pari passu die Dekathexis auch seine Objektrepräsentanzen und ihre internalisierten moralischen Äquivalente, die im Über-Ich liegen, mit ein.
Mit diesem Alter haben Werte, Maßstäbe und moralische Gesetze eine recht große Unabhängigkeit von der elterlichen Autorität erworben, sind Ich-gerecht geworden und wirken zum Teil innerhalb des Ichs. Trotzdem droht während der Frühadoleszenz die Selbstbeherrschung niederzubrechen und in extremen Fällen der Kriminalität das Feld zu räumen. Handlungen dieser Art, die in ihrer Intensität schwanken, werden gewöhnlich mit der Suche nach einem Liebesobjekt in Zusammenhang gebracht. Sie bedeuten aber auch ein Entrinnen aus der Einsamkeit, der Isolierung und den bedrückten Stimmungen, die diese kathektischen Verschiebungen begleiten. Der Fall von Nancy (siehe Kapitel VII) illustriert gut diesen Verlauf der frühadoleszenten Entwicklung, der die Grundlage für kriminelles Verhalten bildet. Normalerweise wird die Aktion durch Zuflucht zur Phantasie, zur Autoerotik, zu Ich-Veränderungen — so wie z. B. Abbiegen der Objektlibido auf das Selbst, d. h. also Zuflucht zum Narzißmus — verhindert.
Der Abzug der Objektbesetzung und der sich erweiternde Abstand zwischen Ich und Über-Ich bewirkten eine Verarmung des Ichs. Der Adoleszent fühlt sich leer, fühlt einen inneren Aufruhr, der sich — auf der Suche nach Erleichterung — auf eine Gelegenheit der Milderung richten kann, die die Umwelt bietet. Die Intensität des Verschwindens früherer Objektbindungen wird nicht nur durch den steigenden und fallenden Rhythmus der Triebspannung bestimmt, sondern auch durch die Fähigkeit des Ichs, Konfliktangst abzuwehren. Manche Kinder erleben in bezug auf ihre Eltern gar keinen Konflikt; sie haben entweder den sexuellen Trieb unterdrückt, oder ihre Triebausstattung ist überhaupt schwach und deshalb hat hier das Ich die Fähigkeit, sie zu beherrschen. Diese letztere Idee ist noch zu wenig geprüft, um das Konzept einer zuverlässigen Erklärung zu bieten. Man ist andererseits von dem geringen Ausmaße beeindruckt, in dem die puberale Reifung an sich und allein die emotionale Aufregung der Adoleszenz beeinflußt. Wo immer direkte und parallele Reaktionen beobachtet werden, zeigt eine nähere Nachprüfung, daß hier psychologische Bedingungen bestehen, die die Verantwortung für den akuten, intensiven Aufruhr mittragen. Dasselbe gilt für Umweltbedingungen, soweit sie sich in normalen Grenzen halten. Sowohl die Pubertätsveränderungen als auch die Umweltbedingungen können adoleszente Reaktionen initiieren, aber sie allein können sie nicht schaffen. Diese Ideen sollen in Kapitel VI voll ausgearbeitet werden.

Wollen wir nun zu der ursprünglichen Idee zurückkehren, daß in der frühen Adoleszenz das gewohnte Liebesobjekt abgesetzt wird, und nun die Suche nach einem neuen Objekt beginnt. Der junge Adoleszent wendet sich »zum Freunde«. In der Tat erwirbt der Freund jetzt eine vorher unbekannte Wichtigkeit und Bedeutung, sowohl für Knaben als für Mädchen. Die Objektwahl der frühen Adoleszenz folgt dem narzißtischen Schema. In diesem Alter ist der Freund bei Jungen etwas anderes als der präadoleszente Abenteuer-Kamerad, oder die geheimnisteilende, flüsternde Partnerin beim Mädchen, die natürlich beide nicht plötzlich aufhören zu existieren.

Der Junge schließt jetzt Freundschaften, die eine Idealisierung des Freundes verlangen. Irgendein Charakteristikum des anderen wird zugelassen und geliebt, da es eine Qualität darstellt, die das Subjekt selbst gerne hätte, und in der Freundschaft besitzt er es dann »in Stellvertretung«. Diese Wahl folgt Freuds (1914) Modell, der meint, daß wer immer die Qualitäten, ohne die das Ich sein Ideal nicht erreichen kann, besitzt, derjenige ist, der geliebt wird.« Freud erklärt, daß dieses Stadium des sich ausdehnenden Liebeslebens des Individuums zur Bildung des Ich-Ideals führt und eine Objektbeziehung internalisiert, die sonst zur Homosexualität geführt hätte, latent oder manifest. Fixierung auf die Phase der Frühadoleszenz nimmt tatsächlich diesen Verlauf.

Das Ich-Ideal — als eine psychische Bildung innerhalb des Ichs — enthebt nicht nur das Über-Ich seiner unbestrittenen Stellung, die es bis dahin eingenommen hat, es absorbiert auch die narzißtische und homosexuelle Libido. Freuds (1914) Bemerkungen, die sich auf diese Diskusion beziehen, lauten wie folgt: »Große Beträge von wesentlich homosexueller Libido wurden so zur Bildung des narzißtischen Ich-Ideals herangezogen und finden in der Erhaltung desselben Ableitung und Befriedigung.« Er fährt dann fort: »Das Ich-Ideal hat die Libidobefriedigung an den Objekten unter schwierige Bedingungen gebracht, indem es einen Teil desselben durch einen Zensor als unverträglich abweisen läßt. Wo sich ein solches Ideal nicht entwickelt hat, da tritt die betreffende sexuelle Strebung unverändert als Perversion in die Persönlichkeit ein. Wiederum ein eigenes Ideal sein, auch in betreff der Sexualstrebungen wie in der Kindheit, das wollen die Menschen als ihr Glück erreichen.« Die neue Libidoverteilung unterstützt so die Progression zur heterosexuellen Objektbesetzung und dient dazu, ein stabiles Verhältnis aufrechtzuerhalten.

Das Ich-Ideal, das der Freund darstellt, kann dem sexuellen Drang erliegen und in ein Stadium der Homosexualität mit Voyeurismus, Exhibitionismus und gegenseitiger Masturbation (latent oder manifest) führen. Im wesentlichen wirken Masturbationsphantasien der Kastrationsangst entgegen. Die sado-masochistischen, heterosexuellen Themen solcher Phantasien werden leicht zur Störung, und Erleichterung wird dann durch eine homosexuelle Objektwahl erreicht. In diesen Phantasien nimmt der Freund, der Waffengenosse, oft an heterosexuellen Orgien und Kämpfen teil. Die erotischen Gefühle, die oft die frühadoleszenten Freundschaften begleiten, geben eine teilweise Erklärung für ihren plötzlichen Abbruch. Andere Faktoren, die die plötzliche Beendigung dieser Freundschaften herbeiführen, liegen in der unvermeidlichen Frustration, die eine fortgesetzte, exklusive Freundschaft enthalten muß: der idealisierte Freund schrumpft zu gewöhnlichen Proportionen zusammen, wenn das Ich-Ideal sich unabhängig vom Objekt in der Außenwelt etabliert hat.

Es scheint, daß sich bei der Bildung des Ich-Ideals beim Jungen ein Prozeß wiederholt, der schon einmal — beim Niedergang der ödipalen Periode — das Über-Ich durch Identifizierung mit dem Vater konsolidiert hatte. In beiden Fällen wird eine Kontrollinstanz eingerichtet, die dem Leben neue Richtung und neuen Sinn gibt. Gleichzeitig ist diese Instanz auch imstande, die Aufrechterhaltung der Selbstachtung zu regulieren (narzißtische Harmonie). — Die Megalomanie des kleinen Kindes wird durch die unleugbar privilegierte Stellung und Macht der Eltern erschüttert. Was übrig bleibt, wird vom Über-Ich übernommen, das auf diese Weise an der »Herrlichkeit« der Eltern teilnimmt. In der Frühadoleszenz wird die Megalomanie, die dem Kinde, solange es ein Teil der Eltern ist, ein Gefühl der Vollkommenheit gibt, vom Ich-Ideal übernommen. »Der Mensch hat sich hier, wie jedesmal auf dem Gebiet der Libido, unfähig erwiesen, auf die einmal genossene Befriedigung zu verzichten. Er will die narzißtische Vollkommenheit seiner Kindheit nicht entbehren, und wenn er diese nicht festhalten konnte, durch die Mahnungen seiner Entwicklungszeit gestört, und in seinem Urteil geweckt, sucht er sie in der neuen Form des Ich-Ideals wiederzugewinnen. Was er als sein Ideal vor sich hin projiziert, ist der Ersatz für den verlorenen Narzißmus seiner Kindheit, in der er sein eigenes Ideal war« (Freud, 1914).

Die typische Freundschaft der Frühadoleszenz des Knaben, in der sich Erotik und Idealisierung zu einem einzigartigen Gefühl vermischen, ist in klassischer Weise in der Novelle »Tonio Kröger« von Thomas Mann (1903) beschrieben worden. Die Geschichte fängt damit an, daß Tonio nach der Schule auf seinen Freund Hans Hansen wartet. Sie hatten verabredet, zusammen spazieren zu gehen. Tonio ist tief verletzt, als er bemerkt, daß Hans die Verabredung fast vergessen hat, aber er verzeiht ihm schnell, als er sieht, wie sehr es dem Freund leid tut. In dieser Stimmung gehen sie nun spazieren.

»Tonio sprach nicht. Er empfand Schmerz. Indem er seine etwas schräg stehenden Brauen zusammenzog und die Lippen zum Pfeifen gerundet hielt, blickte er seitwärts geneigten Kopfes ins Weite. Diese Haltung und Miene war ihm eigentümlich.«

»Plötzlich schob Hans seinen Arm unter den Tonios und sah ihn dabei von der Seite an, denn er begriff sehr wohl, um was es sich handelte. Und obgleich Tonio auch bei den nächsten Schritten noch schwieg, so ward er doch auf einmal sehr weich gestimmt.«

»›Ich hatte nämlich nicht vergessen, Tonio‹, sagte Hans und blickte vor sich nieder auf das Trottoir, ›sondern ich dachte nur, daß heute doch wohl nichts daraus werden könnte, weil es ja so naß und windig ist. Aber mir macht das gar nichts, und ich finde es famos, daß du trotzdem auf mich gewartet hast. Ich glaubte schon, du seist nach Hause gegangen und ärgerte mich...‹«

»... Die Sache war die, daß Tonio Hans Hansen liebte und schon vieles um ihn gelitten hatte. Wer am meisten liebt, ist der Unterlegene und muß leiden, — diese schlichte und harte Lehre hatte seine vierzehnjährige Seele bereits vom Leben entgegengenommen; und er war so geartet, daß er solche Erfahrungen wohl vermerkte, sie gleichsam innerlich aufschrieb und gewissermaßen seine Freude daran hatte, ohne sich freilich für seine Person danach zu richten und praktischen Nutzen daraus zu ziehen. Auch war es so mit ihm bestellt, daß er solche Lehren weit wichtiger und interessanter achtete als die Kenntnisse, die man ihm in der Schule aufnötigte, ja, daß er sich während der Unterrichtsstunden in den gotischen Klassengewölben meistens damit abgab, solche Einsichten bis auf den Grund zu empfinden und völlig auszudenken. Und diese Beschäftigung bereitete ihm eine ganz ähnliche Genugtuung, wie wenn er mit seiner Geige (denn er spielte die Geige) in seinem Zimmer umherging und die Töne, so weich, wie er sie nur hervorzubringen vermochte, in das Plätschern des Springstrahles hinein erklingen ließ, der drunten im Garten unter den Zweigen des alten Wallnußbaumes tänzelnd emporstieg...«

»... Da er daheim seine Zeit vertat, beim Unterricht langsam und abgewandten Geistes war und bei den Lehrern schlecht angeschrieben stand, so brachte er beständig die erbärmlichsten Zensuren nach Hause, worüber sein Vater, ein langer, sorgfältig gekleideter Herr mit sinnenden blauen Augen, der immer eine Feldblume im Knopfloch trug, sich sehr erzürnt und bekümmert zeigte. Der Mutter Tonios jedoch, seiner schönen, schwarzhaarigen Mutter, die Consuelo mit Vornamen hieß und überhaupt so anders war als die übrigen Damen der Stadt, weil der Vater sie sich einstmals von ganz unten auf der Landkarte heraufgeholt hatte, — seiner Mutter waren die Zeugnisse grundeinerlei...«

»Tonio liebte seine dunkle und feurige Mutter, die so wunderbar den Flügel und die Mandoline spielte, und er war froh, daß sie sich ob seiner zweifelhaften Stellung unter den Menschen nicht grämte. Andererseits aber empfand er, daß der Zorn des Vaters weit würdiger und respektabler sei, und war, obgleich er von ihm gescholten wurde, im Grunde ganz einverstanden mit ihm, während er die heitere Gleichgültigkeit der Mutter ein wenig liederlich fand. Manchmal dachte er ungefähr: Es ist gerade genug, daß ich bin, wie ich bin, und mich nicht ändern will und kann, fahrlässig, widerspenstig und auf Dinge bedacht, an die sonst niemand denkt. Wenigstens gehört es sich, daß man mich ernstlich schilt und straft dafür, und nicht mit Küssen und Musik darüber hinweggeht. Wir sind doch keine Zigeuner im grünen Wagen, sondern anständige Leute, Konsul Krögers, die Familie der Kröger... Nicht selten dachte er auch: Warum bin ich doch so sonderlich und in Widerstreit mit allem, zerfallen mit den Lehrern und fremd unter den anderen Jungen? Siehe sie an, die guten Schüler und die von solider Mittelmäßigkeit. Sie finden die Lehrer nicht komisch, sie machen keine Verse und denken nur Dinge, die man eben denkt und die man laut aussprechen kann. Wie ordentlich und einverstanden mit allem und jedermann sie sich fühlen müssen! Das muß gut sein... Was aber ist mit mir, und wie wird dies alles ablaufen?«

»Diese Art und Weise, sich selbst und sein Verhältnis zum Leben zu betrachten, spielte eine wichtige Rolle in Tonio's Liebe zu Hans Hansen. Er liebte ihn zunächst, weil er schön war; dann aber, weil er in allen Stücken sein eigenes Widerspiel und Gegenteil erschien. Hans Hansen war ein vortrefflicher Schüler und außerdem ein frischer Gesell, der ritt, turnte, schwamm wie ein Held und sich der allgemeinen Beliebtheit erfreute. Die Lehrer waren ihm beinahe mit Zärtlichkeit zugetan, nannten ihn mit Vornamen und förderten ihn auf alle Weise, die Kameraden waren auf seine Gunst bedacht, und auf der Straße hielten ihn Herren und Damen an, faßten ihn an dem Schopfe bastblonden Haares, der unter seiner dänischen Schiffermütze hervorquoll und sagten: ›Guten Tag, Hans Hansen, mit deinem netten Schopf! Bist du noch Primus? Grüß Papa und Mama, mein prächtiger Junge...‹.«

»So war Hans Hansen, und seit Tonio Kröger ihn kannte, empfand er Sehnsucht, sobald er ihn erblickte, eine neidische Sehnsucht, die oberhalb der Brust saß und brannte. Wer so blaue Augen hätte, dachte er, und so in Ordnung und glücklicher Gemeinschaft mit aller Welt lebte wie du! Stets bist du auf eine wohlanständige und allgemein respektierte Weise beschäftigt. Wenn du die Schulaufgaben erledigt hast, so nimmst du Reitstunden oder arbeitest mit der Laubsäge, und selbst in den Ferien, an der See, bist du vom Rudern, Segeln und Schwimmen in Anspruch genommen, indes ich müßiggängerisch und verloren im Sande liege und auf die geheimnisvoll wechselnden Mienenspiele starre, die über des Meeres Antlitz huschen. Aber darum sind deine Augen so klar. Zu sein wie du...«

»Er machte nicht den Versuch, zu werden wie Hans Hansen, und vielleicht war es ihm nicht einmal sehr ernst mit diesem Wunsche. Aber er begehrte schmerzlich, so wie er war, von ihm geliebt zu werden, und er warb um seine Liebe auf seine Art, eine langsame und innige, hingebungsvolle, leidende und wehmütige Art, aber von einer Wehmut, die tiefer und zehrender brennen kann als alle jähe Leidenschaftlichkeit, die man von seinem fremden Äußeren hätte erwarten können.«

»Und er warb nicht ganz vergebens, denn Hans, der übrigens eine gewisse Überlegenheit an ihm achtete, eine Gewandtheit des Mundes, die Tonio befähigte, schwierige Dinge auszusprechen, begriff ganz wohl, daß hier eine ungewöhnlich starke und zarte Empfindung für ihn lebendig sei, erwies sich dankbar und bereitete ihm manches Glück durch sein Entgegenkommen — aber auch manche Pein der Eifersucht, der Enttäuschung und der vergeblichen Mühe, eine geistige Gemeinschaft herzustellen. Denn es war das Merkwürdige, daß Tonio, der Hans Hansen doch um seine Daseinsart beneidete, beständig trachtete, ihn zu seiner eigenen herüberzuziehen, was höchstens auf Augenblicke und auch dann nur scheinbar gelingen konnte...«

»... Und Tonio ging durch das alte, untersetzte Tor, ging am Hafen entlang und die steile, zugige und nasse Giebelgasse hinauf zum Haus seiner Eltern. Damals lebte sein Herz; Sehnsucht war darin und schwermütiger Neid und ein klein wenig Verachtung und eine ganze keusche Seligkeit...« *

Der Spaziergang war zuende. Tonio hatte vergebens versucht, Hans mit den poetischen Ideen nahezukommen, die in ihm so überwältigende Gefühle auslösten. Sie trennten sich und Tonio ging allein nach Hause.

Die Freundschaft zwischen Tonio und Hans zeigt deutlich, wie der Freund die in sich selbst vermißte Vollkommenheit darstellt. In Tonios Fall reflektiert die Freundschaft seinen Konflikt in der Identifizierung mit Mutter und Vater, oder besser, das Mißlingen ihrer Integrierung. Hans ist ein Junge, wie sein Vater ihn gerne zum Sohn gehabt hätte. Aber auf sein träumerisches Selbst zu verzichten, würde bedeuten, auf seine geliebte Mutter zu verzichten. Sein Ich-Ideal, das seinen Neid auf den Vater und alles, was er bedeutete, perpetuiert, bekommt jetzt einen positiven Ausdruck und tritt so entscheidend in Tonios Leben ein. Er versucht, zu einem Kompromiß zu kommen: »Ich liebe in Hans alles das, was Vater im Leben darstellt.«

Nur die eigentliche Adoleszenz kann zeigen, wie dieses neugeschaffene Ich-Ideal die heterosexuelle Objektwahl beeinflussen, und nur die Spätadoleszenz, wie der Zustand der inneren Uneinigkeit zum Ausgleich kommen wird. Wir werden später noch einmal von Tonio sprechen, da Thomas Mann die psychologische Sequenz der zentralen Ereignisse in seinem Leben als Heranwachsender und als junger Mann beschreibt.

Die zarten Gefühle, die der Junge für seinen Vater empfindet, und seine tatsächliche Tendenz, sich des Vaters Wünschen, Werten und

---

* Zitiert nach: Thomas Mann, Sämtliche Erzählungen, S. Fischer Verlag, Frankfurt a. M. 1971.

Vorschriften zu unterwerfen, stellt für den jungen Adoleszenten eine Konfliktsituation dar. Gelöst werden kann dieser Konflikt entweder in totaler Opposition gegen den Vater, oder in zielgehemmter Befriedigung gemeinsamer Interessen und echter Kameradschaft. Hätte der Vater eine wichtige mütterliche Rolle bei ihm gespielt, und hätte er ihn als kleines Kind gepflegt, dann würden die zarten und passiven Strebungen des Heranwachsenden ihm gegenüber verstärkt worden sein. In diesem Zusammenhang möchte ich über den Traum eines Jungen in der Frühadoleszenz berichten.

Georg war in der Analyse, weil er verweichlicht und ängstlich war, an Schlaflosigkeit litt, Lernschwierigkeiten hatte und sich nicht konzentrieren konnte. Während des letzten Jahres hatte er wiederholt einen Traum gehabt, der immer von Angst begleitet war. »Es ist wie ein Bild im Kino. Da sind Gestalten, die gleichzeitig verschiedene Formen und Eigenschaften haben, sowie eine Sache gleichzeitig riesig, endlos, enorm und dabei auch dünn wie ein Draht sein kann; oder glatt und weich und gleichzeitig zackig und hart. Alles verwandelt sich ganz schnell, und man hört auch den Ton. Das habe ich erst heute Nacht bemerkt. Es ist Vatis Stimme. Sie ist leise und melodisch und gleichzeitig hart und scharf und laut.« Die Assoziation führte zu der Erinnerung an seinen Vater, der ihn im Alter zwischen drei und sechs Jahren in den Schlaf zu singen pflegte. Schon in dieser Zeit konnte er nicht einschlafen. »Wenn Vati mir vorsang, half es immer, und ich konnte einschlafen.« Die sich bewegenden Formen, die an Lewins Traumfilm erinnern (Brust), vermischten sich in Georgs Traum mit der beruhigenden Stimme des Vaters. Der melodische Strom des Liedes brachte ihn zum Einschlafen, genau wie das Trinken an der Brust es früher getan hatte. In der Tat ist die Brustsituation das Modell für das schlaferzeugende Erlebnis. Die zärtliche Liebe zum Vater bot seinem oralen Verlangen ein Objekt dar, das in der Frühadoleszenz unvermeidlich zu homosexuellen Tendenzen führen mußte und tatsächlich den Fortschritt zur eigentlichen Adoleszenz übermäßig verzögerte.

Wollen wir uns nun dem Mädchen in der Frühadoleszenz zuwenden. Hier zeigt sich kein enger Parallelismus zu der Entwicklung des Knaben. Sicher spielt die Freundschaft in seinem Leben eine ebenso wichtige Rolle. Der Mangel an Freundinnen kann es in sehnsüchtige Verzweiflung versetzen, und der Verlust einer Freundin kann eine Depression und vollkommenen Verlust allen Interesses am Leben bedeuten. Helene Deutsch (1944) spricht von mehreren Fällen, bei denen sie »den Ausbruch einer Psychose beobachten konnte, wenn die nach dem Verlust der Freundin begehrte Mutter nicht die gewünschte Rolle erfüllen konnte«.

Eine typische Form der Idealisierung ist beim Mädchen der »Schwarm«. Diese idealisierte und erotisierte Bindung bezieht sich auf Männer wie auf Frauen, aber nur in bezug auf Frauen zeigt sie sich in ihrer unverfälschten Form. Die gewählten Objekte haben entweder eine partielle Ähnlichkeit oder auffallende Unähnlichkeit mit den Eltern. Das »Tagebuch eines halbwüchsigen Mädchens« (Hug-Hellmuth, 1919) enthält die Beschreibung solch einer Schwärmerei, die heute ebenso weit verbreitet ist, wie sie es in den Tagen war, in denen das Tagebuch geschrieben wurde. Als sie elf war, war das junge Mädchen von den Implikationen der Menstruation (»Ströme von Blut«), vom Sexualverkehr und faszinierenden Spekulationen über den reifenden männlichen und weiblichen Körper, einschließlich solcher über das Äquivalent der Menstruation beim Jungen, überwältigt. Die Erlösung von der Angst und Erregung kam durch eine Schwärmerei für eine »wunderschöne Frau«, die sie heimlich die »Goldfee« nannte. Der Gedanke an diese Frau erfüllte sie mit der Seligkeit eines unschuldigen Kindes. Als sie endlich das Alter der Angebeteten erfuhr, schrieb sie in ihr Tagebuch: »36 — was für eine schöne Zahl, direkt zum Gernhaben. Ich weiß eigentlich nicht warum, aber wenn ich irgend jemanden die Zahl sagen höre, erscheint sie mir wie ein Eichhörnchen, das im Walde herumhüpft.«

Das Objekt solcher Schwärmerei wird passiv geliebt, mit dem Ziel, ein bißchen von seiner Aufmerksamkeit oder Zuneigung zu erlangen, oder von allen möglichen erotisierten oder sexualisierten Annäherungen überwältigt zu werden. So ging es weiter bis zur eigentlichen Adoleszenz. Die masochistische und passive Qualität dieser Schwärmerei ist ein Zwischenstadium zwischen der phallischen Einstellung der Präadoleszenz und der Progression zur Femininität. Es ist eigentlich viel mehr das bisexuelle Zwischenstadium der weiblichen Frühadoleszenz. das Helene Deutsch (1944) in seiner für Mädchen dieses Alters typischen Form folgendermaßen beschrieben hat: »Das Vorhandensein einer stark bisexuellen Phase knapp vor der Adoleszenz ... ist beim weiblichen Geschlecht weniger verdrängt als beim Knaben. Das Mädchen in dieser Lebensphase ist sogar gerne bereit, ihre ›Männlichkeit‹ zu betonen, während der Knabe sich seiner ›Weiblichkeit‹ schämt und dieselbe verleugnet«. (Tonio Kröger illustriert diesen Punkt).

Das Mädchen beschäftigt sich dann viel bewußter mit dem Problem, ob es ein Junge oder ein Mädchen sei. Oft klammern sich Mädchen an den Glauben, daß sie sich für den einen oder den anderen Weg entscheiden können. Das Resultat ist, daß sie gewisse Gefühle und Ich-Zustände für besondere Gelegenheiten reservieren, sich aber sonst auf eine bisexuelle Betonung umstellen. Mädchen dieses Alters haben ein merkwürdig vages Zeit- und Raumgefühl, und bilden sich Erinnerungen ein an Dinge, die, wie ihre Familie sagt, nie passiert sind oder jedenfalls nicht in dieser Weise. Diese Verschwommenheit der Realität und des Ich-Bewußtseins ist eine Begleiterscheinung der bisexuellen Doppeldeutigkeit. Das Thema der Bisexualität beim Mädchen wird von Virginia Woolf in »Orlando«, wo die Hauptperson von einem Mann in eine Frau umgewandelt wird, höchst interessant dargestellt.

Zur Illustrierung des bisexuellen Stadiums beim Mädchen möchte ich hier eine Bandaufnahme von einem Interview mit einem fünfzehnjährigen heranwachsenden Mädchen wiedergeben. In ihrem Gespräch mit dem Interviewer erzählt Betty von ihrem Phantasieleben, in dem die bisexuelle Note einen beredten Ausdruck findet (Blos, 1941).

Interviewer: Du träumst viel?

Betty: Gestern Abend ging ich um Viertel nach neun ins Bett und hatte Lokkenwickler im Haar. Ich hätte noch für ungefähr eine halbe Stunde aufbleiben sollen, aber ich träume immer ... wenn ich mir alles überlege, so träume ich von Fischen und ... Gespenstern ... und Autos und allem. Ich bleibe bis ungefähr zehn Uhr wach und kann nicht einschlafen.

I: Du meinst, du siehst einfach Bilder vor dir?

B.: Ja, von mir selbst und verschiedenen Leuten, alles so ganz allgemein.

I.: Was für Bilder?

B.: Ach, zuerst von einem Mädchen, ganz so wie Jane, und dann von einem Mann, wie ein Mädchen und dann von einem Mädchen, die in ein Mädchen verwandelt worden ist, die ein anderes Mädchen ist. Es geht alles durcheinander, aber meistens bin ich ein Mädchen, das wie ein Junge angezogen ist. Ich weiß nicht, warum.

I.: Siehst du oft dieses Bild, schon viele Jahre lang?

B.: Ja, sehen Sie, zuerst, als ich noch klein war, war ich ein Mädchen, das wie ein Junge angezogen wurde, und niemand wußte, daß ich ein Mädchen war. Dann war ich ein Mädchen in Jungenskleidern, aber nur ein paar bestimmte Leute wußten, daß ich ein Mädchen bin. Dann schließlich war ich ein Mädchen, wie ein Junge angezogen, und dann war ich die halbe Zeit ein Mädchen. Ich erinnere mich, daß ich mich, wenn ich einen langen Weg machen würde, in einen Jungen verwandeln würde, und ich hätte mich in ein Mädchen verwandeln müssen, und ich verbrachte die ganze Nacht damit, mich zu entscheiden.

I.: Und wie hast du dich entschieden?

B.: Ich habe beschlossen, ein Mädchen zu sein, das wie ein Junge angezogen geht, und dann würde ich alle Leute wissen lassen, daß ich ein Mädchen bin, und nur manchmal...

I.: Wann war das?

B.: Das muß letztes Jahr gewesen sein, oder das Jahr vorher, und dieses Jahr war ich einmal ein Mädchen, das wie ein Junge angezogen war, und, sehen Sie, ich dachte, ich müßte meinem Geschlecht treu bleiben und mich wie ein Junge anziehen, und dann habe ich alles so eingerichtet, daß ich ein Mädchen war, das wie ein Junge angezogen ging. Ich weiß nicht, warum.

I.: Und ist das eine Geschichte, an der du festgehalten hast, seit du klein warst?

B.: Ja, seit ich ungefähr vier war.

I.: So eine Art Phantasie, die zu einer Geschichte wurde.

B.: Jeder, den ich gern habe, kommt da hinein und hat seinen Platz.

I.: Bringt sie dich manchmal auch zum Einschlafen?

B.: Ich denke, ich schlafe mittendrin ein.

I.: Was warst du in dem Traum, nachdem du deinen Entschluß gefaßt hattest?

B.: Ich war ein Mädchen.

I.: Du warst ein Mädchen?

B.: Ja, ...

I.: Daß du für eine ganze Weile kein Junge sein würdest, und da hast du beschlossen, ein Mädchen zu sein?

B.: Ach, meinen Sie *das*? Ich dachte, Sie meinten den anderen Entschluß.

I.: Welcher andere Entschluß?

B.: Ach, die Stelle, wo ich das Mädchen in einen Jungen verwandelt habe.

I: Du hast in diesem Bild beschlossen, daß du ein Mädchen sein würdest, du hast keine Jungenskleider getragen, aber du selbst warst ein Mädchen, und das war vor anderthalb Jahren?

B.: Ja.

I.: Nun gut, was hast du neulich in der Nacht beschlossen? Nachdem du und Jane diesen Entschluß gefaßt hatten? (Das bezieht sich auf einen Entschluß, zwei Jahre lang noch nicht mit Jungen auszugehen).

B.: Ach...

I.: Du warst immer noch ein Mädchen?

B.: Ich war immer noch ein Mädchen.

I.: Aber kommst du aus der Geschichte immer als Mädchen heraus?

B.: Na, manchmal gehe ich weg, und man denkt immer noch, daß ich ein Junge bin, manchmal geht das so aus.

I.: Nun, wie geht es denn meistens aus?

B.: Mädchen.

I.: Hast du irgendetwas an der Geschichte geändert, seit Jane und du den Entschluß gefaßt haben?

B.: Na, es ist ja noch nicht zuende.

I.: Ich sehe, du willst es einfach so weitergehen lassen und sehen, was dabei herauskommt.

B.: Na, ja, vorläufig. Ich bin ganz wie ein Junge aufgewachsen, und dann kam irgendjemand und fand, daß ich ein Mädchen bin, und da zog ich mich wie ein Mädchen an, aber ich war ja mit allen diesen Jungen zusammen, und jetzt bin ich immer noch ein Mädchen mit den Jungens.

I.: Ich verstehe, — das ist, wo du jetzt stehst. Du willst die Geschichte weitergehen lassen und sehen, was herauskommt.

B.: Ich weiß nicht, was jetzt passieren wird.

I.: Nun, das klingt sehr interessant.

B.: Jedesmal wenn ich einen Film sehe, dann wird es merkwürdig.

I.: Wieso?

B.: Ich weiß nicht, der Film macht mir merkwürdige Gedanken.

I.: Was für welche?

B.: Ich meine, wenn ich sehe ... wenn jemand etwas Liebes sagt, denke ich an die Worte und ich muß es einsetzen.

I.: Dann mußt du das Mädchen sein, ja?

B.: Nein, nicht das Mädchen im Film. Ich muß dann etwas sagen, das ganz wundervoll ist, oder jemand anders muß es zu mir sagen.

I.: Ja, in deinem Film?

B.: Ja, wenn ich eine Geschichte sehe, die sehr hübsch ist, dann nehme ich die Handlung und mache sie mir zurecht.

I.: Und du setzt eine Person in die Handlung ein?

B.: Ja, und ein paar andere Leute, aber ich meine, ihre Gesichter und die ganze Situation ist ein bißchen anders.

I.: Nun, was für eine Handlung zum Beispiel?

B.: Ach, ich weiß nicht, ich kann es nicht richtig erklären, aber ... woll'n mal sehen ... Haben Sie »Das Leben eines Bengalischen Lanzers« gesehen?

I.: Ja.

B.: Erinnern Sie sich, wo er sagt: ... Ich hab's vergessen, aber ich war ganz verrückt danach und habe es also mit reingenommen, manchmal habe ich die ganzen Bengalischen Lanzers durcheinandergebracht.

I.: Und warst du in dem Film der Junge?

B.: Ja, ich war aber der nette (nicht der, den sie umgebracht haben, weil ich den nämlich nicht leiden kann). Ich war also er, und Jane war jemand anders — sie war keiner von denen, aber sie war jemand anders. Sie war jemand anders, der gar nicht vorkam. Ich weiß nicht mehr, wer er war ... wer war er doch? ... der, der umkam, war jemand, vielleicht Mabel, die ich gar nicht leiden kann.

I.: Als du noch klein warst, wärst du da lieber ein Junge gewesen?

B.: Ja, als ich noch ganz klein war, wäre ich gern ein Junge gewesen.

I.: Weißt du noch warum?

B.: Ich wollte ein Junge sein ... ich weiß nicht ... jetzt bin ich gern ein Mädchen, weil ich es gern habe ... weil ich es nicht leiden kann, wie die Jungens angezogen gehen. Ich finde es schrecklich, aber ich weiß nicht, warum ich ein Junge sein wollte. Ich denke vielleicht, weil ich viel mehr an Jungens gewöhnt bin, weil ich meine, wenn ich einen Jungen gern habe, benehme ich mich unmöglich. Zufällig ist das noch nicht passiert, aber ich habe ein paar Freundinnen, die verrückt nach Jungens sind, aber es hilft ihnen gar nichts, denn sie können doch nicht einen Jungen auffordern, irgendwohin zu gehen oder sonst etwas. Wenn man ein Junge wäre, wäre das viel einfacher.

Die bisexuelle Einstellung des Mädchens in der Frühadoleszenz ist dem Problem des Narzißmus nah verwandt. In der frühen Adoleszenz herrscht die narzißtische Objektwahl vor, während in der eigentlichen Adoleszenz die narzißtische Abwehr sich verstärkt. Der illusorische Penis wird als eine psychische Realität aufrechterhalten, um das Mädchen gegen narzißtische Verarmung zu schützen, und die Gleichstellung mit dem Jungen ist immer noch eine Frage von Leben und Tod. Bisexuelle Selbstdarstellung mit einer mehr oder weniger verschwommenen Körperwahrnehmung findet ihren Ausdruck in allen möglichen Betätigungen, Interessen, Befangenheiten und Tagträumen. Dieser Zustand besteht weiter, bis das Mädchen jenen Teil der narzißtischen Libido, der an das bisexuelle Image gebunden war, auf ihren ganzen Körper abzulenken und nicht mehr Erfüllung in sich selbst, sondern in heterosexueller Liebe sucht. Wie die Umkehr von der frühadoleszenten bisexuellen Einstellung zur nächsten Phase, der der heterosexuellen Orientierung, vor sicht geht, werden wir weiter unten besprechen. Die Veränderungen im Mädchen, das von der Präadoleszenz in die eigentliche Adoleszenz übergeht, wurden in einer klinischen Längsuntersuchung beschrieben (Blos, 1941), aus der ich hier einige einschlägige Beobachtungen zitieren möchte.

Obgleich Lois über Sex vollkommen aufgeklärt war, war ihr Übergang von der jungenhaften Flegelei im Alter von zwölf und dreizehn, zur »süßlichen Sentimentalität« von fünfzehn und sechzehn außerordentlich schwierig, schmerzhaft und unangenehm. Da sie immer vor sich selbst ihre Immunität gegen solche dummen Gefühle herausgestrichen hatte — weil sie auf ihre überlegene Unabhängigkeit stolz war — verachtete sie sich, als sie zum erstenmal beim Anblick und bei der Nähe eines Jungen ein Schauer überlief. Sie war von ihrem merkwürdigen Interesse an ihrem bis dahin unwichtigen Körper und Aussehen, das nach diesem Erlebnis einsetzte, angewidert. Und als sie merkte, daß sie nach Aufmerksamkeit dürstete, andere Mädchen ihrer Schönheit und Anziehung wegen beneidete, war sie gleichzeitig davon abgestoßen. Ihre Verachtung für sich selbst war grenzenlos. Sie wurde morbid und verzagt, verlor alles Selbstvertrauen, erlitt eine akute Disintegration, bis zu einem fast drastischen Grad — dann aber bekam sie sich glücklicherweise wieder in die Gewalt, sah den Tatsachen intelligent und mutig ins Gesicht und bekam eine ganz neue Auffassung, aber nicht ohne durch eine Art von trotzigem, vulgärem Stadium hindurchgegangen zu sein. Während dieses letzteren Stadiums schien ihr das Spiel mit Wörtern wie Unzucht, Ehebruch, Illegitimität, Leidenschaft usw. Spaß zu machen. Das vulgäre trotzige Stadium scheint vorübergegangen zu sein, und Lois ist nun damit zufrieden, die Frau zu sein, die sie ist, und die sie aus sich machen kann. Während des »vulgären« Stadiums rühmte sich Lois vor ihren Freundinnen, daß sie viele »Affären« habe.

Das Nachlassen der bisexuellen Tendenz zeigt den Eintritt in die eigentliche Adoleszenz an. Im frühadoleszenten Stadium zeigt das Mädchen eine bemerkenswerte Leichtigkeit, »in Vertretung« zu leben, d. h. in zeitweisen Identifizierungen als Probehandlungen. Es besteht dann aber die Gefahr, daß diese Neigung zum Agieren zu verfrühtem Geschlechtsverkehr führen kann, für den das Mädchen in keiner Weise vorbereitet ist. Solche Erlebnisse haben dann einen traumatischen Effekt und führen zu einer abweichenden Form der Adoleszenz. Freundschaften, Schwärmereien, Phantasieleben, intellektuelle Interessen, athletischer Sport und Sich-Pflegen im allgemeinen, all das beschützt das Mädchen vor vorzeitiger — d. h. defensiver heterosexueller — Betätigung. Jedoch die größtmögliche Garantie für das Mädchen, normal durch dieses Stadium hindurchzukommen, ist die emotionale Verfügbarkeit der Eltern, besonders der Mutter oder eines Muttterersatzes.

5. Die eigentliche Adoleszenz

Die Pubertät stößt den jungen Adoleszenten in seiner Entwicklung unerbittlich vorwärts. Seine Suche nach Objektbeziehungen oder — umgekehrt — ihre aktive Vermeidung erhellten die psychologische Entwicklung, die während dieser Phase stattfindet.
Während der eigentlichen Adoleszenz nimmt die Suche nach Objektbesetzungen neue Aspekte an, andere als die, die in der Präadoleszenz und in der Frühadoleszenz bestanden haben. Heterosexuelle Objektbesetzung, die durch das Aufgeben der narzißtischen und bisexuellen Einstellung ermöglicht wird, charakterisiert die psychologische Entwicklung der eigentlichen Adoleszenz. Genauer genommen, sollten wir von einer allmählichen Bestätigung des geschlechtsgerechten Triebes sprechen, der beherrschenden Einfluß gewinnt und in zunehmendem Maße Konfliktangst im Ich auslöst. Abwehr- und Anpassungsmechanismen in all ihren komplexen Abarten drängen sich jetzt in den Vordergrund des geistigen Lebens. Die sich während dieser Phase entfaltende Komplexität der geistigen Prozesse macht eine umfassende Darstellung, in der alle wichtigeren Facetten auf einen Blick erfaßt werden können, unmöglich. Es wird immer wichtiger, die zunehmende Komplexität der geistigen Entwicklung in ihre Bestandteile zu zerlegen und der enormen Variabilität der Entwicklung mehr Aufmerksamkeit zu schenken.

Die Grundhaltung der eigentlichen Adoleszenz, oft als mittlere Adoleszenz beschrieben, ist die von bevorstehender Unwiderruflichkeit und entscheidender Wendungen. Im Vergleich mit den vorhergehenden Phasen ist das emotionale Leben intensiver, tiefer und hat einen größeren Spielraum. Der Adoleszent bricht für immer mit den infantilen Liebesobjekten, nachdem er schon früher Präludien zu diesem Thema — oft und in vielen Tonarten — gespielt hat. Ödipale Wünsche und die dazugehörigen Konflikte erwachen zu neuem Leben. Die Endgültigkeit dieses inneren Bruches mit der Vergangenheit erschüttert das Gefühlsleben des Heranwachsenden bis ins Mark. Aber gleichzeitig eröffnet er ihm neue Horizonte, erweckt Hoffnung und bereitet Angst.

Jene Phase der Adoleszenz, die wir jetzt erforschen wollen, entspricht dem zweiten Akt des klassischen Dramas: die Dramatis Personae sind alle in unentwirrbarer und unwiderruflicher Weise miteinander verwickelt. Der Zuschauer sieht ein, daß es kein Zurück zu den Erwartungen und günstigen Ereignissen der Anfangsszenen gibt, und daß der Konflikt unerbittlich zur Schluß-Klimax vorwärtstreibt. Nach dem zweiten Akt haben die Ereignisse eine entschiedene Wendung genommen, aber das genaue Ende ist noch nicht bekannt, und nur der letzte Akt des Dramas kann darüber Auskunft geben. In ähnlicher Weise haben in der Adoleszenz die inneren Konflikte einen Punkt der unwiderruflichen Verwicklung erreicht; aber der Ausgang kann noch nicht vorausgesehen werden. Man kann nicht umhin, Vermutungen anzustellen und genau so oft richtige wie falsche Voraussagen zu machen. Erst in der Spätadoleszenz wissen wir, ob wir das Ende richtig vorausgesehen haben. Helene Deutsch (1944) faßt ihre Meinung über dieses Problem dahin zusammen, daß nur die folgenden Ereignisse zeigen können, ob in solchen Fällen pathologische Phänomene bestehen, oder ob es nur intensivere Schwierigkeiten der Adoleszenz sind, mit denen wir es hier zu tun haben. Untersuchungen über Voraussagen würden uns helfen, die nicht-pathologischen Aspekte dieser Entwicklungsphase, während derer die Persönlichkeit schon normalerweise viele scheinbar pathognomische Züge zeigt, zu verstehen und zu werten. Die Adoleszenzforschung könnte durch solche Untersuchungen, die für das Säuglings- und Kleinkindesalter gemacht worden sind (M. Kris, 1957) und auch durch Anna Freuds Kritik an diesen Untersuchungen (A. Freud, 1958) angeregt werden.

Während der eigentlichen Adoleszenz wendet sich der Heranwachsende allmählich der heterosexuellen Liebe zu, und ich möchte jetzt die inneren Veränderungen, die wesentlich, ja, eine Vorbedingung für den Durchbruch zur Heterosexualität sind, besprechen. Diese Entwicklung bezieht viele völlig verschiedene Prozesse ein, und es ist ihre Integration, die im Wesentlichen die Gefühlsreifung vorwärtsbringt. Heranwachsende dieser Phase, die sich in heterosexuelle Betätigung stürzen, erwerben dadurch noch nicht die Vorbedingungen für die heterosexuelle Liebe, und wenn man sich jugendliche Ehen näher ansieht, merkt man, wie langsam sich die Fähigkeit zur reifen, heterosexuellen Liebe entwickelt. Vom psychoanalytischen Standpunkt aus gesehen, liegen die Hauptprobleme in Besetzungsverschiebungen, die eher mit den inneren Objekten und mit dem Selbst verbunden sind als mit reinen Verhaltensphänomenen (so wie z. B. eine Arbeit beizubehalten oder Sexualbeziehungen zu haben), als relevante Indikatoren für psychische Veränderungen oder Fortschrittt.

Der Entzug der Besetzung von den Eltern — oder vielmehr von deren Objektrepräsentanz im Ich — resultiert in der Ablenkung kathektischer Energie auf das Selbst. Wie wir gesehen haben, führt beim Knaben diese Veränderung zu einer narzißtischen Objektwahl, die sich auf das Ich-Ideal stützt: In dieser libidinösen Konstellation kann man die neuerlich versuchte Auflösung der reaktivierten Reste des positiven und negativen Ödipuskomplexes wahrnehmen. Beim Mädchen hatten wir ein Beharren in der bisexuellen Einstellung mit Überbewertung der phallischen Komponente beobachtet. Ernsthaft wird die Triebentwicklung arretiert, wenn diese Komponente nicht rechtzeitig dem heterosexuellen Liebesobjekt weicht, das heißt also, daß sexuelle Identifizierung das Endziel der adoleszenten Triebdifferenzierung dieser Phase wird.

Bei beiden Geschlechtern kann man Zunahme des Narzißmus feststellen. Dies muß betont werden, denn sie bewirkt eine Reihe von Ich-Zuständen, die für die eigentliche Adoleszenz charakteristisch sind. Diese Zunahme geht der Konsolidierung der heterosexuellen Liebe voraus oder, um genauer zu sein, ist eng mit dem hier vor sich gehenden Prozeß der nicht-inzestuösen Objektbesetzung verwoben. Man kann leicht beobachten, wie Adoleszente ihre aggrandisierende Selbstgenügsamkeit und ihre autoerotischen Betätigungen aufgeben, sobald z. B. der Junge zarte Gefühle für ein Mädchen empfindet. Die Verschiebung der Besetzung vom Selbst zu dem neuen Objekt verändert die Libido-Ökonomie, so daß Befriedigung jetzt eher beim Objekt als beim Selbst gesucht wird. Ein fünfzehnjähriger Junge drückt das so aus: »Sobald ich an ein Mädchen denke, brauche ich nicht mehr wie ein Schwein zu essen oder die ganze Zeit zu onanieren«. Schutz gegen Enttäuschung, Zurückweisung und Versagen im Liebesspiel liegt — es ist überflüssig, dies zu betonen — in allen Formen der narzißtischen

Größenideen. Außerdem erlaubt dieser Zustand die geistige Beschäftigung mit Ideen, die zu erfinderischen Lösungen oder zu nützlichen geistigen Konstruktionen führen, die jedoch ihre Faszination von der Verschiebung zielgehemmter Triebe — d. h. von der Intellektualisierung, beziehen. Sandy, ein vierzehnjähriger Adoleszent, der extrem schüchtern war und Angst vor Zurückweisung hatte, entschloß sich, ein Mädchen zu bitten, mit ihm auszugehen. Zu jener Zeit berichtete Sandy in der Analyse, daß er mehrere Stunden am Tage damit verbrachte, sich auszudenken, wie er »die Erde beherrschte«. Zwei Erfindungen, so sagte er, sind dazu nötig: »ein Energieerzeuger und ein Materialvervielfältiger« (das bedeutet also Festhalten am männlichen und weiblichen Prinzip). Mit diesen Erfindungen, sagte er, könne er die Erde beherrschen. Der Therapeut bemerkte, »einschließlich Jane«. Sandy antwortete: »Als ich gestern Abend Janes Nummer wählte, dachte ich immer weiter über ein finanzielles System der Weltbeherrschung nach. Als sie sich am Telefon meldete, fing ich an zu stottern, aber ich tat so, als ob ich mich bloß so stellte.«

Die narzißtische Qualität der adoleszenten Persönlichkeit ist wohlbekannt. Die Entziehung der Objektbesetzung führt zu einer Überschätzung des Selbst, einer erhöhten Selbstwahrnehmung auf Kosten der Realitätsprüfung, zu einer extremen Empfindlichkeit und Selbstbezogenheit und ganz allgemein zu Egozentrizität und Selbstvergrößerung. Die Entziehung der Besetzung (Kathexis) von der Objektwelt kann zu einem narzißtischen Rückzug auf sich selbst und einem Verlust der Realitätsprüfung führen. Beide Vorgänge wurden zuerst von Bernfeld (1923) beschrieben, der auch auf die Ähnlichkeit dieses Zustandes mit dem einer beginnenden Psychose hinwies. Die Verarmung des Ich kommt aus zwei Quellen: 1. Triebverdrängung und 2. Unfähigkeit, die Objektlibido auf infantile Liebesobjekte auszudehnen und dabei die Emotionen zu akzeptieren, die damit einhergehen. Die letztere Quelle kann auch als Resistenz gegen Regression angesehen werden.

Narzißtische Abwehr, die für die Adoleszenz so charakteristisch ist, wird durch die Unfähigkeit herbeigeführt, die befriedigenden Eltern aufzugeben, auf deren Allmacht das Kind gewöhnt war, sich mehr zu verlassen als auf die Entwicklung eigener Fähigkeiten. Wenn solch ein Kind in die Frühadoleszenz eintritt, findet es sich vollkommen unfähig, seiner Enttäuschung über sich selbst im Hinblick auf seine in Wirklichkeit begrenzten Fähigkeiten ins Gesicht zu sehen. Dieser Zustand in seiner typischen Form soll in Kapitel VII beschrieben werden. Es ist das Zentralproblem der pathologischen Sackgasse, die aus protrahierter Adoleszenz resultiert. Man muß zwischen narzißtischer Objektwahl, narzißtischer Abwehr und dem transitorischen narzißtischen Stadium unterscheiden, das normalerweise der heterosexuellen Objektbesetzung vorausgeht. Dieses Durchgangsstadium, das wir nun näher besprechen wollen, ist die Folge der Entsetzung der internalisierten Eltern oder, um genauer zu sein, ihrer Objektrepräsentanz. Dies resultiert in primitiven, transitorischen Identifizierungsprozessen, die narzißtischen und auch objektbezogenen Bedürfnissen dienen.

Die Entfremdung, die der Heranwachsende in bezug auf die vertrauten Objekte seiner Kindheit erlebt, ist eine weitere Folge der »Delibidinisierung der Außenwelt« (A. Freud, 1936). Die Triebablösung in bezug auf Objektrepräsentanz beeinflußt das manifeste Verhalten des Adoleszenten seinen Eltern oder ihren Vertretern gegenüber durch projektiv-introjektive Mechanismen. Die »guten« und die »bösen« Introjekte werden mit den gegenwärtigen Eltern und deren tatsächlichem Verhalten verwechselt. Die Entsetzung der Objektrepräsentanz beseitigt sie als Quelle der libidinösen Befriedigung: folglich macht sich ein Objekthunger bemerkbar, ein gieriger Wunsch, der zu dauernden Veränderungen, oberflächlichen Bindungen und Identifizierungen führt. Die Objektbesetzungen führen in diesem Stadium automatisch zu vorübergehenden Identifizierungen und beugen so der vollkommenen Aufzehrung der Objektlibido durch Ablenkung auf das Selbst vor. Der Objekthunger dieser Phase kann überwältigende Formen annehmen; jedes Objekt, ob nun wirklich oder eingebildet, kann helfen, die Objektwelt festzuhalten. Die Identität des wirklichen Objekts dieses Hungers ist ihm jedoch versagt — es ist der gleichgeschlechtliche Elternteil. Die positive oder negative Identifizierung mit ihm muß erreicht werden, bevor heterosexuelle Liebe existieren kann. Die neuen Objekte schirmen ihn nicht nur gegen alte Introjekte ab, sondern dienen auch als Versuche, die »bösen« Introjekte durch »gute« zu neutralisieren (Greenson, 1954). Diese Konzeption wirft Licht auf die ökonomische Funktion der »Schwärmerei«. Hungergefühle und die Neigung, Essen in sich hineinzustopfen, sind nur zum Teil durch die physischen Wachstumsbedürfnisse des Heranwachsenden bedingt. Man kann beobachten, wie all das in signifikanter Weise mit dem Steigen und Fallen des primitiven Objekthungers, d. h. der Inkorporierungsfunktion, fluktuiert. Ich habe bei mehreren Adoleszenten dieser Phase beobachtet, wie das Hungergefühl oder das Bedürfnis nach Nahrung überraschend in dem Moment nachließ, in dem ein sinnvolles und befriedigendes Objekt in ihr Leben trat. Die wichtige Rolle, die die Oralität, zu der auch eine starke orale Gier gehört, in dem Trennungsprozeß spielt, erklärt auch die Häufigkeit von deprimierten Stimmungen in der Adoleszenz als eine »transitorische Regression zur oral-inkorporierenden (Nahrungs-)Phase der Entwicklung (Benedek, 1956 a).

Das narzißtische Stadium ist nicht nur eine Verzögerungs- oder Aufhalteaktion, bewirkt durch das Widerstreben, endgültig auf die frühen Liebesobjekte zu verzichten, sondern — ganz im Gegenteil —, stellt es auch ein positives Stadium im Loslösungsprozeß dar. Während die Eltern vorher überschätzt, mit Ehrfurcht angesehen und nicht realistisch eingeschätzt wurden, werden sie jetzt unterschätzt und in den schäbigen Proportionen eines gefallenen Idols gesehen. Die narzißtische Selbstaufblähung zeigt sich in der Arroganz und Rebellion des Heranwachsenden, in seinem Widerstand gegen Gesetze und seiner Mißachtung der elterlichen Autorität. Wenn erst einmal die narzißtische Befriedigung, die aus der elterlichen Liebe herkam, aufgehört hat, wird das Ich mit narzißtischer Libido ausgestattet, die den internalisierten Eltern entzogen wird. Das endgültige Resultat dieser Besetzungsverschiebung muß sein, daß das Ich die Fähigkeit entwickelt, sich auf der Basis von realen Leistungen jene Menge von narzißtischem Bedarf zu sichern, die für die Aufrechterhaltung seiner Selbstachtung unentbehrlich ist Wir sehen also, daß das narzißtische Stadium im Dienste der progressiven Entwicklung wirkt und gewöhnlich mit dem langsamen Aufkommen der heterosexuellen Objektbesetzung vermischt ist. Helene Deutsch (1944) weist darauf hin, daß, wo es sich um die Bildung des Ich handelt, der Narzißmus ein progressiver Zug sei, aber soweit es sich um die Entwicklung der Libido handelt, er dagegen hemmend und regressiv wirkt. Dieses Stadium des transitorischen Narzißmus verwandelt sich nur dann in einen ominösen Bruch in der progressiven Entwicklung, wenn der Narzißmus in eine defensive Aufhalteaktion umstrukturiert wird und so den Loslösungsprozeß eher hemmt als fördert. Der Trennungsprozeß und seine Erleichterung sind es, die dem narzißtischen Stadium seine positive und progressive Note geben. Was die Regression anbetrifft, die sich unter seiner Aegide vollzieht, so mag man an Nietzsches Aphorismus denken: »Man sagt, er geht zurück, und das tut er auch, weil er versucht, einen großen Sprung zu machen.« Man könnte auch von »Regression im Dienste des Ichs« sprechen, die normalerweise in diesem Stadium stattfindet.

Der narzißtischen Isolation des Adoleszenten arbeitet manches entgegen, immer mit dem Ziel, nicht die Herrschaft über Objektbesetzungen und feste Ich-Begrenzungen zu verlieren. Beides ist ständig in Gefahr und die Drohung ihres Verlustes gibt zu Angst und Panik Anlaß. Auch regressive Wiederherstellungsprozesse werden eingeleitet, die von einem leichten Gefühl der Depersonalisierung bis zum psychotischen Zu-

stand reichen können. Dazwischen liegt ein Territorium, in dem der Zug der narzißtischen Regression durch objektbezogene Ideation verhindert wird und in dem die scharfe Wahrnehmung der Triebregungen in einem außerordentlich reichen Phantasieleben und in Tagträumen des Adoleszenten besteht. Diese Phantasien bedeuten eine Verschiebung in der Objektbesetzung, sozusagen durch »Probehandlungen«, und helfen dem Adoleszenten, in kleinen Dosen die affektiven Erfahrungen zu assimilieren, auf die seine progressive Entwicklung sich hinbewegt. Phantasieleben und schöpferische Tätigkeit sind in diesem Stadium auf dem Höhepunkt. Künstlerische und ideisierte Ausdrucksformen machen es ihm möglich, hochpersönliche Erlebnisse mitzuteilen, die als solche ein Vehikel für die Teilnahme am Sozialleben bilden. Die narzißtische Komponente bleibt dabei deutlich. Und in der Tat ist die narzißtische Befriedigung, die von solchen Schöpfungen herrührt, legitim. Private Phantasien kann man mit »Probehandlungen« vergleichen, denn sehr häufig sind sie Vorbereitungsfunktionen, die zwischenpersönliche Transaktionen einleiten.
Die folgende Stelle aus einer Novelle von George Barker (1951) drückt sehr gut die einzigartigen Gefühle des Adoleszenten aus, der sich auf der Reise durch dieses Zwischenland befindet:

»Jene exquisit melancholischen Nachmittage meiner Adoleszenz, als ich mit der Abstraktion eines Schlafwandlers umherging, durch die feuchten Alleen von Richmond Park, dachte, daß das Leben zu mir kommen würde, und mich fragte, warum die eingedämmten Feuer meiner Erwartung, die in meinem Innern schlimmer als roher Alkohol brannten, dem Fremden nicht sichtbar wurden, wenn ich so durch die Gärten streifte. Und oft erschien sie mir, die Frustration, in der Verkleidung einer Halluzination: wenn ich zwischen den vom tropfenden Nebel verschleierten Bäumen hindurchschaute, sah ich manchmal klassische Statuen einen Augenblick Leben annehmen, mir ihre nackte Schönheit zuwenden; oder ich hörte, wie eine Stimme aus den Büschen sprach: ›Alles wird dir beantwortet werden, wenn du dich nur nicht herumdrehst.‹ Und so stand ich da und wartete, wagte nicht, mich umzudrehen, erwartete, daß sich mir eine Hand auf die Schulter legen würde, die mir eine Apotheose oder einen Auftrag geben würde — aber da war nur der Windstoß und die alte Zeitung, die lebhaft zu mir heran und an mir vorbeiwehte, wie ein schmutziger Zwischenruf. Oder Möglichkeiten boten sich an, wenn ein Radfahrer vorbeiflitzte, bis er herankam, und sich mit ihm aus dem Staube machten, wenn er vorbei war. Denn ich litt an einem einfachen aber vernichtenden Hang: ich hoffte zu leben.«

Es ist interessant, wie diese zweifellos autobiographische Beschreibung die erhöhte Schärfe der Sinnesorgane, besonders von Auge und Ohr, unterstreicht. Eine kathektische Verschiebung gibt den Sinnesorganen überscharfe Wahrnehmung, die ihren speziellen Inhalt und ihre Qualität von der Projektion herleitet: Innere Vorgänge werden jetzt als äußerliche Wahrnehmungen erlebt, und kommen in ihrer Qualität oft nah an die Halluzination heran. Man muß sich erinnern, daß Auge, Ohr und Tastgefühl eine hervorragende Rolle in der frühen Objektbesetzung spielen, zu einer Zeit, in der eine Differenzierung zwischen »Ich« und »Nicht-Ich« noch nicht existiert, aber durch introjizierte und projizierte Prozesse eingeführt wird. Hilft diese sensorische Adoleszenz-Überbesetzung dem Ich, an der Objektwelt festzuhalten, die immer in Gefahr steht, verloren zu gehen? Und ist es nicht gerade dieser Hang, innere Prozesse zu projizieren und sie als äußere Realität zu erleben, der der Adoleszenz ihren charakteristischen pseudo-psychotischen Zug verleiht? Gefühle der Entfremdung, der Unwirklichkeit und Depersonalisation drohen, die Kontinuität des Ich-Gefühls zu zerreißen. Und wenn dies auch extreme Zustände sind, so bleibt doch die Tatsache bestehen, daß der Heranwachsende die Außenwelt wirklich mit einer einzigartigen sensorischen Qualität erlebt, von der er glaubt, daß andere sie nicht haben: »Niemand hat je so gefühlt wie ich!« »Niemand sieht die Welt wie ich.« Er tritt mit Mutter Natur in persönlichen Kontakt, sie enthüllt ihm ihre Schönheit, und er erlebt Zustände der Verzückung.

Besonders deutlich wird diese Überempfindlichkeit in dem überwältigenden Verlangen nach Liebe. Ein Sechzehnjähriger beschreibt sein erstes Erlebnis zärtlicher Liebe besonders im Hinblick auf taktile Wahrnehmungen: »Es ist ein amorphes Gefühl — es kann sich in alles verwandeln — barfuß im Gras gehen, mit geschlossenen Augen im Wind gehen und ›Eileen‹ vor mich hin sagen. Es ist einfach die Liebe zum Verliebtsein in jemanden. Wenn es regnet, lasse ich die Fenster offen und lasse mich von der Luft durchtränken. Wenn ein Frühlingsgefühl in der Luft liegt, fühle ich mich überschwenglich — ich lebe jetzt ganz und gar mit dem wechselnden Wetter.«

Die normale Rolle der Phantasie und der halluzinatorischen Erlebnisse in der Adoleszenz sind von Landauer (1935) folgendermaßen beschrieben worden: »Die Perzeption stellt das In-sich-aufnehmen der äußeren Realität dar, die normalerweise als Liebes- und Haßobjekt erhalten wird. Der Heranwachsende, von seinem Bedürfnis nach Liebe getrieben, kehrt zu der infantilen Form der Einverleibung von Objekten durch ihre Zerstörung zurück, um sie in der Halluzination zu reproduzieren oder (in weniger schamloser Form) in Phantasien, als eine äußere Realität, die nun mit dem Ich identisch ist. Dieses Phänomen ist ein Teil des adoleszenten Solipsismus.«

Es muß betont werden, daß die Entdeckung von Natur und Schönheit für eine besondere Sozial- und Bildungsgruppe typisch ist, die sich ungefähr mit der Mittel- und Oberschicht deckt. Aber wenn auch der Phantasieinhalt sehr variiert, kann man doch dieses Prinzip durch die ganze Phase hindurch beobachten. Der Triebaspekt, der den meisten Veränderungen unterworfen ist, ist das Objekt, und die veränderlichste Komponente der Phantasie ist ihr manifester Inhalt. Diese Variabilität, die von Klasse, Ort und Geschichtsperiode abhängt, sollte nicht die Rolle der Phantasie in der Adoleszenz als ein transitorisches Phänomen verwischen, das zwischen dem Stadium des Narzißmus und der heterosexuellen Objektbesetzung steht.

Typisch für dieses Zwischenstadium ist es, ein Tagebuch zu führen. Im heutigen Amerika ist es bei Mädchen mehr verbreitet als bei Jungen; aber vielleicht war es immer so. Die emotionale Selbstversunkenheit, die das Tagebuch bedeutet, ist für den Knaben leicht mit einer Note der Passivität belastet. Sein Bedürfnis nach extrovertierter, oft defensiver physischer Selbstsicherheit lenkt seine Aufmerksamkeit meistens von der Introspektion ab. Das hat nicht immer so allgemein gestimmt; es scheint, daß mit dem Aufkommen der »einheitlichen Moral« neue und oft strengere Tabus gegen sogenannte »nicht zum Geschlecht passende« Verhalten aufgerichtet worden sind. Wie dem aber auch sein mag, das Mädchen teilt mit dem Tagebuch Geheimnisse wie mit einer intimen Vertrauten. Das Bedürfnis, ein Tagebuch zu führen, steht im umgekehrten Verhältnis zu der Gelegenheit, die der Heranwachsende hat, seiner Umgebung seine emotionalen Nöte frei mitzuteilen. Tagträume, Ereignisse und Gefühle, die man nicht mit wirklichen Menschen teilen kann, werden erleichtert dem Tagebuch anvertraut. Auf diese Weise nimmt das Tagebuch die Qualität eines Objektes an. Das ergibt sich schon aus Eintragungen, die mit »Liebes Tagebuch« anfangen, oder, wie in dem Tagebuch von Anne Frank (1947) mit »Liebe Kitty«. Das Mädchentagebuch ist immer eine weibliche Vertraute. Das Tagebuch steht zwischen Tagtraum und Objektwelt, zwischen Einbildung und Realität, Inhalt und Form ändern sich mit den Zeiten. Denn Material, das früher einmal als ängstlich gehütetes Geheimnis behandelt wurde, wird heute offen ausgesprochen.

Der ältere und erfahrenere Jugendliche schreibt heute kein Tagebuch mehr — er schreibt ein »Journal«. Doch die Nachwelt sieht ihm dabei über die Schulter, und was solche Dokumente an literarischer Qualität gewinnen, verlieren sie gewöhnlich an Unbefangenheit und Spontaneität. Heute werden Tagebücher am meisten von Heranwachsenden der Mittelklassen geführt, wo literarische Bemühungen geschätzt werden und Gewandtheit im Umgang mit dem geschriebenen Wort nichts Ungewöhnliches ist. Die Themen, die früher einmal in Tagebüchern vorherrschten — Triebkonflikte und die sie begleitenden Verstimmungen, in der Umgangssprache als »Weltschmerz« bekannt, ein melancholischer, kosmischer Kummer — haben anderen Platz gemacht, die man am besten als eine diffuse »Lebensangst« (Abegg, 1954) zusammenfassen kann. Auch ist die politische Naivität und der Provinzialismus vergangener Tage in dramatischer Weise durch das Wissen der meisten Adoleszenten um die weltweiten sozialpolitischen Konflikte ersetzt worden. Diese »Bildung« hindert nicht, daß das Tagebuch immer noch demselben psychologischen Ziel dient, nämlich dem, die emotionale Leere auszufüllen, die eintritt, wenn die neuen Triebregungen der Pubertät nicht mehr an den alten und noch nicht an neuen Objekten artikuliert werden können, so daß jetzt das Phantasieleben eine sehr wichtige und wesentliche Funktion übernimmt. Durch das Tagebuch wird das Phantasieleben wenigstens teilweise objektbezogen, und das Niederschreiben der Gedanken hält die geistigen Betätigungen des Heranwachsenden näher an der Realität, gleichgültig ob nun diese Betätigungen Affekte zum Inhalt haben oder Wünsche, Phantasien, Aspirationen und Hoffnungen oder Exzesse an Arroganz oder Verzweiflung. Ein Mädchen, das ein Tagebuch geführt hatte, berichtete, daß ihm seine sado-masochistischen Phantasien, als es sie niederschrieb, interessanter und realer wurden. Sie wurden durch das Niederschreiben wirkungsvoller, als wenn sie nur Phantasien geblieben wären. Jede Verbalisierung bringt den Gedankeninhalt der Realität näher. Die im Niederschreiben durchlebten Vorstellungen und Emotionen schließen die Tür — wenigstens teilweise und vorübergehend — vor dem Agieren.

Da das Mädchen normalerweise bereiter ist, sich der Heterosexualität zuzuwenden, dient ihr Tagebuch dazu, verfrühtes heterosexuelles Agieren dadurch zu verhüten, daß in der Phantasie experimentiert wird und Rollen gespielt werden. So erfüllt also das Tagebuch mehr als nur einen Zweck: eine Rolle kann gespielt werden, ohne wirkliches Agieren zu erfordern. Nach Bernfeld (1931) steht das Tagebuch ganz oben im Dienste der Identifizierungsprozesse, und endlich bietet das Tagebuch ein stärkeres Bewußtwerden des inneren Lebens, ein Vorgang, der schon an sich das Ich in seiner Funktion der Beherrschung und Synthese leistungsfähiger macht.

Die Verwendung jugendlicher Tagebücher für die systematische Untersuchung der Adoleszenzpsychologie wurde durch Bernfeld (1927, 1931) in die psychoanalytische Literatur eingeführt, der auch eine

Theorie für ihre wissenschaftliche Verwertung ausgearbeitet hat. Leider sind seine Untersuchungen niemals weiter verfolgt worden; einige seiner Bemerkungen sind jedoch erwähnenswert: »Tagebücher Jugendlicher sind keine Quelle im Sinne historischer Quellen: d. h. es kommt bei ihnen ganz und gar nicht auf die Glaubwürdigkeit der Verfasser an, und man kann sie nicht als Zeugen für Tatbestände anführen oder nur mit kritischer, methodischer Vorsicht . . . Tagebücher sind durch bewußte und unbewußte Tendenzen entstellte Darstellungen, genau so wie Träume, Phantasien, Dichtungen Jugendlicher. Sie leisten uns 1. die Kenntnis des manifesten (also durch Tendenzen mannigfaltig entstellten) Fühlens, Wünschens und Erlebens der Pubertät, 2. sind sie Quellen für die Deutung dieser Tendenzen und des durch sie entstellten psychischen Materials. Solche Deutung bedarf der Anhaltspunkte, deshalb ist ein Tagebuch als solches, ohne weiteres Material seines Autors von beschränktem Wert für die psychologische Erkenntnis des Autors, und man wird sich im allgemeinen begnügen müssen, es zur phänomenologischen Bereicherung zu verwenden.«

Seit Bernfeld seine Untersuchungen anstellte, hat die wachsende psychoanalytische Erfahrung mit Adoleszenten gewisse Entwicklungslinien festgestellt, die für dieses Alter als typisch angesehen werden können. Mit zunehmender Verläßlichkeit und natürlich mit der kritischen und methodischen Vorsicht, die Bernfeld empfiehlt, können wir die verbalen Äußerungen der Jugendlichen in ein Entwicklungsschema des Adoleszenzprozesses als ganzen einfügen. Bei der direkten Beobachtung von Kindern, scheint es nicht mehr als unwissenschaftlich zu gelten, bei einem vierjährigen Kind die Abneigung, seine Zehen berühren zu lassen, als eine Manifestation der Kastrationsangst zu erkennen; aber natürlich kann die Rolle, die diese Angst in dem Gesamtmechanismus dieses Kindes spielt, wohl kaum von dieser Beobachtung abgeleitet werden. Ebenso bieten die verschiedenen Themen, die in einem Tagebuch auftauchen und die den klinisch festgestellten Entwicklungslinien der psychischen Funktionen parallel laufen, wichtige phänomenologische Daten. Aber darüber hinaus ist von größerer Bedeutung, daß das Tagebuchmaterial dazu gebraucht werden kann, typische Sequenzen zu verifizieren, die ein genaueres Verständnis der Adoleszenz vermitteln. Aus diesem Grunde ist das Studium von Adoleszenten-Tagebüchern von großem Interesse, sogar wenn wir von dem Schreiber nichts weiter wissen als das Geschlecht, Alter, Milieu und die historischen Daten. Das Meiste ergibt sich aus dem Tagebuch selbst.

Die erste unbereinigte Veröffentlichung eines Adoleszenztagebuches wurde seinerzeit als schockierend empfunden und wurde als Fälschung gebrandmarkt. Heute, wo wir mehr über das geistige Leben von Jugendlichen wissen, wird die Authentizität des »Tagebuch eines heranwachsenden Mädchens« (Hugh-Hellmuth, 1919) nicht mehr angezweifelt. In der der Tat könnten dieselben Einwände, die von Cyril Burt gegen die Glaubwürdigkeit des Tagebuchs vorgebracht wurden, mit gleicher Stichhaltigkeit gegen das Tagebuch der Anne Frank (1947) erhoben werden, und das letztere braucht ja in dieser Hinsicht keine Verteidigung. Diese beiden Dokumente und auch andere (z. B. Golan, 1954) illustrieren in dramatischer Weise den Ablauf der Phasen, wie sie hier beschrieben worden sind. Die Tagebücher können auch die Gefühlsnote, die die körperlichen Veränderungen und emotionalen Verschiebungen begleitet, in einer Weise vermitteln, der keine theoretische Erörterung gleichzukommen hoffen kann.

Eng mit der Phantasie verwandt ist die Geschicklichkeit der Adoleszenten, Personen in eingebildete Beziehungen zu setzen, nämlich ihnen Eigenschaften zu geben, an denen sich der Heranwachsende bemüht, seine eigenen Bedürfnisse, sowohl libidinöse als auch aggressive auszuüben. Diesen Beziehungen fehlt das Echte; sie stellen Erlebnisse dar, die zum Zwecke der Ablösung von frühen Liebesobjekten erfunden werden. Das ergänzende Selbstinteresse in einer solchen Beziehung zwischen zwei Jugendlichen, besonders Junge und Mädchen, erinnert an eine vorübergehende »folie à deux«. Die Tatsache, daß sich solche Beziehungen oft schmerzlos, ohne Kummer oder Identifizierungsfolgen lösen, beweist ihren Charakter. Das Bedürfnis nach Sicherheit gegen Ängste, die den neuen Trieb betreffen, kann allen Objektbeziehungen einen unechten Charakter geben. Sie sind mit Identifizierungen vermischt, und die Menchen werden eher als Repräsentanten von Leitbildern denn als wirkliche Personen wahrgenommen. Neurotische Charaktere, die die Angst vor ihren Triebregungen ihr ganzes Leben lang beibehalten, machen daher oft einen adoleszenten Eindruck (Fenichel, 1945 b).

Anna Freud (1936) beschreibt die Rolle, welche die Identifizierung im Liebesleben des Adoleszenten spielt. Sie wird dazu benutzt, beim Rückzug in den Narzißmus Objektbesetzungen festzuhalten. »Diese stürmischen und wenig haltbaren Liebesbindungen der Pubertät sind Identifizierungen der primitivsten Art, wie wir sie etwa in der ersten Entwicklung des Kleinkindes vor Beginn aller Objektliebe kennenlernen können.« Die dauernd wechselnden Bindungen und Schwärmereien, die leidenschaftliche, ergebene Freundschaft, die gegen alle Einmischung verteidigt werden, als ob das Leben davon abhinge, können als Restitutionsphänomene verstanden werden. Sie verhüten die totale libidinöse Regression zum Narzißmus; durch Assimilation des Objekts nach der Art des Modells, das von Helene Deutsch als »als-ob«-Beziehung beschrieben wurde, bereichert der Jugendliche sein eigenes verarmtes Ich. Bei all diesen Beziehungen ist eine Überschätzung des Freundes dabei, um die narzißtischen Bedürfnisse zu befriedigen, aber daneben ist eine experimentelle Rolle, die mit kleinen Quantitäten von Objektlibido spielt, erkennbar — ein Zustand, der sich, wie man zugeben muß, ein Zeitlang mit dem im wesentlichen narzißtischen Gebrauch des Objektes überschneidet. Die experimentelle Komponente wirkt Ich-verstärkend; sie stellt jenen Aspekt des Gesamtprozesses dar, den man adaptiv nennen könnte, denn er operiert in Übereinstimmung mit der progressiven Entwicklung.

Bevor neue Liebesobjekte den Platz der aufgegebenen einnehmen können, gibt es eine Periode, in der das Ich durch den Entzug der tatsächlichen Eltern und die Entfremdung vom Über-Ich verarmt ist. In Anna Freuds (1936) Worten »entfremdet sich das Ich vom Über-Ich«. Der Verbündete des Ichs in der Triebbeherrschung hat aufgehört, in der gewohnten, zuverlässigen Weise zu funktionieren. Auch die Absetzung der elterlichen Objektrepräsentanz trägt zur Ich-Verarmung bei. Diesem Zustand wirken nicht nur vorübergehende Identifizierungsprozesse entgegen, sondern auch die willentlichen Schöpfungen von Ich-Zuständen von ergreifender innerer Selbstwahrnehmung. Landauer (1935) nennt dieses Adoleszenzphänomen »erhöhtes Ich-Erlebnis«. Dieses Restitutionsphänomen kann in bezug auf das Körper-Ich, das erlebende Ich und auf das Selbstbeobachtungs-Ich gesehen werden. In der Körpersphäre drückt es sich in Anspannung, Schmerz und exzessiver Beweglichkeit aus, im erlebenden Ich in überwältigender affektiver Belastung und ihrer explosiven Freigabe, im Selbstbeobachtungs-Ich in der scharfen Wahrnehmung des inneren Lebens, die den Adoleszenzzustand charakterisiert. Es kann aber nicht ganz und gar in das Gebiet der Abwehrmechanismen relegiert werden. In der Tat sind diese Ich-Zustände für die Bildung der spezifischen und ich-syntonischen individuellen Varianten der erwachsenen Trieborganisation wichtig.

Dies wird uns noch gründlicher in unserer Besprechung der Spätadoleszenz beschäftigen. Hier möchte ich es nur durch einige Auszüge aus der Analyse zweier vierzehnjähriger Jungen illustrieren:

John trat in eine neue Phase der Analyse ein, nachdem er endlich die Fixierung an die phallische Mutter überwunden hatte. Er mußte mit der nachgiebigen Schwäche des Vaters fertig werden, während er noch

nicht imstande war, seine libidinösen Bedürfnisse auf neue Objekte zu übertragen. In diesem Zustand der Isolation und Gefühlsverarmung, kam ihm plötzlich die Idee, ungewöhnliche Dinge zu tun, die ihm ein unbekanntes und ungewohntes Gefühl der Kühnheit, Freiheit und Entdeckung geben würden. So stand er also um zwei Uhr morgens auf, wenn alles noch schlief, ging ins Wohnzimmer, saß in »Vaters Stuhl« und las. In der Schule zeichnete er sich durch dumme Streiche aus, sehr zum Erstaunen seiner Klassengenossen und Lehrer. Er fing an, eine »komische« Mütze zu tragen und seine eigenen Gefühle zu kontrollieren, wenn er merkte, daß andere ihn beobachteten. Alan, ein anderer Junge im gleichen Alter, benutzte ähnliche Mechanismen. Er war immer erschöpft und erregt, weil er sich so eilte, sich immer verspätetete und nie Zeit hatte. Schließlich wurde ihm klar, daß die Gefühle, die mit dem Herumhetzen verbunden waren, selbstinduzierte Spannungszustände waren — die er sich selber gab, sozusagen um sich das Gefühl, lebendig zu sein, zu erhalten. Er sagte: »Ich habe entdeckt, daß die Aufregung, in die ich mich selbst versetze, wenn ich versuche, Schularbeiten zu machen, von mir selbst herrührt. Ich mache mich wirklich selbst ängstlich und gespannt. Es ist genau so, wie wenn ich plötzlich vorgebe, furchtbar am Baseball, an den Weltspielen interessiert zu sein. In Wirklichkeit sind sie mir ganz egal.« Beide Jungen machten sich erst im Verlauf ihrer Analyse klar, daß diese Ich-Zustände selbstinduziert waren und teils der Abwehr, teils libidinösen und aggressiven, teils adaptiven und experimentellen Zwecken dienten. Sie wurden als ichsyntonisch empfunden. Wenn adoleszente Ich-Zustände zur masochistischen Befriedigung oder zur Verzweiflung, die sich in Weinen, Leiden, Selbstbestrafung äußern, herüberschwingen, dann, nach Helene Deutsch (1944), »weicht die narzißtische Befriedigung durch das Leiden gewöhnlich einer depressiven Stimmung, verbunden mit Minderwertigkeitsgefühlen und verdichtet sich mitunter zu einem Bild der Depression, die sich dann häufig zu einer schweren Adoleszenzneurose entwickelt«.
Zu dieser Kategorie des erhöhten Ich-Gefühls gehören jene Zustände der selbst-induzierten Anstrengung, Schmerz und Erschöpfung, die für die Adoleszenz typisch sind. Außer dem Abwehraspekt sollte hier das erhöhte Körper-Ich-Gefühl nicht unterschätzt werden. Eine Illustration genügt für dieses bekannte Phänomen. Wir entnehmen sie der Biographie von Gerard Manley Hopkins (Warren, 1945): »Im Internat versagt er sich eine Woche lang das Salz. Ein anderes Mal trank er eine Woche lang kein Wasser oder irgendwelche andere Flüssigkeit. Er führte so seine Wette durch, kollabierte aber am Ende.«
Selbstinduzierte Ich-Zustände von affektiver und sensorischer Inten-

sität erlauben dem Ich, ein Gefühl des Selbst zu erleben und so die Integrität seiner Grenzen und seinen Zusammenhalt zu schützen. Weiter fördern solche Zustände die Wachsamkeit des Ichs gegenüber Triebspannungen. Triebspannungen entladen sich teilweise motorisch nach außen, teilweise nach innen und sind daher für die vielen physiologischen (funktionellen) Störungen dieser Periode verantwortlich. Teilweise werden sie von Abwehrmechanismen im Zaume gehalten. In der Tat ist ein Oszillieren zwischen den verschiedenen Wegen, auf denen das Ich und die Triebstrebungen zum Kompromiß oder zu einem modus vivendi kommen, in dieser Phase der Adoleszenz eher die Regel als die Ausnahme. Wo immer dieser modus vivendi Mäßigung oder Idealismus oder Trieb-Verweigerung betont, wird er von der Umgebung ganz offensichtlich gelobt. Wo aber der Trieb die Oberhand gewinnt, gerät der Heranwachsende leicht mit der Gesellschaft in Konflikt. Normalerweise schwankt er aber zwischen den beiden Einstellungen hin und her, der Aufruhr ebbt ab mit dem allmählichen Erstarken der Beherrschung, der hemmenden, leitenden und bewertenden Prinzipien, die die Wünsche, Handlungen, Gedanken und Werte ich-syntonisch machen und auf die Wirklichkeit hin orientieren. Das kann aber nur erreicht werden, nachdem diese Prinzipien von den Liebes- und Haßobjekten — den Leitbildern der Eltern, Geschwister und anderen — abgelöst werden können, die sie ursprünglich ins Leben gerufen haben. Als ein Übergangsschritt wird das Individuum der Empfänger der Libido, die den anderen Objektrepräsentanzen entzogen wird. Alle Ich-Funktionen — nicht nur das Selbst — können in diesem Prozeß besetzt werden. Dieser Umstand gibt dem Individuum ein falsches Machtgefühl, das nun seinerseits sein Urteil in kritischen Situationen trübt, oft mit katastrophalen Folgen, wofür die häufigen Autounfälle von Jugendlichen ein gutes Beispiel sind.

Die relative Schwäche des Ichs gegenüber den Triebforderungen wird während der Adoleszenzphase dadurch verbessert, daß das Ich nachgibt und den Trieb akzeptiert. Dieser Fortschritt geht der wachsenden Fähigkeit parallel, die Triebabfuhr in eine sehr differenzierte und organisierte Form zu bringen. Jedoch kann dieser Schritt nicht gemacht werden, solange die Liebesobjekte der frühen Kindheit immer noch um ihr Fortbestehen kämpfen oder solange, wie sich der Ödipuskomplex weiter behauptet.

Die Phase der eigentlichen Adoleszenz hat also zwei vorherrschende Themen: die Wiederbelebung des Ödipuskomplexes und die Ablösung von primären Liebesobjekten. Dieser Prozeß stellt eine Sequenz von Objektaufgabe und Objektbesetzung dar, die beide die Errichtung der erwachsenen Trieborganisation fördern. Man kann diese Adoleszenzphase im Sinne von zwei weitgefaßten, affektiven Zuständen beschreiben: »Trauern« und »Verliebt-Sein«. Es bedeutet für den Adoleszenten einen echten Verlust, wenn er auf die ödipalen Eltern verzichten muß, und er empfindet die innere Leere, den Kummer und die Traurigkeit, die ein Teil jedes Trauerns sind. »Das Trauern ... ist eine wichtige psychologische Aufgabe der Adoleszenzperiode« (Root, 1957). Das Sich-Hindurcharbeiten durch den Trauerprozeß ist wesentlich für die allmähliche Befreiung vom verlorenen Objekt; es erfordert Zeit und Wiederholung. Ähnlich ist in der Adoleszenz die Trennung von den ödipalen Eltern ein schmerzhafter Vorgang, der nur allmählich vor sich gehen kann.

Der Aspekt des »Verliebt-Seins« ist eine bekanntere Komponente im Leben des Jugendlichen. Es zeigt das Fortschreiten der Libido zu neuen Objekten an. Dieser Zutand ist durch ein Gefühl der Vollständigkeit, verbunden mit einer einzigartigen Selbstaufgabe charakterisiert. Die heterosexuelle Objektliebe beendet die Bisexualität der vorhergehenden Phasen, in denen die geschlechtsfremden Tendenzen eine dauernde Gegenbesetzung erfordern, da sie immer drohten, sich durchzusetzen, und so die Einheit des Ich (»self-image«) zerstörten. Diese Tendenzen können in der heterosexuellen Liebe nur dadurch erfüllt werden, daß man dem Partner die geschlechtsfremde Triebkomponente einräumt. Dieses Modell wurde von Weiss (1950) beschrieben, der es als »Resonanzphänomen« bezeichnete. Es tritt zuerst in der Adoleszenz auf und spielt bei der Auflösung der bisexuellen Tendenzen eine wichtige Rolle. Man kann oft und sehr leicht in der eigentlichen Adoleszenz beobachten, wie die Tatsache des Sich-Verliebens oder die, einen Freund oder Freundin zu finden, ein bemerkenswertes Hervortreten der maskulinen oder femininen Züge bewirkt. Diese Verschiebung zeigt an, daß die geschlechtsfremden Tendenzen dem anderen Geschlecht eingeräumt worden sind und nun im gegenseitigen Besitzen der Partner geteilt werden können. Mit anderen Worten, die nicht zum Geschlecht passende Komponente hat Ich-Syntonizität erworben, indem sie eine Eigenschaft des Liebesobjektes geworden ist, das seinerseits mit Objektlibido besetzt ist.

Zur eigentlichen Adoleszenz gehört jenes einzigartige Gefühl — die zärtliche Liebe. Sie geht oft dem heterosexuellen Experimentieren voraus, was nicht mit dem randalierenden Sexualspiel der früheren Jahre verwechselt werden sollte — wenn sich dieses auch oft in die eigentliche Adoleszenz hineinzieht, und sich in dem Wettbewerbsgeist von Jungen bei der Eroberung von Mädchen zeigt, und in der erstrebten Form der physischen Intimität (die weitgehend vom Milieu und der Gruppe diktiert wird, zu welcher der Adoleszent gehört). Die lärmenden und raubtierartigen Annäherungsmethoden erreichen in dieser Phase ihren Höhepunkt, aber früher oder später werden diese rohen Spiele plötzlich durch ein erotisches Gefühl unterbrochen, das den jungen Mann gleichzeitig bezaubert und hemmt. Es wird ihm klar, daß ein Gefühl in sein Leben getreten ist, das in einer Beziehung neu ist, nämlich darin, daß seine Haltung dem Mädchen gegenüber eine Note der Zärtlichkeit und Hingebung enthält. Ganz oben steht die Sorge um die Erhaltung des Liebesobjektes und das Verlangen nach dem ausschließlichen — wenn auch geistigen — gegenseitigen Zusammengehören. Der Partner stellt nun nicht eine reine Quelle des Sexualvergnügens (Sexualspiel) dar, sondern vielmehr ein Konglomerat aus heiligen und kostbaren Attributen, die dem Knaben Scheu einflößen. Man sollte nicht übersehen, daß dieses neue Gefühl von dem Jungen zuerst als Drohung einer neuen Abhängigkeit wahrgenommen wird, so daß die Bindung an sich die Angst vor Unterwerfung und emotionaler Selbstaufgabe mit sich bringt. Diese Reaktion erscheint klar in der Analyse eines Fünfzehnjährigen, als sich bei ihm zum ersten Mal eine »zärtliche Liebe« bemerkbar machte. Bis dahin hatte in der Analyse die Furcht vor Abhängigkeit von der phallischen Mutter einen großen Raum eingenommen. Der Junge beschrieb seinen emotionalen Aufruhr folgendermaßen: »Da ist etwas Verrücktes in meinem ›Sex-Leben‹ mit den Mädchen. Ein paar Mädchen laufen mir nach. Eine habe ich am liebsten, aber bei der Party letzte Woche habe ich mich kaum um sie gekümmert. Es ist doch ganz verrückt, wie ich mich benehme. Irgendwie habe ich Angst, ihr zu sagen, daß ich sie gern habe. Nur ganz spät am Abend habe ich mich entschlossen, mich um sie zu kümmern. Zu der Zeit fühlte ich, daß ich mich beherrschen konnte und daß ich obenauf war, daß ich nichts riskieren würde. Das ganze ist ja dumm oder anormal. Ich habe Angst, daß sie meine Gefühle bemerken könnte, daß sie mich wirklich lieb haben könnte, und daß ich dann ein Pfand in ihrer Hand wäre. Dann würde ich nicht mehr obenauf sein.«

Die Idealisierung des Liebesobjektes leitet eine Verfeinerung und Bereicherung des Gefühlslebens ein, die beim Knaben seine Intensität und Qualität von einer normalen Mutterfixierung her bezieht. Das Gefühl der »zärtlichen Liebe« in der heterosexuellen Beziehung kann wahrscheinlich nur erreicht werden, wenn die narzißtischen und bisexuellen Einstellungen in Richtung auf eine schließliche Aufgabe der geschlechtsfremden Komponente zugunsten eines Mitgliedes des anderen Geschlechts verschoben werden. Die Besetzung des Liebesobjekts mit narzißtischer Libido erklärt die Idealisierung. In Fällen von extremer Verliebtheit läßt die Kathexis das Ich verarmt zurück mit dem Resultat, daß oft wichtige Gesundheitsvorschriften, physische sowohl wie geistige, mit gefährlichem Leichtsinn ignoriert werden. Auf jeden Fall bedeutet das Erscheinen dieser zärtlichen Gefühle für den Jungen einen Wendepunkt: die ersten Zeichen der Heterosexualität werden manifest und die adoleszente Ausarbeitung der Männlichkeit ist unterwegs. Jedoch nur, wenn er sich von diesem ersten Stadium der Verliebtheit auf das Verschmelzen von zärtlicher und sexueller Liebe hin bewegt, wird die Echtheit dieser frühen Entwicklung sichtbar. Es darf nicht übersehen werden, daß die Maskulinität des Knaben — einschließlich der des passiven Knaben — durch die puberale Reifung selbst sehr verstärkt wird. Dieser scheinbare Gewinn verdeckt oft eine weiterbestehende Passivität, die sich noch einmal kräftig durchsetzt, sowie das puberale Aufwallen der maskulinen Sexualität an Intensität verliert.

Im typischen Falle folgt die Entwicklung dem Schema, nach dem die passiv-femine Komponente beim Manne dem heterosexuellen Partner überlassen wird. Aus dieser Polarisation ergibt sich ein Gefühl der Ganzheit. Im Frühstadium wird die Vereinigung mit der Geliebten zum Teil nur in der Phantasie erlebt, d. h., ein nur kleiner Anlaß — die Erinnerung an ein Mädchen, das er früher gekannt hat, oder an ein sonst unbekanntes Mädchen, das nur von weitem oder nur vorbeihuschend wahrgenommen wurde — kann starke affektive Manifestationen hervorbringen.

Zu dieser letzteren Kategorie gehört das Erlebnis einer ersten Liebe, wie sie von Thomas Mann (1903) in »Tonio Kröger« beschrieben wurde.

»Die blonde Inge, Ingeborg Holm, Doktor Holms Tochter, der am Markte wohnte, dort, wo hoch, spitzig, und vielfach der gotische Brunnen stand, sie war's, die Tonio Kröger liebte, als er sechzehn Jahre alt war.«

»Wie geschah das? Er hatte sie tausendmal gesehen; an einem Abend jedoch sah er sie in einer gewissen Beleuchtung, sah, wie sie im Gespräch mit einer Freundin auf eine gewisse übermütige Art lachend den Kopf zur Seite warf, auf eine gewisse Art ihre Hand, eine garnicht besonders schmale, garnicht besonders feine Klein-Mädchenhand zum Hinterkopf führte, wobei der weiße Gazeärmel von ihrem Ellenbogen zurückglitt, hörte, wie sie ein Wort, ein gleichgültiges Wort, auf eine gewisse Art betonte, wobei ein warmes Klingen in ihrer Stimme war, und ein Entzücken ergriff sein Herz, weit stärker als jenes, das er früher zuweilen empfunden hatte, wenn er Hans Hansen betrachtete, damals, als er noch ein kleiner, dummer Junge war.«

»An diesem Abend nahm er ihr Bild mit fort, mit dem dicken, blonden Zopf, den länglich geschnittenen, lachenden, blauen Augen und dem zart angedeuteten Sattel von Sommersprossen über der Nase, konnte nicht einschlafen, weil er das Klingen in ihrer Stimme hörte, versuchte leise, die Betonung nachzuahmen, mit der sie das gleichgültige Wort ausgesprochen hatte und erschauerte dabei. Die Erfahrung lehrte ihn, daß dies die Liebe sei. Aber obgleich er genau wußte, daß die Liebe ihm viel Schmerz, Drangsal und Demütigung bringen müsse, daß sie überdies den Frieden zerstörte und das Herz mit Melodien überfülle, ohne daß man Ruhe fand, eine Sache rund zu formen, und in Gelassenheit etwas Ganzes daraus zu schmieden, so nahm er sie doch mit Freuden auf, überließ sich ihr ganz und pflegte sie mit den Kräften seines Gemütes, denn er wußte, daß sie reich und lebendig mache, und er sehnte sich, reich und lebendig zu sein, statt in Gelassenheit etwas Ganzes zu schmieden...«

Die erste Wahl eines heterosexuellen Liebesobjekts wird allgemein entweder durch irgendeine physische oder geistige Ähnlichkeit mit dem gegengeschlechtlichen Elternteil oder durch irgendwelche auffallende Unähnlichkeit bestimmt. In Tonios Fall kann man nicht umhin, von dem Gegensatz zwischen dem blonden, rundlichen, prosaischen, germanischen Mädchen und seiner dunklen zarten, poetischen und exotischen Mutter beeindruckt zu sein. Solche erste Liebe ist natürlich keine reife Beziehung, sondern ein rudimentärer Versuch der Transposition, der nur mit der fortschreitenden Auflösung des neubelebten Ödipuskomplexes zur reifen Liebe werden kann.

Tonios schließliche Unfähigkeit, irgendwann eine stabile Liebesbeziehung zu erreichen, soll hier beschrieben werden, wenn dies auch über die Phase hinausgeht, die wir hier besprechen. Als junger Mann wählt er als Liebespartner eine Frau, die in jeder Beziehung das Gegenteil der kleinen Inge ist. »Ihr braunes Haar, fest frisiert und an den Seiten schon leicht ergraut, bedeckte in leisen Scheitelwellen ihre Schläfen und gab den Rahmen zu ihrem brünetten, slawisch geformten, unendlich sympathischem Gesicht mit der Stumpfnase, den scharf herausgearbeiteten Wangenknochen und den kleinen schwarzen, blanken Augen.« Scheinbar war die Mutter, die in der ersten adoleszenten Liebeswahl vermieden wurde, zum Zentralkonflikt seines späteren Liebesleben geworden. Tonio trennt sich vom Milieu des Vaters und wird ein Künstler. Aber niemals findet er als junger Mann die Frau, die er heiraten könnte. Die beiden Objekte seiner frühen Liebeswahl waren dadurch gekennzeichnet gewesen, daß er dem Vater eine Freude machen wollte. Einen Jungen wie Hans würde der Vater als Sohn geliebt haben. Und als die Wahl auf Inge fiel, bannte dies Tonios widersprüchliches Verlangen, die Mutter oder jemanden, der ihr glich, zu besitzen. Positive und negative Gefühle gegen beide Eltern fanden also in der Art Ausdruck, in der er sein erstes homosexuelles und heterosexuelles Liebesobjekt wählte.

Ein Fünfzehnjähriger beschreibt sein erstes zartes Liebeserlebnis mit diesen Worten: »Es war das merkwürdigste Gefühl, das ich je einem Mädchen gegenüber hatte. Wir fuhren zusammen mit der Eisenbahn ins Ferienlager. Ich liebte das Mädchen, war aber unfähig, sie zu berühren oder zu küssen. So ging das fast den ganzen Sommer lang. Ich fühlte immer: ›Es könnte zu viel für sie sein, und wenn ich sie berühre, werde ich unsere Beziehung zerstören.‹ Und das muß gerade mir passieren! Mir, der ich immer dachte, daß ich mit Mädchen immer so flott bin, mit jeder! Ich brauchte nur eben zwanzig Minuten bis zum ersten Kuß. Dieses Mal war es anders. Bei den schnellen Eroberungen hatte ich mir immer gesagt: ›Ach, was ist so ein Kuß schon wert?‹« Dieser hochegozentrische und oral fixierte Junge wurde durch die Therapie fähig, seine passive Abhängigkeit zu überwinden, indem er sich mit der aktiven Mutter identifizierte. Statt das Objekt der nährenden Pflege und schützenden Liebe seiner Mutter zu sein, dehnte er diese Fürsorge auf das Mädchen, das er liebte, aus. Indem er das tat, konnte er wachsende Spannungen von Arbeit und Abstinenz ertragen. Er erreichte einen gewissen Grad von Männlichkeit, indem er die feminine, rezeptive Triebmodalität dem heterosexuellen Partner einräumte. Auf diese Weise konnte er die entzogene Triebkomponente mit ihr teilen.

Das Fortschreiten des Jungen zur Heterosexualität wird durch die tiefe emotionale Bindung an einen Liebespartner unterstützt, der, sozusagen, die halbe Last des Polarisationsprozesses trägt. Wo immer die Trieborganisation der Frühadoleszenz nicht aufgegeben werden kann, kann eine überstürzte Ehe oder ein vorübergehendes sexuelles Verhältnis eingegangen werden als ein Versuch, die phasengerechte Entwicklung der eigentlichen Adoleszenz zu umgehen. Wo immer das bei einem Manne geschieht, können wir eine unüberwindliche Bindung an die nährende, d. h. die aktive Mutter unterscheiden. Diese Fixierung während der Adoleszenz nimmt die Form homosexueller, passiver Triebstrebungen an, die oft durch heterosexuelles Ausleben in Schach gehalten werden.

Homosexuelle Episoden kommen für Jungen wie für Mädchen während dieser Phase oft vor. Man kann nie ihren Dauereffekt auf die Bildung der Maskulinität oder Femininität voraussagen, ohne daß man weiß, welche spezifische Trieborganisation durch diese Erlebnisse verstärkt wird und so in pathologischer Weise mit der puberalen Reifung einhergeht. Beim Mädchen begünstigen zwei Vorbedingungen die homosexuelle Objektwahl. Die eine ist der Penisneid, der durch Verachtung für den Mann überkompensiert wird. In solchen Fällen benimmt sich das Mädchen selbst — in ihrer Beziehung zu anderen Mädchen — wie ein Junge. Eine zweite Vorbedingung ist eine frühe Fixierung an die Mutter. In diesen Fällen handelt das Mädchen wie ein abhängiges Kind, sklavisch gehorsam und vertrauensvoll, überwältigt von Gefühlen der Seligkeit und Befriedigung in der Gegenwart der Geliebten. Eßprobleme (Gefräßigkeit) begleiten oft dieses letztere klinische Syndrom.

Beim Knaben begünstigen während der Pubertät drei Vorbedingungen die Ableitung der genitalen Sexualität auf eine homosexuelle Objektwahl. Die erste ist die Furcht vor der Vagina als einem fressenden, kastrierenden Organ. Wir erkennen in diesem unbewußten Konzept einen Abkömmling des projizierten oralen Sadismus. Die zweite Vorbedingung beruht in seiner Identifizierung mit der Mutter, etwas was besonders wahrscheinlich ist, wenn die Mutter inkonsequent und frustrierend war, während der Vater entweder mütterlich war oder ihn zurückwies. Eine dritte Vorbedingung stammt vom Ödipuskomplex, der die Form einer Hemmung oder Beschränkung annimmt, die summarisch alles Weibliche mit der Mutter gleichsetzt und den Introitus zum Prärogativ des Vaters erklärt. All diese Stadien können — entweder latent oder manifest — während der eigentlichen Adoleszenz beobachtet werden, wenn sich die Wiederbelebung früher Objektbesetzungen deutlich in den Vordergrund drängt. Adoleszente ödipale Manifestationen zeigen die besonderen Schwankungen an, durch die der Ödipuskomplex während des Lebens des Individuums hindurchgegangen ist.

Im Kampf der Triebe, der am Ende der frühen Kindheit besteht, wird dadurch ein Waffenstillstand geschlossen, daß relativ stabile Objektbesetzungen innerhalb der Familie erreicht werden, durch die Aufrichtung des Über-Ichs und durch die Ausarbeitung (wenn auch nur eine vorläufige) einer sexuellen Identität. Dieser Waffenstillstand öffnet der exklusiv menschlichen Erfahrung der Latenzzeit das Tor. In der eigentlichen Adoleszenz muß eine ähnliche Aufgabe übernommen werden, aber jetzt in einem Körper, der physisch sexuelle Reife erreicht hat. Die emotionale Entwicklung muß sich also in der Richtung auf eine stabile Objektbeziehung zu beiden Geschlechtern außerhalb der Familie, auf eine irreversible sexuelle Identität hinbewegen. Im Kielwasser dieser Leistungen kann der Mensch nicht anders, als sich aktiv in die soziale Organisation und die Institutionen einzufügen, die ein Teil seiner nächsten Umwelt ausmachen. Nur durch alloplastische Anpassung kann er Erfüllung seiner Triebbedürfnisse erreichen, und darüber hinaus jenen Energien Ausdruck geben — libidinösen wie aggressiven —, die über die Triebverwirklichung hinausgehen und in sehr komplexer, zielgehemmter d. h. sublimierter Form erscheinen. Die Ausarbeitung der sozialen und der privaten Rolle ist ein Prozeß, der in der eigentlichen Adoleszenz anfängt, Gestalt anzunehmen, aber keineswegs in dieser Phase zu Ende gebracht wird.

Kehren wir nun zu den ödipalen Eltern zurück. Aus klinischen Berichten, die sich auf diese Phase beziehen, wird es völlig klar, daß eine entscheidende Ablösung von den Eltern notwendig ist, bevor eine nicht-inzestuöse Objektwahl stattfinden kann. Während der Vorstadien dieser entscheidenden Ablösung werden Trotz- und Rachebindungen geschlossen, die die Eltern, die nicht mehr die Liebesbedürfnisse des Kindes befriedigen können, verletzen sollen. Solche Handlungsweisen zeigen an, daß der Status des Kindes noch besteht. Man kann bei Jungen und Mädchen das Wiederauftauchen des Bewußtseins des Intimlebens der Eltern beobachten. Scham und Schuldgefühle sind mit solcher Neugier und Phantasie verbunden. Die ödipale Einstellung ergibt sich aus der kritischen Haltung des Adoleszenten gegen einen Elternteil. Beim Mädchen ist es meistens die Mutter, die der Gegenstand von Vorwürfen und Anschuldigungen wird. Viele Mädchen sind überzeugt, daß sie den Vater besser verstehen, als ihre Mutter es tut. Sie — so gehen typische Gedankengänge — würden ihn nicht mit den Unwichtigkeiten belästigen, wie die Mutter es tut, wenn sie ihn nach einem schweren Arbeitstag an der Tür empfängt. Gewöhnlich ist sich das Mädchen nur der negativen Gefühle gegen die Mutter bewußt. Die positive Seite wird mit Phantasie maskiert, mit Wachträumen, oder wird in verdrängter Form erlebt, mit einem großen Aufwand von Dramatisierung und Vortäuschung. Dies erinnert an Mädchen, die sich in Jungen »verlieben«, die sich hauptsächlich dadurch auszeichnen, daß sie von den anderen mißverstanden werden. Je nach der Klasse und sozialen Schicht, der das Mädchen angehört, kann das ein Junge einer besonderen Rasse, Farbe oder Religion sein oder einfach ein »Taugenichts«, ein aus der Gesellschaft Ausgestoßener. Solch eine Objektwahl folgt dem ödipalen Modell des Wettbewerbs und der Rache. Sich daraus ergebende Schuldgefühle werden durch Selbstbestrafung, durch Askese und Depressionszustände beschwichtigt.

Eine Episode aus der Psychotherapie einer Siebzehnjährigen illustriert die obigen Bemerkungen. Mary hatte eine Affäre mit einem psychotischen jungen Mann angefangen, der ihrer Meinung nach von der Familie, vom Arzt, von der Welt überhaupt mißverstanden wurde. Zu Hause stritt sie sich mit ihrer Familie herum, um ihr Recht zu behaupten, mit Fred, dem Freund, auszugehen. Diese Affäre trug alle Zeichen eines Agierens — d. h. der Abfuhr von Konflikt- oder Triebspannungen im Zusammenwirken mit der Außenwelt, anstatt sie als innere, ich-dystonische Krise zu erleben. Mary klammerte sich an diese Affäre, die sie offenbar nicht glücklich machte, ihren Eltern aber großen Schmerz zufügte. Eines Tages hatten Mutter und Tochter eine heftige Auseinandersetzung über die Haushaltsaufgaben, die sie nach Ansicht der Mutter vernachlässigte. Mary fühlte sich von ihrer Mutter schlecht behandelt, zurückgewiesen und mißverstanden. Als die Auseinandersetzung ihren Höhepunkt erreicht hatte, verließ sie das Zimmer und schlug die Tür hinter sich zu. Als Mary in ihrem Bericht bis zu diesem Punkte gekommen war, bemerkte ich: »Ich weiß, was Du dachtest, als Du Deiner Mutter davonliefst.« »Was denn?« »Daß Du an diesem Wochenende mit Fred schlafen würdest.« »Aber woher wissen Sie denn das?«, war die Antwort.

Durch diesen Schockeffekt wurde es Mary klar, daß ihre Hinwendung zu Fred, um Liebe zu erhalten, durch eine tiefe Enttäuschung über die Mutter veranlaßt worden war. Ihr Verhältnis zu Fred war von Vergeltung, Wettbewerb und Rache bestimmt. Man könnte es folgendermaßen formulieren: »Du liebst mich also nicht, gut, dann wird es eben jemand anderes tun.« Von diesem Moment an verlor das Mädchen ihr Interesse an Fred, und in der Therapie kam Material von ödipalem Inhalt herauf, Material, das so zum ersten Mal durch Erinnerungen erreichbar und durch Worte statt Handlungen mitteilbar wurde. »Agieren«, diese »spezielle Form des Erinnerns, in der eine alte Erinnerung wieder ausgeführt wird« (Fenichel, 1945), hält die Erinnerung vom Bewußtwerden zurück und macht sie so für transformierende Eingriffe entweder von außen oder von innen unzugänglich. Um der Komplexität von Marys Fall gerecht zu werden, muß man hinzufügen, daß der Widerstand gegen die Mutter auch noch einem anderen Zwecke diente, nämlich dem der Resistenz gegen die Regression. Anna Freud hat diesen »affektiven Negativismus« beschrieben, und zwar als ein Mittel, um der Regression zu widerstehen. Das Problem des Negativismus als einer Form, dem regressiven Zug entgegenzuarbeiten, ist für die Adoleszenz von besonderer Bedeutung. Es erscheint theoretisch überzeugend und ist klinisch feststellbar, daß der »Engros-Negativismus« des Adoleszenten abnimmt und zwar in direkter Proportion zum Widerstand des Ichs gegen den Zug der Regression, entweder durch defensive oder adaptive Mittel, aber primär durch eine Vorwärtsbewegung der Libido auf heterosexuelle, extrafamiliäre, nicht-ambivalente Objektbesetzungen hin.

Wie schon oben vermerkt, sind die Pfade, die Jungen und Mädchen in der Auflösung des Ödipuskonfliktes verfolgen, verschieden. Was beim Knaben die ödipale Phase beschließt, nämlich die Kastrationsangst, wirkt sich für das Mädchen als Eröffnung der ödipalen Phase aus. Die Auflösung der Ödipalphase wird vom Mädchen niemals mit derselben Starrheit und Strenge erreicht wie vom Jungen. Ihre Hinwendung zur Heterosexualität in der eigentlichen Adoleszenz und ihre defensive Verwertung in der Präadoleszenz paßt zu ihren nur leicht unterdrückten ödipalen Strebungen. Da die Verdrängung der ödipalen Strebungen beim Jungen strenger ist, ist ihre Wiederbelebung langsam und gegen puberale Reizung resistenter. Die Auflösung des männlichen Ödipuskomplexes bleibt notwendigerweise unvollkommen, wenn die Unreife des Kindes das Aufgeben der ödipalen Strebungen nötig macht. Der Verzicht nimmt die Form der Verdrängung an.

Im Gegensatz dazu fährt das Mädchen durch die ganze Latenzzeit hindurch fort, ihr ödipales Gespinst zu spinnen. Einerseits verschärft das den ödipalen Konflikt und trägt ihn in das weitere Feld der Latenzerlebnisse hinein, andererseits trägt es zur Bereicherung und Vertiefung des Innenlebens beim Mädchen bei. Das Mädchen erscheint also in der eigentlichen Adoleszenz mit einem weiten emotionalen Hintergrund, der sich in Phantasie, Intuition und Mitgefühl äußert — was von Helene Deutsch (1944) sehr gut beschrieben wird. Diese reichen Quellen des Innenlebens ermöglichen dem Mädchen, den Aufschub der genitalen Befriedigung zu ertragen. Es ist schon oft darauf hingewiesen worden, daß das Mädchen im Hinblick auf die anatomische Lage ihrer erregbaren Organe, hauptsächlich der Klitoris, seltener der Vagina, leicht den Sexualdrang und die masturbatorische Befriedigung durch Gedanken wie durch bewußte Handlung trennen kann. Die weibliche Anatomie erlaubt Reizung und Anregung durch Muskeldruck und durch bestimmte Lagen, die in Aufhebung von Spannungen auf breitester Skala resultieren, vom orgiastischen Erleben bis zum dumpfen Gefühl. Beim Knabe ist hingegen das Sexualorgan außen, sichtbar und fühlbar, und jede sexuelle Reizung wird wahrnehmbar bestätigt. Außerdem ist die männliche Masturbation ejakulatorisch (orgastisch) und ihre sexuelle Natur kann nicht verborgen bleiben.

Was die Auflösung des Ödipuskomplexes angeht, müssen wir uns noch einmal daran erinnern, daß man weder beim Jungen noch beim Mädchen Lösungen antrifft, die dem Idealmodell entsprechen. Bei beiden Geschlechtern bleiben Reste von positiven und negativen ödipalen Strebungen zurück, d. h. also, Überbleibsel femininer Strebungen bleiben beim Jungen bestehen, und das Mädchen behält lange Zeit phallische Phantasien bei. Die Analyse heranwachsender Mädchen hat gezeigt, daß die Lösung des ödipalen Konflikts sie für heterosexuelle Liebe vorbereitet, und die Aufgabe des »Maskulinitätskomplexes« setzt mütterliche Gefühle frei, z. B. den Wunsch nach einem Kind. Helene Deutsch (1944) beschreibt diese Entwicklung beim Mädchen: »Auf jeden Fall«, heißt es hier, »verdrängt das Mädchen die bewußte Realisierung der direkten Triebforderung viel länger und viel erfolgreicher als der Junge. Diese Forderung manifestiert sich indirekt in ihrer intensiveren Sehnsucht nach Liebe und der erotischen Orientierung ihres Phantasielebens — kurz gesagt, in der Ausstattung ihres Innenlebens mit jenen emotionalen Qualitäten, die wir als spezifisch weiblich ansehen.« Die Polarität des »Männlichen« und »Weiblichen« wird während der Phase der eigentlichen Adoleszenz endgültig und unwiderruflich fixiert. Die Menarche leitet diese Polarität ein und unterstreicht sie. Die emotionalen Reaktionen des normalen Mädchens auf dieses Ereignis beziehen zwei wesentliche psychische Vorgänge ein: den Verzicht auf die mütterliche Abhängigkeit einerseits und die Identifizierung mit der Mutter als dem Prototyp der Fortpflanzung andererseits. Benedek (1959) hat darauf hingewiesen, daß »die Reifung zum weiblichen Fortpflanzungsziel von der vorhergehenden Entwicklungsidentifizierung mit der Mutter abhängt. Wenn diese Identifizierungen nicht mit Feindseligkeit geladen sind, ist das Mädchen imstande, ohne Angst ihr heterosexuelles Verlangen — und Mutterschaft als ein erstrebenswertes Ziel — zu akzeptieren. Das wiederum bestimmt nun die Reaktion des Mädchens zur Menstruation.«

Indem er die weiblichen Reste seiner negativen ödipalen Einstellung überwindet, wendet sich der Junge überkompensierenden Methoden zu, die ihn angreiferisch seine männlichen Kräfte und Prärogative bejahen lassen. Weiterhin schließt er sich an männliche Gruppen oder Banden an (die »Straße« oder die »Schule«; Spießer oder Intellektuelle), die ihm erlauben, ein Ventil für eine zielgehemmte feminine Tendenz zu finden und sich gleichzeitig in einen kollektiven Kodex der Männlichkeit einzuführen.

Diese Lösungen können als Wegstationen und Haltepunkte auf dem Wege der progressiven Entwicklung angesehen werden. An und für sich zeigen sie kein Erreichen jener inneren Kathexis und jener Identifizierungsverschiebungen an, die man in ihrer Gesamtheit als sexuelle Identität bezeichnen kann. In der Tat erzeugt die rückhaltlose Unterwerfung unter sozialen Druck, der das Individuum zwingt, sich ohne Rücksicht auf seine innere Fähigkeit, die Erfahrung in das Kontinuum seines Ichs zu integrieren, in einer gegebenen Weise zu verhalten, gewöhnlich einen Zustand der inneren Verwirrung. Als Folge davon wird der Riß in der Ich-Funktion manifest. Klinisch stellt sich das als typisches Versagen des Heranwachsenden bei der Bewältigung von normativen Forderungen des Lebens dar, wie Lernen, Pünktlichkeit, Zukunfts-Orientierung, Urteil über die Folgen einer Handlung und so weiter. Diese Zustände von Verwirrung und Zusammenbruch sind oft Zeichen einer pathognomischen Anstrengung, die inneren Verwandlungsprozesse der eigentlichen Adoleszenz durch ein Verhalten zu umgehen, das ihre Leistungen vortäuscht. Diese Versuche sind universell und gewöhnlich vorübergehend. Die Neigung, Kindheitsprivilegien aufrechtzuerhalten und dabei aber gleichzeitig Erwachsenenvorrechte zu beanpruchen, ist fast ein Synonym für die Adoleszenz selbst. Jeder Heranwachsende muß durch diese paradoxe Situation hindurch. Wer hier fixiert bleibt, dessen Entwicklung ist gestört.

Der Niedergang des Ödipuskomplexes in der Adoleszenz ist ein langsamer Prozeß und reicht bis in die Spätadoleszenz hinein. Wahrscheinlich wird dies nur bewerkstelligt, wenn sich — in der natürlichen Entwicklung der Dinge — das Individuum in einer neuen Familie reetabliert. Dann erst kann auf die ödipalen Phantasien ein für allemal verzichtet werden. Vorsichtiger — und vielleicht richtiger — ausgedrückt, müßte es heißen, daß der junge Erwachsene durch die Bildung einer neuen Familie eine emotionale Konstellation schafft, mit deren Hilfe er hoffen kann, jeden Durchbruch ödipaler Reste zu beherrschen.

Während der eigentlichen Adoleszenz bestehen zwei Quellen innerer Gefahr, die sowohl auto- wie alloplastische Mittel erfordern, um einem Zustand von Panik vorzubeugen. Die eine ist die Verarmung des Ichs, die zu anormalen Ich-Zuständen führt, die in Verbindung mit den psychischen Bemühungen, den Kontakt mit der Realität und die Kontinuität des Ich-Gefühls aufrechtzuerhalten, schon beschrieben worden sind. Die andere Quelle ist die Triebangst, die während der Vorwärtsbewegung der Libido auf die Heterosexualität hin entsteht. Diese Angst setzt den für diese Phase typischen Abwehrmechanismus in Bewegung. Durch alle die Jahre der Adoleszenz hindurch spielen natürlich Abwehrreaktionen eine bedeutende Rolle, und in der Tat ist manche Phase nach dem für sie spezifischen Gebrauch der Abwehr definiert worden (so ist z. B. für den Knaben die Regression in der Präadoleszenz phasengerecht). Es scheint aber, daß während der eigentlichen Adoleszenz die Abwehr durch stärker idiosynkratische Auswahl bestimmt wird. Man könnte sagen, die Auswahl der Abwehr steht jetzt mehr im Einklang mit dem fortschreitenden Auftauchen des Charakters. Charakterbildung — im positiven und negativen Sinn, in ihrer Ich-Befreiung und

Ich-Beschränkung — bezieht unter normalen Umständen Qualität und Struktur von Ich-Betätigungen, die sehr oft als Defensivmaßnahmen beginnen und allmählich adaptive Dauerhaftigkeit annehmen.

Abwehrmechanismen, die während dieser Phase der Adoleszenz als dynamische Einheit erscheinen, enthüllen sich bei näherem Hinsehen als eine Zusammensetzung divergierender Prozesse. »Näheres Hinsehen« bezieht sich hier auf longitudinale Untersuchung, die sich über die in Frage stehende Phase hinaus erstreckt, unternommen, um das endgültige Schicksal der Abwehr aufzudecken, d. h. zu sehen, wie sie in deutlich unterscheidbare Einzelteile zerfällt, die verschiedenen Funktionen dienen, wie z. B. defensiven, adaptiven und restitutiven. Die Entsetzung der Libido von den infantilen Liebesobjekten — was eine unerläßliche Vorbedingung für eine phasengerechte Progression zur nicht-inzestuösen Objektbesetzung ist — ist also keine Abwehr im eigentlichen Sinne. Sie wird nur zur Abwehr, wenn die unveränderte Libidoeinstellung verdrängt und ihr so die Vorwärtsbewegung und Transformation versagt wird.

Gewisse charakteristische Bemühungen des Ichs, die darauf hinzielen, der Ich-Verarmung und dem Nachlassen seines festen Halts an der Realität entgegenzuarbeiten, tragen die Zeichen von Restitutionsphänomenen. Die Integrität des Ichs — seine Kohäsion und Kontinuität — wird durch die Absetzung der infantilen Liebesobjekte bedroht. Um diesen intra-systemischen Schaden zu heilen, werden restitutive Prozesse in Bewegung gesetzt. Die Absetzung der infantilen Objekte führt zur Zunahme des Narzißmus, was aber nicht mit einer Regression zur narzißtischen oder undifferenzierten Phase gleichbedeutend ist, sondern als Folge einer Besetzungsverschiebung im Ich, im Dienste der fortschreitenden Entwicklung verstanden werden muß. Zweitens können wir, nach Anna Freud (1958) »Abwehrmechanismen gegen die infantilen Objektbindungen« isolieren, unter denen »Transposition« und »Affektumkehrung« die wichtigsten sind. Diese Abwehrvorgänge eröffnen schließlich den Weg für die adaptiven Prozesse (Hartmann, 1939a). Die Beobachtung lehrt uns, daß der Übergang von restitutiven zu defensiven und adaptiven Prozessen kompliziert ist und untersucht werden muß. Dieses Problem geht, was die Differenzierung und Reifung anbetrifft, wirklich bis in den Kern des Adoleszenzprozesses selbst. Der Begriff Abwehr ist natürlich zu eng gefaßt, um der Kompliziertheit der Adoleszenz gerecht zu werden. Die übermäßige Betonung dieser Aspekte hat dazu geführt, daß er andere für diese Periode ebenso wichtige Punkte überschattet hat.

Die Abwehrmechanismen der Adoleszenz wurden von Anna Freud

(1936) beschrieben. Die Askese und Intellektualisierung sind besonders gründlich untersucht worden. Beide erscheinen im großen und ganzen in einer sozialen Schicht, in der die Verlängerung der Adoleszenz durch die speziellen Forderungen der Erziehung begünstigt wird. Die Askese verbietet den Ausdruck der Triebregungen und spielt daher leicht ins Masochistische hinein. »Die Intellektualisierung hat den Zweck, Triebvorgänge durch enge Verbindung mit Vorstellungsinhalt zugänglich und beherrschbar zu machen« (Anna Freud, 1936). Intellektualisierung begünstigt aktives Beherrschen und erlaubt die Abfuhr der Aggression in verdrängter Form. Nach Spitz (1957) ist »ein negatives Urteil der intellektuelle Ersatz für die Verdrängung«. Beide Abwehrformen, Askese und Intellektualisierung, die für die Krise der eigentlichen Adoleszenz so charakteristisch sind, illustrieren die Rolle der Abwehrmechanismen im Kampfe des Ichs gegen den Trieb. Darüber hinaus künden sie in gewissem Ausmaße das Sichtbarwerden des Charakters und gewisser Vorzugsinteressen, Talente und die definitive Berufswahl an. Scheinbar besitzt die Intellektualisierung ein größeres positives Potential, während die Askese im wesentlichen Ich-beschränkend wirkt. Sie dient als Festhalteaktion mit wenig affektiver Bemühung, sich der Außenwelt mitzuteilen und mit ihr in Beziehung zu treten.

In seinem Werk »Jugendbildnis« (1916) beschreibt der Dichter James Joyce genau und in bewegenden Worten seinen jugendlichen Kampf gegen fleischliche Lüste. Bei den Mitteln, die Stephan Dädalus gebraucht, um nach seinem ersten sexuellen Erlebnis mit einer Prostituierten seine Impulse zu beherrschen, können wir zwei klassische Abwehrformen erkennen, Intellektualisierung und Askese.

In der Beschreibung, die Joyce von dieser Abwehr gibt, sehen wir die ungeheure Größe des Kampfes, den dieser Jüngling auszufechten hat. Zuerst versucht Stephan, seiner sexuellen Triebregungen durch einfache Verdrängung Herr zu werden und zwar durch inbrünstiges Ableugnen seiner Rebellion und seines Dranges in der Hoffnung, inneren Frieden zu finden. Unbewußte ödipale Gefühle sind in der schuldbeladenen Entfremdung von der Familie bemerkbar:

»Wie töricht war doch seine Absicht gewesen! Er hatte versucht, einen Damm der Ordnung und der Eleganz gegen die schmutzige Flut des Lebens um sich zu bauen, durch anderes Betragen, durch tätiges Interesse und engeren Anschluß an die Seinen den mächtigen Anprall der in seinem Innern tobenden Fluten zu mäßigen. Alles umsonst. Von außen wie von innen war das Wasser über den Damm gebrochen: wieder einmal schäumten die Wasser über den eingestürzten Damm.«

»Er sah auch klar die Nichtigkeit all dieser Bemühungen, die nur von ihm ausgingen. Er war denen, die er zu gewinnen versucht hatte, auch um keinen Schritt näher gekommen, keine Brücke hatte er schlagen können über Scham und Groll, die ihn von Mutter, Bruder und Schwester trennten. Er fühlte, daß er kaum eines Blutes mit ihnen war, daß er vielmehr zu ihnen in dem geheimnisvollen Verwandtschaftsverhältnis stand, das sich aus der Adoption ergibt: Adoptivsohn, Adoptivbruder.«

Stephans vorläufiges Bollwerk gegen seine sexuellen Impulse hatte versagt. Sein Versuch, neue Sohnesbeziehungen zu schaffen, frei von der puberalen Triebkomponente, stellten die regressive Lösung des wiederbelebten Ödipuskonfliktes dar. Nichts war erreicht worden. Zuerst mußte die Loslösung von den frühen Liebes- und Haßobjekten innerhalb der Familie bewerkstelligt werden, bevor er sich von den ödipalen Schuldgefühlen befreien konnte, von der »Todsünde« seiner religiösen Unterweisung, um jene Freiheit der Seele zu finden, nach der es ihn so heiß verlangte. Die Auflösung der ödipalen Fixierungen erweckt rohe sexuelle Phantasien und Zwangs- und Trotzhandlungen, aber auch erhabene Gefühle von »zärtlicher Liebe«.

Die Trennung von physischen Handlungen und Gefühlen auf der einen, und ideationalem Inhalt — dem Wiedererleben infantiler Objektbindungen — auf der anderen Seite findet gewöhnlich im Stadium des sexuellen Experimentierens statt. Sexuelles Experimentieren, wenn es nicht übermäßig verlängert wird und damit die Aspekte der Vor-Lust mit permanenten Sättigungsqualitäten besetzt werden, dient zur Einführung in die puberalen Sexualgefühle. Der Akt der Dissoziation erlaubt es, weniger mit ödipaler Schuld belastet zu sein. Diese Vorstadien der Heterosexualität fordern ihr Pfund Fleisch, bevor das Stadium der Konsolidierung und Vereinigung unvereinbarer Emotionen in der Postadoleszenz erreicht wird.

Als Stephan Dädalus endlich weiß, wer er ist und was er will, kann er rufen: »Willkommen, o Leben! Zum millionsten Male suche ich die Realität der Erfahrung, aus der ich in der Schmiede meiner Seele das ungeschaffene Bewußtsein meines Volkes schmieden will.« Doch bevor er an diesem Meilenstein der Befreiung anlangt, muß er den Konflikt und den emotionalen Aufruhr der eigentlichen Adoleszenz überwinden. Der folgende Auszug beschreibt Stephans masturbatorischen Kampf und den sich daraus ergebenden emotionalen Konflikt, der schließlich dazu führt, daß er die Einladung einer Prostituierten annimmt.

»Er mühte sich die wilden Süchte seines Herzens zu beruhigen, vor denen alles andere ihm gleichgültig und fremd war. Es kümmerte ihn wenig, daß er in Todsünde verfallen, daß sein Leben ein Gewebe von Ausflüchten und

Heuchelei geworden war. Neben dieser wilden Sehnsucht, die ungeheuerlichen Träume seines Innern in die Wirklichkeit umzusetzen, war ihm nichts heilig. Zynisch fand er sich ab mit den schändlichen Einzelheiten seiner geheimen Ausschweifungen, in denen er mit wahrer Lust jedes Bild, das seine Blicke auf sich gezogen hatte, beschmutzte. Tag und Nacht lebte er umgeben von Zerrbildern der äußeren Welt. Ein Gesicht, das ihm bei Tage sittsam und unschuldig erschienen war, erschien ihm nachts wieder im Schlafe, und dann war es ein ganz anderes, trug den Ausdruck lüsterner List, und die Augen funkelten in bestialischer Lust. Nur am Morgen quälte ihn dumpfes Erinnern an wilde, wilde Ausschweifung, dann fühlte er bedrückt, daß er in Sünde verstrickt war.«

»Wieder streifte er umher. An nebligen Herbstabenden irrte er wieder durch die Straßen, wie er vor Jahren durch die ruhigen Straßen von Blackrock geirrt war. Aber keine Vision von schmucken Vorgärten oder freundlichem Lichterschein aus den Fenstern wirkte beruhigend auf ihn. Manchmal nur, wenn seine Lüste ruhten, wenn die Wollust, die in ihm brannte, einer weicheren Sehnsucht wich, leuchtete tief in seinem Gedächtnis das Bild der Mercedes auf. Wieder sah er dann das kleine, weiße Haus und den Garten mit den Rosen am Wege, der in die Berge führt, dachte an die traurig-stolze abweisende Handbewegung, die er hier machen mußte, wenn er nach Jahren der Entfremdung und der Abenteuer in dem vom Mond beschienenen Garten neben ihr stand. Im selben Augenblick stiegen die sanften Verse des Claude Melnotte ihm auf die Lippen, und er wurde ruhiger. Eine leichte Ahnung stieg in ihm auf, daß die Begegnung, die heilige Begegnung, bei der Schwäche und Schüchternheit und Unerfahrung von ihm abfallen würden, nach der er sich damals gesehnt, die er erträumt hatte, Ereignis würde trotz der schrecklichen Wirklichkeit, die zwischen seiner Hoffnung von damals und jetzt lag.«

»Solche Augenblicke vergingen, und wieder loderte in ihm das Feuer der wilden Lüste. Seine Lippen sprachen keine Verse mehr, wilde Schreie, gemeine Worte, bis dahin unterdrückt, stürzten aus seinem Hirn, brachen gewaltsam hervor. Sein Blut raste. Er irrte durch dunkle, schmutzige Straßen, sah in dunkle Straßen und Torwege, lauschte gierig auf jeden Laut. Er stöhnte auf wie ein hungriges, auf Raub ausgehendes Tier. Er wollte sündigen mit jemandem seiner Art, wollte ein anderes Wesen zwingen, mit ihm zu sündigen, wollte jauchzend mit ihm die Sünde genießen. Er fühlte, wie aus der Finsternis ein dunkles Etwas sich auf ihn zu bewegte, unwiderstehlich, kaum faßbar, mit dem Klang murmelnder Wellen; fühlte, wie es in ihn drang, ihn füllte. Und das Murmeln verfolgte ihn, ließ ihn nicht los, durchdrang sein ganzes Wesen. Wie das Murmeln einer Menge klang es, das im Schlaf an unser Ohr dringt. Und während er den tödlichen Schmerz dieses Durchdringens erlitt, krampfte er die Hände ineinander und biß die Zähne zusammen. Er streckte auf der Straße die Arme aus, wollte die fliehende Gestalt, die ihm auswich, die ihn lockte, fassen: und der Schrei, den er so lange in der Kehle unterdrückt hatte, brach von seinen Lippen. Brach aus ihm heraus wie der wilde Schrei der Verzweiflung aus einer Hölle von Verdammten, verklang in einem seufzenden, wilden Flehen, in einer Klage über ungerechte Verlassenheit; und dieser Schrei war nur das Echo eines gemeinen Geschmiers, das er auf der tropfenden Wand eines Pissoirs gesehen hatte. Er war in ein Labyrinth enger und schmutziger Straßen geraten. Aus den schmutzigen Gassen drangen heisere, streitende Stimmen, tönten die Lieder Betrunkener.«

»Mitten auf der Straße blieb er stehen; wild klopfte ihm das Herz in der Brust. Ein junges Weib in langem rosa Kleid legte den Arm auf seine Schulter, hielt ihn fest, sah ihm ins Gesicht.«

Die Begegnung mit der Prostituierten ist für den jungen Stephan wie für die meisten Jungen keine Lösung für den emotionalen Konflikt. Es ist ein Akt der Bestätigung der männlichen Sexualität, der aber an sich die infantilen Objektbindungen noch nicht durchschneidet. Das Fortschreiten zu neuen Liebesobjekten folgt nicht einfach dem sexuellen Erlebnis. Ganz im Gegenteil: der innere Kampf wird intensiver, und der aggressive Aufstand gegen männliche Autoritäts-(Vater-)Gestalten schiebt sich in den Vordergrund. Stephan nahm zu Abwehrmaßnahmen Zuflucht, um zu verhüten, daß der aggressive Trieb in das bewußte Denken eindrang, das heißt also, er benutzte den Abwehrmechanismus der Intellektualisierung. Zu diesem Zweck benutzte er — wie das immer ist — das Ideensystem, das in seinem Milieu verwurzelt ist und so dort — entweder in positiver oder negativer Wertigkeit — Prominenz erworben hat. Wir können klar erkennen, wie der Affekt von den Liebes- und Haßobjekten verdrängt wird in Richtung auf eine ideationale Kontroverse und auf das Beherrschen seelischer Konflikte durch dialektische Mittel. Joyce, der sein Leben lang ein Jesuitenschüler blieb, artikuliert notwendigerweise den Abwehrmechanismus der Intellektualisierung durch Unklarheiten des religiösen Dogmas.

»Wenn er in seiner Bank saß und ruhig in das harte, schlaue Gesicht des Rektors sah, wand sich sein Geist durch die seltsamen Fragen, die vor ihm auftauchten. Wenn ein Mensch in seiner Jugend ein Pfund Sterling stahl und mit diesem Gelde ungeheuren Reichtum erwarb, was mußte er dann zurückerstatten, das Pfund, welches er stahl, oder das Pfund zusammen mit den Zinseszinsen oder gar sein gesamtes, ungeheures Vermögen? Wenn ein Laie bei einer Taufe das Kind mit dem Wasser besprengt, bevor er die Worte gesprochen hat, ist das Kind dann getauft? Ist eine Taufe mit Mineralwasser gültig? Wie kommt es, daß, während die erste Seligpreisung das Himmelreich dem geistig Armen verspricht, die zweite Seligpreisung den Sanftmütigen das Erdreich verheißt? Warum wurde das Sakrament des Abendmahls unter der doppelten Gestalt des Brotes und des Weines eingesetzt, da Jesus Christus doch mit Leib und Blut, Seele und Göttlichkeit im Brot allein wie im Wein allein gegenwärtig ist? Enthält ein winziges Stückchen des geweihten Brotes den ganzen Leib und das ganze Blut Jesu Christi oder nur einen Teil des Blutes und des Leibes? Wenn nun nach der Weihe der Wein zu Essig wird und die Hostie verdirbt, ist Jesus Christus dann noch immer als Gott und Mensch in ihrer Gestalt gegenwärtig?«

Ein möglicher Durchbruch der sexuellen Impulse wird durch die Abwehrmaßnahme der Intellektualisierung keineswegs sicher in Schach gehalten. Sinne — und Sinnlichkeit im allgemeinen — müssen unter strengster Beobachtung gehalten werden. Die Abwehr durch Askese, die Joyce im folgenden Abschnitt beschreibt, wirkt zweifellos in engerer Verbindung mit dem Körper und seinem Drang. Er erlaubt die Befriedigung von Teiltrieben, nämlich des Sado-Masochismus. Askese als adoleszente Abwehr erlaubt eine Abfuhr der libidinösen und aggressiven Triebregungen in bezug auf das Selbst und den Körper. Dieser Zustand begünstigt eine Fixierung auf diese Triebmodalität, wo immer eine starke masochistische Tendenz vorherrscht. Weiterhin gibt er der Ambivalenz der Objektbesetzung durch die sado-masochistische Verstärkung neue Kraft. Die Askese des Stephan Dädalus löscht die Triebmanifestationen wie Zorn und Ärger nicht vollkommen aus, sondern entfernt nur den sexuellen Impuls, die »Versuchung, eine Todsünde zu begehen«. Die Abwehr schützt ihn gegen positive ödipale Gefühle, aber nicht gegen die »Wut, wenn er seine Mutter niesen hört«. Es ist die Mutter als Liebesobjekt, gegen die die Abwehr in Stephans Fall wirkt. Der Kontakt mit ihr kann nur ruhig fortgeführt werden, solange er ein negatives Vorzeichen trägt. Joyce beschreibt Stephans ausgeklügeltes System folgendermaßen:

»Aber er war vor den Gefahren geistiger Exaltation gewarnt worden, und so erfüllte er getreulich die kleinste und unbedeutendste religiöse Übung; auch wollte er lieber durch dauernde Abtötung seine sündige Vergangenheit tilgen als eine gefährliche Heiligkeit erwerben. Jeder seiner Sinne wurde strenger Disziplin unterworfen. Um den Gesichtssinn abzutöten, machte er es sich zur Regel, mit niedergeschlagenen Augen durch die Straßen zu gehen, und nie blickte er nach rechts oder links, nie sah er sich um. Seine Augen mieden jede Begegnung mit Frauenaugen. Oft zwang er sie durch eine plötzliche Willensanstrengung, von dem abzulassen, was sie grade betrachteten; so hörte er beim Lesen mitten im Satze auf, hob die Augen und schloß das Buch. Um sein Gehör abzutöten, achtete er nicht im geringsten auf seine Stimme — er war damals im Stimmbruch —, sang nicht und pfiff nicht, ertrug jedes Geräusch und mochte es seine Nerven noch so schmerzhaft reizen; so zwang er sich anzuhören, wie Messer auf dem Schleifstein geschliffen oder wie Asche auf die Schaufel genommen oder ein Teppich ausgeklopft wurden. Seinen Geruch abzutöten war schwieriger, denn er fühlte keinerlei instinktive Abneigung gegen

Gestank, war es nun der Gestank der äußeren Welt: Mist oder Teer, oder die Gerüche seiner eigenen Person, die ihm Gelegenheit zu manchen Vergleichen und seltsamen Experimenten gegeben hatten. Schließlich fand er, daß der einzige Geruch, der ihm widerlich war, ein gewisser schaler Fischgeruch war, der an alten Urin erinnerte; und wenn er es konnte, zwang er sich, diesen Geruch zu riechen. Zur Abtötung des Geschmacks befleißigte er sich bei Tisch der größten Enthaltsamkeit, beobachtete genau alle Fastenvorschriften der Kirche und versuchte, durch irgendwelche Zerstreuung den Geschmack gewisser Speisen nicht zu beachten. Aber bei der Abtötung des Gefühls zeigte er den größten Eifer und die größte Erfindungsgabe. Nie änderte er mit Bewußtsein seine Lage im Bett, saß in den unbequemsten Stellungen, ertrug geduldig jedes Jucken, jeden Schmerz, näherte sich nie dem Feuer, lag, abgesehen von der Zeit, in der die Evangelien verlesen wurden, während der ganzen Messe auf den Knien, trocknete nach dem Waschen einen Teil des Halses und des Gesichtes nicht ab, damit die Haut an der Luft aufspränge, und wenn er seinen Rosenkranz nicht betete, hielt er die Arme dicht an den Leib wie ein Läufer, nie steckte er sie in die Tasche, nie legte er sie auf den Rücken.
Er kam nicht in Versuchung, Todsünde zu begehen. Doch überraschte ihn die Feststellung, daß er trotz all dieser komplizierten Frömmigkeit und Selbstzucht immer noch eine Beute kindlicher, unwürdiger Unvollkommenheiten war. Seine Gebete und sein Fasten brachten es nicht zuwege, daß er seiner Wut Meister wurde, wenn er die Mutter niesen hörte oder in seinen frommen Übungen gestört wurde. Nur mit äußerster Willenskraft konnte er diese augenblickliche Wut unterdrücken.«

Was der Künstler so klar beschreibt, daran erinnert sich der Durchschnittserwachsene nur sehr ungenau. Meistens gehen die emotionalen Abwegigkeiten des jugendlichen Geistes und Körpers dem Bewußtsein verloren. Nur der Künstler hält dem Vorbewußtsein die ganze Breite und Tiefe der affektiven und tatsächlichen Erlebnisse seiner Gesamtexistenz offen. Gewöhnlich werden Erinnerungen an die Adoleszenzperiode schon am Ende der Adoleszenz verschwommen, unter dem Schleier des Vergessens begraben. Die Fakten sind da, aber die affektive Seite des Erlebnisses kann nicht deutlich in die Erinnerung zurückgerufen werden. Die Verdrängung herrscht beim Niedergang des wiederbelebten Ödipuskomplexes vor, wie schon einmal vorher am Ende der Ödipalphase. Damals waren es aber die Erinnerungen an Fakten — das konkrete »wo«, »wann«, »wie« und »wer« — die vorzugsweise ausgelöscht oder mit einer falschen Fassade versehen wurden, sozusagen, als Abschirmungserinnerungen, während die Gefühlszustände leichter erinnert werden konnten. Am Ende der Adoleszenz ist es aber umgekehrt: die Erinnerungen an Affekte sind blockiert und versinken in den Abgrund des Vergessens, während die Fakten dem Bewußtsein

erreichbar bleiben. Wir werden auf dieses Thema noch zurückkommen, wenn wir das Ich in der Adoleszenz besprechen.
Es scheint, als ob die Abwehrmechanismen der Askese und der Intellektualisierung für die europäische Jugend, an der sie zuerst studiert wurden, ganz besonders typisch sind. Dies ist ein Beispiel dafür, wie die Kultur die Form der Abwehr beeinflußt, und dies ganz besonders während der Adoleszenz, wenn sich das Individuum von der Familie abwendet, um seinen Platz in der menschlichen Gesellschaft zu finden. Die gebildete Mittelklasse in Europa hat z. B. immer die Bevorzugung intellektueller Bemühungen philosophischer, spekulativer, analytischer und theoretischer Natur betont. Die Welt der Altersgenossen und der Erwachsenen erkennt mit Achtung solche Bemühungen an, gibt ihnen, sozusagen, einen Vorzugswert. Dasselbe gilt von der Askese. Diese beiden Abwehrformen werden von der Erziehung des Kindes und von suggestiven Milieueinflüssen bestimmt. Da beide Abwehrformen eine Zusammensetzung verschiedener Abwehrmechanismen darstellen, sollte man nicht überrascht sein, daß die besondere Art dieser Zusammensetzung flexibel und gegen Umwelteinflüsse empfindlich ist. Der amerikanische Analytiker findet keine entsprechende Bewertung dieser Abwehr in ihrer klassischen Form beim amerikanischen Jugendlichen.
Aus meiner eigenen Erfahrung mit amerikanischen Jugendlichen kenne ich eine andere recht verbreitete Abwehrform, die zweifellos ihre Wurzeln in der amerikanischen Familienstruktur hat — und im besonderen im Sozialverhalten, das von der amerikanischen Gesellschaft bevorzugt wird. Ich meine hier die Tendenz des Jugendlichen, zu einem Verhaltenskodex Zuflucht zu nehmen in einer Weise, die ihm erlaubt, im Kampf des Ichs gegen die Triebregungen und gegen infantile Objektbindungen Gefühl und Handeln zu trennen. Der Sexualtrieb wird in diesem Abwehrmanöver nicht verleugnet. Im Gegenteil, er wird bestätigt, wird aber durch Handlungen kodifiziert, die die Zeichen eines standardisierten Altersverhaltens zeigen. Unter dem Druck der Gruppe, der auf Konformität hinwirkt, wird der Abstand zwischen echter Emotion und standardisiertem altersgerechtem Verhalten noch größer. Das Resultat ist, daß die innere Wahrnehmung dessen, was kontrollierbarer Anreiz ist, abgestumpft wird. Die Motivationen liegen darin, im äußeren Gehaben andern gleich zu sein oder sich an den Gruppenstandard anzugleichen. Dies geht über bloße Imitation hinaus. Das schließliche Resultat ist eine emotionale Seichtheit oder Sentimentalität, die von der Überbetonung der Aktionskomponente im Wechselspiel von Selbst und Außenwelt herrührt. Der Trieb scheint dadurch seine Gefahr zu verlieren, daß er auf das Gleis von Wetteifer und uniformer Handlung

verschoben wird, die ihrerseits wieder, da der glatte Fluß der Objektlibido behindert ist, den Narzißmus begünstigt. Die Neigung zur Gruppenbildung wird dadurch verstärkt, daß die größte Quelle der Sicherheit in der Teilnahme an einem Code liegt, der vorschreibt, was das passende Verhalten ist, und in der Abhängigkeit von gegenseitiger Anerkennung der Gleichartigkeit.

Ich nenne diese Abwehrform, die unter der amerikanischen Jugend so verbreitet ist, Uniformismus. Es ist ein Gruppenphänomen, das das Individuum innerhalb der Gruppe gegen die Angst, woher sie auch immer stammen mag, schützt. Der Junge oder das Mädchen, die nicht in diesen speziellen Uniformismus hineinpassen, der von einer gegebenen Gruppe aufgestellt wird, werden gewöhnlich als eine Bedrohung angesehen. Als solche werden sie gemieden, lächerlich gemacht, ausgestoßen oder herablassend geduldet.

In diesem Uniformismus sind mehrere Abwehrmechanismen wie Identifizierung, Versagung und Isolierung leicht erkennbar. Er hat auch eine antiphobische Qualität: man stürzt sich in die Gefahr mit dem triumphierenden Ausruf: »Ach, das ist gar nichts!« Diese Form der Abwehr ist für die Reaktion junger europäischer Gäste verantwortlich, die den Eindruck gewinnen, daß die amerikanische Jugend durch vorgeschriebenes Verhalten stark in ihrer Gesellschaftsform festgelegt ist und diesem Adoleszenten-Gruppenkodex eine ungewöhnlich lange Zeit folgt. Uniformismus wird durch eine Wertskala charakterisiert, die ungefähr die Linie des »Je eher, desto besser; je größer, desto besser; je schneller, desto besser« verfolgt. Individuelle Unterschiede und emotionale Bereitschaft werden weitgehend ignoriert in einem überstürzten Hasten nach Selbstbehauptung und Gleichheit, die den Eindruck früher Reife vortäuschen. Das Hasten in vorzeitiges Standardverhalten schließt kurzschlüssige Differenzierung und Individualität aus und bereitet so den Boden für Identitätsprobleme. Dieser Zustand steht im Gegensatz zum Idealismus der Jugend, ihrer Hingabe an Wissen und Wißbegier, ihrem revolutionären Geist, der die Welt verbessern und reformieren möchte. Statt dessen wird der Uniformismus als Garantie für Sicherheit angesehen. Teilweise ist dies eine Antwort auf die Frage, die Spiegel (1958) stellte: »... ob es in unserem Lande kulturelle Kräfte gibt, die dazu neigen, den Adoleszenzprozeß mit seiner Aufstellung des Genitalprimats, der Objektliebe und eines festen Bewußtseins des Selbst zu stören« (siehe Kapitel über Umgebungsdeterminanten).

Ich möchte jetzt die Umwandlung eines Abwehr- in einen Adaptivprozeß am Verlaufe einer Analyse eines vierzehnjährigen Jungen illustrieren: Die Auszüge aus der Krankengeschichte zeigen, daß mehrere Abwehrmechanismen gleichzeitig angewandt wurden, die lose oder fest miteinander verschmolzen waren, aber alle auf ein Ziel hinstrebten, nämlich das, die Angst zu binden. Allgemein gesprochen, werde ich in diesem Falle das Auftauchen eines Interesses analysieren, dem Interesse an Geschichte, und zeigen, wie diese intellektuelle Betätigung ihre Zähigkeit von einer infantilen Fixierung hernahm. Weiter stand dieses Interesse zu dem Pubertätskampf gegen Trieb und infantile Objektbindung in Beziehung. Nicht zum wenigsten wurde es dazu benutzt, die Angst zu meistern und Kontinuität im Ich-Erleben zu erreichen. Dieses Bruchstück einer Analyse illustriert auch, wie mehr als nur ein Abwehrmechanismus — in diesem Falle sowohl Ablehnung als auch Verdrängung — sich im geistigen Gesamtbemühen verbinden und in der Intensität und der Qualität eines intellektuellen Interesses erkennbar werden, eines Interesses, das infantilen Bedürfnissen dient und wegen dieser dauernden Fixierung keine echte, ich-syntonische Befriedigung gibt.

Tom, ein vierzehnjähriger Junge, von ungewöhnlicher Intelligenz, war gehemmt, depressiv und dick; er gab sich mit Grübeln und einzelgängerischen Interessen ab. Er spielte stundenlang allein mit Spielmarken oder Pfennigen ein kompliziertes Kriegsspiel, aus dem der Schwächere, nachdem er mehrere Male schon nah an der Vernichtung war, immer doch zum Schluß als Sieger hervorging. Er hatte viele Abarten dieses Spieles ausgearbeitet: z. B. die Eroberung eines Archipels durch einen tapferen Helden, dessen Volk von einem unbarmherzigen Kriegerhäuptling auf eine kleine Insel vertrieben worden war, von der aus zum Schluß eine tollkühne Invasion lanciert wurde, die mit der Vernichtung des Feindes endete. Dieses Spiel milderte dadurch Furcht und Angst, daß es die Idee verneinte, daß der Schwache jemals vernichtet werden kann, daß immer Hoffnung besteht. Der Ursprung dieses Spieles reicht in die Präadoleszenz zurück, als es das Thema der Kastrationsangst der prä-ödipalen Mutter gegenüber darstellte.

Die Analyse des Geschichtsinteresses als Abwehr fing an, als Tom in der Schule ein Buch über griechische Geschichte gelesen hatte. Er beklagte sich bitter über die Unvollständigkeit der Information, die es gab. Was er wissen wollte, war, »was nach der Vernichtung einer Zivilisation passiert«. »Wo ist sie dann? Was geschieht mit den Völkern? Verschwinden sie einfach? Natürlich nicht. Die Geschichte gibt niemals eine volle Antwort«. Seine Bemühungen, weiter vorzudringen und die Vergangenheit zu verstehen, erwiesen sich als nutzlos. Tom fand, daß die Geschichtsbücher immer aufhörten, bevor alles gesagt war, und das Lesen enttäuschte und reizte ihn nur. Auch das Lösen von Kreuzworträtseln milderte seine Spannung nicht für lange. Plötzlich wollte er »etwas Großes kaufen«, endete aber damit, daß er mit seiner alten elektrischen Eisenbahn spielte, die er jahrelang nicht mehr aufgestellt hatte. Aber auch das machte ihm keine Freude, denn der Gedanke drängte sich ihm auf, daß er »seine Zeit verschwende«. An diesem Punkte fing er an, sich gegen die Menschheit und besonders gegen die Lehrer einzustellen. Alle erklärte er für dumm. Tom haßte alle Menschen, aber besonders seinen Freund, »mit dem man über nichts weiter als über Mädchen und Sex sprechen kann«. Er verfiel wieder in eine deprimierte Stimmung und kehrte zu seinen alten einsamen Kriegsspielen zurück. Aber auch diese Spiele paßten ihm nicht mehr. Das symmetrische Anordnen der Spielmarken und die methodische und saubere Ausführung der Schlacht machten ihn mit sich selbst ärgerlich, und er rief verzweifelt aus: »Ach, ich bin ja so ordentlich, schlecht kann einem dabei werden.«

Schließlich kam er auf das Thema der Geschichte zurück. »Was passierte mit Athen und Babylon *nach* der Invasion? Ich habe seit der vierten Klasse darüber nachgedacht. Ich weiß, daß Babylon zwischen Euphrat und Tigris liegt, aber wo genau? Ich habe das niemals genau herausfinden können. Warum sagt man das einem nicht? Übrigens muß ich bei Babylon immer an ›Baby‹ denken.« Der Analytiker: »Ein einsames Baby?« »Na, ja, als ich fünf Jahre alt war, hat meine Nurse mich verlassen.« Als Kind hing er sehr an dieser Nurse, und nach der Trennung von ihr bekam er einen nervösen Husten, der ihn mitten in der Nacht aus dem Schlaf zu wecken pflegte. Er ging dann in das Schlafzimmer seiner Eltern, und seine Mutter gab ihm dort heißen Kakao, worauf der Husten besser wurde. Schließlich schlief das Kind dann zwischen seinen Eltern ein. Das erinnert uns an Baby-lon, das zwischen zwei schützenden Flüssen liegt.

Tom ließ sich von der Erzählung seiner persönlichen Geschichte hinreißen. Wie er es sah, waren da drei Phasen in seinem Leben, von zwei Katastrophen unterbrochen. Im Augenblick lebte er in der dritten Phase, in der Adoleszenz. Der erste Bruch kam, als er fünf Jahre alt war und seine Nurse ihn verließ. Das brachte die frühe Kindheit zu einem dramatischen Abschluß. Der nächste Bruch kam, als er von Baltimore nach New York zog, damals war er acht. »Dieser Umzug«, sagte er, »war die allergrößte Katastrophe. Es war der Niedergang und Fall von Rom. Alle meine Babysachen waren verschwunden.« Er zählte dann alle die verlorenen Spielzeuge und allen Kram auf, und klagte seine Mutter an, daß sie seinen Besitz geplündert habe. Seine Wut war

riesengroß, und mit dem Eifer eines Archäologen rekonstruierte er den Inhalt seines Spielzeugschranks, herunter bis zu dem »kleinen Spielzeugsoldaten oder einarmigen Indianer«. Im Geiste stellte er das Bücherregal seines Kinderzimmers wieder zusammen und erinnerte sich an das Aussehen jeder einzelnen Kostbarkeit und wie weit sie schon kaputt war. Dieses hartnäckige Suchen nach der Vergangenheit — »à la recherche du temps perdu« — erkennen wir als Bemühung, die Vergangenheit wiederzuerleben, seine eigene Geschichte zu rekonstruieren, um in die dunklen Strecken der Zeit vorzudringen. Das adoleszente Emportauchen der libidinösen und aggressiven Triebregungen, die sich gegen den ödipalen Elternteil richten, wurden im Falle von Tom durch seine Bindung an Gedankenprozesse gemeistert. Infantile Neugier wurde verdrängt und auf historische Untersuchungen hingewendet. Diese intellektuelle Beschäftigung konnte aber nur für kurze Zeitperioden die Wiederkehr von zornigen und depressiven Stimmungen und Affekten ablenken, die er in der Kindheit gehabt hatte, und die sich jetzt in der Pubertät an die Abwehr durch Intellektualisierung anhefteten, indem sie sie nur teilweise erfolgreich werden ließen.
Jetzt widmete sich Tom erneut seinem historischen Problem und wollte das ganze Panorama der menschlichen Wanderungen, Eroberungen, Vernichtung von Völkern und Zerstörung von Reichen verfolgen. Was sie alle gemeinsam hatten, war die Tatsache, daß diese gewaltsamen Ortsveränderungen zu einer »Mischung zwischen Eroberer und Eroberten« geführt hatte, die in der »Geburt eines neuen Stammes« kulminierten. Tom fing dieses ehrgeizige Programm damit an, daß er eine große Karte von der »Wiege der Zivilisation« im Mittelmeer anfertigte. Er trug die verschiedenen Völker auf der Karte ein, wobei jeder »Stamm« durch ein Stückchen Pappe dargestellt wurde. Dann ging er durch die Geschichte hindurch, indem er die Völker herumschob. Wenn er im Verlaufe dieser Arbeit ganz aufgeregt wurde und sich zu sehr in sie vertiefte, fühlte er sich schuldig und klagte sich selbst an: »Ich sollte das eigentlich nicht tun«, d. h. die Schlachten zwischen den Kämpfern und die Geburt neuer Stämme beobachten. Trotzdem machte er weiter. Als er schließlich zur Zeitgeschichte kam, vermischten sich amerikanische Soldaten aus dem zweiten Weltkrieg mit »sexy« Frauen in Italien und fingen so neue Stämme an. Sexuelle Verbindungen wurden zahlreicher, bis die Lücke der Geschichte, seiner eigenen Geschichte, ausgefüllt war. Das wurde durch Rekonstruktionen mit dem Phantasiematerial der Urszene ermöglicht, durch sado-masochistische Vorstellungen vom Geschlechtsverkehr, durch ödipale Schuldgefühle, ambivalente Identifizierung mit beiden Eltern, Furcht vor der phallischen

Mutter, die Depression, die seiner Trennung von der Nurse folgte. Endlich hatte die Weltgeschichte alles erzählt.
Die Themen seiner eigenen Geschichte machten für Tom die Weltgeschichte in entscheidender Weise dauerhaft und fesselnd. Sie waren es auch, die für das Gefühl der Unbefriedigtheit, das seine Tätigkeit begleitete, verantwortlich waren. Dysphorie, Unbefriedigtheit, Nutzlosigkeit, Zorn und Depression ließen sich durch die Analyse des Abwehrkampfes beeinflussen, aber das historische Interesse blieb bestehen, es wurde jetzt jedoch lohnend und konfliktfrei. Es wurde von den Triebfixierungen abgelöst und konnte sich so zu dem Status einer autonomen intellektuellen Betätigung entwickeln. Man muß sich daran erinnern, daß zu der Zeit, als die Analyse bis zu Toms Intellektualisierung vorgedrungen war, er schon ein ganz schöner Historiker war, der über ein weites Wissen an Fakten verfügte. Es muß aber zugegeben werden, daß dieses Lernen von Fakten oft eine ganz bedeutungslose geistige Übung darstellte, wie z. B. das pedantische Auswendiglernen des ganzen Stammbaumes der Könige von Frankreich. Diese defensive Beschäftigung mit reinen Fakten machte schließlich der Wertung und dem Erfassen von großen menschlichen Problemen, die im Geschichtsstudium enthalten sind, Platz. Ein Interesse, das der Abwehr gedient hatte, hatte sich hier in eine adaptive Betätigung umgewandelt, die sozial und persönlich bedeutsam und lohnend geworden war, und nicht mehr den nötigen Aufwand an antikathektischer Energie erforderte. In Toms Fall bewirkte diese Verwandlung eine Vorwärtsbewegung der Libido. Die Ökonomie des Ichs wurde in der Weise beeinflußt, daß eine kräftige Wendung zur Realität stattfand, zum rationalen Denken und zur objektiven Beobachtung. Eine Zunahme der Selbstachtung folgte der Fähigkeit, Wissen ohne Schuldgefühl zu beherrschen.

In der Phase der eigentlichen Adoleszenz, wenn der Ödipalkonflikt auf seine Auflösung zugeht, kann das Abziehen der Libido von den Eltern »sie an den heranwachsenden Körper allein binden und hier die hypochondrischen Sensationen und Gefühle der Körperveränderung bewirken, die klinisch gut von den Initialstadien der Psychosen her bekannt sind« (A. Freud, 1968 a). Helene Deutsch (1944) unterstreicht die Rolle der Phantasie im Adoleszenzprozeß des Mädchens und beschreibt die Zustände, in denen Phantasie als Realität empfunden wird. Wenn die libidinöse Bindung an ein inzestuöses Objekt nicht in bezug auf ein neues Objekt, sondern nur in der Phantasie wiedererlebt wird, so daß der Adoleszent unbewußt dem frühen Objekt treu bleibt, dann stattet die frühere Realität die jetzige Liebesphantasie mit dem Charakter der Realität aus. »In der Pubertät kann jede Realität, die die sexuellen Wünsche befriedigen kann, gefährlich erscheinen, und unter bestimmten Bedingungen wird der Rückzug zum Phantasieren oder zur Pseudologie unternommen. Die Pseudologie wird als Abwehr verwendet, wobei es heißt: das ist die Realität; auf eine andere, vielleicht gefährlichere kann somit nicht verzichtet werden« (Deutsch, 1944).

Kinder, die während ihrer Erziehung schwere Über-Ich-Angst entwikkeln, können in einer Phase der Adoleszenz alle Regeln mißachten. Sie wollen keine Kompromisse schließen, damit Schwäche und Unterwerfung nicht wieder wirksam werden. Das ist der »kompromißlose« Adoleszent, der von Anna Freud (1958a) beschrieben wird. Der bescheidenere Adoleszent hält weiter an einem Moralkodex fest, solange es einer ist, den er sich selbst gewählt und gemacht hat. Alte Flaschen werden mit neuem Wein gefüllt. Selbstgewählte Verhaltensprinzipien zeigen ein signifikantes Abweichen von der elterlichen Disziplin, behalten aber trotzdem die Modalität der Disziplin, in ihren oft revolutionären Innovationen der Moral und Ethik bei.

Ein Beispiel für diesen Schritt in der Über-Ich-Transformation ist ein fünfzehnjähriger Junge mit »Zwangskontrolle«, der während der Analyse zum toleranteren Akzeptieren seiner sexuellen und besonders seiner aggressiven Triebregungen gekommen war. Eines Tages kündigte er an, daß er eine neue Philosophie entwickelt hätte: »Ich bin ein verwandelter Mensch«. Seine Philosophie bestand aus »Axiomen«, die auf folgender Voraussetzung aufgebaut waren: »Da ich weiterleben muß, will ich es wenigstens genießen«. Sechs Axiome regelten sein Verhalten: »1. Wenn ich mich vor jemandem fürchte, dann sage ich ›geh zum Teufel‹, und tue, was ich will. 2. Prahle nicht so viel. 3. Iß nicht so viel. 4. Onaniere nicht so viel. Nummer 2, 3 und 4 sind nicht wichtig, wenn ich eine Freundin habe. 5. Tue unerwartete Dinge zu ungewöhnlichen Zeiten. 6. Halte Mutters Tiraden aus und laß sie dich nicht aus der Fassung bringen.« Nachdem er diese Axiome rezitiert hatte, fügte er hinzu: »Bitte, bemerken Sie, daß meine Axiome, wenigstens die wichtigen, nie sagen ›tue das und nicht jenes‹, sondern sie sagen immer, ›tue dies und das nicht zu viel oder tue dies und das mehr‹. Während Abstinenz für mich gut ist, sagt keines der Axiome, daß ich abstinent sein soll. Ist Ihnen klar, was das für ein Unterschied ist?« Er schloß mit scherzhafter Selbstironie: »Natürlich weiß ich nicht, wie lange all das anhalten wird. Aber dabei fühle ich mich großartig.«

Die verschiedenen Abwehrmaßnahmen, die während der eigentlichen

Adoleszenz angewandt werden, sind unter normalen Umständen temporäre Notstandsmaßnahmen. Man verzichtet auf sie, sobald das Ich dadurch, daß es sich mit der Vorwärtsbewegung der Libido auf die Heterosexualität hin verbündet hat, erstarkt ist, sobald Angst und Schuldgefühle durch interne Besetzungsverschiebungen nachgelassen haben. Vom sozialen oder Verhaltensstandpunkt aus gesehen, kann diese Entwicklung unter der Überschrift der adaptiven Unterbringung in absoluter oder selektiver Übereinstimmung mit den bestehenden sozialen Institutionen erfaßt werden. In der heutigen Gesellschaft braucht dieser Prozeß Zeit und geht notwendigerweise langsam vor sich. Wir wissen, daß vor nicht allzulanger Zeit der Erwachsenenstatus früher erreicht wurde, aber es bestehen wesentliche Schwierigkeiten in der Interpretation dieser Tatsache, da Vorkehrungen der Gesellschaft, die dem Adoleszenzprozeß durch transaktionelle Erfahrung die Entfaltung erlauben, in verschiedenen historischen Epochen verschiedene Gestalt annehmen (Erikson, 1946). Was in der traditionsgebundenen, klassenstrukturierten Adoleszenz vor hundert Jahren geschah, als Frühehen das Übliche waren, und der Adoleszenzprozeß sich teilweise innerhalb dieser Institution entfaltete, kann nicht mit Sicherheit gesagt werden. Ich werde diesen Punkt noch in der Besprechung der Umgebungsdeterminanten weiter ausführen, in dem die verschiedenen »Halteplätze«, sozusagen, vom Standpunkt der Beziehungen zwischen individueller Entwicklung und Kultur besprochen werden sollen. In der heutigen Westlichen Welt gibt es zwei Gefahren für die eigentliche Adoleszenz, nämlich einmal die, sich in die Heterosexualität zu stürzen, und zwar auf Kosten der Persönlichkeitsdifferenzierung, und dann die massive Verdrängung der sexuellen Triebregungen, die eine Deformierung des Charakters und eine abweichende emotionale Entwicklung zur Folge haben.

Der entscheidende Fortschritt in der emotionalen Entwicklung der eigentlichen Adoleszenz liegt im Fortschreiten auf die Heterosexualität hin. Dieses Stadium kann nur erreicht werden, nachdem die prägenitalen Triebregungen in eine einführende und untergeordnete Rolle zugunsten der genitalen Sexualität und orgastischer Potenz relegiert worden sind. Die Vor-Lust ist eine Innovation der Pubertät. Sie schließt eine hierarchische Anordnung der genitalen und prägenitalen Triebe ein. Wie schon früher in der psychosexuellen Entwicklung richtet sich das Ich wieder nach der dominanten Trieborganisation. In der eigentlichen Adoleszenz erscheint eine parallele hierarchische Organisation der Ich-Funktionen. Ein höheres Gedankenniveau taucht auf, erkennbar an der Entwicklung von Theorien und Systemen. Infolgedessen wird den Wahrnehmungen entscheidenderer Rang eingeräumt. Weiterhin besteht eine fortschreitende Erkenntnis der Bedeutung der eigenen Handlungen für seine gegenwärtige und zukünftige Rolle und Stellung in der Gesellschaft. Die Berufswahl — ob das nun Technik oder Mutterschaft ist — erfordert die Verbannung einiger Ich-Modelle, Ich-Ideale und möglicher Selbstvorstellungen in untergeordnete Positionen. Die eigentliche Adoleszenz ist die Phase, während derer diese Stratifikationsprozesse eingeleitet werden. Während der Spätadoleszenz erwerben sie dann eine definitive Struktur. Wann immer eine Verzögerung oder ein Versagen in der hierarchischen Ordnung der Sexualtriebe eintritt, resultiert das in Verzögerung oder Versagen in der korrespondierenden und phasengerechten Ich-Entwicklung. Autoplastische Veränderungen wie »Ich-Spaltung« oder »Ich-Mißbildung« enthüllen in diesem frühen Stadium oft nicht das Ausmaß, in dem die phasengerechte Trieborganisation der eigentlichen Adoleszenz fehlgelaufen ist.

Inhelder und Piaget (1958) untersuchten das adoleszente Denken in seiner typischen Form. Ihre Befunde bestätigen diese korrelative Entwicklung von »Affektleben« und »Denkprozessen«, oder Trieb und Ich, auf die ich mich hier beziehe. Für die Autoren ist es die »Annahme von Erwachsenenrollen«, die »eine komplette Restrukturierung der Persönlichkeit bedeutet, in der intellektuelle Transformationen den affektiven entweder parallel gehen oder sie ergänzen«. Einige dieser Befunde sind meinem Konzept einer hierarchischen Anordnung der Ich-Funktion in der Adoleszenz nah verwandt. Der Heranwachsende »fängt an, sich den Erwachsenen gleichgestellt zu fühlen und über sie zu Gericht zu sitzen«. Er »beginnt, an die Zukunft zu denken — d. h. an seine gegenwärtige oder zukünftige Arbeit in der Gesellschaft«. Er hat auch »die Idee, diese Gesellschaft zu verändern«. »Der Heranwachsende unterscheidet sich vom Kinde vor allem dadurch, daß er über die Gegenwart hinaus denkt«; er verpflichtet sich den Möglichkeiten.

»Der Adoleszent ist der Mensch, der anfängt, ›Systeme‹ oder ›Theorien‹ im weitesten Sinne des Wortes aufzubauen. Das Kind errichtet keine Systeme... Das Kind hat keine solche Überlegungsfähigkeit, d. h., es hat keine Sekundärgedanken, die sein eigenes Denken kritisch betrachten. Keine Theorie kann ohne solche Überlegungen aufgebaut werden. Im Gegensatz dazu ist der Adoleszent fähig, seine eigenen Gedanken zu analysieren und Theorien zu bilden«. Dies entspricht der Formulierung, daß das Denken, als Probehandlung, in der Adoleszenz zum Mittel wird, um mit der Wechselwirkung zwischen Individuum und Umgebung, mit Gegenwart und Zukunft fertig zu werden. Denken, als Probehandlung, wird in der Adoleszenz dauernd durch den Hang zur Handlung und zum Agieren gestört. Die Spannweite des Ausprobierens wird im abstrakten Denken größer, dem schließlich in Systemen und Theorien Gestalt gegeben wird. Diese Konstruktionen dienen dem Zweck, »denken und werten« als Basen für die Übernahme der Erwachsenenrolle zu errichten. »Sie sind für die Angleichung an Werte, die die Gesellschaften oder Gesellschaftsklassen als Einheiten definieren, wichtig, im Gegensatz zu den einfachen Wechselbeziehungen zwischen Individuen«. Spiegel (1958) zeigt, daß »ein gewisser Typ des Begriffsdenkens, nämlich der ästhetische, sich zu dieser Zeit entwickelt«. Inhelder und Piaget (1958) weisen darauf hin, daß in der Entwicklung des Denkens der Heranwachsende die verschiedenen Entwicklungsstadien des Kindes rekapituliert, und zwar »auf einer Ebene des Denkens und der Realität, die für die formellen Operationen neu ist«. Wie immer, geht der Weg von der Egozentrizität zur Dezentrizität. Die Egozentrizität, die bei adoleszenten Denkprozessen beobachtet wird, ist als adoleszenter Narzißmus beschrieben worden. Sie geht den neuen Objektbesetzungen voraus, was mit Piagets Konzept der Dezentrizität übereinstimmt. Dezentrizität fördert die »Objektivität«, sie bedeutet eine »fortlaufende Neueinstellung der Perspektive«. Im dezentrischen Prozeß des Adoleszenten steht der Eintritt in die Berufswelt im Mittelpunkt. »Der ›Job‹ lenkt das Denken von den Gefahren des Formalismus ab und führt in die Realität zurück«. »Die Dezentrizität findet gleichzeitig im Denkprozeß und in den sozialen Beziehungen statt«. Was hier die hierarchische Anordnung der Ich-Funktion genannt worden ist, kann in bezug auf die kognitiven Funktionen als die Progression von der Formalstruktur des adoleszenten Denkens — als Teil seiner Egozentrizität — zur Objektivität des Denkens beschrieben werden, die die Dezentrizität, d. h. die Analyse von Fakten, fördert. »Die Beobachtung zeigt, wie mühsam und langsam der Ausgleich von Denken und Erfahrung vor sich gehen kann.« »Es ergibt sich also«, sagen Inhelder und Piaget, »daß die grundlegenden affektiven Erwerbungen der Adoleszenz den intellektuellen parallel gehen. Um die Rolle der Denkstrukturen in der Adoleszenz zu verstehen, müssen wir sie, wie wir gefunden haben, letzten Endes in seine Gesamtpersönlichkeit einsetzen.«

Die bemerkenswerten Errungenschaften im Bereiche des Denkens und die ebenso ungewöhnliche künstlerische Schöpferkraft am Ende der Adoleszenz sind über viele Jahre hin erforscht und dokumentiert worden (Bernfeld, 1924). Die auffallende Abnahme dieser oft erstaunlichen Kreativität am Ende der Adoleszenz zeigt, daß es sich hier um eine Funktion des Adoleszenzprozesses handelt. Die erhöhte Introspektion oder die psychische Nähe zu internen Prozessen zusammen mit Distanz vom äußeren Objekt, geben dem Adoleszenten einen Grad von Freiheit des Erlebens und Zugang zu seinen Gefühlen, die einen Zustand von feiner Empfindsamkeit und feinem Wahrnehmungsvermögen fördern. Adoleszente künstlerische Produktionen sind oft unverhüllte Autobiographie und erreichen ihren Höhepunkt in der Zeit, wenn die Libido von der Objektwelt abgezogen wird, oder zu einer Zeit der entweder homo- oder heterosexuellen zielgehemmten Liebe. Die schöpferische Leistung stellt also das Bemühen dar, dringende Aufgaben der inneren Verwandlung zu vollbringen. Die Besetzungen des Denkens und der Introspektion erlauben eine Konzentration und Hingabe an den schöpferischen Prozeß — in Gedanken und Bilddarstellungen — die in den vorausgehenden und folgenden Perioden des Lebens beim Durchschnittsmenschen fast unbekannt sind. Der schöpferische Prozeß in der Adoleszenz begünstigt Selbstverliebtheit. Er ist oft von Erregung begleitet, mit der Überzeugung der Auserwähltheit und Besonderheit.

Die sublimierte schöpferische Betätigung kann im wesentlichen so beschrieben werden: 1. sie ist höchst egozentrisch, das heißt also narzißtisch; 2. sie ist den Begrenzungen durch ein künstlerisches Medium unterworfen und ist daher z. T. wirklichkeitsorientiert; 3. sie wirkt innerhalb der Modalität, »einer neuen Existenz Leben zu geben« — dem Selbst; 4. sie stellt eine Kommunikation mit der Außenwelt dar und ist daher z. T. objektbezogen. Die adoleszente schöpferische Betätigung ist ein komplexer Prozeß, dessen Einzelteile entweder in relativer Harmonie zusammenarbeiten können oder der von einer der schöpferischen Komponenten ganz und gar beherrscht wird. So kann sie also narzißtische Bedürfnisse befriedigen, kann einen Halt an der Realität bewirken, kann Objektliebe ersetzen oder kann eine angeborene Gabe zu einer dauerhaften Lebensform überleiten. Beobachtungen haben gezeigt, daß der Schwung der schöpferischen Produktivität im großen und ganzen auf Jugendliche der gebildeten Klassen beschränkt ist. Es muß aber betont werden, daß der Heranwachsende, der die Verzögerung der Erziehung vermeiden und den Erwachsenenzustand auf kürzestem Wege erreichen will, sich trotzdem an diesem schöpferischen Prozeß beteiligen kann, indem er fertige Bildvorstellungen und stereotype Emotionen von den Massenmedien, wie Filmen und Magazinen, entleiht. Diese Stereotypen erfüllen allerdings ihren Zweck nur auf einer sehr primitiven Ebene, sind aber in bezug auf Funktion den schöpferischen Handlungen ähnlich, die bei mehr sophistizierten und differenzierteren Adoleszenten beobachtet werden. Spiegel (1958) sprach seine Meinung dahin aus, daß »die schöpferische Tätigkeit der Adoleszenz indirekt mit Besetzungsschwankungen zusammenhängen mag«, nämlich mit »dem Fluß der kathektischen Verschiebung vom Selbst — zur Objekt-Darstellung . . . Durch die künstlerische Schöpfung kann das, was das Selbst ist, zum Objekt und externalisiert werden und so dazu verhelfen, einen Ausgleich zwischen narzißtischen und Objektbesetzungen zu schaffen.«

Bei der Beschreibung der eigentlichen Adoleszenz müssen so viele getrennte Aspekte detailliert in Betracht gezogen werden, daß an dieser Stelle eine Zusammenfassung angezeigt sein dürfte. Es scheint, daß — was die Trieborganisation anbetrifft — die eigentliche Adoleszenz einen Fortschritt in Richtung auf die heterosexuelle Einstellung hin bedeutet, oder vielmehr, daß diese Organisation, wenn auch noch unvollkommen, an Klarheit und Unwiderruflichkeit gewinnt. Zu diesem Zweck wendet sich die Objektlibido wieder nach außen, dieses Mal auf nichtinzestuöse Objekte des anderen Geschlechts. Zur selben Zeit nimmt der Narzißmus ab. Die Wendung zu neuen Liebesobjekten reaktiviert ödipale Fixierungen, positive wie negative. Die Loslösung vom ödipalen Elternteil gibt dieser Phase der Adoleszenz ein besonders Gesicht. Die geschlechtsgerechte Aufgabe dieser Phase liegt in der Ausarbeitung der Femininität und Maskulinität. Wieder muß betont werden, daß dieser Prozeß keineswegs abgeschlossen wird, sondern erst in den folgenden Phasen seine Konsolidierung erfährt. Jedoch kündigt die spezielle Art, in der Prägenitalität zur Vor-Lust relegiert wird und die besondere Weise, in der die ödipalen Konflikte zur Lösung oder zum Kompromiß kommen, eine Trieborganisation an, die innerhalb hochempfindlicher Grenzen operiert.

Während der eigentlichen Adoleszenz leitet das Ich Abwehrmaßmahmen, restitutive Prozesse und adaptive Anpassungen ein. Ihre Auswahl zeigt größere individuelle Verschiedenheiten, als man in früheren Phasen unterscheiden konnte — eine Tatsache, die ihren schließlichen selektiven Einfluß auf die Charakterformung anzeigt. Weiterhin erscheinen nun hierarchische Anordnungen der Ich-Funktion, nach dem Modell der jetzt auftauchenden Trieborganisation. Denkprozesse werden objektiver und mehr analytisch, der Bereich des Realitätsprinzips erweitert sich. Die hierarchische Innovation an sich schiebt schon deutliche Interessen, Fähigkeiten, Fertigkeiten und Talente in den Vordergrund, die auf ihre Nützlichkeit und Verläßlichkeit bei der Aufrechterhaltung der Selbstachtung ausprobiert werden. So festigt sich jetzt die Berufswahl oder läßt wenigstens ihre Stimme hören. Die Spätadoleszenz bringt völlig neue Qualitäten in den Bereich des Strebens nach dem möglichen Selbst.

Allgemein gesagt, kommt die eigentliche Adoleszenz mit dem Sich-Abzeichnen einer idiosynkratischen Konflikts- und Triebkonstellation zum Abschluß, die sich während der Spätadoleszenz in ein einheitliches und integriertes System umwandelt. Die eigentliche Adoleszenz entwickelt einen Kern des inneren Strebens, der sich der adoleszenten Transformation entgegenstellt. Konflikte und Kräfte, die das Gleichgewicht stören, treten deutlich hervor. Es ist die Aufgabe der Spätadoleszenz, eine schließliche Regelung zu erreichen, von der der Jugendliche subjektiv fühlt, daß es »seine Art zu leben« ist. Die beunruhigende Frage, »Wer bin ich?«, die so oft von Heranwachsenden gestellt wird, versinkt langsam in die Vergessenheit. Während der Spätadoleszenz tauchen positive, selbstverständlichere Zielsicherheit und Bewußtsein des Selbst auf, die am besten mit den Worten beschrieben werden können: »Das bin ich«. So eine Deklaration wird selten, wenn überhaupt, laut geäußert, drückt sich aber in dem besonderen Leben aus, das das Individuum führt, oder als gegeben hinnimmt, wenn die Adoleszenz zu ihrem Ende kommt. Wir wollen uns jetzt der Besprechung dieser Periode zuwenden, die den Adoleszenzprozeß zum Abschluß bringt.

6. Die Spätadoleszenz

Die Abschlußphase der Adoleszenz ist immer als etwas Natürliches hingenommen und für ein natürliches Abnehmen des Heranwachsenden-Tumultes gehalten worden. Die Analogie, die Freud (1924) in bezug auf den Niedergang des Ödipuskomplexes gebrauchte, könnte auch auf den Adoleszenzprozeß anwendbar sein: daß er aus phylogenetischen Gründen zum Abschluß kommen muß, daß er »fallen muß, weil die Zeit für seine Auflösung gekommen ist, wie die Milchzähne ausfallen, wenn die definitiven nachrücken...« Indessen erwähnt Freud (1924) an derselben Stelle ontogenetische Determinanten, die ebenso wichtig sind. Die Gründe, warum die Adoleszenz zum Abschluß gebracht wird, und die Wege, die dazu führen, zeigen, daß psychologische Aspekte die einzigen sind, mit deren Hilfe wir die Schlußphase der Adoleszenz verstehen können. Wie schon erwähnt, ist die Pubertät ein Werk der Natur, die Adoleszenz aber ein Werk des Menschen.

Im letzten Jahrzehnt hat die Schlußphase der Adoleszenz mehr Aufmerksamkeit erregt als die Turbulenz der vorausgehenden Phasen. Aus der Erfahrung wissen wir, daß mit dem Niedergang der Adoleszenz das Individuum Zuwachs an zweckbedingter Handlung, gesellschaftlicher Integration, Berechenbarkeit, Stetigkeit der Gefühle und Stabilität der Selbstachtung erhält. Eindrucksvoll ist im allgemeinen die größere Einheitlichkeit der Affekt- und Willensprozesse, die Zugänglichkeit für Kompromisse und für Aufschub. Ein anderes wichtiges Charakteristikum der Spätadoleszenz ist das Sich-Abzeichnen jener Dinge, die im Leben wirklich wichtig sind, die weder Kompromiß noch Aufschub leiden und nicht immer einem offen zutage liegenden Selbstinteresse dienen, da sie oft in Frustration, Kampf und Schmerz enden. Aber unabhängig von den Konsequenzen hält sich der junge Erwachsene an gewisse Wege, die — wie er zu der Zeit fühlt — die einzigen sind, die zur Selbst-Verwirklichung führen. Man hat den Eindruck, daß das Leben des Individuums, in Perspektive gesehen, deutliche Kontinuitäten zeigt, die sich von der Adoleszenz bis ins Erwachsenenalter erstrecken, aber ebenso Unterbrechungen; und sie sind es, die die obere Grenze der Spätadoleszenz anzeigen. Die Frage ist dann also: welche Prozesse sind in der Entwicklung jener neuen Persönlichkeitsattribute am Werk, die das Fortschreiten zum Erwachsensein oder das Ende der Adoleszenz charakterisieren? Eine andere Frage betrifft die Umstände, die für die Elemente der Kontinuität und Gleichheit verantwortlich sind, die dem Forscher, der sich mit Lebensgeschichten befaßt, so vertraut sind. Der Kliniker wird als dritte Frage hinzufügen: welches ist die spezielle Psychopathologie einer fehlgeschlagenen Spätadoleszenz, und was ist die Ätiologie dieses Entwicklungsversagens? Es scheint, daß die Ereignisse, die eine Entwicklungsphase zum Abschluß bringen, schwieriger zu erkennen sind als die, die sie ins Leben rufen. Diese theoretischen Probleme der Abschlußphase der Adoleszenz sollen nun besprochen werden.

Die Spätadoleszenz ist zuallererst eine Phase der Konsolidierung. Damit meine ich: 1. eine hochidiosynkratische und stabile Anordnung von Ich-Funktionen und -Interessen, 2. eine Ausweitung der konfliktfreien Sphäre des Ichs (sekundäre Autonomie), 3. irreversible sexuelle Einstellung (Konstanz der Identität), zusammengefaßt als genitales Primat; 4. eine relativ konstante Objektbesetzung und Selbstdarstellung; und 5. Stabilisierung des geistigen Apparats, der nun automatisch die Integrität des psychischen Organismus sichert. Dieser Konsolidierungsprozeß bezieht sich auf psychische Struktur und Inhalt, wobei die erstere eine Vereinheitlichung des Ichs, und der letztere seine innere Kontinuität bewahrt, die erstere den Charakter formt, der letztere sozusagen die Hilfsmittel liefert. Jede Komponente beeinflußt die andere in der Art eines »Rückkoppelungssystems«, bis während der Postadoleszenz ein Gleichgewicht innerhalb gewisser Grenzen der wesentlichen Konstanz erreicht wird. Die Verletzlichkeitsschwelle zeigt große individuelle Unterschiede, da die Toleranz für Konflikt und Angst enorm variiert. Auch die Menge und Intensität der Reize (externe und interne), die für eine regelrechte Leistung nötig sind, zeigen individuelle Variabilität — eine Tatsache, die nicht ohne Einfluß auf die zur Zeit der Spätadoleszenz auftauchende Ich-Organisation bleibt. »Es besteht vielleicht ein ›optimaler‹ Grad der Angst, der die Entwicklung fördert, aber von Individuum zu Individuum verschieden ist. Wo mehr oder weniger als dieses Optimum vorhanden ist, wird die Entwicklung behindert« (Brierley, 1951). Dasselbe könnte für die Aufrechterhaltung einer stabilen Ich-Organisation gelten, nämlich, daß ein Optimum der Spannung von positivem Wert ist und der Persönlichkeit, sozusagen, Tonus gibt. Ich spreche hier von allgemeinen Integrationsprozessen: Ich-Synthese, Schablonierung, Kanalisierung. Von dem psychischen Gesamtorganismus und seiner Funktion her gesehen, bezieht sich das auf die Charakter- und Persönlichkeitsbildung.

Wir könnten ein Modell der Spätadoleszenz konstruieren, aber wenn wir das täten, müßten wir im Auge behalten, daß die oben beschriebenen Transformationen vom einzelnen Individuum nur teilweise erreicht werden. Es scheint wirklich so zu sein, daß der Kompromißaspekt der Spätadoleszenz ein integraler Teil dieser Phase ist. Was erreicht wird, ist relative Reife. Man tut gut daran, sich in diesem Zusammenhang an Freuds Worte zu erinnern (1937): »In der Realität sind die Übergänge und Zwischenstufen weit häufiger als die scharf gesonderten gegensätzlichen Zustände. Bei Entwicklungen und Verwandlungen richtet sich unsere Aufmerksamkeit allein auf das Resultat. Wir übersehen gern, daß sich solche Vorgänge gewöhnlich mehr oder weniger unvollständig vollziehen, also eigentlich im Grunde nur partielle Veränderungen sind ... Es gibt fast immer Resterscheinungen, ein partielles Zurückbleiben«. Es scheint also, als ob die spezifischen »Resterscheinungen und das partielle Zurückbleiben« in bedeutendem Maße für die Variationen der Individualisierung verantwortlich sind, die sich am Ende der Adoleszenz zeigen. Da diese Aspekte beim Erwachsenen deutlicher hervortreten, werden sie besser in jenem Stadium abgehandelt. Was hier betont werden soll, ist die Tatsache, daß die Entwicklungsaufgabe der späten Adoleszenz gerade in der Ausarbeitung eines einheitlichen Ichs besteht, das dahin wirkt, daß das »partielle Zurückbleiben« durch Arbeit, Liebe und Ideologie mit stabilen Ausdrucksformen verschmilzt und dabei sozialen Ausdruck und soziale Anerkennung hervorruft. »Alles, was man besitzt oder erreicht hat, jeder durch die

Erfahrung bestätigte Rest des primitiven Allmachtsgefühls hilft, das Selbstgefühl zu steigern« (Freud, 1914).

Die Spätadoleszenz ist ein entscheidender Wendepunkt und daher eine Zeit der Krise. Hier ist es, wo wir die eigentliche Krise der Adoleszenz suchen müssen, die so oft die Integrationsfähigkeit des Individuums überfordert und adaptives Versagen, Ich-Mißbildungen, Defensivmanöver und schwere Psychopathologie verursacht. Erikson (1956) hat viel über den letzteren Aspekt als »Identitätskrise« geschrieben. Ich selbst habe (1954) das Syndrom der verlängerten Adoleszenz als den Widerwillen beschrieben, die letzte Phase der Kindheit, nämlich die Adoleszenz, zum Abschluß zu bringen. Der Zustand, der darin besteht, daß die Wegstrecke der Spätadoleszenz nicht erfolgreich zurückgelegt wird, führt uns die Aufgabe dieser Phase eindringlich vor Augen. In der Geschichte der Psychoanalyse ist es oft vorgekommen, daß eine abweichende Entwicklung Licht auf die normale werfen konnte. Z. B. hat die Untersuchung des Mißlingens der Spätadoleszenz dazu verholfen, die der Phase entsprechenden Aufgaben zu definieren.

Die zuerst beschriebenen Phasen der Adoleszenz fügen sich leicht in die Theorie der Psychoanalyse ein. Aber in bezug auf die Abschlußphase sind Begriffe wie Fixierung, Abwehrmechanismen, Ich-Synthese, Sublimierung und Adaption, Bisexualität, Maskulinität und Femininität — obwohl sie alle an dem Prozeß teilnehmen — an sich nicht genügend oder adäquat, um das Phänomen der Persönlichkeitskonsolidierung der Spätadoleszenz verständlich zu machen. Die analytische Beobachtung hat einige der Hindernisse isoliert, die einer fortschreitenden Konsolidierung im Wege stehen, wie z. B. die Triebfixierung, Unterbrechungen in der Ich-Entwicklung, Identitätsprobleme und Bisexualität. Der Weg jedoch, auf dem die Persönlichkeitskonsolidierung fortschreitet, bleibt in vieler Hinsicht dunkel. Integration geht eben leiser vor sich als Disintegration.

Alle Phasen der Adoleszenz setzen die Triebe in ihren verschiedenen regressiven und progressiven Konstellationen oder die den Phasen entsprechenden Organisationen in Bewegung. In der Tat könnte man sagen, daß durch die ganze Adoleszenz hindurch das Ich in einer ganz besonders nahen — wenn auch defensiven — Beziehung zu den Trieben steht und dabei selektiv mit ihrer Intensität, ihren Objekten und Zielen fertig werden muß. Es ist schon oben bemerkt worden, daß es keine Progression von einer Phase der Adoleszenz zur anderen gibt, ohne daß »Restphänomene« mitgeschleppt werden. Wir können jetzt hinzufügen, daß diese Reste einen hartnäckigen Auftrieb haben. Nur in Zeiten der relativen Ruhe im späteren Leben des Erwachsenen werden sie jemals vom Ich vollständig gemeistert. So wird z. B. das Problem der Bisexualität niemals ganz durch völliges Verschwinden gelöst. Es weicht gewissen Unterbringungen und ich-syntonischen Dominanzen. Daß es aber im Unbewußten fortbesteht, wird durch das häufige Auftauchen dieser Themen im Traumleben des Erwachsenen bezeugt.

Dürfen wir also annehmen, daß Verdrängung das Hauptmoment ist, das das Erwachsensein einleitet, wie vorher, am Ende der Ödipalphase, der nämliche Abwehrmechanismus und seine Folgen die Latenzperiode einleiteten? Es ist klar, daß diese Annahme zu einfach ist. Sie würde jedenfalls keine Erklärung für die weite Variabilität der individuellen Adaptation oder Stabilisierung, wie sie sich am Ende der Adoleszenz zeigt, geben. Was wir finden müssen, ist ein Wirkungsprinzip, ein dynamisches Konzept, das den Konsolidierungsprozeß der Spätadoleszenz beherrscht und seine verschiedenen Formen verständlich macht: da ist zuallererst der psychische Apparat, der die verschiedenen phasengerechten Adoleszenzprozesse synthetisiert, sie stabil, irreversibel macht, und ihnen ein adaptives Potential verleiht. Zweitens ist die Quelle der spezifischen Resterscheinungen aus früheren Entwicklungsperioden zu bedenken, die die adoleszente Transformation überlebt haben, und die in abgeleiteter Form weiterbestehen und ihren Teil zur Charakterbildung beitragen. Und endlich ist da die Quelle der Energie, die gewisse Lösungen in den Vordergrund schiebt, andere in Schach hält und so dem Konsolidierungsprozeß eine Qualität der Entschiedenheit und Individualität gibt. Diese Qualitäten, die oft schemenhaft sind und Opfer fordern, können nicht ganz und gar von dem Reifungsschub herkommen. Ich vermute, daß sich noch andere Kräfte an diesem Prozeß beteiligen.

Hier muß der Begriff des Traumas eingeführt werden. Der Ausdruck Trauma ist relativ, und die Wirkung irgend eines speziellen Traumas hängt sowohl von der Größe als auch von der Plötzlichkeit des Reizes, aber auch von der Verletzbarkeit des psychischen Apparates ab. Das Trauma ist ein Universalphänomen der Kindheit. Ob es nun durch ein konstitutionelles oder umgebungsbedingtes Zu-viel oder Zu-wenig verursacht wird, hat keinen Einfluß auf die Wirkung des Traumas im Leben des einzelnen. Hier möchte ich nur die Tatsache betonen, daß die Beherrschung des Traumas eine nie endende Lebensaufgabe ist, ebenso nie endend wird die Bemühung der Vermeidung seiner Wiederkehr. Dieser Selbstschutz entspricht der Stärke des Ichs und der Stabilität der Abwehr. »Jede Person wendet natürlich nicht alle möglichen Abwehrmechanismen sondern nur eine gewisse Auswahl von ihnen an, aber diese fixieren sich im Ich, sie werden regelmäßige Reaktionsweisen des

Charakters, die durchs ganze Leben wiederholt werden, so oft eine der ursprünglichen Situationen ähnliche wiederkehrt« (Freud, 1937).
Andererseits schaffen die Nachwirkungen des Traumas Lebenssituationen, die irgendwie die Originalsituation wiederholen. Daher geht die Arbeit an der Auflösung des Traumas, der Versuch, es zu meistern, immer weiter. Lebenserfahrungen, die aus dieser Art von Hintergrund hervorgehen, folgen dem Wiederholungszwang. Was ursprünglich als Drohung von der Umgebung her erlebt wurde, wird zum Modell der inneren Gefahr. Indem sie den Status eines Modells erwirbt, mußte die Ur-Gefahr durch symbolische Darstellungen und substituierende Äquivalente ersetzt werden, die der physischen und geistigen Entwicklung des wachsenden Kindes entsprechen. Am Ende der Adoleszenz wird die ursprüngliche Drohung, oder vielmehr eine ihrer Komponenten wieder nach außen gekehrt und zwar dadurch, daß sie auf die Umgebung aktiviert wird. Ihre Auflösung oder Beruhigung wird dann mit Hilfe eines hoch-spezifischen Systems des Zusammenspiels bewerkstelligt. Infolgedessen erlebt das Individuum sein Verhalten als sinnvoll, selbstverständlich, dringend und befriedigend.
Die zunehmende Fähigkeit, Rest-Traumen zu meistern, bestimmt die vorherrschende transaktionelle Wechselwirkung zwischen Individuum und Außenwelt, ebenso wie zwischen Ich und Selbst. Sich von einem schädlichen Einfluß der Außenwelt frei zu machen, der sich im Trauma niedergeschlagen hat und ein Teil der inneren Welt geworden ist, bleibt durch das ganze Leben hindurch eine psychische Aufgabe. Ein beträchtlicher Teil dieser Aufgabe wird während der Adoleszenz vollbracht. Anna Freud (1952) schreibt über die eventuelle »Umkehrung von Über-Ich und Ich-Haltungen, obgleich es den Anschein haben mag, daß diese Haltungen in der Ich-Struktur des Latenzkindes voll integriert worden sind«. Wo eine Neuintegration nicht erreicht wird, bezeugt eine persistente Ich-Dystonizität in bezug auf z. B. gewisse Ich-Haltungen, daß nur eine partielle Adoleszenztransformation stattgefunden hat. Auf jeden Fall reichen spezifische, unassimilierte Reste immer in das Leben des Erwachsenen hinein und üben ihre Forderungen nach dauerndem Ausdruck durch die Organisation der Persönlichkeit selbst aus.
Das Ausmaß, in dem das Trauma eine fortschreitende Entwicklung behindert, stellt seine negative, das Ausmaß, in dem es das Meistern der Wirklichkeit fördert und unterstützt, seine positive Seite dar. Dieser Gedanke wurde von Freud (1939) in einem seiner letzten Aufsätze ausgeführt: »Die Wirkungen des Traumas sind von zweierlei Art, positive und negative. Die ersteren sind Bemühungen, das Trauma wieder

zur Geltung zu bringen, also das vergessene Erlebnis zu erinnern, oder, noch besser, es real zu machen, eine Wiederholung davon von neuem zu erleben, wenn es auch nur eine frühere Affektbeziehung war, dieselbe in einer analogen Beziehung zu einer anderen Person neu wiederaufleben zu lassen. Man faßt diese Bemühungen als Fixierung an das Trauma und als Wiederholungszwang zusammen. Sie können in das sogenannte normale Ich aufgenommen werden und ihm als ständige Tendenzen desselben unwandelbare Charakterzüge verleihen... Die negativen Reaktionen verfolgen das entgegengesetzte Ziel, daß von den vergessenen Traumen nichts erinnert und nichts wiederholt werden soll. Wir können sie als Abwehrreaktionen zusammenfassen. Ihr Hauptausdruck sind die sogen. Vermeidungen, die sich zu Hemmungen und Phobien steigern können. Auch diese negativen Reaktionen leisten die stärksten Beiträge zur Prägung des Charakters.«

Innerhalb des Problems der Charakterkonsolidierung am Ende der Adoleszenz müssen wir das Problem des Traumas als einen Teil des Gesamtprozesses unterbringen. Die Festigkeit und Irreversibilität des Charakters hat einen günstigen Effekt auf die psychische Ökonomie, und wie die zwanghaften Züge erweitern sie den Abstand zwischen Ich und Trieb. Ein Charakterzug also, der sich langsam am Ende der Adoleszenz bildet, verdankt seine spezielle Qualität der Fixierung an ein bestimmtes Trauma oder an eine seiner Komponenten. Durch die emotionale Transformation, die die Adoleszenz bietet, bleiben fokale Traumen sozusagen resistent gegen das »Durcharbeiten« durch den Adoleszenten. Sie geben dem Konsolidierungsprozeß der Spätadoleszenz eine selektive Affinität zu einer gewissen Auswahl. Darüber hinaus stellen sie eine unerbittliche Kraft dar, die den jungen Erwachsenen in eine bestimmte Lebensform zwingt, von der er schließlich fühlt, daß es seine ureigene ist. Traumenreste stellen eine volle Beziehung zwischen der Gegenwart und einer dynamisch aktiven Vergangenheit her und richten so die historische Kontinuität im Ich auf, die für ein Gefühl von Sicherheit, Ziel und Harmonie zwischen Gefühl und Handlung verantwortlich ist. Ein junger Patient, der während der Spätadoleszenz einen Zusammenbruch hatte, sagte, als er den Aufprall der wiederentdeckten Vergangenheit auf sein sich verwandelndes Gefühl des Selbst empfunden hatte: »Man kann wohl nur eine Zukunft haben, wenn man auch eine Vergangenheit hat.«

Nun mag man wohl fragen, warum ein Rückgriff auf Trieb und Ich-Fixierung nicht genügt, um die Spezifizität der Auswahl und der definitiven Anordnungen des Ichs, des Über-Ichs und der Triebforderungen der Spätadoleszenz verständlich zu machen. Die Fixierung zielt auf eine Erhaltung der statischen Position hin und widersteht jeder Änderung. Doch liegt der positive Aspekt des Traumas in der Tatsache, daß es den Menschen unerbittlich dahin bringt, mit seinen schädlichen Resten durch ihre unaufhörliche Reaktivierung auf die Umgebung fertig zu werden. Es besteht kein Zweifel, daß Trieb und Ich-Fixierungen bei der Charakterkonsolidierung mitspielen und ihren Teil zur Persönlichkeitsorganisation beitragen. Aber unter den verschiedenen Komponenten, die durch Integrierung vereinheitlicht werden, ist eine gegebene Fixierung nur einer von vielen Aspekten.

Wenn wir nun zu der vorigen Frage zurückkehren, so liegt es auf der Hand, daß die psychische Instanz, in der die Konsolidierung des Adoleszenzprozesses stattfindet, das Ich ist (Ich-Synthese). Fixierungen liefern die Spezifizität der Auswahl im Sinne von libidinösen Triebregungen, vorherrschenden Identifizierungen und Lieblings-Phantasien. Rest-Traumen beschaffen die Kraft (Wiederholungszwang), die nichtintegrierten Erfahrungen in das geistige Leben hineinzustoßen, um ein schließliches Meistern oder eine Ich-Integrierung zu erreichen. Die *Richtung,* die dieser Prozeß nimmt — die vorzugsweise Betonung der Triebabfuhr, Sublimierung, Abwehr, Ich-Mißbildung usw. —, wird weitgehend von Einflüssen des Über-Ichs und Ich-Ideals bestimmt. Seine Form aber ist von der Umgebung, von sozialen Gegebenheiten, Tradition, Sitten und Wertsystemen beeinflußt. Offenbar findet der ganze Prozeß innerhalb der Grenzen statt, die von Konstitutionsfaktoren — wie physische und geistige Fähigkeiten — gesetzt sind.

Wir kommen also zu dem Schluß, daß infantile Konflikte beim Abschluß der Adoleszenz nicht beseitigt, sondern spezifisch gemacht worden sind. Sie werden ich-syntonisch, d. h., sie werden als Lebensaufgaben in den Bereich des Ichs integriert. Sie bekommen nun ihren Mittelpunkt in der Erwachsenen-Selbstvorstellung. Jeder Versuch des ich-syntonischen Meisterns eines Rest-Traumas, oft als Konflikt erlebt, verstärkt die Selbstachtung. Die Stabilisierung der Selbstachtung ist eine der Hauptleistungen des Erwachsenen. »Selbstachtung ist der emotionale Ausdruck der Selbsteinschätzung und der dazugehörigen libidinösen oder aggressiven Besetzung der Selbstvorstellung . . . Selbstachtung spiegelt nicht notwendigerweise die Spannung zwischen Über-Ich und Ich wider. Im weitesten Sinne drückt Selbstachtung die Diskrepanz oder die Übereinstimmung von Wunschvorstellungen vom Selbst und der Selbstrepräsentanz aus« (Jacobson, 1953). Sein Leben lang bemüht sich das Ich, diese Übereinstimmung wiederherzustellen, und durch weises Einfügen in die Umgebung die Diskrepanzen zu beseitigen.

Diese schematische Darstellung wird hier als Modell der letzten Phase

der Adoleszenz gegeben. Als solche wird sie den vielen Problemen, die die Adoleszenz aufwirft, nicht gerecht. Im Hinblick auf den Gesamtadoleszenzprozeß kann man sagen, daß er, je weiter er fortschreitet, immer mehr individualistische Züge annimmt, die in der eigentlichen Adoleszenz ihren Höhepunkt erreichen, und zwar in der Wiederbelebung des ödipalen Konflikts und der Entwicklung der Vor-Lust mit ihren Wirkungen auf die Ich-Organisation. Die Auflösung des wiederbelebten Ödipuskomplexes während der Adoleszenzperiode ist im besten Falle partiell. Derjenige Teil, der der adoleszenten Auflösung widersteht, wird zum Kern einer fortgesetzten Bemühung in dieser Richtung. Er spielt sich innerhalb der Grenzen der persönlichen Entscheidungen ab, wie Arbeit, Werte, Loyalitäten, Liebe. Was wir am Ende der Adoleszenz beobachten, ist ein selbstbeschränkender Prozeß, ein Abstecken des Lebensraumes, der nur innerhalb eines begrenzten psychologischen Gebietes Bewegung erlaubt. Jene Elemente der Gleichförmigkeit und Kontinuität, die die Kindheit, Adoleszenz und das Erwachsensein umfassen, weisen darauf hin, daß das neue geistige Gebilde, das jetzt zustande gekommen ist, bekannte frühere Trends innerhalb der erwachsenen Persönlichkeit perpetuiert.
Man wird hier an die Ödipalphase erinnert, in der sozusagen die Reste früherer Phasen in die genitale Modalität eingebaut werden. Das Absinken des Ödipuskomplexes führt zu Kompromißbildungen, aber zu allererst zu einer entschiedenen Strukturierung einer psychischen Instanz, des Über-Ichs. Während der eigentlichen Adoleszenz werden die Konflikt- und Dilemmalösungen des Ödipuskomplexes, einschließlich der prägenitalen Fixierungen, wieder in die genitale Modalität überführt, suchen aber jetzt im Bereich der nicht-inzestuösen Heterosexualität unterzukommen. Mißlingen dieser Aufgabe führt zu dissoziativen Prozessen und schließlich zu pathologischen Zuständen. Aber über die Reorganisation des Trieblebens hinaus, die für die eigentliche Adoleszenz charakteristisch ist, bleiben ödipale Reste bestehen, die nicht auf den Weg der Objektliebe gebracht worden sind. Spätadoleszenz bezieht die Transformation dieser ödipalen Reste in Ich-Modalitäten ein. Die Bedeutung der Arbeit für die Libidoökonomie wurde von Freud (1930) klar dargelegt: »Keine andere Technik der Lebensführung bindet den einzelnen so fest an die Realität als die Betonung der Arbeit, die ihn wenigstens in ein Stück der Realität, in die menschliche Gemeinschaft sicher einfügt. Die Möglichkeit, ein starkes Ausmaß libidinöser Komponenten — narzißtische, aggressive und selbst erotische — auf die Berufsarbeit und auf die mit ihr verknüpften menschlichen Beziehungen zu verschieben, leiht ihr einen Wert, der

hinter ihrer Unerläßlichkeit zur Behauptung und Rechtfertigung der Existenz in der Gesellschaft nicht zurücksteht.«

Hochidiosynkratische Ich-Interessen und Vorzugsbesetzungen in der Spätadoleszenz stellen eine neue Errungenschaft im Leben des Individuums dar. Ebenso nehmen die Selbstrepräsentanzen eine stabile und verläßliche Festigkeit an. Dies könnte sehr wohl als phasenspezifische Definition der Spätadoleszenz verwendet werden. Freuds Feststellung, daß der Erbe des Ödipuskomplexes das Über-Ich ist, könnte dahin abgewandelt werden, daß der Erbe der Adoleszenz das Selbst ist. (Diskussion des Konzepts des Selbst, siehe Kapitel V: Das Ich in der Adoleszenz.)

Um durch ein klinisches Beispiel den Konsolidierungsprozeß der Spätadoleszenz zu demonstrieren, muß man eine ganze Lebensgeschichte wiedergeben: Da das der beste Weg ist, um — in bezug auf die Abschlußphase der Adoleszenz — die Konzepte, die ich entwickelt habe, zu illustrieren, soll hier in breiten Umrissen die relevante psychologische Entwicklung eines Patienten beschrieben werden. Ich stütze mich dabei auf Gedächtnis und Rekonstruktion aus der Analyse eines fünfunddreißigjährigen Mannes. Die Analyse der Adoleszenzperiode spielte bei der Behandlung der Charakterneurose dieses Patienten eine besonders wichtige Rolle.

John war ein jüngerer Sohn, sein Bruder war fünf Jahre älter. Von Geburt an war John der Liebling seiner Mutter gewesen. Sie sah in dem Kinde die Erfüllung ihrer eigenen künstlerischen Träume. Alles trug zu der Fixierung auf einem passiv-rezeptiven Niveau bei. Sowohl die Mutter wie die Pflegerin verwöhnten ihn. Der Junge lernte recht spät sprechen und laufen, war verträumt und spielte gern allein. Sobald er aber gehen konnte, rannte er und wurde recht unabhängig. Sehr stark fühlte er die Konkurrenz des älteren Bruders, um dessen Tüchtigkeit er ihn beneidete. In diesem Kampf lernte John seine liebenswürdige Natur auszunutzen, die ihn zum Liebling aller Frauen machte. Er verließ sich darauf, Frauen zu gefallen und Männer zu vermeiden (Vater, Bruder), und dies zusammen mit der frühen Erkenntnis der Vorteile seines hübschen Aussehens wurden zur prototypischen Technik, Unlust zu vermeiden. Drei Jahrzehnte lang arbeitete er diese Technik aus. Mit diesen Waffen besiegte er seinen willensstarken Bruder und verdrängte ihn aus der Zuneigung der Mutter. Diesen Kunstgriff, nämlich das Vermeiden eines Zusammenstoßes mit einem männlichen Rivalen, verfehlte er nie, in analogen Situationen anzuwenden.

Johns frühe Kindheit zeigte also eine Fixierung an die passiv-rezeptive orale Modalität. Fügsamkeit in bezug auf Sphinkterkontrolle machte alles leicht. In seinem aktiv-passiven Gleichgewicht herrschte die Passivität vor. Dann kam eine Zeit (Alter: drei Jahre), während derer Beweglichkeit (aggressive Triebabfuhr) in den Vordergrund trat. Aber dieser Versuch, die frühere Passivität zu überwinden, führte zu nichts, und ihm folgte eine exhibitionistische Periode, in der Aussehen und Scharm als phallische Äquivalente gebraucht wurden. In dieser Konstellation erreichte der Junge die Ödipalphase. Das Vermeiden des Wettbewerbs mit männlichen Wesen gab dem Ödipuskomplex bei ihm ein negatives Vorzeichen. Der Vater wurde gefürchtet, aber auch bewundert, und von ihm geliebt zu werden, wurde zu einer geheimen, aber beständigen, unakzeptablen Sehnsucht. Die Beziehung zum Vater wurde negativ geregelt durch Vermeiden einer Identifizierung. Seine Beziehung zur Mutter bestand in einer gefügigen, narzißtischen und liebevollen Bindung, bis weit in die Latenzperiode hinein.

John umging die Kastrationsangst dadurch, daß er sich der phallischen Mutter unterwarf. Sie wurde bei ihm zur Quelle der Ängstlichkeit, aber auch der Spender von Sicherheit, solange John in der Rolle eines vielversprechenden und besonderen Sohnes lebte — oder zu leben vorgab. Unabhängig davon, ob er überhaupt in der Lage war, diese vagen und erregenden Erwartungen zu erfüllen, wurde das Spielen einer Rolle und Verstellung bald zu den einzigen Hütern seines Sicherheitsbedürfnisses. Der Wettbewerb mit männlichen Wesen, den er schon früher in seiner Beziehung zum Bruder vermieden hatte, erlitt eine entscheidende Niederlage im Kampf mit dem ödipalen Vater. Tentative phallische Neigungen wurden schnell von einem Gefühl der Inkompetenz (Kastrationsangst) überlagert, denen regressive Maßnahmen folgten: die passiv-rezeptive Organmodalität der oralen Phase manifestierte sich auf dem ödipalen Niveau in einem passiv-rezeptiven Ich-Modus. Sein Selbst-Imago wurde durch angenommene Qualitäten und Züge geformt; das Realitätsprinzip sprach mit kaum hörbarer Stimme.

Bei John wurde der Ödipuskomplex durch sexuelle Verdrängung gelöst, deren Ausmaß sich erst in der Adoleszenz zeigte. Neben den restriktiven und hemmenden Einflüssen von seiten des Vaters, enthielt das Über-Ich bei ihm genug von der narzißtischen Verführung der Mutter, um an Alexanders (1929) »Korruptionsbereitschaft des Über-Ich« durch die geheime Verbindung mit dem »Es« erinnert zu werden. Der Vater blieb eine drohende Figur. Angstträume (Räuber, Riesen) begleiteten und folgten der ödipalen Phase. John gab sich in die Hände von Frauen — Mutter, Nurse oder ihre Vertreter —, die anstelle des Ichs ausführten, was er selbst für sich nicht tun konnte. Er zögerte

nicht, die Anerkennung für die Erfolge seiner Ersatzmänner einzustekken. Sein Gewissen hatte immer ein Alibi: er fühlte, er war ein besonderes Kind, ein »adoptierter Prinz«.
Diese Konstellation von Trieb, Ich und Über-Ich ergab eine schlechte Prognose für die Latenzperiode. Ernste Lernschwierigkeiten entwikkelten sich, die aber durch die ganze Grundschule hindurch von der ergebenen Nurse vertuscht wurden, die lernte, die Handschrift des Kindes nachzuahmen, um für ihn seine Schularbeiten machen zu können. Seine Aufgaben wurden gemacht — und gut gemacht —, während er sich mit Spielen und Wachträumen abgab. In magischer Weise war er also imstande, den Wettbewerb ohne Ängstlichkeit anzutreten, ohne das Risiko der Niederlage und ohne dem Realitätsprinzip nachzugeben. Sein Bruder war ein eifriger Lerner, logisch, wißbegierig und praktisch veranlagt. Aber John fand, daß Privilegiertsein besser als Lernen war. Ein Zufluß von narzißtischer Libido bewahrte das Ich davor, Unzulänglichkeits- und Untüchtigkeitsgefühle zu haben, die im Grunde aus der Kastrationsangst entsprangen. Diese narzißtische Komponente vergrößerte noch den Scharm des Jungen und machte ihn phantasievoll, aber verträumt. John war weder langweilig noch dumm, außer in der Schule.
Die Pubertät brachte dann eine völlige sexuelle Verdrängung. Weder genitale Sensationen noch Masturbation zeigten sich irgendwann. Eine Fixierung an die präadoleszente Trieborganisation bestand durch die ganze Adoleszenz hindurch — das heißt also Furcht vor Kastration durch die phallische Mutter. Die sexuellen Hemmungen wurden als Vermeidung von Ansteckung mit Geschlechtskrankheiten rationalisiert. In Wirklichkeit waren sie in Vorstellungen wie der der Kloake und der Vagina dentata verwurzelt. Der Junge ging durch die typische homosexuelle Phase idealisierter Freundschaft hindurch, dann wandte er sich Mädchen zu, als einem »Halt für die Heterosexualität«. Er behandelte seine vielen Freundinnen mit zarter Liebe. Weder sexuelle Gefühle noch Bedrängungen befleckten jemals die Reinheit dieser Bindungen.
Die Tatsache, daß John niemals die narzißtische Einstellung aufgab, war für seine prolongierte Adoleszenz verantwortlich. Er wurde dann schließlich ein »Intellektueller«, seinen Eltern zu Gefallen. Was die Schule verlangte, konnte er nur bis zu einer gewissen Grenze erfüllen, trotz seiner ausgezeichneten Intelligenz. Mit fortscheitender Adoleszenz zeigte er dann vielversprechendes künstlerisches Talent.
Der Konsolidierungsprozeß der Spätadoleszenz verband diese verschiedenen Trends zu einem ich-syntonischen Gebilde. John entschied sich,

Lehrer für kleine Kinder und ein ganz moderner Erzieher zu werden. Indem er diese Laufbahn wählte, vermied er zu allererst den Wettbewerb mit Vater und Bruder, die beide gebildete Leute mit hohen akademischen Titeln waren. John war stolz darauf, ein Rebell zu sein, und verschmähte die Familientradition, indem er seine erzieherische Vergangenheit verleugnete. Wenn er ein Lehrer wäre — so argumentierte er —, würde ihm das genug Zeit lassen, seine künstlerischen Bemühungen fortzusetzen — die das geheime Band mit der Mutter darstellten. Johns Interesse an Kindern war außerdem entschieden mütterlich und gaben ihm ein sublimiertes Ventil für sein feminines Bedürfnis, erzieherisch tätig zu sein, das in der Identifizierung mit der aktiven Mutter verwurzelt war. Indem er Erziehungsmethoden vorschlug, die denen, mit denen er erzogen worden war, entgegengesetzt waren, hielt John eine Oppositionstendenz aufrecht, die erfolgreich sublimiert war. Diese Trends verbündeten sich, um John zu einem bemerkenswerten und erfolgreichen Erzieher zu machen.
Die massive sexuelle Verdrängung in der Pubertät führte schließlich zu Konversionssymptomen wie z. B. Verdauungsbeschwerden. Diese ließen unter dem Einfluß der genitalen Masturbation im Alter von neunzehn Jahren nach. Johns Wahl eines heterosexuellen Liebesobjekts wurde von einer offenbaren Unähnlichkeit mit der ödipalen Mutter bestimmt. John konnte nur ein Mädchen sexuell lieben, wenn sie fügsam, passiv, einfach, nicht-intellektuell und anspruchslos war. Die ödipale Mutter erschien immer wieder in Johns Leben, in seiner dauernden Suche nach Unterwerfung unter kraftvolle Frauen — kraftvoll durch soziale Stellung, Intellekt, Ruhm oder Geld. In der Tat verhinderte Johns Abhängigkeit von solchen Frauen seine berufliche Entwicklung und seine Ehe. Als diese Aspekte seines Lebens bedroht waren, suchte er psychoanalytische Hilfe auf.
Diese Zusammenfassung eines Falles zeigt, daß Johns Synthese in der Spätadoleszenz von narzißtischen Tendenzen beherrscht war, und daß seine Fixierung an die passiv-rezeptive Modalität die Entwicklung seines Ichs und seines Trieblebens beeinflußt hatte. Durch seine Berufswahl versuchte er, diese ich-dystonische Einstellung durch Identifizierung mit der aktiven Mutter aufzulösen, und seine Opposition gegen Unterwerfung wurde durch seinen Kampf für moderne Kindererziehungsmethoden aufrechterhalten. Die Identifizierung mit Kindern bot ihm einen institutionalisierten Zugang zur Reparatur der infantilen Ich-Fragmente in »John, dem Erzieher«. Der adoleszente ödipale Konflikt wurde nicht erfolgreich gelöst, und zwar deshalb, weil er die ödipale Mutter in ein erniedrigtes Objekt einerseits und eine über-

schätzte phallische Macht andererseits aufteilte. Johns Neigung zur passiven Rezeptivität nahm während der ödipalen Phase traumatische Verhältnisse an, als die phallische Unterwerfung die Fähigkeit für maskulinen Wettbewerb mit dem Vater durch identifizierende Stabilisierung zerstörte. Der Weg zu diesem Ausgang war schon durch seine unbändige Eifersucht und Bewunderung für seinen älteren Bruder vorbereitet worden. Die passiv-homosexuelle Einstellung in bezug auf den Vater wurde tiefer verdrängt als irgendein anderer Konflikt, und eine Fixierung an die libidinöse Bindung brachte es zu einer unzulänglichen maskulinen Identität. Die dynamischen Kräfte hinter dem Trieb und Ich bestimmten das Muster der Spätadoleszenz, die sich von diesem Trauma herleitete, und resultierten in unerbittlichen und endlosen Bemühungen, den Hang zur passiven Unterwerfung zu meistern, oder einfach, mit dem ödipalen Vater fertig zu werden.

Hier mögen ein paar Bemerkungen allgemeinerer Natur erlaubt sein. Ein auffallendes Charakteristikum der Spätadoleszenz ist nicht so sehr die Auflösung von Triebkonflikten wie vielmehr die Unvollkommenheit der Lösungen. Addato (1958) meint in einer klinischen Arbeit, daß die Entscheidung von Patienten in der Spätadoleszenz, die Analyse abzubrechen, mit der Auflösung des ödipalen Konflikts und dem Finden von neuen Liebesobjekten zusammenfällt. Dieser Wendepunkt leitet eine »Periode des Homoeostase« ein, eine Phase der »Ich-Integrierung, die für diese Entwicklungsphase normal ist«. Aus seinem Material kann man schließen, daß »eine restorative Funktion des Ichs« für die Spätadoleszenz typisch ist, ähnlich etwa wie seine Funktion in der Latenzzeit. Was ich lieber betonen möchte, ist, daß die Strukturierung ungelöster Triebregungen und Ich-Fixierungen zu einer organisierten Gesamtheit sozusagen das Beste aus einer schlechten Situation macht — wenn auch in dieser Weise das Problem etwas schief dargestellt wird. Was ein Hindernis für das Aufwachsen war, erweist sich nun genau als das, was dem Erwachsensein seine spezielle Haltung gibt. In Johns Fall war die Leichtigkeit, mit der er sich mit Kindern identifizierte, das, was ihm Gelegenheit bot, seine eigene Ich-Fixierung aus der Kindheit, die sich in seiner beschämenden Lernstörung manifestiert hatte, zu überholen und zu reparieren. Seine Rolle als Erzieher erhielt dadurch hingebenden Eifer und phantasievolle Schöpfungskraft, was ihm nun seinerseits soziale und berufliche Anerkennung verschaffte. Dieser nun errungene Status erweiterte den Zentralkonflikt, oder, um es genauer zu sagen, dieser Status erweiterte die konfliktfreie Sphäre des Ichs und bewirkte so eine progressive Differenzierung geistiger Anpassungsprozesse. Man wird hier an eine Bemerkung von Anna Freud (1952) erinnert, die sagt: »Wir wissen aus Erfahrung, daß Ich-Interessen, die in narzißtischen, exhibitionistischen, aggressiven usw. Tendenzen ihren Ursprung haben, durch das ganze Leben hindurch als wertvolle ›Sublimierungen‹ bestehen bleiben können, gleichgültig, was mit den ursprünglichen Teiltrieben geschieht, die sie hervorgerufen haben.«

Der lebenslange Kampf mit den ungelösten Resten infantiler und adoleszenter Konflikte ist am Leben schöpferischer Persönlichkeiten zu beobachten. Der Brennpunkt des Interesses in diesen bio- und pathographischen Untersuchungen weist gewöhnlich auf das frühkindliche Triebleben hin und — wenn überhaupt — wird dem Beitrag der Adoleszenz zur Strukturierung von Konflikten, die sich auf regressive wie auch progressive Trieb- und Ich-Komponenten beziehen, nur kursorisches Interesse gewidmet. Eine Ausnahme ist Eriksons (1958) Untersuchung an Martin Luther. Andere psychoanalytische Studien schöpferischer Persönlichkeiten betonen die hartnäckigen Bemühungen, Konfliktangst zu binden und frühkindliche Fixierungen und Traumen in die reife Ich-Organisation aufzunehmen.

Die Hartnäckigkeit, mit der adoleszente Konfliktreste ihren Einfluß bis in das Erwachsenenalter hinein erstrecken, wird in einem Brief Freuds an Romain Rolland beschrieben. Dieser Brief enthält die Selbstanalyse einer Erinnerungsstörung auf der Akropolis: Der Stimmungsumschwung, der die Erfüllung von einem von Freuds innigsten Adoleszenzwünschen begleitete, nämlich den, eines Tages auf der Akropolis zu stehen, wurde von dem triumphierenden, aber ich-dystonischen und depressiven Gefühl bewirkt, das Freud (1936) in den folgenden Worten zusammenfaßt: »Es muß so sein, daß sich an die Befriedigung, es soweit gebracht zu haben, ein Schuldgefühl knüpft; es ist etwas dabei, was unrecht, was von alters her verboten ist. Das hat mit der kindlichen Kritik am Vater zu tun, mit der Geringschätzung, welche die frühkindliche Überschätzung seiner Person abgelöst hatte. Es sieht aus, als wäre es das Wesentliche am Erfolg, es weiter zu bringen als der Vater, und als wäre es noch immer unerlaubt, den Vater zu übertreffen.«

Es könnte eingewendet werden, daß Erlebnisse wie das obige nur besonderen Persönlichkeiten widerfahren, Menschen mit außergewöhnlichen Talenten. Aber wie erklären wir das lebhafte Interesse, das die meisten Menschen für eine künstlerische Schöpfung haben? Ist diese teilnehmende Leidenschaft nicht Beweis genug, daß hier vitale Selbstinteressen im Spiele sind, und daß entsprechende oder gleichwertige

Wünsche und Konflikte in der Tat in den meisten Erwachsenen existieren, denen der Künstler im universell Wesentlichen Ausdruck verleiht? Die Rolle des schöpferischen Künstlers in all seinen verschiedenen Formen — in der heutigen Zeit wie zu allen Zeiten — zeugt von Überbleibseln unbewußter frühkindlicher Bedürfnisse, die sich im Leben des Erwachsenen eben als institutionalisierte gemeinsame Regression zeigen, »im Dienste des Ich« (Kris, 1950).
Diese Formulierungen sind verschwommen. Um sie klarer zu machen, wollen wir uns jetzt anderen Tatbeständen zuwenden. In der Spätadoleszenz tauchen Freizeits-, Berufs-, Andachts- und thematische Prioritäten auf, die in der psychischen Ökonomie derjenigen der Verfolgung von Arbeit und Liebe gleichkommen. Anstelle von Kris' Konzept von »Regression im Dienste des Ichs«, sollte dieses Grübeln ungrüblerischer Menschen besser einer Erfahrungsmodalität zugeschrieben werden, die sich vom Spielen des Kindes herleitet. Winnicot (1953) beschreibt in seiner Studie über »Übergangsobjekte« in der Kindheit die genetischen Vorläufer einer geistigen Tätigkeit beim Erwachsenen, die vorher nicht zufriedenstellend erfaßt worden war. Er spricht von einem »geistigen« Zwischenland der Erfahrung, in dem sich innere und äußere Wirklichkeit verbinden, »ein Gebiet, das unangefochten ist — ein Ruheplatz für das Individuum, das der ewigen menschlichen Aufgabe gegenübersteht, die innere und äußere Realität getrennt und doch verbunden zu erhalten ... Es wird hier angenommen, daß die Aufgabe, die Realität zu akzeptieren, niemals beendet ist, daß es kein menschliches Wesen gibt, das davon befreit ist, innere und äußere Realität in Verbindung zu bringen, und daß die Befreiung von dieser Bemühung durch einen unangefochtenen Zwischenbereich der Erfahrung besorgt wird (Kunst, Religion usw.). Dieser Zwischenbereich ist eine direkte Fortsetzung des Spielbereiches des kleinen Kindes, das sich in seinem Spiel ›verliert‹«.
Die Lösung des Adoleszenzproblems in der Spätadoleszenz birgt Komplikationen, die leicht die integrierenden Fähigkeiten des Individuums überfordern, und die zu Aufschubmanövern (»verlängerte Adoleszenz«) führen können, oder auch zur neurotischen Anpassung (»unvollkommene Adoleszenz«). Der Ausgang ist nicht gesichert, bevor die Spätadoleszenz nicht zu irgendeiner Art von Ausgleich gekommen ist. Die Abschlußphase der Adoleszenz ist der Zeitpunkt, wo adaptives Mißlingen seine endgültige Form annimmt, wo der Zusammenbruch eintritt. Erikson (1956) nennt die Konsolidierungsperiode der Spätadoleszenz die Zeit der »Identitätskrise«. Er definiert den Zusammenbruch in der Spätadoleszenz als das Versagen bei der Ausführung der

Reifungsaufgaben dieses Stadiums, nämlich dem Erstellen der »Ich-Identität«.

Wo immer frühe Ich-Mißbildungen mit unvollkommener Differenzierung zwischen Ich und Realität der Grund für das Mißlingen der Adoleszenz sind (mangelhafte Ich-Synthese), erscheint der Zusammenbruch als Grenzfall oder als ausgesprochene psychotische Krankheit. Bei der Behandlung von solchen Fällen muß man auf die prägenitalen Phasen zurückgehen: zur oralen Abhängigkeit und oralen Aggression und zu den Schwankungen des »grundlegenden Vertrauens« (Erikson, 1950). Klinisch erkennt man den Defekt der synthetischen Funktion des Ichs und die prä-ambivalente Aggression, die sich gegen Objekt- und Selbstrepräsentanz richtet, an der persistierenden Störung der Objektkonstanz mit den sich daraus ergebenden affektiven und kognitiven Störungen. Der Zusammenbruch — um mit Brierly (1951) zu sprechen — ist mit dem verzerrten internalisierten Objekt verbunden und ist das Resultat von »projiziertem infantilen Sadismus«. Der Konsolidierungsprozeß ist ferner durch die Notwendigkeit kompliziert, am Ende der Adoleszenz aggressive und libidinöse Besetzungen, die ursprünglich mit der Objektrepräsentanz verschmolzen waren, auf Liebes- und Haßobjekte der Außenwelt zu übertragen. Dieses ich-syntonische Arrangement führt zur Stabilität von Haltungen, Gefühlen und Vorurteilen. Unter normalen und günstigen Bedingungen sind sie für den Vorzugsärger der Menschen, Vorzugsmeckereien, Vorzugshaß usw. verantwortlich. Sie sind in der seelischen Ökonomie von äußerster Wichtigkeit.

Die Entwicklung eines neurotischen Charakters oder von Symptombildungen in der Spätadoleszenz, stellt einen Versuch der »Selbstheilung« dar, nachdem die Auflösung infantiler Fixierungen auf der Ebene des Ödipuskomplexes fehlgeschlagen ist. Das Liebesleben der Spätadoleszenz zeigt klinisch die verschiedenen Liebeszustände, die auf das Weiterbestehen des Ödipuskomplexes zurückzuführen sind. Sie werden von Freud (1910) folgendermaßen beschrieben: 1. das Bedürfnis nach einem geschädigten Dritten, 2. Liebe zur Hure, 3. eine lange Reihe von Objekten, 4. das Retten der Geliebten, 5. Spaltung zwischen Zärtlichkeit und Sinnlichkeit. Zu dieser Liste könnte man noch Abrahams »neurotische Exogamie« hinzufügen.

Während der Spätadoleszenz nimmt die sexuelle Identität ihre endgültige Form an. »Wenn das Alter von achtzehn bis zwanzig erreicht ist«, so sagt Spiegel (1958), »scheint es so zu sein, daß die offenkundige Sexualwahl getroffen ist. Ich jedenfalls habe bemerkt, daß eine ganze Anzahl von männlichen Homosexuellen sich in dieser Zeit als permanent homosexuell zu betrachten beginnen«. Freud (1920) machte dieselbe Beobachtung. Er stellte fest, daß bei Mädchen Homosexualität ihre endgültige und entscheidende Form während der ersten fünf Jahre der Pubertät annimmt. Er fährt fort: »Ob dieses zeitliche Moment sich nicht einstmals als sehr bedeutsam herausstellen wird?« Allerdings ist die Bildung einer stabilen und irreversiblen sexuellen Identität im Hinblick auf die phasenspezifische Trieborganisation der Spätadoleszenz von größter Bedeutung.

Der Konsolidierungsprozeß der Spätadoleszenz kann als brauchbarer und abortiver Kompromiß oder Ich-Synthese beschrieben werden, als positive und negative Anpassung an endopsychische und umweltliche Bedingungen. Die Fälle, in denen innerliche und äußerliche Realität nicht gemeistert werden, kann man in zwei Gruppen einteilen. Einerseits kann dieser Mißerfolg durch 1. einen defekten Apparat (Ich), 2. Unfähigkeit für differenziertes Lernen, 3. Neigung zur traumatischen Angst (Panik des Ich-Verlusts) bewirkt werden. Diese Fälle, die sowohl Grenzfälle als auch ausgesprochen schizophrene und psychotische Zustände einschließen, könnten als Fälle von mißlungener Adoleszenz bezeichnet werden. Andererseits, wenn das Mißlingen auf 1. intersystemische Störungen, 2. Blockade des differenzierten Lernens (alle möglichen Hemmungen) oder 3. Vermeiden von Konfliktangst (Symptombildung) beruht, können wir von einer unvollkommenen Adoleszenz oder einer neurotischen Störung sprechen. Diese Teilung wird hier nicht als ein Klassifizierungsversuch unternommen, sondern vielmehr als eine Abgrenzung zwischen zwei im wesentlichen verschiedenen Formen von abortiven Versuchen, die Adoleszenzkrise zu überwinden. Sie stellen die beiden Extreme des Kontinuums einer abwegigen Entwicklung dar. Die klinische Beobachtung bietet hier eine endlose Reihe von Mischungen und Kombinationen.

Pseudomodernität in bezug auf sexuelle Maßstäbe ist im großen Ausmaße für viele Komplikationen bei der Entwicklung zur Femininität verantwortlich. Das Abgehen von der doppelten Moral hat dem Mädchen nicht die erhoffte weite Freiheit gebracht. Diese soziale Entwicklung ignoriert die Tatsache, daß der Sexualtrieb der Frau viel enger mit ihren Ich-Interessen und Persönlichkeitsattributen verbunden ist als beim Mann. »Der Kampf zwischen Trieb und Abwehrmechanismus endigt bei ihm, zum Unterschied vom Weibe, mit weitgehender Unabhängigkeit des Sexualtriebs von seinen Sublimierungen« (Deutsch, 1944). Das Mädchen reagiert auf die Unterscheidung zwischen den Geschlechtern mit dem bekannten Unwillen, der ein Ausdruck des »Maskulinitätskomplexes« ist. Bei dem Versuch, die wesentlichen Eigenschaften der Femininität zu umreißen, meint Helene Deutsch (1944), daß die Reihenfolge, die aus 1. größerer Neigung zur Identifizierung, 2. stärkerer Phantasie, 3. Subjektivität, 4. innerer Wahrnehmung und 5. Intuition besteht, auf den gemeinsamen Ursprung all dieser Züge der femininen Passivität zurückzuführen ist. In ihrem Bemühen, sich männliche Charakteristika, die in der männlichen Physiologie und Anatomie verwurzelt sind, anzueignen, hat das Mädchen Oberflächlichkeit des Gefühls erworben und hat ihre Weiblichkeit primitivisiert. Benedek (1956 b) hat diese Frage untersucht. Sie sagt: »... die Persönlichkeitsorganisation der modernen Frau hat durch die Integration von männlichen Aspirationen und Wertsystemen ein strenges Über-Ich erworben. Frauen können daher mit Schuldreaktionen auf die biologische Regression der Mutterschaft reagieren. Viele Frauen können es nicht ertragen, daß sie passiv sind ... Sie verdrängen ihr Abhängigkeitsbedürfnis ...« Wenn dieses Abhängigkeitsbedürfnis nicht ein integraler Teil der femininen Passivität wird, so kann es geschehen, daß es niemals von der Mutter abgelöst wird. In solch einem Fall kann das Mädchen ihre defensive Feindseligkeit gegen ihre Mutter auf Männer übertragen. Das zeigte sich in dem Falle von Judy.

Während der Spätadoleszenz wird die Prädisposition für spezifische Formen der Liebesbeziehungen konsolidiert. Gewöhnlich enthalten diese Formen Mischungen und Kompromisse zwischen positiven und negativen ödipalen Fixierungen. Ich selbst habe einmal in der Analyse eines postadoleszenten jungen Mannes beobachtet, daß seine Liebe zu einem jungen Mädchen von seiner Identifizierung mit der Mutter bestimmt war, die vom Vater genauso wie er selbst zurückgewiesen worden war. In seinem Flehen um Akzeptierung und Liebe bei seiner gefühllosen, sexuell kalten und egoistischen Partnerin war der Patient von seinem unerbittlichen ödipalen Wunsch getrieben, daß der zurückhaltende und anspruchsvolle Vater ihn lieben möge. Die Liebesbeziehung, ja, eigentlich die Ehe, nahm dasselbe schreckliche Ende, wie es der ödipale Konflikt einmal getan hatte, und dies wegen der stark negativen und äußerst schwachen positiven Einstellung: homosexuelle Triebregungen dominierten in den Beziehungen. Eine andere Form der Konsolidierung war die bei einem postadoleszenten Mädchen, die ihrer ersten heterosexuellen Beziehung den Stempel des tieferen Verlangens nach der schützenden, prä-ödipalen Mutter und nach der Seligkeit des Einssein mit ihr gab. Dieses Mädchen sagte: »Ich möchte, daß Don genauso fühlt wie ich, immer, und daß er bei mir ist, immer, wenn ich ihn brauche. Sonst bin ich außer mir und fühle mich ganz und gar verloren. Nein, ich will ihn nicht beherrschen und ihm seine Gefühle vorschreiben, nein! Was ich möchte, ist, einfach mich in seinem Mutterschoß einkuscheln.« Bei diesem Falle könnte man sagen, daß die Konsolidierung der Spätadoleszenz wegen der Fixierung an die präadoleszente Phase verfrüht eingetreten ist. Ein anderes Mädchen beschreibt ihre Wendung von ihrer Rivalität mit Jungen zu dem, was sie »weibliche Gleichberechtigung« nannte. »Wenn ich einen Jungen gern hatte«, sagte sie, »war er immer mein Rivale, wohlgemerkt er und nicht ein anderes Mädchen. Ich wollte mit dem Mann auf gleicher Stufe stehen: einfach wie zwei Jungen, die sich lieben. Vor einer Verabredung ›schliff ich mir die Hörner und die Zähne‹. Bei meiner Liebe zu Bruce ist es anders. Ich fühle mich ihm nicht gleichgestellt. Er ist nicht mein Rivale. Ich bewundere ihn. Niemals vorher wollte ich weibliche Gleichberechtigung haben. Die ganze Idee ist mir neu. Wenn ich an Ehe dachte, sah ich immer zwei Alternativen vor mir: entweder heirate ich einen jungen Mann und stehe mit ihm im Wettbewerb, oder ich heirate einen älteren Mann, mit dem es keinen Wettbewerb gibt, da ich erwarte, daß er mich wie ein Vater behandelt.« In allen diesen drei Fällen finden wir die Konsolidierung eines Kompromisses, ohne daß die Betreffende die Adoleszenzphasen in befriedigender Weise durchlaufen hat. Solche Zustände sind gewöhnlich ein Zeichen von abwegiger Entwicklung, und solche Abweichungen beeinflussen die Objektwahl im Erwachsenenalter und können, in gewissen Grenzen, in der Ehe gegenseitig stabilisiert werden.

Wenn die Auflösung des Adoleszenzprozesses mißlingt, so kann das auch noch einen anderen Grund haben, den wir hier erwähnen müssen: nämlich die Sexualisierung der Ich-Funktionen. In diesen Fällen handelt es sich um die scheinbar erfolgreiche Integrierung von Berufswahl und Ich-Interessen, in die sekundär Triebkomponenten eindringen, wie z. B. Skoptophilie und Exhibitionismus. Wenn ihre Sublimierung nicht mehr aufrechterhalten werden kann, so belasten sie das Individuum mit sexueller Erregung und unbewußten Phantasien, die die Ich-Betätigungen höchst unstabil machen und letzten Endes zu Hemmungen führen. Dieser Zustand ist besonders im Hinblick auf den Mangel an Stabilität bei der Berufswahl in der Spätadoleszenz und auch in bezug auf die Hemmungen und Symptome bei Künstlern untersucht worden. Die Sexualisierung der Ich-Funktionen schwächt Objektivität, Realitätsprüfung und Selbstkritik. Ein Teil der Betätigung, der sich auf verwandte unbewußte Phantasie stützt, wird ich-dystonisch. »Eine ich-syntonische Phantasie trägt zu der Schablone der Ich-Organisation bei und wird ebenso wie das Ich weiteren Entwicklungsmodifikationen unterworfen, während eine ich-dystonische Phantasie den Kern eines dissoziativen und daher potentiell pathogenen Systems bilden kann«

(Brierley, 1951). Der Fall von Tom (siehe oben S. 139f.) zeigt, daß die Sexualisierung seines Interesses an Geschichte seine Abwehrmanöver (Intellektualisierung) »zerstörte« und wiederholt Gefühle von Schuld und Scham hervorrief. Die Sexualisierung der Ich-Funktionen macht sie unzugänglich, unzuverlässig und unstabil, so daß sie für die Aufrechterhaltung der inneren Harmonie und die Formung der Arbeitsgewohnheiten unbrauchbar werden. Diese sexualisierten Ich-Funktionen sind schlechte Vollstrecker der Ich-Interessen. Sie verhalten sich — um Freuds Vergleich zu gebrauchen — wie die Köchin, die mit dem Hausherrn ein Verhältnis anfängt und sich dann weigert, ihre Küchenarbeit zu tun (Freud, 1926).

Die Konsolidierung der Persönlichkeit in der Spätadoleszenz bringt es zu einer größeren Stabilität und Gleichmäßigkeit in den Gefühlen und Handlungen im Leben des jungen Erwachsenen. Eine Festigung des Charakters findet statt — d. h., »eine gewisse Konstanz herrscht bei den Wegen, die das Ich wählt, um seine Aufgaben zu lösen, vor« (Fenichel, 1945 b). Die größere Stabilität im Denken und Handeln wird um den Preis der introspektiven Empfindsamkeit erworben, die für die Adoleszenz so charakteristisch ist. Das Aufblühen schöpferischer Phantasie schwindet während der Abschlußphase der Adoleszenz hin. Phantasie und abenteuerliche und künstlerische Bemühungen nehmen ab, bis sie dann schließlich allmählich ganz verschwinden. Der wahre Künstler ist natürlich die Ausnahme, aber seine Entwicklung interessiert hier nicht.

Die zunehmende Fähigkeit für abstraktes Denken, für das Schaffen von Modellen und Systemen, die engere Amalgamierung von Denken und Handeln geben in der Spätadoleszenz der Persönlichkeit eine einheitlichere und konsequentere Note. Die Anwendung seiner Intelligenz ermöglicht es dem Menschen, Ordnung in die Welt um sich herum zu bringen. Daraus muß aber nicht geschlossen werden, daß erwachsene Objektivität immer dem Denken des Kindes überlegen ist. In der Tat kann das Kind dadurch, daß es Widersprüche in der Gedankenwelt zuläßt, Beobachtungen machen und Schlüsse ziehen, für die der logische Erwachsene blind ist. »Wir wissen, es ist der erste Schritt zur intellektuellen Bewältigung der Umwelt, in der wir leben, daß wir Allgemeinheiten, Regeln und Gesetze herausfinden, die Ordnung in das Chaos bringen. Durch diese Arbeit vereinfachen wir die Welt der Phänomene, können aber nicht umhin, sie auch zu verfälschen« (Freud, 1937). Der Konsolidierungsprozeß der Spätadoleszenz bedeutet Beschränkung, Begrenzung und Kanalisierung. Dies ist in der Autobiographie des englischen Dichters Richard Church sehr gut zum Ausdruck gebracht, wenn er von sich selbst im Alter von siebzehn Jahren sagt: »Plötzlich war ich bewaffnet... Poesie sollte meine Waffe sein.«

Ich habe schon betont, daß zu der Zeit des Abschlusses der Adoleszenz keine allgemeine Lösung frühkindlicher Konflikte zustande kommt. Die Reste von Fixierungen und Verdrängungen erwachen in der Form von Abkömmlingen zu neuem Leben. Sie fordern das Ich heraus und zwingen es zu ununterbrochenen Bemühungen, diese zerstörenden Einflüsse zu meistern. Und es sind diese Einflüsse, die dem Leben des Erwachsenen Zweck, Form und Farbe geben, wenn es sich entfaltet. Der Konsolidierungsvorgang besteht nie aus einfachen Alternativen. Daher können wir auch nicht von der Auflösung der das Gleichgewicht störenden Spannungen sprechen, sondern vielmehr davon, daß sie in die verschiedenen Formen und Systeme organisch eingebaut werden. — Störungen ihrer Stabilität hängen — um es einfach zu sagen — eher mit dem »zu viel oder zu wenig«, d. h. also mit quantitativen Aspekten zusammen als mit dem »dies oder das«, was also qualitative Aspekte wären. Freud (1938) drückte diese Ansicht in bezug auf die Wandlungen der Pubertät so aus: »Die Verhältnisse werden dadurch kompliziert, daß in der Regel die zur Herstellung des normalen Ausgangs erforderten Vorgänge sich nicht etwa vollziehen oder ausbleiben, sondern daß sie sich partiell vollziehen, so daß die Endgestaltung von diesen quantitativen Relationen abhängig bleibt. Die genitale Organisation ist dann zwar erreicht, aber geschwächt um die Anteile der Libido, die sie nicht mitgemacht haben und an prägenitale Objekte und Ziele fixiert geblieben sind.« Am Ende der Spätadoleszenz sind Formen gefunden worden, welche die wesentlichen, das Gleichgewicht störenden Spannungen zusammenfassen, die ein integraler Teil der Ich-Organisation werden müssen. Dieser Gedanke wurde von Freud in einem Brief an Ferenczi besprochen: »Der Mensch sollte nicht danach streben, seine Komplexe zu entfernen, sondern mit ihnen in Einklang zu kommen. Sie sind legitim das, was sein Verhalten in der Welt bestimmt« (Jones, 1955).

Die spätadoleszente Begrenzung wird mit Hilfe der synthetischen Funktion des Ichs erreicht. Sie besteht in der engültigen Akzeptierung und dem Ausgleich zwischen den drei Antithesen des geistigen Lebens, nämlich: Subjekt-Objekt, aktiv-passiv und Lust-Unlust. Eine stabile Einstellung in bezug auf diese drei antithetischen Modalitäten manifestiert sich subjektiv in einem Gefühl der Identität. Eriksons (1956) Ich-Identität, als die phasenspezifische Leistung der Spätadoleszenz, beschreibt eine subjektive Erfahrung verschiedener Ich-Zustände, Libidoschwankungen als Folge von Konflikt- und Reifungskrisen, kurz gesagt, sie ist das Ergebnis heterogener psychologischer Prozesse, die sich kumulativ in einem Ich-Zustand verbinden, der am besten als Gefühl der Identität, Ich-Identität oder Gefühl des Selbst beschrieben wird. Das geistige Bild des Selbst in der Abschlußphase der Adoleszenz ist eine Neubildung im qualitativen Sinne und spiegelt als ein organisiertes Ganzes die verschiedenen Transformationen wider, die für die Spätadoleszenz spezifisch sind (siehe »Das Ich und das Selbst«, S. 216). Nachdem eine relative Festigkeit zwischen den drei grundlegenden Antithesen zustande gekommen ist, variieren sie doch in Kombination und Betonung, je nach den verschiedenen Rollen, die das Individuum im Leben auf sich nimmt. Die Festigkeit der Rollen — sowie auch die spezifischen Bedürfnisbefriedigungen, die diese Rollen darstellen —, innerhalb eines umschriebenen Ausschnitts des Zusammenwirkens zwischen Mensch und Umgebung, ist eine wesentliche Leistung der adaptiven Gedankenprozesse. In der Rolle der Mutter und Ehefrau, des Ernährers der Familie und Logenbruders — von dem »unbestrittenen Ruheplatz«, dem »Zwischengebiet« von Winnicot (1953) ganz zu schweigen —, in all diesen Rollen verfolgt das Individuum verschiedene Ziele, die nicht immer miteinander in Harmonie stehen und doch durch den Drang zur Selbstverwirklichung miteinander in Beziehung gebracht und vereinheitlicht sind.

Viele Ebenen der Selbstverwirklichung bestehen friedlich nebeneinander. In »Orlando«, ihrem Epos des Frauwerdens, schrieb Virginia Woolf (1928) über die verschiedenen Rollen, mit denen das reifende Selbst zu leben lernt:

»Orlando? Und doch der Orlando, den man braucht, kommt vielleicht nicht; denn diese Ich, aus denen wir aufgebaut sind, eins über dem anderen, wie Teller auf dem Arm eines Kellners gestapelt sind, haben anderswo Bindungen und ihre eigenen Sympathien, Konstitutiönchen und Rechte (man mag diese Dinge nennen, wie man will, und für manche von ihnen gibt es gar keinen Namen), so daß das eine dieser Ich nur kommen wird, wenn es regnet, ein anderes nur in einem Zimmer mit grünen Vorhängen, ein drittes, wenn Mrs. Jones nicht da ist, und wieder ein anderes, wenn du ihm ein Glas Wein versprechen kannst, und so weiter; denn jedermann kann nach eigener Erfahrung Bedingungen, die seine anderen Ich mit ihm ausgemacht haben, hier einsetzen — und einige sind zu toll lächerlich, als daß man ihrer überhaupt in Druckerschwärze erwähnen könnte.«

7. Die Postadoleszenz

Der Übergang von der Adoleszenz zum Erwachsensein ist durch eine Zwischenphase charakterisiert: die Postadoleszenz, die man mit Recht zu beiden rechnen kann und die auch wirklich von beiden Phasen her angesehen werden kann. Dafür, daß die Postadoleszenz hier als Fortsetzung des Adoleszenzvorganges oder vielmehr als sein verblassendes Abbild besprochen wird, bestehen bestimmte Gründe, die klar werden, sobald wir die wesentlichen Stufen, die die Vorbedingung für psychologische Reife sind, in der postadoleszenten Persönlichkeitsbildung bloßlegen. Das Individuum, das hier als postadoleszent beschrieben wird, wird gewöhnlich — mit Recht — als junger Erwachsener bezeichnet.

Sogar nach dem der Konflikt der Bisexualität (Frühadoleszenz) und die Lösung von frühkindlichen Objektbesetzungen (eigentliche Adoleszenz) in stabiler Weise geregelt worden ist, und nachdem ausgewählte Lebensaufgaben Form, Definition und Artikulation angenommen haben, und zwar durch die Konsolidierung von sozialen Rollen und irreversiblen Identifizierungen (Spätadoleszenz), ja, sogar nachdem diese Phasen erfolgreich durchgemacht worden sind, fehlt der Gesamtleistung immer noch die Harmonie. Im Sinne der Ich-Entwicklung und Trieborganisation ist die psychische Struktur am Ende der Spätadoleszenz gefestigt worden und erlaubt dem Postadoleszenten, sich dem Problem der Harmonisierung der Bestandteile seiner Persönlichkeit zuzuwenden. Diese Integrierung geht allmählich vor sich. Gewöhnlich tritt sie als Vorbereitung oder zusammen mit der Berufswahl ein — vorausgesetzt, daß die Umstände dem Individuum überhaupt eine Wahl erlauben. Die Integrierung geht Hand in Hand mit der Aktivierung der Sozialrolle, mit Werbung, Ehe, Elternschaft. Die Erscheinung oder die manifeste Rolle des jungen Erwachsenen — daß er eine Arbeit hat, daß er sich für eine berufliche Laufbahn vorbereitet, daß er verheiratet ist, daß er ein Kind hat — verdeckt leicht die Unvollkommenheit seiner Persönlichkeitsbildung.

Nach der klinischen Erfahrung mit jungen Erwachsenen möchte ich sagen, daß ihre Hauptsorge ist, Garantien auszuarbeiten, die automatisch das narzißtische Gleichgewicht schützen. Das kann natürlich nur erreicht werden, wenn Triebbedürfnisse und Ich-Interessen mit ihrer oft widerspruchsvollen Natur und unstabilen Schichtung in sich ein harmonisches Gleichgewicht erreicht haben. Das geschieht, wenn das Ich in seiner synthetischen Funktion Erfolg hat. Integrierungsprozesse beherrschen die Abschlußphase der Adoleszenz, und die Spätadoleszenz ist durch die Konsolidierung dieser wesentlichen Bestandteile des geistigen Lebens gekennzeichnet, die zu einem funktionsfähigen Ganzen integriert werden müssen. Dieser Vorgang sollte eigentlich als eine Entwicklungsleistung in der Persönlichkeitsorganisation bezeichnet werden, der für die Postadoleszenz spezifisch ist.

Wir dürfen nicht vergessen, daß normalerweise bis zur Spätadoleszenz die Trieborganisation dauerhaft und fest geworden ist. Das sollte uns aber nicht dazu verleiten anzunehmen, daß die Ich-Entwicklung mit ihr Schritt gehalten hat. Genau das Gegenteil trifft zu. Was wir gewöhnlich und recht lose als Adoleszenz bezeichnen, ist hauptsächlich auf die Periode der Trieborganisation beschränkt. Ich-integrierende Prozesse hören aber nicht auf weiterzuwirken, nachdem der Sturm der Adoleszenz vorbei ist. In der Tat erfahren sie zu dieser Zeit ihre wesentlichsten und dauerhaftesten Modifikationen. Greenacre (1958) hat eine ähnliche Meinung ausgedrückt, indem er sagte, »das Gefühl der erwachsenen funktionellen Identität ist nicht vollkommen, ehe die Adoleszenz nicht ganz vorbei und assimiliert ist«. Die Erfahrung lehrt uns, daß im allgemeinen die Persönlichkeitsentwicklung keineswegs mit der Beendigung der Adoleszenz zum Stillstand kommt. Benedek (1959 b) stellte zum Beispiel fest, daß die psychosexuelle Entwicklung der Frau normalerweise nur durch Mutterschaft zur Vollendung gebracht wird. Sie beschreibt daher Elternschaft als eine Entwicklungsphase. Wie Benedek betont, ermöglicht Mutterschaft die Lösung der restlichen narzißtischen sowie Trieb- und Über-Ich-Konflikte, die in der weiblichen biologischen Funktion einbeschlossen sind — kurz gesagt, sie erleichtert die Lösung von Konflikten, mit denen die Adoleszenz nicht endgültig fertig geworden ist. Es liegt auf der Hand, daß die psychische Organisation auch nach der Adoleszenzperiode für Änderungen empfänglich ist. Jedoch dadurch, daß wir unser Interesse am Adoleszenzprozeß unbegrenzt in das Erwachsenenalter ausdehnen, berauben wir die Adoleszenz als Entwicklungsphase ihrer Bedeutung. Ich ziehe es daher vor, eine Grenze zwischen Adoleszenz und Erwachsensein zu ziehen, und ich möchte sagen, daß die Adoleszenz ihre Pflicht erfüllt hat und daher abgeschlossen ist, wenn die Persönlichkeitsorganisation es der Vater- oder Mutterschaft erlauben kann, ihren spezifischen Beitrag zum Wachsen der Persönlichkeit zu leisten.

Entwicklungspsychologen und Psychoanalytiker, wie z. B. Pichon (Wolf, 1945) haben bemerkt, daß »die emotionale Entwicklung mit der Pubertät nicht aufhört. Im Gegenteil, ihre wirkliche Leistung kommt nach der Pubertät«. Es ist eine oft gemachte Erfahrung, daß — wenn der kataklysmische Kampf der eigentlichen Adoleszenz zu Ende geht — eine Periode der Integrierung eintritt, in der dauernde Regelungen intrasystemischer Konflikte zustande kommen und Disharmonien des Ichs aufgelöst werden. Diese Vorgänge finden nicht unabhängig voneinander statt. Die vorherrschende Trieborganisation wirft ihren Widerschein auf das Ich — mit weitreichenden Implikationen. So z. B. übt die männlich-weibliche Polarität, die sich während der eigentlichen

Adoleszenz verschärft und danach durch die Bildung einer sexuellen Identität stabilisiert wird, einen bleibenden Einfluß auf das Ich aus, der sich in der Ausarbeitung der Ich-Interessen und -Haltungen zeigt, die mit der sexuellen Identität übereinstimmen. Während der Postadoleszenz ist die Harmonisierung der gesamten Trieb- und Ich-Organisation, ebenso wie von den Einzelteilen, die in jeder enthalten sind, besonders stark.

Wie schon oben bemerkt, sind beim Abschluß der Adoleszenz Konflikte keineswegs gelöst, aber sie werden spezifisch gemacht, und gewisse Konflikte werden in den Bereich des Ichs als Lebensaufgaben integriert. Dies wurde als die Leistung der Spätadoleszenz beschrieben. Die Aufgabe der Postadoleszenz bleibt es, spezifische Wege zu finden, auf denen diese Aufgaben in der Außenwelt verwirklicht werden können. Die Befriedigung völlig verschiedener Triebbedürfnisse und Ich-Interessen ist für diese Periode charakteristisch, in der der Heranwachsende seinen heterogenen Bestrebungen in der Form von einzelnen Bestrebungskomponenten Ausdruck gibt. Viele Richtungen werden gleichzeitig und mit der gleichen Dringlichkeit verfolgt. Dies stellt einen typischen Zustand dar: den des postadoleszenten Experimentierens.

Im Bereiche des Sexualtriebs zeigt sich das Experimentieren in den Beziehungen zu potentiellen Liebesobjekten, die alle möglichen Kombinationen von niedriger und idealisierter, sinnlicher und zärtlicher Liebe darstellen können. Ähnlich macht das Experimentieren mit Ich-Interessen die Postadoleszenz zu einer Periode, in der das Individuum seine ganz spezielle Lebensform ausarbeitet. Einige wichtige Gegenüberstellungen können die folgenden sein: materieller Gewinn gegenüber der Forschungsarbeit, ökonomische Unsicherheit mit Unabhängigkeit gegenüber einer sicheren Anstellung mit dem Akzeptieren von Regeln und Vorschriften. Was immer in der Lebensform des Individuums besonders ist, wird immer von der allgemein bekannten Universalität der Sozialformen und -schablonen verhüllt. Jedoch ist die idiosynkratische Bedeutung leicht der untersuchenden Frage zugänglich, wie jeder Kliniker weiß. Die integrative Bemühung, die für die Progression von dem Zustand der Teilbemühungen zu dem einer einheitlichen Zielstrebigkeit erforderlich ist, wird oft unterschätzt.

Wir können hier zusammenfassend sagen, daß die Periode, die dem Adoleszenzhöhepunkt der eigentlichen Adoleszenz folgt, durch integrative Prozesse gekennzeichnet ist. In der Spätadoleszenz führen diese Prozesse zu einer Begrenzung der Ziele, die man als Lebensaufgaben bezeichnen kann, während in der Postadoleszenz die Durchsetzung dieser Ziele in der Form von dauernden Bindungen, Rollen und Milieuwahl entschieden die Hauptsorge ist. Das Ich, gestärkt durch das Absinken der Triebkonflikte, versenkt sich nun offensichtlich und immer mehr in seine Bemühungen.

Die Zweiphasen-Natur der Persönlichkeitsstabilisierung, die vorherrscht, nachdem die chaotischen Zustände der Frühadoleszenz und der eigentlichen Adoleszenz überwunden sind, braucht hier wohl kaum belegt zu werden. Sorgfältige Beobachtung wird diesen Beweis leicht erbringen. In diesem Zusammenhang mag es interessant sein, sich an Goethes Entwicklungsroman »Wilhelm Meister« zu erinnern, den er in zwei Teilen herausbrachte: der erste trägt den Titel »Lehrjahre«, der zweite »Wanderjahre«. Diese Einteilung ist der traditionellen, vorindustriellen Form des Handwerkers, der zum Mitglied einer Zunft wird, entlehnt, und spiegelt eine zweiphasische Progression wider, ähnlich der, die oben beschrieben ist. Im ersten Teil des Goetheschen Romans führt Wilhelm ein Leben von anscheinend verschwenderischer und erschreckender Ziellosigkeit. Er fängt als Lehrling in einem Familiengeschäft an, aber seine kaufmännische Laufbahn wird bald unterbrochen durch seine leidenschaftliche Liebe zum Theater und die Idealvorstellung vom Leben eines Schauspielers. Nun folgt eine Enttäuschung, aus der er durch den Einfluß eines älteren Mannes, eines weisen Gelehrten, gerettet wird. Alle diese Ereignisse sind mit seiner romantischen Liebe für ein halbwüchsiges Mädchen und einer Reihe von leidenschaftlichen Affären — sexuell wie platonisch — verwebt. Der zweite Teil des Romans ist, im scharfen Gegensatz dazu, von zwei Ideen, der der Selbstbegrenzung und der der Arbeit, beherrscht. Das Thema des Verzichts schließt die Hingabe an ein begrenztes Ziel ein. Wilhelm wird ein Wundarzt. Er hört auf, von den vielen Versuchungen des Lebens angezogen zu sein, und beschränkt seine vielen Neigungen auf jene, die in seiner nun einer Aufgabe gewidmeten Existenz wichtig sind. Er ist aus einem triebhaften Menschen und idealistischen Sucher und Nachfolger zum Weltbürger geworden. Er wird sich seiner sozialen Verpflichtungen und des Gefühls der Würde, die aus seiner Nützlichkeit für andere Menschen erwächst, bewußt.

Metaphorisch beschreibt die zweite Periode die Ich-Betätigungen der Postadoleszenz, die den jungen Erwachsenen für den endgültigen Schritt des »Sich-Festsetzens« vorbereiten. Dieser letzte Schritt wird zu der Zeit gemacht, wenn die verschiedenen Lebensaufgaben — im Sinne der Triebbedürfnisse und Ich-Interessen — eine befriedigende und relativ harmonische Organisation erreicht haben, die — innerhalb gewisser Grenzen — durch ein geplantes Zusammenwirken von Umgebung und Selbst aufrechterhalten werden kann.

In der Postadoleszenz taucht die moralische Persönlichkeit auf, bei der die Betonung persönlicher Würde und Selbstachtung stärker ist als die der Abhängigkeit vom Über-Ich und von der Triebbefriedigung. Das Ich-Ideal hat in vieler Beziehung die Regulativ-Funktion des Über-Ichs übernommen und ist der Erbe des idealisierten Elternteils der Kindheit geworden. Das Vertrauen, das einmal in die Eltern gesetzt worden war, bindet sich an das Selbst, und alle möglichen Opfer werden gebracht, um das Gefühl der Würde und der Selbstachtung aufrechtzuerhalten. Die moralische Haltung der Postadoleszenzperiode ist in Joseph Conrads »Lord Jim« (1900) gut dargestellt:

»Es war feierlich und dabei ein bißchen lächerlich, wie sie immer sind, diese Kämpfe eines Menschens, der versucht, die Idee von dem, was seine moralische Identität sein sollte, aus dem Feuer zu retten, diesen kostbaren Begriff einer Konvention, nur eine der Spielregeln, nichts weiter, aber trotzdem so furchtbar wirksam durch seine Annahme unbegrenzter Macht über natürliche Triebe, durch die schrecklichen Strafen beim Versagen.«

Nachdem die Pubertät beendet und körperliche Reife eingetreten ist, bleibt nur noch eine psychologische Aufgabe, deren Bewältigung oft eine ganze Reihe von Jahren braucht. Erikson (1956) beschreibt diese Periode (die Postadoleszenz) in der Besprechung von Bernard Shaw, »der sich selbst eine Verlängerung des Intervalls zwischen Jugend und Erwachsensein gewährte«. Dieses Intervall nannte Erikson ein »psychosoziales Moratorium«. Während dieser Zwischenjahre machte Shaw aus sich einen Schriftsteller. Durch entschlossene Selbstdisziplin wurde er zu einem Meister dieses Metiers, durch das er am besten mit dem Rest-Trauma fertig werden konnte, mit Konfliktresten, und so seinen Lebensaufgaben Form geben konnte. Nachdem diese Lebensaufgaben organisiert waren, wandte Shaw sich ihrer Artikulierung auf seine Umgebung zu. Wie er sagte: »Wenn man das Familiengespenst nicht loswerden kann, kann man es ebensogut tanzen lassen.« Eriksons psychosoziales Moratorium wird von ihm als eine Periode definiert, »in der der Mensch im freien Experimentieren mit Rollen, ein Eckchen finden kann, in irgendeinem Teil der Gesellschaft, ein Eckchen, das gut definiert und trotzdem einzig und allein für ihn geschaffen ist. Wenn er das findet, gibt dies dem jungen Erwachsenen ein sicheres Gefühl innerer Kontinuität und sozialer Identität, die eine Brücke bildet zwischen dem, was er als Kind gewesen ist und dem, was er im Begriffe steht zu werden — was nun das Konzept, das er von sich selbst hat, mit dem versöhnt, wie die Gemeinde ihn sieht«.

In einer Untersuchung über die Postadoleszenz beim Manne, betonte

Braatöy (1934) ihre hohe psychische Sterblichkeitsziffer. Es ist die Zeit, in der Geisteskrankheiten oft in ihr manifestes Stadium eintreten. Er schließt, daß diese Periode, die er ein »Interregnum« nennt, da es zwischen Pubertät und Erwachsensein liegt, Integrationsanforderungen an das Ich stellt, die bei manchem jungen Erwachsenen seine Fähigkeiten überfordern. Das Resultat ist dann, daß die postadoleszente Persönlichkeitsorganisation nicht erreicht wird.

Wie immer bei einer Reihenfolge von Entwicklungsstadien ist das Versagen in irgendeinem von ihnen entweder die Folge einer unvollkommenen Entwicklungsvorbedingung oder eines unüberwindlichen Hindernisses, das die Bewältigung der phasenspezifischen Aufgaben ausschließt. Wenn man das festhält, kann man sagen, daß der Adoleszenzprozeß nicht abgeschlossen wird, wenn die Organisation eines stabilen Selbst nicht erreicht worden ist, oder wo das Ich irgendeinen Konflikt nicht ich-syntonisch macht. Beide Konstellationen führen zu einer abwegigen Bewältigung der Aufgabe der Postadoleszenz. Das Versagen mag bei der Verhinderung der Integrierung verschiedener widersprechender Strebungen liegen, in dem Bemühen, sozusagen die Tür permanent für alle möglichen Lebensformen offenzuhalten. Diese Sackgasse soll im Zusammenhang mit dem Syndrom der verlängerten Adoleszenz besprochen werden. Was wir hier gesagt haben, muß noch dahin ergänzt werden, daß in jeder Phase die partielle Bewältigung einer Aufgabe und die sich daraus ergebende Kompromißbildung eher die Regel als die Ausnahme sind.

Ein typisches Hindernis auf dem Wege durch die Postadoleszenz ist das, was ich die »Rettungsphantasie« nennen möchte. Statt die Lebensaufgaben zu bewältigen, hofft der Jugendliche, daß die Lebensumstände für ihn diese Aufgabe übernehmen werden. Mit anderen Worten, er erwartet, daß die Lösung des Konflikts erleichtert oder überhaupt umgangen werden kann, indem man für sich eine wohlwollende Umgebung schafft. In solch einem Falle scheint es, als ob die ursprüngliche Abhängigkeit von der Umgebung, also der Mutter als derjenigen, die Spannungen beseitigt und die Selbstachtung reguliert, niemals aufgegeben worden ist. Die Überschätzung der Eltern ist auf die Umgebung übertragen worden, die — so geht die Phantasie —, wenn sie nur wollte, dem auserwählten Kinde Gunst und Reichtum gewähren könnte.

Offensichtlich ist diese Rettungsphantasie eng mit dem »Familienroman« verwandt, dem typischen Tagtraum der Adoleszenz, der in der Postadoleszenz oft eine besondere Dringlichkeit, Hartnäckigkeit und Ausarbeitung des Inhalts annimmt. »Eine genaue Beobachtung dieser

Tagträume lehrt, daß sie der Erfüllung von Wünschen, der Korrektur des Lebens dienen und vornehmlich zwei Ziele kennen: das erotische und das ehrgeizige — hinter dem aber meist auch das erotische steckt« (Freud, 1909 b). Solche Phantasien sind wohlgehütete, mehr oder weniger dissoziative, intime Gedanken, die oft zu neurotischen Störungen führen. Hysterische Phantasien haben, nach Freud (1908) »eine gemeinsame Quelle und normale Vorbilder ... und werden in dem gefunden, was wir die Tagträume der Jugend nennen«. Natürlich entstehen diese Phantasien schon in der eigentlichen Adoleszenz, aber der Verzicht auf sie kann zu einer wichtigen Bemühung der Postadoleszenz werden.

Die hier beschriebene adoleszente Rettungsphantasie sollte nicht mit jenen verwechselt werden, die sich auf verschiedene Liebesbedingungen beziehen und die von Freud (1910) beschrieben worden sind. Sie manifestieren sich in dem »Impuls, die Geliebte zu retten«. Der Unterschied liegt darin, daß diese letzteren Phantasien durch den Wunsch gekennzeichnet sind, irgend jemanden zu retten, während die hier von mir beschriebene adoleszente Rettungsphantasie sich mit dem Wunsche oder vielmehr der Erwartung befaßt, selber durch eine Person, durch die Umstände, durch Privilegien oder durch Glück gerettet zu werden. Die Formen, welche die adoleszenten Rettungsphantasien annehmen können, sind natürlich Legion. Das, was leicht ausgesprochen wird, stellt nur den mitteilbaren Aspekt der Phantasie dar, während der größte Teil untergetaucht bleibt. Was wir hören, sind vereinfachte Versionen komplexer Denkprozesse, die die folgende Form annehmen können: »Wenn ich nur eine andere Arbeit hätte«, »wenn ich nur verheiratet wäre«, »wenn ich nur in Europa, im Westen, im Osten, auf dem Lande, in der Stadt leben könnte«, »wenn ich nur einen anderen Namen hätte«, »wenn ich nur zwei Zoll größer oder kleiner wäre« usw. Was all diese Wünsche gemeinsam haben, ist ihre globale Qualität, die Reduktion komplizierter Probleme auf eine einfache Bedingung, um die sich alles zu drehen scheint.

Vorläufer dieser mächtigen Phantasie können in der Spätadoleszenz beobachtet werden. Wenn sie weiter bestehenbleiben, können sie die Postadoleszenz durch verfrühte Regelungen abschneiden und so der Rettungsphantasie erlauben, sich für immer festzusetzen. Sogar wenn dieser Tatbestand nicht zu einer manifesten emotionalen Krankheit führt, so ist er doch für viele Ich-Beschränkungen und Hemmungen verantwortlich. Die Tatsache, daß das klinische Bild solcher Fälle einen hohen Grad von Ähnlichkeit aufweist, besagt noch nicht, daß die Rettungsphantasie einen homogenen Inhalt hat. Im Sinne früherer Formulierungen kann sie als das Nicht-Gelingen der Integration eines spezifischen Traumas in die Ich-Organisation betrachtet werden. Das Versagen liegt hier nicht an der Abwesenheit einer zwingenden Lebensaufgabe, sondern in der Erwartung, daß eine Lösung von den wohlwollenden Einflüssen der Umstände herkommen wird. Die Internalisierung des Traumas ist zunichte gemacht worden und seine Bewältigung wird — wie eine Art Reparationszahlung — von der Außenwelt erwartet. Das spezifische Schicksal dieser Konstellation hängt von seiner Amalgamierung mit den Triebkomponenten ab. So werden z. B. masochistische Bedürfnisse den wohlbekannten »Rentenneurotiker« (»injury collector«) hervorbringen (Bergler), der nach etwas sucht, das ihm mit Recht zukommt, aber von einer feindlichen Umwelt ungerechterweise vorenthalten wird. Das unüberwindliche Dilemma der Postadoleszenz, das hier als die Rettungsphantasie beschrieben wird, ist klinischem Material entnommen worden, ähnlich dem, das Erikson (1956) als »Identitätsdiffusion« und »negative Ich-Identität« beschrieben hat. Die Formulierung der Rettungsphantasie wird uns nützlich sein, da sie verspricht, Licht auf den integrativen Prozeß der Postadoleszenz zu werfen. Aus der Analyse eines jungen Erwachsenen habe ich den Eindruck bekommen, daß die Loslösung von den Eltern der frühen Kindheit oder besser von der elterlichen Objektrepräsentanz, nicht vollkommen ist, ehe nicht die Postadoleszenz vorbei ist. Das soll heißen, die Lösung frühkindlicher Objektbesetzungen ist die Aufgabe der eigentlichen Adoleszenz, aber die Einigung mit elterlichen Ich-Interessen und -Haltungen geschieht am besten und bewußtesten während der Postadoleszenz. Erst jetzt nimmt eine Dauerregelung dieser Angelegenheit Form an. Die Rivalität mit dem Vater, die der Knabe in der Wiedererweckung des Ödipuskomplexes in der eigentlichen Adoleszenz erlebt, versinkt normalerweise allmählich in relative Vergessenheit. In den dann folgenden Jahren revidiert der Heranwachsende zurückgewiesene, provisorische und akzeptierte Identifizierung. »Der Charakter des Ichs (Freud, 1929 a) ist ein Niederschlag der aufgegebenen Objektbesetzungen.« Es sollte aber nicht übersehen werden, daß »von vorne herein eine Skala der Resistenzfähigkeit zugegeben werden muß, in wie weit der Charakter einer Person diese Einflüsse der Geschichte der erotischen Objektwahlen abwehrt oder annimmt«. Der letzte Schritt in diesem Prozeß, nämlich das Akzeptieren oder Zurückweisen von Identifizierungen wird erst in der Postadoleszenz getan.

Oft kommt es vor, daß junge Erwachsene, nachdem sie ein Liebesobjekt gefunden haben, mit dem sie sich mit einem Minimum an Ambivalenz verbinden können, selektiv — d. h. positiv oder negativ, durch Identi-

fizierung oder durch Gegenidentifizierung aber auf jeden Fall definitiv — nach einem elterlichen Image orientieren. Die entsexualisierte Objektlibido, die in diesen Identifizierungen investiert worden war, kann nun in Ich-Libido oder narzißtische Libido umgewandelt werden, und das ohne Konflikt. Sie kann auch in stabilen Sublimierungen gebunden werden. So mag z. B. eine junge Frau, die sich immer im Widerstand gegen die Identifizierung mit der »guten Mutter« gegen jedwede geordnete Hausarbeit gesträubt hatte, zu ihrer eigenen Überraschung sagen: »Ich bin wirklich eine recht gute Hausfrau; das habe ich von meiner Mutter gelernt, und ich bin stolz darauf.« Man sieht oft, wie Haltungen, Züge und Tendenzen des Ichs der Eltern — wenn auch natürlich in selektiver Variation — dauerhafte persönliche Attribute ihrer erwachsenen Kinder werden. Oft ruft in dieser Periode das Ich auf der Ebene der Ich-Haltungen aufgegebene Objektbesetzungen ins Leben zurück, und das geschieht mit phantastischer Kombinations- und Erfindungskraft und in einer überraschenden Umkehrung früherer Haltungen. Das bedeutet, daß Identifizierungen und Gegenidentifizierungen in bezug auf Objekt-Aspekte und Objekt-Qualitäten vor sich gehen und nicht im Sinne einer Objekt-Subjekt-Totalität. Eine Bemerkung von Grinker (1957), die eigentlich frühere Identifizierungsstadien beschreibt, mag hier von Interesse sein: »Die offen zutageliegende Persönlichkeit oder der Charakter des Objekts wird vom Subjekt als Sammlung von Qualitäten angesehen, von denen ein Teil nötig, nützlich oder gefährlich ist und mit denen Identifizierung entweder stattfindet oder durch Gegenidentifizierung vermieden werden kann.«
Ein spezieller Aspekt der Postadoleszenz, der Beachtung verdient, ist das unaufhörliche Bemühen, mit elterlichen Ich-Interessen und -Haltungen fertig zu werden. Diese Bemühungen stellen einen entscheidenden Schritt in der Charakterbildung dar, nachdem der Sexualtrieb mehr und mehr durch Loslösung von frühkindlichen Liebes- und Haßobjekten stabilisiert worden ist. Während der frühen und der eigentlichen Adoleszenz beschäftigt sich das Ich vorwiegend mit der Überwindung der Konfliktangst. Im Gegensatz dazu tritt während der folgenden Periode die adaptive und integrierende Funktion des Ichs in den Vordergrund.

James Joyce (1916), dessen Roman »Jugendbildnis« schon in dem Abschnitt über die eigentliche Adoleszenz zitiert worden ist, mag hier wieder zur Illustration dienen. Dieser Roman beginnt und endet mit demselben Thema, dem des Vaters. Der Eingangssatz wird vom Vater gesprochen, der dem kleinen Jungen eine Geschichte erzählt. Der Schlußsatz des Buches ist eine Anrufung der Vaterfigur:

»Ahn, alter Künstler, stehe mir bei, jetzt und immerdar«. Nichts kann vollbracht werden, wenn man nicht mit dem Vater ins reine gekommen ist, oder vielmehr mit seinem Image oder seiner Objektrepräsentanz. Diese besondere Tat zu vollbringen, wurde James Joyce zur Lebensaufgabe. Als er den Segen des alten Künstlers erbat, war er zweiundzwanzig Jahre alt, er hatte seine zukünftige Frau kennengelernt und wußte, daß er dazu bestimmt war, Schriftsteller zu werden. Er konnte dieses Ziel nur erreichen, indem er entschlossen in die Verbannung ging, von der Ferne seine Familie wiedererlebte und neu schuf. Joyce hörte nie auf, über ein und dasselbe Thema zu schreiben: seine Stadt und seine Leute, und am Ende gelang es ihm, Dublin zu einer ewigen Stadt der Literatur zu machen. Um es anders auszudrücken: ein ich-syntonisches Rest-Trauma hörte niemals auf, seinen positiven Einfluß auf das Ich auszuüben und nahm in diesem Falle eines Genies die Form der schöpferischen Tätigkeit an.

Aus der therapeutischen Arbeit mit älteren Heranwachsenden kann man sehen, daß der Kampf, der darum geht, die Ich-Interessen und Haltungen des gleichgeschlechtlichen Elternteils zu integrieren, eine ungeheure Aufgabe ist. Um reif zu werden, muß der junge Mann mit dem Vater-Image Frieden schließen, die junge Frau mit dem Mutter-Image. Wenn dies mißlingt, kommt es zu regressiven Lösungen, Ich-Mißbildungen oder aber einem Bruch mit der Realität. Eriksons (1958) Untersuchung über Martin Luther zeigt deutlich, besonders in seinem pathographischen Material, wie Luthers postadoleszentes Versagen bei der Ablösung der homosexuellen Libido vom Vater-Image, eine Konfliktangst auslöste, die nah an einen psychotischen Zusammenbruch herankam.

Die unvollkommene Bewältigung der phasenspezifischen Aufgabe kann oft für eine Weile ertragen werden, bis sie später im Verhältnis zum gleichgeschlechtlichen eigenen Kinde wiederaufflammt. Die Arbeit von Jones (1913) über die Phantasie der Umkehrung der Generationen enthält Gedanken, die in diesem Zusammenhang wichtig sind: »Es ist wohl nicht übertrieben zu sagen, daß — in größerem oder kleinerem Ausmaße — immer eine gewisse Transferenz von den Eltern des Betreffenden zu den eigenen Kindern desselben Geschlechts stattfindet ... Des Kindes eigene Persönlichkeit wird so nicht nur von seinen Bemühungen, seine Eltern zu imitieren, sondern auch von denen, der Eltern Ideale zu imitieren, geformt oder verzerrt, die meistens von den Großeltern des entsprechenden Geschlechts herrühren.« Durch unbewußte Substitution wird das Mißlingen der Aufgaben der Postadoleszenz oft in pathologischer Weise im Familienleben der nächsten Generation stabilisiert.

Der typischerweise rebellierende Jugendliche der eigentlichen Adoleszenz wendet sich nicht nur gegen seine frühen Liebesobjekte in seinem Bemühen, sich von ihnen loszulösen. Er wendet sich auch gleichzeitig gegen den Anblick der Realität und Moral, die ihm durch sie übermittelt worden war. Die frühkindliche sexuelle Bindung muß unwiderruflich zerschnitten werden, bevor es eine vernünftige »Annäherung« zwischen dem Selbst und den elterlichen Ich-Interessen und -Haltungen geben kann. Hand in Hand mit diesem Prozeß geht ein Akzeptieren oder vielmehr die Bestätigung von sozialen Institutionen und Kulturtraditionen, in denen Teilaspekte des elterlichen Einflusses unsterblich gemacht werden. Der negative Aspekt — das heißt, der Widerstand gegen oder die Zurückweisung gewisser elterlicher Einflüsse — erscheint in Ablehnung und im Antagonismus gegen gewisse Institutionen und Traditionen, die demselben Externalisierungsprozeß folgen, der das unpersönlich macht, was einst Teil einer Objektbesetzung war. Konservatismus und Reformismus können moralischen und emotionalen Impetus aus diesen Quellen schöpfen. In derselben Weise werden viele Über-Ich-Komponenten in die Außenwelt re-projiziert, wo sie doch ursprünglich herstammen. Durch solche Vorgänge wird der Postadoleszent fester in der Gesellschaft verankert, deren integraler Teil er ist. In dieser Periode treten Triebkonflikte zurück und Ich-integrierende Prozesse stehen im Vordergrund. Als Übergangsphase hat die Postadoleszenz eine überbrückende Funktion. Die hier beschriebene Integration bringt den Adoleszenzprozeß zur Vollendung. Umgekehrt verschafft sich das Erwachsensein einen initialen und festen Halt in diesem Endstadium.

Durch diese ganze Abhandlung über den Adoleszenzprozeß hindurch war es klar, daß die progressive Entwicklung unaufhörlich höhere Grade der Differenzierungen in der psychischen Struktur und Persönlichkeitsorganisation bewirkt. Durch Integrierung wird am Ende ein Zustand der Stabilität und Irreversibilität erreicht. Die Plastizität der Entwicklung, in der alles im Fluß ist — so typisch für die Adoleszenz —, läßt mit der Zeit nach. Sie ist in der Tat auf eine gewisse Zeitdauer beschränkt. Die Psychologie der Adoleszenz kann so unter dem Gesichtswinkel eines Energiesystems gesehen werden, das nach einem immer höheren Stand der Differenzierung strebt, bis es sich selbst endgültig in einer bestimmten Form stabilisiert. Dieses allgemeine Konzept eines Energiesystems ist die Grundlage aller Prozesse in der Natur — der belebten wie der unbelebten —, wie die moderne Wissenschaft sie jetzt sieht.

4
Masturbation

In unserer Erörterung der Phasen der Adoleszenzentwicklung ist wiederholt die Masturbation erwähnt worden. Die bedeutende Rolle, die sie während der Adoleszenz als Ganzes spielt, wurde jedoch nicht im einzelnen besprochen. Die Wichtigkeit dieser typischen Form adoleszenter Sexualbetätigung verlangt aber eine eingehende Untersuchung ihrer phasenspezifischen Modalität, ihrer emotionalen Schwankungen und ihrer Phänomenologie oder ihres klinischen Bildes.

Adoleszente Masturbation — oder, um es genauer zu sagen, genitale, autoerotische Befriedigung — wird zum Regulativ für Spannungen und zum Träger von Phantasien, die — in ihrem sich dauernd verschiebenden Inhalt und Form — die verschiedenen Phasen der Adoleszenz begleiten. Die adoleszente Masturbation baut sich auf einer langen Geschichte von autoerotischen Sensationen und Erfahrungen auf, die bis in die nebelhafte Vergangenheit des frühen Kindesalters zurückreichen. Die Masturbation umfaßt eine weite Reihe von Sensationen, erstreckt sich von der beruhigenden und einschläfernden bis zu der »orgastischen Form mit ihrem allmählichen, gewöhnlich schrittweisen Ansteigen von Erregung und Spannung« (Greenacre, 1954).

Die Masturbation als ein komplexer psychophysischer Akt ist im Laufe ihrer Entwicklung mit den erogenen Zonen verbunden und führt zu mehr oder weniger fixierten Triebneigungen. Weiter bewegt sich die Masturbation allmählich von der einfachen, lustvollen Betätigung zu einer engen Bindung an die primären Liebesobjekte des Kindes mit spezifischen Triebwünschen hin. Die Phantasie, einschließlich des geistigen Bildes des Objekts, wird so zum Vehikel, das Triebwünsche mit Erinnerungsspuren und ihrer Ausarbeitung und Verzerrung verbindet, bis dann die Phantasie an sich und allein schließlich zur Erfüllung der Triebbefriedigung genügt. Die Natur dieser unbewußten Phantasien ist wohlbekannt. Wo diese Form der masturbatorischen Befriedigung ohne physische — genauer gesagt, ohne bewußt anerkannte erotische — Sensationen besteht, sprechen wir von geistiger Masturbation.

Die komplexe Geschichte der Masturbation allein weist schon darauf hin, daß sie immer in ihren verschiedenen und oft heterogenen Aspekten betrachtet werden muß. Ich brauche wohl kaum zu erwähnen, daß die Masturbation eine bestimmte Phasen-Funktion erfüllt, insofern als sie die Vorwärtsbewegung des Triebdranges ermöglicht. Andererseits setzt sich leicht eine konservative Tendenz damit durch, daß sie frühkindliche sexuelle Einstellungen perpetuiert, manchmal nur partiell oder in Verkleidung. Diese konservative Tendenz ist der Vorwärtsentwicklung abträglich.

In diesem Zusammenhang möchten wir an Freuds (1909 a) Bemerkung erinnern, der sagt: »Das Problem der Onanie wird hingegen unlösbar, wenn man die Onanie als eine klinische Einheit auffassen will und daran vergißt, daß sie die Abfuhr der verschiedenartigsten Sexualkomponenten und der von ihnen gespeisten Phantasien darstellt.«

Genitale Masturbation während der Adoleszenz ist die phasenspezifische sexuelle Betätigung, die die prägenitalen Triebe ihrer unabhängigen Ziele entkleidet und sie allmählich der Genitalität unterwirft. Das heißt, daß diese Triebe mehr in eine Initiations- als in eine Befriedigungsrolle relegiert werden, wobei die letztere auf das Genitalziel gerichtet wird. Jede Funktion der Masturbation, die diese Entwicklung begünstigt, stellt ihren positiven Aspekt dar. Die endgültige Leistung der Adoleszenzmasturbation liegt in der Herausbildung der Vorlust.

Es liegt in der Natur der Masturbation selbst, daß sie gegen dieses Ziel gerichtet ist. Trotzdem ist sie eine unerläßliche transitorische sexuelle Betätigung, die normalerweise die frühkindlichen autoerotischen Erfahrungen durch gedankliche Vorstellungen, d. h. also Phantasien, in Kontakt mit den Objekten bringt. Diese enge Verbindung ermöglicht Objektverbundenheit, die conditio seine qua non der Genitalität. Schilder (1935) erwähnt die soziale Bedeutung der genitalen Masturbation, die er »für einen Akt hält, durch den wir versuchen, das Körperimage anderer, speziell in ihrer Genitalzone, uns näher zu bringen«. In diesem Zusammenhang ist ein Kommentar von Freud (1909 a) wichtig: Auch er betont die Bemühung, die für adoleszente Masturbation typisch ist und die in zunehmendem Maße auf Objektgerichtetheit hinzielt. »Man muß sich vor allem daran erinnern, daß die ›Kindheitserinnerungen‹ der Menschen erst in einem späteren Alter (meist zur Zeit der Pubertät) festgestellt und dabei einem komplizierten Umarbeitungsprozeß unterzogen werden. Es läßt sich deutlich erkennen, daß der heranwachsende Mensch in seinen Phantasiebildungen über seine erste Kindheit das Andenken an seine autoerotische Betätigung zu verwischen sucht, indem er seine Erinnerungsspuren auf die Stufe der Objektliebe hebt, also wie ein richtiger Geschichtsschreiber die Vergangenheit im Lichte der Gegenwart erblicken will.«

Die Masturbation bewirkt normalerweise neue Verschiebungen, Verbindungen und Abgrenzungen gedanklicher Bilder und ihrer Besetzungen, stabilisiert daher Objekt- und Selbstrepräsentanz, und ermöglicht so die Einstellung zur Genitalität. Wenn während der Adoleszenz überhaupt keine Masturbation stattfindet, so weist das auf eine Unfähigkeit, mit den puberalen Sexualtrieben fertig zu werden, hin und ferner darauf, daß frühkindliche Masturbation unterdrückt worden ist, und zwar in einem Grade, der die nötige Einordnung der prägenitalen Triebe in die genitale Sexualität sich nicht verwirklichen läßt. Folglich stellen Fälle von totaler Abstinenz eine Hemmung der psychosexuellen Entwicklung dar, die an sich schon pathognomisch ist. Wo aber die Masturbation eine rein regressive Funktion ausübt, oder wo sie die alloplastische Anpassung, als Teil der Objektfindung, überflüssig macht, hat sie ihre Phasen-Funktion nicht erfüllt.

Auf dem Wege der adoleszenten Entwicklung ändern sich sowohl der gedankliche Inhalt als auch der funktionelle Charakter der Masturbation in typischer Weise. Sie kann in zweierlei Weise betrachtet werden: entweder, daß sie mit der Organisation der Triebe und der Ich-Entwicklung übereinstimmt oder als ein obstruierender Prozeß. Das letztere ist der Fall, wo die Masturbation ein unerläßliches, gewohnheitsmäßiges Spannungsregulativ wird, oder wo sie sich verfrüht in einer bestimmten Form durch die Persönlichkeitsbildung stabilisiert. So eine autoplastische Integrierung resultiert gewöhnlich in einem mehr oder weniger ausgesprochenen Zwangs- oder narzißtischen Charakter. Die adoleszente Masturbation hat aber auch einen schädlichen Aspekt.

Bei der genitalen Masturbation unterscheidet man gewöhnlich den physischen Akt und die Begleitphantasie. Es ist die Phantasie, die einen schädlichen Einfluß auf die Persönlichkeitsbildung hat. Aber auch hier muß man wieder zwischen der schädigenden Wirkung aus zwei Quellen unterscheiden: entweder schwere Über-Ich-Angst- und Schuldgefühle oder Amalgamierung von genitaler Masturbation mit frühkindlichen Sexualzielen. Der letztgenannte Zustand ist für eine Hemmung der psychosexuellen Entwicklung verantwortlich. Diese Bemerkungen müssen in dem weiteren Rahmen betrachtet werden, den Freud (1909 a) diesem Problem gab, wenn er sagt, daß die schädlichen Effekte der Masturbation nur in sehr geringem Ausmaße autonom, d. h. also, durch ihre eigene Natur bestimmt sind. In Wirklichkeit seien sie nur ein Teil der pathogenen Bedeutung des Sexuallebens des Betreffenden als Ganzes.

Masturbation bei Heranwachsenden kann nur innerhalb ihrer Beziehung zur psychosexuellen Gesamtentwicklung verstanden werden. Sie nimmt pathologische Züge an, wo sie regressive, frühkindliche Fixierungen konsolidiert. Ein solches pathologisches Ergebnis stellen z. B. die Masturbationsphantasien eines Fünfzehnjährigen dar, der sich in seinem Abwehrkampf gegen Homosexualität einen Selbstmord vorphantasiert. Ein anderes Beispiel ist ein älterer Junge, der Masturbation mit Defäkation verband und so den analen Reiz auf den genitalen ableitete. Es ist jedoch nur, wenn solche Praktiken einen Zwangscharakter annehmen, daß sie der progressiven Entwicklung schädlich werden. In der Adoleszenz besteht eine erstaunliche Toleranz gegen die bizarrsten und perversesten Phantasien in Verbindung mit genitaler Masturbation. Solche vorübergehenden Zustände bewirken dann entweder die Loslösung von frühkindlichen Formen der Befriedigung oder aber eine noch engere Amalgamierung prägenitaler Triebkomponenten mit genitaler Triebabfuhr. Das Resultat hängt von zwei Faktoren ab: erstens die Stärke der Fixationspunkte, und zweitens der Grad der Unterwerfung des Ichs, des Sich-Fügens oder der Schwäche gegenüber dem regressiven Zug. Genitale Masturbation, besonders beim Knaben, dient als Verankerung auf dem genitalen Niveau und arbeitet normalerweise der Regression entgegen (Reich, 1951).

Es besteht allgemeine Übereinstimmung darüber, daß der physische Masturbationsakt an sich keine Schädigung bedeutet, aber daß die mit ihm verbundenen Phantasien zu Trägern schädlicher Einflüsse werden. Darüber hinaus jedoch kann die Abhängigkeit von der Masturbation als solcher die Objektlibido davor bewahren, nach außen zu fließen, wobei das Genitale eine objekt-artige Qualität erwirbt. Konzentration der narzißtischen Libido auf das eigene Genitale wird von voyeuristischen und exhibitionistischen Tendenzen begleitet. Niedrige Spannungstoleranz oder ein schwaches Ich laden zur Masturbation ein, und umgekehrt hält die Masturbation die Spannungstoleranz niedrig. Tausk (1912) erwähnt in der berühmten Diskussion über Masturbation schon den »Schaden für die Objektbesetzung« und stellt fest, daß, wenn die Masturbation »zur vollen Befriedigung führt, sie Infantilismus perpetuiert und fixiert. Der Betreffende hat dann keinen Grund, mit anderen in bezug auf ein Sexualobjekt in Wettbewerb zu treten, da er ja alle Quellen der Lust leicht in sich selbst findet. Omnia sua secum portat«.

Wenn sowohl das Phantasieventil für Triebspannung als auch der Weg der Umbildung in Symptome versperrt ist, entsteht ein besonderer Zustand, den Anna Freud (1949) beschrieben hat, und bei dem die Masturbationsphantasie aus dem sexuellen Leben in die Ich-Betätigung, aus der Phantasie in die Außenwelt verdrängt wird. In dieser Weise werden Masturbationsphantasien auf die Außenwelt agiert. Nach meiner Erfahrung baut die sich daraus ergebende soziale Fehlanpassung, die dann folgt, immer auf einem flüssigen und leichten Ersatz von innerer und äußerer Erfahrung auf, mit einem Mangel an wesentlicher Objektkonstanz und — pari passu — gestörter Realitätsprüfung. Glover (1956) nennt — in seiner Arbeit über Kriminalität — solch eine soziale Fehlanpassung eine Art von »Symptom-Äquivalent«.

Wenn die physische Masturbation und das Phantasieventil beide versperrt sind, kommt es in der Adoleszenz oft zu vorübergehender Symptombildung. Reich (1951) spricht von Zwangshandlungen und Phobien, Tausk (1912) von Zwangssymptomen. Dazu muß man noch die psychosomatischen Störungen des Adoleszenz hinzurechnen. Lampl-de Groot (1950) bespricht die schädliche Wirkung der Masturbation im Sinne von emotionalen Symptomen, wie Depression, Nosophobie und Minderwertigkeits-Schuldgefühlen und auch von neurasthenischen Symptomen, wie Kopfschmerzen, Magen-Darmbeschwerden und Müdigkeit. Das Bedürfnis des Heranwachsenden nach physischer Betätigung und sozialem Zusammenarbeiten, seine Unfähigkeit, allein zu sein, ohne unruhig und ängstlich zu werden, und seine Angewohnheit, einsames Studieren mit dem Hören von Musik zu verbinden — alle diese Verhaltensformen stellen, wenigstens teilweise, typische Manöver im Kampfe gegen die Masturbation dar.

Masturbatorische Betätigung kann in verdrängter Form ohne genitale Manipulation und ohne sexuelle Phantasie einhergehen. Solche Fälle erinnern uns an die große Menge von Masturbationsäquivalenten, die sich auf andere Körperteile beziehen, oder im zwangsmäßigen Hantieren mit Objekten bestehen. Sich kratzen, in der Nase bohren, an den Nägeln reißen, Nägelknabbern, Haardrehen, Bleistiftkauen, endloses Spielen mit Paketgummis oder anderen Objekten — all das kann als Masturbationsäquivalent betrachtet werden. Wo verdrängte Masturbation symbolisch an die Stelle von orgastischer Abfuhr tritt, bewirkt sie einen Zustand großer Erregung, dessen sexuelle Natur von dem Betreffenden selber nicht erkannt wird. Solchen Betätigungen folgen Selbstvorwürfe, Schuld- und Minderwertigkeitsgefühle, die für die Nachwirkungen der Masturbation selbst charakteristisch sind. Sie manifestieren sich z. B. in der Spielsucht (Freud, 1928) oder rücksichtslosem Autofahren (Reich, 1951) und können ferner in manchen Formen der Prokrastination erkannt werden, wobei das gewöhnlich bewußte Hinausschieben von Handlungen kleine Dosen von Angst erzeugt, die ihrerseits eine Dauertropfinfusion von Erregung bedeuten, die langsam zum Crescendo ansteigt. Eine passive, masochistisch gefärbte Trieborganisation ist Vorbedingung für den Gebrauch der Prokrastination als masturbatorisches Äquivalent. Die Katastrophe, zu der diese verschiedenen Betätigungen führen können, kann als »ein Gemisch von Bestrafung und verkleidetem Orgasmus« verstanden werden (Reich, (1951).

Man trifft oft auf Jugendliche, die von keinem bewußten Konflikt um die Masturbation wissen, die sie frei und ohne Schuldgefühle ausüben. Solche Menschen sind als Kinder niemals in bezug auf ihr Genitalspiel eingeschüchtert worden. Trotzdem zeigen sie in Traum und Handlung, daß ihr seelisches Gleichgewicht und ihre Unbekümmertheit illusorisch sind. Kindern aus sogenannten modernen oder laissez-faire-Familien hat man versichert, daß Masturbation keinen Schaden anrichten könne und daß es eine normale und überall verbreitete Handlung sei. Für solche Kinder hat sich der physische Vorgang der Masturbation von den begleitenden Phantasien vollkommen losgelöst, und folglich ist jeder der beiden Faktoren einzeln und spezifisch ausgearbeitet worden (Arlow, 1953). Diese Entwicklung führt oft zu Symptombildungen, die die Konfliktnatur der Masturbation enthüllen, die — besonders in der Form der genitalen Masturbation — nicht als ich-dystonisch empfunden wird. In der Therapie gilt es bei solchen Fällen, Schuldgefühle und Parapraxen an den masturbatorischen Akt zu binden. Die unbewußten Phantasien, welche die Analyse aufdeckt, sind gewöhnlich oraler und sado-masochistischer Natur. Dies zeigte sich bei einem Fünfzehnjährigen, einem Zwangsfresser, der ohne bewußte Schuldgefühle masturbierte. Er enthüllte aber die oral-sadistische Komponente seiner Masturbation, indem er sagte: »Es ist schön, einzuschlafen ohne Mastikation — ich meine Masturbation.« Ein anderer Junge im selben Alter stattete die Masturbation mit bisexuellen Phantasien aus, in denen das Genitale die Rolle eines Objekts annahm: ein Penis und eine Brustwarze. Die Masturbationsphantasie, die sich in einem Traum enthüllte, ging folgendermaßen: »Da stehen zwei Milchflaschen, und sie sehen beide gleich aus, aber in der einen ist Milch, in der anderen Samenflüssigkeit. Ich streite mich mit jemanden, wie ich den Unterschied feststellen kann, falls ich aus der einen Flasche trinken möchte.« Ein älteres adoleszentes Mädchen erinnerte sich an ihre sadistischen Masturbationsphantasien, die noch aus der Zeit herstammten, als sie dreizehn war. In diesen Phantasien wurde ein männlicher Sklave oder Gefangener kunstvoll gefoltert, indem man seine Genitalien verletzte. Durch ihre ganze Adoleszenz hindurch machte sich das Mädchen niemals klar, daß ihre Phantasien und ihre Masturbation etwas mit Sex zu tun hätten. Sie hatte niemals Schuldgefühle. Trotzdem stellte sich bei ihr nach jeder Masturbation ein Zwang zum urinieren ein, um sich zu vergewissern, daß ihr Genitale nicht verletzt sei.

Masturbatorische Schuldgefühle erscheinen oft in verkleideter Form als Unfallsneigung. Ein Fünfzehnjähriger erinnerte sich, daß bei ihm im Alter von zwölf und dreizehn jeder Masturbation die Erwartung folgte, daß er einen Unfall haben würde. »Wissen Sie«, sagte er, »so etwas kommt vor.« Er beschrieb, wie er plötzlich lossprang, wenn er über die Straße ging, da er erwartete, daß ein Auto auf ihn losfahren würde; zu seinem Erstaunen sah er dann, daß gar kein Auto in der Nähe war. Aber einmal, als er gerade auf die Straße stürzte, wurde er wirklich von einem Auto angefahren. Das Bedürfnis nach Bestrafung und der Wunsch nach Kastration liegen gewöhnlich beide an der Wurzel dieser selbst-verursachten Unfälle. In diesem Falle war es interessant zu beobachten, daß seine Zuwendung zur heterosexuellen Objektbesetzung das Bedürfnis nach Masturbation und nach körperlicher Verletzung (Unfallsneigung) verminderte.

Bei Jungen und Mädchen geht die adoleszente Masturbation verschieden vor sich, was man als Folge der Verschiedenheit im männlichen und weiblichen Kastrationskomplex verstehen kann. Die Tatsache, daß beim Knaben sexuelle Erregung eine Erektion und später eine Ejakulation hervorruft, macht die Verbindung zwischen Reiz und genitaler Reaktion zu einer unleugbaren und offen zutage liegenden Tatsache. Schon früh im Leben lenkt dies die Aufmerksamkeit zwangsweise direkt auf den Penis als ein lustspendendes Organ, das nach eigenem Willen manipuliert werden kann. Schuldgefühle, eine Abnahme der Selbstachtung und Kastrationsangst greifen irgendwie in die ungehemmte Masturbation des Knaben ein.

Das Mädchen dagegen masturbiert, ohne daß irgendeine sichtbare Körperveränderung zu beobachten ist. Die Manipulation an der Klitoris, die während der Kindheit geübt wird, wird oft irgendwann nach der Menarche aufgegeben. Nach Horney (1935) findet bei der Frau in dieser Zeit eine tiefe Persönlichkeitsveränderung statt. Der Antagonismus gegen die Mutter entwickelt sich jetzt, und die Schuldgefühle bei der Masturbation nehmen zu. Wenn die Masturbation physisch unterdrückt wird, so überlebt sie in rohen sadistischen Phantasien, von denen Vergewaltigungsphantasien typische Beispiele sind. Furcht vor Körperverletzung führt zu hypochondrischen Vorstellungen. Gedanken wie der, der Liebe unwürdig und häßlich zu sein, stellen subjektive Begleitgefühle dar. Widerstand gegen Masturbation ist beim Mädchen öfter anzutreffen als beim Jungen — eine Tatsache, die mit der Entwicklung der Femininität zusammenhängt, nämlich mit der allmählichen Ablehnung der klitoralen, d. h. der phallischen Sexualität. Das Mädchen kann aber fortfahren, in verkleideter Form zu masturbieren, indem sie

Stellungen einnimmt, die die Klitoris reizen, z. B. auf der Armlehne eines Stuhles sitzen, reiten oder ähnliches. Ein adoleszentes Mädchen berichtete, wie sie daran gewöhnt war, mit einem Kissen zwischen den Beinen zu schlafen. Der Druck des Kissens führte zum Orgasmus mit dem vagen Gefühl dabei, einen Penis zu haben. Die Veränderung im Körper-Ich-Gefühl ging nicht so weit, daß es zu einem Gefühl des Phantom-Organs (illusorischer Penis) gekommen wäre, sondern regte eher ihre Phantasie an und fand auf diesem Niveau ein Ventil. Lebhafte Phantasien, die sich um jungenhafte und männliche Betätigungen drehten, heroische und grausame Taten von phallisch-sadistischer Natur machten das Repertoir ihres masturbatorischen Rituals aus. Die Anwendung von Schenkeldruck bewirkt oft vaginale Sensationen oder wenigstens eine Annäherung daran. Klitorale Masturbation wird gewöhnlich nicht aufgegeben, bevor ein heterosexuelles Liebesobjekt gefunden wird. Der Zustand der Verliebtheit ermöglicht das Aufgeben des geschlechtsfremden Triebes zugunsten des idealisierten Partners, der damit die Quelle für narzißtische ebenso wie für objekt-libidinöse Befriedigung wird. Diese Umstellung zur Femininität geht nur langsam und stückweise vor sich, bis sie in der Spät- oder Postadoleszenz ihre Vollendung erreicht.

Eine Wiederbelebung der narzißtischen Enttäuschung, kastriert zu sein, wird beim Mädchen durch den Verzicht auf klitorale und manuelle Masturbation und auch durch die Besetzung ihres ganzen Körpers mit narzißtischer Libido vermieden. »Hier scheint mit der Pubertätsentwicklung durch die Ausbildung der bis dahin latenten weiblichen Sexualorgane Steigerung des ursprünglichen Narzißmus aufzutreten . . .« (Freud, 1914). Freud fährt fort, indem er sagt, daß dieser Narzißmus ungünstig für »die Entwicklung einer echten Objektwahl mit der sie begleitenden sexuellen Überbewertung« ist. Die narzißtische Eigenliebe, wie das Schmücken des Körpers, die sozial sanktionierte Betonung der Zur-Schaustellung von Körperteilen, wie der Brust, physischer Scharm und Schönheit im allgemeinen — diese Formen der narzißtischen und exhibitionistischen Befriedigung schieben die Unterwerfung unter sexuelle Liebe bis zu einer Zeit auf, wo eine dauernde Bindung, die für die Aufzucht von Kindern so wesentlich ist, gefunden wird. Harnik (1924) sagt in einer überzeugenden Arbeit: »Beim Mann ist das Genitale weiter das Zentrum seines Narzißmus, während bei der Frau ein sekundärer Narzißmus besteht, der sich an den Körper als Ganzes bindet.« Die erotische Berührungsempfindlichkeit des weiblichen Körpers, wie sie sich in der Pubertät entwickelt, weist auf die neuartige Verteilung der Besetzung hin, die in dieser Periode vor sich geht. Harnik lenkt unsere Aufmerksamkeit auf die »genitalen Qualitäten, die die weibliche Brust und besonders die Brustwarze« annimmt. Frühkindliche sexuelle Fixierungen regen zur adoleszenten Masturbation an, die dann Seite an Seite mit dem narzißtischen Gebrauch des ganzen Körpers als einem Objekt, das betrachtet und bewundert werden soll, fortbesteht.

Im Gegensatz zum Mädchen wird jeder Junge, der versucht, die Aufmerksamkeit auf seine Schönheit zu lenken, oder der sie mit exhibitionistischem Vergnügen zur Schau stellt, immer als feminin angesehen. Es ist das Vorrecht der Frau, daß sie ihren physischen Scharm zur Schau stellen — und ihn sogar durch den Gebrauch von Kosmetika, Schmuck und Kleidung steigern darf. Ihr Bedürfnis ist, geliebt zu werden. Der Knabe darf nur zur Schau stellen, was er vollbringen kann, und konzentriert daher seinen Stolz auf Tapferkeit und Leistung, die auf dem Gebiet des Sports, der intellektuellen, akademischen, sexuellen, beruflichen Leistungen und in schöpferischen Bemühungen liegen müssen. Mut, Ausdauer, Schnelligkeit und Kraft sind die als männlich angesehnen Attribute, die der Mann öffentlich zur Schau stellen darf. Seine maskuline Zartheit, Sanftheit und Empfindsamkeit darf sich nur entfalten, wenn seine sexuelle Polarisation in der Spätadoleszenz stabilisiert ist, wenn sein Abhängigkeitsbedürfnis mit der genitalen Sexualität, mit der selbstsicheren, schützenden und intimen Liebe verschmolzen ist.

Masturbation ist oft mit der unbewußten Furcht vor Verletzung des Genitales verbunden und außerdem — durch Verdrängung — auch mit spezifischen Ich-Funktionen. Das zeigt sich an der häufigen Assoziation von unwichtigen physischen Manifestationen oder gewöhnlichen Leistungs-Schwankungen mit dem masturbatorischen Akt. Es scheint so, als ob eine grundlegende Feindschaft zwischen Masturbation einerseits und Ich- und Über-Ich-Interessen andererseits besteht. Die Toleranz für diese Feindschaft ist bei verschiedenen Menschen sehr verschieden. Sie muß sicherlich dafür verantwortlich gemacht werden, daß die Masturbation einen Zwangscharakter annehmen kann. Das bedeutet, daß die Furcht vor einer möglichen Verletzung nur dadurch beschwichtigt wird, daß der masturbatorische Akt wiederholt wird. Der circulus vitiosus, der so entsteht, wird durch zusätzliche Faktoren verstärkt, die die Masturbation in zunehmendem Maße zu einem Abschreckungsmittel dagegen machen, daß sich die Libido nach außen, auf neue Objekte wendet.

Gewisse Jugendliche, in denen der homosexuelle Drang überwältigend stark ist, umgehen die Masturbation überhaupt und gehen schon früh eine heterosexuelle Bindung ein. Der Zwangscharakter, den die Verfolgung der Heterosexualität annimmt, zusammen mit einem dauernden Mangel an Objektbeziehungen, weisen auf den defensiven Charakter des Sexualaktes hin. In solchen Fällen kann die Masturbation oft nur als Beihilfe zum heterosexuellen Handeln praktiziert werden.

Die allgemeine Abwehrnatur der Masturbation soll hier betont werden. Beim Knaben dient sie dazu, ihn seiner Maskulinität zu vergewissern, und läßt bedeutend nach, wenn der homosexuelle Konflikt zur Lösung gekommen ist und heterosexuelle Objektbesetzung eintritt. Was Kinsey (1948) meint, wenn er von der aktivsten, d. h. der virilsten Periode beim Mann spricht, nämlich der Adoleszenz, fällt eigentlich mehr mit einer Periode des intensivsten Konflikts zusammen, während derer die Häufigkeit der Masturbation — von Kinsey Ablaß-»Ventil« genannt — durch ihre Abwehrfunktion und ihren Zwangscharakter gekennzeichnet ist. Kinsey setzt die Häufigkeit von sexueller Abfuhr, wie z. B. Masturbation, mit Virilität gleich. Aber dem widerspricht die klinische Beobachtung, daß die am stärksten zwanghafte oder häufigste Masturbation bei Knaben mit starker passiver, homosexueller Neigung angetroffen wird.

Es liegt in der Natur der Masturbation selbst, daß sie dazu tendiert, einer progressiven Entwicklung entgegenzuarbeiten und regressive und fixierende Einflüsse zu bestätigen. Es muß betont werden, daß die Masturbation ohne Objekt ist und keine Vor-Lust kennt. Das Objekt der masturbatorischen Betätigung liegt in der Phantasie. Der Masturbierende empfindet eine fluktuierende Selbst- und Objektrepräsentanz, da er gleichzeitig Subjekt und Objekt ist, männlich und weiblich, aktiv und passiv. Das prolongierte Festhalten an der Masturbation wirkt daher der sexuellen Polarisierung entgegen. Sie bewirkt einen Zustand der bisexuellen Fixierung, der einerseits in der Verarmung der objektgerichteten Interessen und andererseits im Überwuchern eines überbesetzten Phantasielebens besteht.

Spiegel (1959) erwähnt die Dichotomie des Selbst, die bei der Masturbation besteht. Die objekt-gerichtete Masturbation stellt den Genitalteil des Selbst dar, während die narzißtische Komponente der Masturbation das Genitale zum Objekt nimmt. Die Belastung, die diese schwankende Besetzung von Selbst- und Objektrepräsentanz für das Ich bedeutet, kann schon an sich als pathogen betrachtet werden. Die Bedrohung für das Selbst gibt dem Fortschreiten zur Genitalität in der Adoleszenz ein zusätzliches Gefühl der Dringlichkeit. »Es besteht eine Verbindung zwischen der Störung des Selbst-Gefühls (Verlust der persönlichen Identität) und dem Bestreben, das Genitalniveau der Libido zu erreichen (Spiegel, 1959). Man muß hinzufügen, daß die Masturbation, bei der das Genitale zum Objekt genommen wird, trotzdem ihren phasengerechten Platz in der Präadoleszenz hat. Das Betrachten und Betrachtetwerden zieht die Objekte näher heran. Jedoch setzt sich die Masturbation, bei der das andere Geschlecht in der Phantasie zum Objekt genommen wird, nur allmählich während der folgenden Phasen durch und kommt erst in der eigentlichen Adoleszenz zur vollen Blüte.

Wenn die bisexuelle Einstellung für das Ich unerträglich wird, kommt es oft vor, daß der ich-dystonischen, nicht geschlechtsgerechten Triebkomponente durch genitale Masturbation entgegengearbeitet oder daß sie neutralisiert wird. Dieser Versuch, die bisexuelle Einstellung zu transzendieren, muß mißlingen. Das Resultat ist dann entweder vollkommene Unterdrückung der Masturbation oder eine verfrühte und defensive Zuwendung zum heterosexuellen Objekt. Die Konsequenz dieser beiden Triebbesetzungen für die Ich-Entwicklung und Persönlichkeitsbildung ist in allgemeinerer Form in anderen Kapiteln erwähnt worden. Ebenso haben uns die Schwankungen der Objektbesetzung schon anderswo beschäftigt und brauchen hier nicht wiederholt zu werden.

Da es in der Natur der Masturbation liegt, daß sie keine Vor-Lust kennt, arbeitet sie gegen oder verhütet eine hierarchische Ordnung der Triebkomponenten. Diese ungünstige Entwicklung verzögert oder blokkiert im voraus das Fortschreiten zur sexuellen Reife. Es scheint, daß das völlige Aufgeben der Masturbation, bevor die heterosexuelle Phase der eigentlichen Adoleszenz hergestellt ist, in irgendeiner Form der psychosexuellen Unreife resultiert. Die adoleszente Masturbation leitet also die Vorwärtsbewegung der Libido ein und unterstützt sie durch experimentelle Schein-Handlung in der Phantasie. Dieses Zwischenspiel führt dann schließlich zum heterosexuellen Experimentieren und den damit verbundenen Modifikationen, die ihre klarste Widerspiegelung in der definitiven Konsolidierung des Selbst finden. Die regressive oder infantilisierende Natur der Masturbation muß dauernd durch die Artikulation der neugewonnenen adoleszenten Trieborganisation in der Objektwelt bekämpft werden.

5

Das Ich in der Adoleszenz

Das Thema des »Ichs in der Adoleszenz« ist hier zur speziellen Erörterung herausgegriffen worden, da eine solche Untersuchung einen klareren Blick auf den Adoleszenzprozeß im Sinne der psychischen Restrukturierung erlaubt, wie sie sich in vorübergehenden Ich-Betätigungen und permanenten Ich-Veränderungen manifestiert. Indem wir das Ich zum Mittelpunkt unserer Untersuchung machen, können wir viele einzelne Strähnen von Beobachtung und Theorie zu einem zusammenhängendes Gewebe verknüpfen. Die klinischen Beispiele, die oben in der Beschreibung der Entwicklungsphasen gegeben wurden, sollen uns hier als Quellen dienen, auf die wir uns beziehen werden. Darum werde ich mich in dieser Diskussion ganz auf die Theorie beschränken. Kurz gesagt, hier soll der Versuch gemacht werden, die Ich-Aspekte, die in den vorhergehenden Kapiteln als Segmente innerhalb des Gesamtproblems der Adoleszenz erörtert wurden, einer systematischen Behandlung zu unterziehen.

1. Einleitende Bemerkungen

Das Ich — sein Wesen, Wirken und seine Funktion — kann am besten in einer Periode der Reifungsverwirrung beschrieben werden, in der das Gleichgewicht zwischen Trieb und Ich gestört ist. Unter diesen Umständen ist der geistige Apparat mit der Aufgabe konfrontiert, neue Triebregungen unterzubringen — neu in Quantität wie in Qualität —, die auch neue Anforderungen der Außenwelt mit einschließen. Nach seiner Definition ist das Ich die Gesamtsumme jener geistigen Prozesse, deren Ziel es ist, das Funktionieren des Geisteslebens zu gewährleisten. Zu diesem Zweck vermittelt das Ich zwischen Trieb und Außenwelt. Im Realitätsgefühl erkennen wir die Früchte dieser Vermittlung. Zu dem Druck, der durch das Es und die Außenwelt ausgeübt wird, muß man noch einen Faktor hinzufügen, der sich aber von der Außenwelt herleitet, nämlich das Über-Ich.

Die Methoden, nach denen das Ich diese Vermittlung vollzieht, ebenso wie seinen Arbeitsmodus, kann man während der Adoleszenz gut beobachten. Wenn man den Ursprung des Ichs genau bedenkt, darf man nicht vergessen, daß es das Resultat von Differenzierungsprozessen ist und das Ergebnis der langen Abhängigkeit des jugendlichen Organismus von der Außenwelt darstellt. Durch das ganze Leben hindurch bewahrt sich das Ich die Zeichen seiner Herkunft und wird tatsächlich durch die doppelte Wucht des Trieblebens und der Außenwelt zur progressiven Differenzierung angeregt. Hierauf haben wir schon oben Bezug genommen, als wir sagten, daß die Ich-Entwicklung sich nach der phasenspezifischen Trieborganisation richtet.

In seiner Wirkungsart ist das Ich ein relativer Begriff und wird durch das Ausmaß des Druckes bestimmt, den es zu ertragen hat. Daher kann ein Ich, das während Zeiten relativer Ruhe eine adäquate geistige Funktion aufrechterhalten hat, durch den wachsenden Druck, der in der Pubertät sichtbar wird, überwältigt werden. Der Charakter seiner Hilfsquellen wird dann offenbar und erweist sich entweder als genügend oder als ungenügend, um die momentane Aufgabe zu bewältigen. Das Letztere geschieht während der Adoleszenz, wenn der Druck aus den drei erwähnten Quellen zu stark wird. Anna Freud (1936) sagt über das adoleszente Ich, daß »ein relativ starkes Es einem relativ schwachen Ich gegenübersteht«. Ferner hört die Unterstützung, die das Ich in der Kindheit durch die Erziehung bekommt, jetzt auf, in der gewohnten Weise zu funktionieren, und zwar als Folge der massiven Ablehnung von äußerer Kontrolle durch den Adoleszenten, die er als bloße Auswüchse der frühkindlichen Abhängigkeit betrachtet.

In welcher Form die Reaktion auf die innere Gefahr geschieht, richtet sich nach früheren Erfahrungen mit äußerer Bedrohung. »Innere Triebgefahr kann sich als eine Bedingung und Vorbereitung einer äußeren realen Gefahrensituation herausstellen« (Freud, 1933). Mit anderen Worten, alle Abwehrvorgänge hatten einmal eine Anpassungsfunktion im Hinblick auf äußere Erfordernisse.

In beiden Fällen — den der inneren und den der äußeren Bedrohung — muß man das Problem der Überreizung in Betracht ziehen: beim Säugling sorgt ein angeborener Mechanismus für eine Reizbarriere gegen die Außenwelt, aber die Reizbarriere gegen den Trieb muß noch entwickelt werden (Hartmann, 1939 a). In diesem Sinne erfüllt jeder psychische Mechanismus, der den geistigen Organismus gegen Überreizung schützt, eine positive Funktion. Dies gilt für die frühe Kindheit im selben Maße wie für die Adoleszenz. Der sich entwickelnde seelische Apparat muß sozusagen dauernd den Reifevorgang einholen, der nun seinerseits der Ich-Integration und -Differenzierung Impetus und Richtung gibt. Dieser Vorgang spiegelt die gegenseitige Beeinflussung von Ich und Es in ihrer Entwicklung wider. Wenn dieser Prozeß nicht in Fluß gehalten wird, sondern einer verfrühten Charakterkristallisation anheimfällt oder neurotische Symptome bewirkt, ist die Aufgabe des

Ichs mißlungen. Das, was normalerweise als Anpassungs- oder Abwehrmechanismus wirken sollte, hat eine andere Qualität angenommen: statt Fortschritt und Differenzierung einzuleiten, ist die Entwicklung gewisser Ich-Funktionen entweder fehlgegangen oder ist aufgehalten worden.

In jeder Krise nimmt das Ich zu Notmaßnahmen Zuflucht, die hauptsächlich auf den Schutz seiner grundlegenden Funktionen — die Aufrechterhaltung psychischer Kohäsion und den Kontakt mit der Wirklichkeit — ausgehen. Zum Beispiel dient — ganz abgesehen von seinem Abwehraspekt, der in Konfliktangst und in der Furcht vor der Triebstärke verwurzelt ist — das Abziehen von Besetzungen von der Außenwelt während der Adoleszenz dazu, grundlegende Ich-Funktionen aufrechtzuerhalten und zu beschützen. Das bedeutet, daß man sowohl quantitative als auch qualitative Faktoren in der Einschätzung der Ich-Funktionen als getrennte Variable betrachten muß, die auf Selbstschutz hinzielen. Hier wie bei vielen psychischen Erscheinungen muß man das Prinzip der multiplen Funktion berücksichtigen (Waelder, 1936), um die individuelle Variabilität und die Kombination zu verstehen, in denen sich Forderungen aus verschiedenen Quellen mit dem geringsten Kraftaufwand durchsetzen. Die Situation der Adoleszenz verlangt zweifellos extreme Maßnahmen, um Trauma und Auflösung abzuwenden. Die ungeheure Menge von seelischer Energie, die bei dieser Aufgabe verbraucht wird, reduziert — wenn auch nur zeitweise und mit Unterbrechungen — die adaptiven Prozesse zu einem Minimum. Wenn psychische Energie in Abwehrunternehmungen oder in Gegenbesetzungen verbraucht wird, kommt es zur Ausleerung der beweglichen Energie innerhalb des Ichs.

Lange Zeit hat der Konfliktaspekt der Adoleszenz die Szene beherrscht. Es scheint aber angezeigt, darauf aufmerksam zu machen, daß nicht jede Gleichgewichtsstörung im psychischen Apparat ipso facto eine Konfliktmanifestation ist (Hartmann, 1939 a). Diese Überlegung hat speziell für die Adoleszenz Bedeutung, eine Zeit, in der Gleichgewichtsstörungen mit den ihnen folgenden Regulativmechanismen, die oft extremer Natur sind, eher die Regel als die Ausnahme sind.

2. Das Ich beim Einsetzen der Adoleszenz

Das phasenadäquate Adoleszenz-Ich kann sich nur richtig entwickeln, wenn die Vorbereitungsphase der Latenz mehr oder weniger erfolgreich absolviert worden ist. Sonst — wie z. B. im Falle einer abgekürzten Latenzperiode — muß ein prälatentes Ich mit den Pubertätstrieben fertig werden. Das Ergebnis ist dann eine bloße Reintensivierung frühkindlicher Sexualität, und nichts Neues oder spezifisch Adoleszentes erscheint auf der Bildfläche. Pseudoadoleszente Manifestationen sind hier simulierte Versuche, ein Adoleszent zu sein; das Ich nimmt in direkter Fortsetzung der frühen Kindheit zum Gebrauch von Spannungsregulativen Zuflucht. Um mit der Pubertät und der Adoleszenz fertig zu werden, braucht das Ich die Leistungen der Latenzperiode. Nur dann kann es die herankommende Reifungsaufgabe im Sinne neuer integrierender und differenzierender Prozesse bewältigen.

Das Einsetzen der Pubertät bringt eine quantitative Zunahme von Triebenergie mit sich. Es findet eine Umbesetzung von prägenitalen Triebeinstellungen statt, die in mancher Hinsicht einer Triebdiffusion ähnelt. Teiltriebe treten kraß in den Vordergrund, und der Versuch, sie zu beherrschen, zeigt sich in typischen Adoleszenzreaktionen: Skoptophilie führt zu Schüchternheit, Verlegenheit oder zum Erröten, Exhibitionismus zur Bescheidenheit und Befangenheit, sado-masochistische Neigungen zur Impassivität und Indifferenz, Geruch und Geschmack werden in den Sexualbezirk der widersprechenden Körpersensationen miteinbezogen. Natürlich ist der direkte und unkontrollierte Ausdruck dieser Triebneigungen in der Adoleszenz jedem Beobachter dieses Alters wohlbekannt.

Es empfiehlt sich, sich daran zu erinnern, daß alle prägenitalen Impulse mit ihrem Ziel der Einverleibung eine gewisse destruktive Komponente zu besitzen scheinen. Unbekannte Konstitutionsfaktoren und vor allem Erfahrungen der Frustration verstärken diese destruktiven Elemente bedeutend (Fenichel, 1945 b). Im Gesamtbild der adoleszenten Triebkontrolle mögen wir die Bemühungen des Ichs, den aggressiven Trieb zu zähmen, unterschätzt haben, da wir unsere Aufmerksamkeit fast ausschließlich auf die libidinösen Konflikte und auf die Versuche, sie zu beherrschen, gelenkt haben.

Es scheint mir zweckmäßig, die Vorbedingungen zu definieren, die das Ich beim Einsetzen der Adoleszenz in bedeutendem Ausmaße besitzen muß, um jene Qualitäten und Funktionen zu entwickeln, die für die Adoleszenz spezifisch sind und die jene Ich-Transformationen bewirken, die dann das erwachsene Ich ergeben. Die wesentlichen Ich-Leistungen in der Latenzperiode sind die folgenden: 1. Zunahme innerer Objektbesetzung (Objekt- und Selbstrepräsentanz) mit der daraus resultierenden Automatisierung gewisser Ich-Funktionen, 2. ein gewisser Widerstand der Ich-Funktionen gegen Regression (sekundäre Autonomie) mit Erweiterung der konfliktfreien Sphäre des Ichs, 3. Bildung eines selbstkritischen Ichs, das in zunehmendem Maße die Funktionen des Über-Ichs vervollständigt, so daß die Regulation der Selbst-Achtung einen gewissen Grad der Unabhängigkeit von der Umgebung erreicht, 4. die Reduktion im Ausdrucksgebrauch des ganzen Körpers und Zunahme der Fähigkeit, sich isoliert von der motorischen Betätigung in Worten auszudrücken (Kris, 1939), 5. Beherrschung der Umgebung durch Erlernen von Fertigkeiten und den Gebrauch des Sekundärdenkens als Mittel, Spannung zu verhindern. Das Realitätsprinzip stabilisiert den Gebrauch von Aufschub und Erwartung in der Verfolgung von Lust.

Oft stellt sich ein Phänomen, das beim Einsetzen der Adoleszenz wie Regression aussah, bei näherem Hinsehen als die Folge einer verzögerten Ich-Entwicklung heraus, oder geradezu als abgekürzte Latenz. Schematisch gesprochen, könnte man sagen, daß die psychischen Leistungen der frühen Kindheit in der Beherrschung des Körpers liegen, die der Latenzzeit in der Beherrschung der Umgebung und die der Adoleszenz in der Beherrschung der Emotionen. Das Vollbringen einer dieser Aufgaben und ihre Stabilisierung kann, im ganzen gesehen, als geordnete Sequenz der Ich-Funktionen dargestellt werden, die der Reifung des Körpers parallelgehen müssen, um eine normale Entwicklung zu sichern.

3. Die Hierarchie der Ich-Interessen und Ich-Funktionen

Die Geschichte des Ichs zeigt, daß es sich progressiv nach jeder gerade bestehenden Phase der Trieborganisation richtet. Die gegenseitige Beeinflussung von Ich und Es hört niemals auf. So sind z. B. Projektion und Introjektion Ich-Mechanismen, die von der oralen Modalität herstammen. »Die Existenz und Bedeutung ursprünglicher, mitgeborener Ich-Verschiedenheiten« (Freud, 1937) in ihrem Zusammenwirken mit konstitutionellen Triebfaktoren ist teilweise für Vorzugstriebe und -Ich-Modalitäten verantwortlich. Jedoch ist für die vorliegende Untersuchung die Frage, die an diesem Punkte gestellt werden muß, die folgende: Was ist die Triebmodalität, die für die Adoleszenz spezifisch ist, parallel zu der das Ich seine eigenen daraus resultierenden Charakteristika entwickelt? Das Neue liegt in der Unterordnung — nur allmählich und meistens nur teilweise erreicht — der erogenen Zonen unter das genitale Primat. Um es anders auszudrücken: Die neue Modalität der adoleszenten Sexualität liegt in der Ausarbeitung der Vor-Lust (Freud, 1905 b). Die Prägenitalität wird also in eine mehr einleitende als befriedigende Rolle relegiert. Diese verschiedene Betonung in der sexuellen Ökonomie unterscheidet qualitativ die Prägenitalität von jener der frühen Kindheit.

Wir werden hier an Freuds (1914) Bemerkung erinnert: »Jeder solchen Veränderung der Erogeneität in den Organen könnte eine Veränderung der Libidobesetzung im Ich parallelgehen.« Es besteht also möglicherweise ein Ich-Gefühl oder Selbst-Gefühl, das im wesentlichen so neu im Bereich des adoleszenten Ichs ist, wie die Vor-Lust im Bereich der Trieborganisation. Federn (1929) spricht von der Qualität der Erfahrung des »gesunden Ich-Gefühls« als einer »angenehmen Vor-Lust«.

Analog dazu werden Ich-Interessen und -funktionen in eine entschiedene Hierarchie eingestuft. Ausgewählte Ich-Komponenten werden in eine dominierende Stellung erhoben, andere werden ihnen untergeordnet. Diese irreversible Festigkeit in den Beziehungen des Ichs zur Außenwelt, zum Es und zum Über-Ich, die auf einer hierarchischen Ordnung der Ich-Interessen und -Haltungen beruhen, nennt man Charakter. Der Charakter nimmt erst beim Abschluß der Adoleszenz seine endgültige Fassung an. In der emotionalen Sphäre der Adoleszenz sprechen wir von der Zerstörung frühkindlicher Ich-Instanzen. Diese Zerstörung bewirkt eine Neuordnung der Reste, was in Übereinstimmung mit dem neuen Sexualziel und dem neugeschaffenen Ich-Ideal geschieht. »Ich-Instanzen, die dem Pubertätsansturm standgehalten haben ohne nachzugeben, bleiben gewöhnlich auch im ganzen späteren Leben unnachgiebig, unangreifbar und für Revisionen, die die veränderliche Realität verlangen würden, unzugänglich« (A. Freud, 1936 a).

Der schwere Schaden, den Ich-Fixierungen für das Fortschreiten der Entwicklung haben können, wird oft unterschätzt. Diese Fixierungen werden für den Beobachter oft durch sexuelle Manifestationen in den Schatten gestellt — die, an sich genommen, der unzuverlässigste Indikator der fortschreitenden Entwicklung sind. Es gibt etwas, was man »optimale Wechselwirkung« zwischen Ich und Es nennen könnte, die während der Adoleszenz bis zu ihren äußersten Grenzen in Anspruch genommen wird.

Die Experimentalperiode der Adoleszenz — während der eigentlichen Adoleszenz auf ihrem Höhepunkt — ist der letzte »Wurf«, bevor die endgültige Begrenzung der Möglichkeiten, die dem Selbst offenstehen, widerstrebend anerkannt wird, bevor die Ich-Interessen auf die spezifischen und wesentlichen reduziert werden, bevor die Identitätsbildung sich endgültig abzeichnet. Der auffallendste Aspekt der hierarchischen Ordnung der Ich-Interessen geht im Bereich der Berufsverpflichtungen in der Spätadoleszenz vor sich, und dies mit gleicher Entschiedenheit beim Knaben wie beim Mädchen. Er erfordert bei beiden die Verfeinerung einiger, und die Stratifizierung anderer Ich-Interessen. Wo immer die Ich-Funktionen, die an diesem Vorgang teilnehmen, sexualisiert werden — d. h. wo sie eine Quelle von exhibitionistischer, voyeuristischer, sado-masochistischer Erregung werden —, wird ihre Zuverlässigkeit, Stabilität und ihr Nutzen ernsthaft reduziert. Viele Ich-Störungen, z. B. Lernschwierigkeiten, werden durch die Überschwemmung der Ich-Funktionen durch sexuelle und aggressive Triebe verursacht. Die Sexualisierung von bis dahin autonomen Ich-Funktionen, wie z. B. Wahrnehmung, als Nachwirkung einer radikalen Unterdrückung der Masturbation, wurde im Detail von Joyce (1916) geschrieben, und ist auf Seite 136 zitiert worden. Gewöhnlich wird nur ein Segment der autonomen Ich-Funktionen, wie Wahrnehmung, Beweglichkeit, Urteil oder Gedächtnis, in den Konflikt einbezogen. Diese selektive Störung entsteht aus spezifischen assoziativen Verbindungen, die durch besondere Realsituationen angeregt werden. Unter diesen Umständen können Ich-Funktionen als masturbatorische Äquivalente dienen. Man nimmt Zuflucht zu ihnen als Befriedigung-spendende Regulative für Triebspannungen, oder sie werden abgewehrt oder überhaupt gehemmt. In beiden Fällen sind diese Ich-Funktionen im Sinne ihrer beabsichtigten Zwecke und Ziele unwirksam. Autonome und defensive Ich-Funktionen sind oft schwer zu unterscheiden. Triebe und Ich-Funktionen stehen unter konstantem gegenseitigen Einfluß, dessen Reichweite normalerweise allmählich eingeengt wird und mit dem Erreichen der Spätadoleszenz ein festes, harmonisches und einer bestimmten Form folgendes Zusammenspiel ergibt.

Haltungen und Verhaltensweisen von sekundärer Autonomie, so wie z. B. Pünktlichkeit und Ordentlichkeit, können auch wieder in den emotionalen Konflikt miteinbezogen werden. Was ursprünglich zur Reaktionsbildung führte, wird als kontrollierende Zumutung, als freiwillige Unterwerfung unter den Willen anderer wiedererlebt, und anale Hartnäckigkeit erscheint wieder auf der Bildfläche. Auch gewisse andere Haltungen, die aus den verschiedenen libidinösen Phasen stammen und scheinbar in konfliktlose Züge aufgelöst worden waren, werden wieder in den Konflikt miteinbezogen. Diese adoleszenten Reaktionen enthüllen also das Vorhandensein von Fixierungspunkten. Diese Entwicklung ist ein Teil der normalen Adoleszenz und illustriert die Tatsache, daß Persönlichkeitsattribute, die schon vor der Adoleszenz gut etabliert waren, schwerwiegende Veränderungen erfahren können. Anna Freud (1952) bemerkt; »Erst in der Adoleszenz folgt der Revolte gegen die Eltern die Zurückweisung der Identifizierung mit ihnen und kann zu einer Umkehrung von Über-Ich- und Ich-Haltungen führen, obgleich diese Haltungen scheinbar voll in der Ich-Struktur des Latenzkindes integriert worden waren.«

Wenn das adoleszente Ich den Gefahren einer radikalen Reorganisation unterliegt, kann es vorübergehend Zeichen von Fehlanpassung und Fehlmentation zeigen. Trotzdem ist solch ein Ich oft stark genug, was ein unerschütterliches Vertrauen und Zuversicht in die Kohäsion seiner Existenz oder, in der Tat, seine Unzerstörbarkeit betrifft. Die Quelle dieser Zuversicht ist natürlich die positive Qualität früher Objektbeziehungen.

Für den klinischen Beboachter ist es oft schwer, eine klare Linie zwischen revolutionärer Reorganisation und regressiver Disintegration zu erkennen. Jede Diagnose muß in der Adoleszenz mit Skepsis und Zweifel, unter Vernachlässigung aller offen zutage liegenden Pathologie gestellt werden. Das schließliche Ergebnis kann sich manchmal erst in der Spät- oder Postadoleszenz herausstellen, da die Fähigkeit des Ichs zur Synthese erst in dieser Phase klar zum Ausdruck kommt. Die Abschlußphase der Adoleszenz birgt faszinierende Probleme und ist im vergangenen Jahrzehnt erschöpfender als je zuvor studiert worden. Dies hat für viele Beobachter das Endziel der Adoleszenz als Ganzes klargelegt, nämlich das, dem Individuum eine stabile Anordnung der Ich-Interessen mit sexueller Differenzierung und Polarisierung als den Kern des Bewußteins der Identität zu geben. Diese beiden Leistungen müssen in Zusammenarbeit mit der Außenwelt geübt und verfeinert werden.

Die Abschlußphase der Adoleszenz ist mehr durch integrative und adaptive als durch defensive Ich-Betätigungen charakterisiert. Mehrere Autoren haben die bedeutungsvollen definitiven Ich-Veränderungen als die hervorragendste psychologische Leistung dieser Phase erkannt. Erikson (1956) spricht von der Bildung der »Ich-Identität«. Ich betone den Gesamtprozeß der Konsolidierung des Selbst als die wichtigste Ich-Veränderung, die für die Spät- und Postadoleszenz charakteristisch ist. Gitelson (1948) hat in allgemeinerer Form die gleiche Beobachtung als »Charaktersynthese« zusammengefaßt. Hier muß auch Hartmanns (1950 a) Bezugnahme auf eine »Rangordnung« der Ich-Funktionen erwähnt werden. »Wir haben gezeigt«, sagte er, »wie das Zusammenpassen, die Synthese, der Steuerung durch die Außenwelt übergeordnet sein muß.« Dasselbe gilt für die Unmenge von Ich-Funktionen, die nicht die Stabilität und Festigkeit einer hierarchischen Struktur erwerben, bevor die Adoleszenz zum Abschluß kommt. Und es sind gerade diese Leistungen, welche die Endphase der Adoleszenz kennzeichnen.

4. Stabilisierungsmechanismen

Durch das in der Latenzperiode Erreichte ist das Ich in der Lage, mit immer komplizierter werdenden Zuständen — innerlichen wie äußerlichen — in differenzierter und zunehmend ökonomischer Weise fertig zu werden, ist aber nicht für die Größe der Aufgabe vorbereitet, der es in der Pubertät gegenübersteht. Der Druck, dem das Ich in der Adoleszenz ausgesetzt ist, ändert sich quantitativ wie qualitativ, wie es schon oben in der Beschreibung der Entwicklungsphasen erwähnt worden ist. Da es nicht fähig ist, die kritischen Situationen, mit denen es konfrontiert ist, zu bewältigen, nimmt das Ich zu verschiedenen Stabilisierungsmechanismen Zuflucht als zeitweise angewandte Mittel, um seine Integrität zu bewahren. Fast ausschließlich wird nur der Triebabwehr Beachtung geschenkt, die allerdings eine der Hauptrollen bei den Bemühungen in der Adoleszenz, die Angst abzuwenden, spielt, die nicht durch integrative Prozesse beherrscht werden kann. Die Angst ist aber nicht immer Konfliktangst, noch entsteht sie immer durch die Ablehnung des Sexualtriebes. Zum Teil verdankt sie ihre Entstehung aufgestauter Triebenergie oder der Unvollkommenheit in der Kanalisierung der phasengerechten Abfuhr. Spiegel (1958), der hier mit einigen von Bernfelds (1935) Gedanken übereinstimmt, meint zu dem Thema, daß einiges in der Symptomatologie der Adoleszenz als unmittelbare Folge — als echte neurotische Symptome — des Triebzuflusses angesehen werden kann, mit dem der immer noch unvollkommene seelische Apparat im Beginn der Adoleszenz nicht fertig zu werden vermag.

Eine andere Quelle der Spannung entspringt aus den beschränkenden Strafmaßnahmen der Eltern, die glauben, die sexuelle Reifung ihrer Kinder so handhaben zu müssen. Verbot und Strafe werden von den Eltern oft in übertriebener Weise ausgeübt, wenn das Kind das Alter der sexuellen Reifung erreicht hat, körperlich wächst und geistig unabhängiger wird. Jones (1913) und Pearson (1958) haben gezeigt, daß das Einsetzen der Pubertät bei ihrem Kinde in den Eltern Angst- und Vergeltungs-Reminiszenzen an diejenige Zeit erweckt, als ihre eigene Kindheit ihre Versuche, gegen die neidvoll betrachteten und übertriebenen Privilegien ihrer eigenen Eltern einzugreifen, vereitelt hatte. Die größere Nachgiebigkeit moderner Eltern in Dingen des Sex schafft eine Situation, in der die Eltern die sexuellen Triebstrebungen akzeptieren und sich selbst als Kameraden für ihr Pubertätskind anbieten. Diese Haltung erhöht nur die ödipale Verstrickung durch die künstlich geschaffene Aktualität einer früheren Eltern-Kind-Beziehung.

Es liegt auf der Hand, daß verschiedene Arten von Spannung dem Ich in der Adoleszenz gegenüberstehen, und eine ganze Reihe von Prozessen werden eingeschaltet, um diese Spannungen innerhalb erträglicher Grenzen zu halten. Was aber betont werden muß, ist, daß die Stabilisierungmechanismen nicht auf Abwehr im engsten Sinne des Wortes beschränkt sind. Hartmann (1939 b) spricht von den zwei Seiten der Abwehr, der erfolglos pathologischen und der adaptiven. Fenichel (1945 b) unterscheidet zwischen pathogener und erfolgreicher Abwehr, d. h. Sublimierung. Lampl-de Groot (1957) führt die Unterscheidung zwischen den adaptiven Prozessen als Teil der normalen Entwicklung und ihrer Verzerrungen, die man neurotische Abwehr nennt, ein. Anna Freud (1936) bespricht die normalen Aspekte der Abwehrreaktionen als die »Vorstadien der Abwehr«. Alle diese Autoren betonen, daß wir es hier mit einem multifunktionalen Konzept zu tun haben. Es scheint für die Diskussion über das adoleszente Ich wichtig zu sein, zwischen den heterogenen Aspekten dieses Konzepts zu unterscheiden.

Eine weitere Unterscheidung muß noch erwähnt werden, die von Hartmann (1956) eingeführt worden ist. Er spricht von »Abwehrmanövern« und »Abwehrmechanismen«. Die letzteren liegen im Unbewußten. Die Abwehrmanöver wirken im Vorbewußtsein und werden durch die Zensur vom Bewußtsein ferngehalten. Was in der Adoleszenz als leichter Zugang zu unbewußten Determinanten im Sinne der Einsicht erscheint, ist in Wirklichkeit meistens vorbewußter Inhalt. So ist also die Angst, daß bei der Behandlung von Adoleszenten die Schwächung der Abwehr immer primäre Prozesse mobilisiert, in vielen Fällen unbegründet. Die Stabilisierungsmechanismen, die für die Adoleszenz charakteristisch sind, schließen defensive, adaptive, restitutive und kompensatorische Mechanismen ein. Ich-Verbildungen, die z. B. beim Aufspaltungsprozeß vorkommen, haben ihren Platz neben diesen Stabilisierungsmechanismen. Sie wurden von dem Autor (1954) in einer klinischen Untersuchung über die prolongierte Adoleszenz beschrieben. Dissoziative Prozesse, die in diesem Adoleszenzsyndrom gezeigt werden konnten, werden häufiger dazu benutzt, Konflikte zu vermeiden, als die Konfliktangst zu beherrschen.

Die Grenze zwischen den verschiedenen Mechanismen, die oben aufgezählt worden sind, ist offenbar sehr fein. Das sollte uns jedoch nicht davon abhalten, doch den Versuch zu unternehmen, die klinischen Beobachtungen in ein System zu bringen. Mehrere oder auch alle stabilisierenden Mechanismen können gleichzeitig angewandt werden. Wir haben es hier mit einem verschlungenen psychischen Mechanismus zu tun. Um ihre spezifische Natur im einzelnen herauszustellen, müssen wir zuerst dynamische Charakteristika aufzeigen, die durch ihre Definition erlauben, die verschiedenen Prozeßeinheiten zu verfolgen.

Schon die Definition des Abwehrmechanismus enthält implicite die Tatsache, daß er von Gegenbesetzungen aufrechterhalten wird. Es ergibt sich also ein dauerndes Defizit an verfügbarer, d. h. beweglicher psychischer Energie.* Die Verausgabung an vorhandener Energie, die dadurch verbraucht wird, daß sie in der Aufrechterhaltung der Abwehr gebunden ist, kann in der Adoleszenz kritisch werden. Man darf aber nicht vergessen, daß die Anwendung jedes einzelnen Stabilisierungsmechanismus einen Punkt erreicht, wo ein pathologischer Zustand einsetzt. Die Ätiologie der spezifischen Stabilisierungsmechanismen trägt der Krankengeschichte des besonderen Falles, seiner Begabung und ferner dem ermutigenden oder entmutigenden Einfluß sozialer Institutionen Rechnung, wie Familie, Klasse, Kaste, Schule und Kirche, die gewisse Arten von Kontrolle oder Beherrschung begünstigen oder mißbilligen.

Die Stabilisierungsmechanismen sollten, wie gesagt, nicht als scharf gegeneinander abgegrenzt gedacht werden. Allerdings kann der eine allmählich in den anderen übergehen — im Sinne einer langsamen Verschiebung in der Betonung — bis dann der ganze Prozeß einen völlig neuen Charakter annimmt. Das geschieht z. B. bei den verschiedenen Formen der Identifizierung. Neben der defensiven Identifizierung sprechen wir auch von primitiver, transitorischer und adaptiver Identifizierung. Bei primitiver Identifizierung ist zum Beispiel durch Regression die Unterscheidung zwischen Objekt und dem Selbst vernichtet. Sie kann mehr oder weniger als Fusion mit dem Objekt angesehen werden. In diesem Zusammenhang spricht Geleerd (Solnit, 1959) von einer »partiellen Regression zur undifferenzierten Phase der Objektbeziehung«. Sie behauptet, daß dies ein normaler Vorgang in der Adoleszenz sei. Meiner Ansicht nach ist dies aber immer von pathognomischer Bedeutung. Defensive Identifizierung und Gegenidentifi-

* Die Frage nach der Quelle und Natur der Energie, die in Gegenbesetzung verbraucht wird (Abwehr), nämlich die Frage, ob die Energie dieselbe ist wie die der abgewehrten Triebe, oder ob neutralisierte, aggressive Energie angenommen werden muß, kann hier nicht besprochen werden. Hartmann (1950 a) hat diese Frage eingehend erörtert.

zierung lassen dauernde Merkmale im Charakter des Ichs zurück, während transitorische Identifizierung nahe an das experimentelle psychische Manöver herankommt, das sich von der Phantasie bis zur Ich-Ideal-Bildung und Sublimierung erstreckt. Und endlich, die adaptive Identifizierung muß man sich als eine Funktion des autonomen Ichs vorstellen. Übergänge und Kombinationen dieser verschiedenen Formen der Identifizierung sind für die adoleszente Entwicklung typisch. Der Fall von Tom bot uns eine klinische Illustration, die den Übergang von der defensiven zur adaptiven Ich-Funktion zeigt — von der Intellektualisierung zur Wissenschaft.

Intellektualisierung wurde von Anna Freud (1936) als ein typischer Abwehrmechanismus der Adoleszenz beschrieben. Sie stelle einen Versuch dar, die Triebgefahren durch Verdrängung zu beherrschen. Darüber hinaus hat sie auch einen adaptiven Aspekt, der sich zeigt, wo immer die Verdrängung den Status von Ich-Interessen angenommen hat, d. h., wo immer die intellektuelle Betätigung sich von der Triebeinbeziehung gelöst hat. Hartmann (1939) bemerkte hierzu, daß ein Abwehrmechanismus wie jener der Intellektualisierung noch eine andere »der Realität zugewendete Seite« hat, »eine Seite, die uns erlaubt, in diesem Mechanismus der Triebabwehr gleichzeitig etwas zu sehen, das als Anpassungsvorgang gekennzeichnet ist«. In diesem Zusammenhang weist Hartmann darauf hin, daß Versagen und Vermeiden als Abwehr auch eine adaptive Seite haben — wenn man das Vermeiden des Allzugefährlichen und das Suchen nach dem, was wenigstens möglich ist, im Auge behält. Eine andere Bemerkung desselben Autors (1950 b) erhellt das Problem noch weiter: »Jede reaktive Charakterbildung, deren Ursprung in der Triebabwehr liegt, wird allmählich einen großen Teil anderer Funktionen im Rahmen des Ichs übernehmen. Da wir wissen, daß das Ergebnis dieser Entwicklung ziemlich stabil ist — oder sogar in den meisten Fällen irreversibel —, können solche Funktionen (wenn auch im sekundären Sinne) als autonom bezeichnet werden.«

Die schöpferische Betätigung, besonders in bezug auf künstlerisches Schaffen, muß in diesem Zusammenhang erwähnt werden. Spiegel (1958) nimmt Bezug auf ihre spezielle Funktion in der Ich-Differenzierung und deren stabilisierende Wirkung. »Durch künstlerisches Schaffen«, sagt er, »kann das Selbst zum Objekt und kann dann externalisiert werden und so dazu verhelfen, daß ein Gleichgewicht zwischen narzißtischer und Objektbesetzung hergestellt wird.« Bernfeld (1924) spricht von den schöpferischen Produkten der Adoleszenz als »Auch-Objekte«. Zusätzlich zu diesen Funktionen dient die schöpferische Tätigkeit der inneren Beherrschung emotionaler Konflikte. Wolfenstein (1956) wies in ihrer Analyse eines Gedichtes von A. E. Housman, das er als Fünfzehnjähriger geschrieben hatte, auf die Kompliziertheit dieses Prozesses hin. Das Abnehmen der künstlerischen Betätigung am Ende der Adoleszenz fällt mit dem Auftauchen einer stabilen Ich-Organisation und der Errichtung fester Grenzen zwischen der Selbst- und Objektrepräsentanz zusammen. In der Ich-Organisation des Künstlers ist diese Abgrenzung wahrscheinlich nie so scharf wie bei anderen Menschen.

Adaptive Ich-Funktionen wirken in der konfliktfreien Sphäre des Ichs. Daher ist »Anpassung« kein wertbestimmtes Konzept, sondern muß als eine innersystemische Organisation definiert werden. Ein Verhalten kann adaptiv und doch im Konflikt mit der Umgebung sein. Die Frage ist, ob das Verhalten die Externalisierung eines frühkindlichen Wunsches ist, oder ob es aus der konfliktfreien Sphäre des Ichs stammt und keinen sekundären Gewinn sexueller Natur enthält. In diesem Zusammenhang muß ein Mechanismus, der dem Wiederholungszwang verwandt ist, erwähnt werden. Einfach durch das Wiederholen einer Handlung, eines Gedankens, einer Emotion oder eines Affektes kann der Adoleszente mit ihm vertraut werden und anfangen, ihn zu tolerieren. Diese Methode ist besonders wirksam, wenn die Dosierung der quantitativ und qualitativ neuen Triebabfuhr reguliert ist und innerhalb erträglicher Grenzen gehalten wird. Diese Wiederholung ist dann noch ein stabilisierender Mechanismus, den das Ich in seinem Bemühen, die Triebspannung zu beherrschen, gebraucht.

Der restitutive Stabilisierungsmechanismus kann z. B. in den transitorischen Identifizierungen der eigentlichen Adoleszenz beobachtet werden. Wie schon oben erklärt, verhüten diese transitorischen Identifizierungen, daß die Objektlibido durch Ableitung auf das Selbst völlig aufgebraucht wird. Das Bedürfnis des Adoleszenten nach Gruppenzugehörigkeit als Ausdruck sozialen Hungers ist charakteristisch für solch einen restitutiven Prozeß. Dadurch, daß er Zutritt zu einem vollen und erregenden Außenleben bekommt, arbeitet der Adoleszent seinem unerträglichen Gefühl der Leere, der Isolation und Einsamkeit entgegen. Anna Freud (1958 b) gibt ein dramatisches Beispiel für den restitutiven Mechanismus aus ihren Studien an verwaisten Kindern. Die Kinder, die sie untersuchte, »waren in ihren ersten Lebensjahren der Beziehung zu einer stabilen Mutterfigur beraubt. Dieser Mangel an Mutterfixierung — weit entfernt davon, die Adoleszenz zu erleichtern — stellte eine echte Gefahr für den ganzen inneren Zusammenhalt der Persönlichkeit während dieser Periode dar. In solchen Fällen kommt es oft vor, daß der Adoleszenz die verzweifelte Suche nach dem Mutter-Image vorausgeht. Der innerliche Besitz und die Besetzung solch einer Imago scheint für den folgenden normalen Prozeß der Loslösung der Libido von ihm nötig zu sein, damit sie sich auf ein neues Objekt, nämlich den Sexualpartner übertragen kann«.

Kompensatorische Mechanismen sind ein Mittel, um das narzißtische Gleichgewicht aufrechtzuerhalten. Geistige oder körperliche Mängel, die als eine narzißtische Zurücksetzung empfunden werden, regen das — oft forcierte — Überwuchern spezieller Gaben an und arbeiten so dem drohenden Nachlassen der Selbstachtung entgegen. Die Beobachtung zeigt, daß die Wiederherstellung der Objektbeziehungen das narzißtische Gleichgewicht weniger prekär macht und die kompensatorischen Mechanismen in Ausmaß und Intensität reduziert. Das ungleichmäßige Tempo der Pubertätsentwicklung, das zu den erstaunlichen Reifungsdifferenzen in ein und derselben Altersgruppe führt, wird individuell oft durch Übertreibung (oder das Gegenteil) des jeweiligen Reifungsniveaus modifiziert. Auch hier liegt das Problem des Narzißmus an der Wurzel der kompensatorischen Ich-Betätigungen. Dieses Mittel zur Stabilisierung des narzißtischen Gleichgewichts wird oft zur Herbeiführung eines »experimentellen Unfalles« benutzt, der latente Fähigkeiten herausbringt, die sich dann unter der positiven Anerkennung der anderen und des Selbsts entfalten können. Unter solchen Umständen wird der Übergang zu einer adaptiven Ich-Funktion ganz besonders günstig vorangetrieben.

Die Triebschwankungen, zusammen mit den Einflüssen, die die Umwelt auf die Adoleszenz hat — wie größere Bewegungsfreiheit und erzwungene soziale Verantwortung —, stimulieren beide gewisse Ich-Funktionen, die auf eine beschleunigte Entwicklung hinzielen, während sie andere Ich-Funktionen hemmen und zurückhalten. Hartmann (1950 a) sagt hierzu: »Einflüsse, denen die Ich-Entwicklung unterliegt, wirken sich nicht immer gleichmäßig auf alle Ich-Funktionen im Sinne ihrer Entwicklung oder Verzögerung aus. Wir wissen, daß in einigen Fällen nicht nur einzelne Ich-Funktionen, sondern ganze Sektoren des Ichs zurückgeblieben sein können.« Diese Unterscheidung ist für die Adoleszenz besonders wichtig in einer Zeit, zu der die Ich-Entwicklung ungleichmäßig vor sich geht, einmal mit Vorwärtsrücken der defensiven Funktionen, ein anderes Mal der experimentellen (Agieren, Imitation und Lernen durch Wiederholung), dann wieder der adaptiven — kurz, das Schwergewicht liegt zu verschiedenen Zeiten auf ganz verschiedenen Ich-Mechanismen. Wie Hartmann bemerkte, können die »intellektuellen oder defensiven Funktionen des Ichs verfrüht entwikkelt sein, während z. B. die Toleranz für Unlust gehemmt ist«.

Nicht nur ist Konfliktangst für eine »schiefe« Ich-Entwicklung in der

Adoleszenz verantwortlich, sie liegt auch der Spannungsintoleranz zugrunde, und diese Unreife des Ichs führt oft zu pathologischen Ich-Bildungen. Diese letztere Überlegung trifft besonders auf das Verständnis der »modernen Jugend« zu, für die sexuelle Antriebe und Betätigungen wenig Konfliktangst verursachen. Jedoch die langwährende Zuflucht zur sexuellen Abfuhr durch Masturbation, ohne daß bedeutsame Objektbeziehungen hergestellt werden, perpetuiert nur den Zustand einer niedrigen Spannungstoleranz, die für das unreife Ich charakteristisch ist. Die Sexualität, die in früheren Generationen eine Quelle für Angst darstellte, die sich auf mehr oder weniger bewußte, ich-dystonische Sexualstrebungen gründete — als die typische Konfliktnot der Adoleszenz —, ist in letzter Zeit, wenigstens für einen bedeutsamen Sektor der sogenannten aufgeklärten Jugend, von einem typisch ich-syntonischen Zustand der retardierten Reifung gewisser Ich-Funktionen überschattet worden. Das Ergebnis ist ein innersystemischer, struktureller Mangel an Gleichgewicht im Ich. Dieser Konflikt innerhalb des Ichs führt gewöhnlich zu transitorischen Spaltungsprozessen als Mittel, einen Zustand von Disorganisation oder Ich-Regression zu vermeiden.

Ein typisch adoleszenter Zug, die adoleszente Neigung zur Aktion, muß hier erwähnt werden, denn er berührt eine fundamentale Antithese dieser Zeit — die zwischen Passivität und Aktivität. Die Furcht vor der Passivität als der frühkindlichen Rezeptivität und Unterordnung, ist bei beiden Geschlechtern gleich stark. Das Verschmelzen der Passivität mit Aspekten der Femininität macht sie natürlich für den Jungen zu einem Anathema, bei dem Aktion und Selbstbehauptung oft als Negation der Passivität dienen. Durch Projektion erlebt man eine innere Drohung, als ob sie in der Außenwelt existierte. Daher die Vorliebe der Adoleszenten für das »Agieren«. Nah verwandt diesem Phänomen ist Anna Freuds (1951) adoleszenter »Negativismus« als Abwehr gegen emotionale Kapitulation und gegen den Verlust des Identitätsgefühls.

Ich will diese Abhandlung der stabilisierenden Mechanismen mit einem Zitat von Freud (1938 b) beschließen, in dem er das Problem dualistisch ansieht und jeden Trost durch eine einfache Alternative ausschließt: »Was immer das Ich in seinem Abwehrstreben vornimmt, ob es ein Stück der wirklichen Außenwelt verleugnet oder einen Triebanspruch der Innenwelt abweisen will, niemals ist der Erfolg ein vollkommener, restloser, immer ergeben sich daraus zwei gegensätzliche Einstellungen, von denen auch die unterliegende, schwächere zu psychischen Weiterungen führt.«

In letzter Zeit spielt der Begriff des Ich-Ideals eine recht unwichtige Rolle in der Psychologie der Adoleszenz. Ich will diesen Begriff hier aber gebrauchen, da er erlaubt, eine Ich-Modifikation zu umreißen, die typisch für die Adoleszenzperiode ist. Das Ich-Ideal ist ein differenzierter Teil des Ichs, der mit narzißtischer und homosexueller Libido besetzt ist. Es nimmt eine führende Rolle ein, ähnlich der des Über-Ichs, unterscheidet sich aber vom Über-Ich darin, daß es persönlicher ist und daß ihm kompromißlose Tyrannei und primitive Grausamkeit abgeht.

Über-Ich und Ich-Ideal können leicht unterschieden werden, wenn man ihren verschiedenen Ursprung betrachtet. Das Über-Ich kann in die frühe Kindheit zurückverfolgt werden, dann durch seine vielen Vorstufen, bis es beim Absinken der Ödipalphase die endgültige Struktur einer psychischen Instanz annimmt. Sein Ursprung oder, besser gesagt, seine Formung ist eine Folge der Beilegung des Ödipalkampfes oder des Pyrrhussieges, der ihn zum Abschluß bringt. Ebenso erhält das Ich-Ideal seine endgültige Organisation erst spät, am Ende der homosexuellen Phase der Frühadoleszenz. Vorläufer des Ich-Ideals kann man durch die ganze Kindheit hindurch beobachten. Die psychische Instanz des Ich-Ideals fährt während der Adoleszenz fort, einen sich dauernd verändernden Inhalt zu integrieren. Seine Struktur bleibt jedoch konstant und permanent. Der Ursprung des Ich-Ideals findet sich in der irreversiblen Unterwerfung der negativen (homosexuellen) ödipalen Einstellung während der Frühadoleszenz. Das Ich-Ideal fördert also die Bildung der sexuellen Identität und dient dazu, sie zu stabilisieren. Beide Instanzen sind Ziel-gerichtet und wahlbestimmend. Jeder Verstoß gegen die Forderungen des Über-Ichs fordert Schuldgefühle, Furcht vor Vergeltung und Verzicht sowie das Bedürfnis nach Buße heraus. Wenn die Erwartungen des Ich-Ideals vernachlässigt werden, kommt es — im Gegensatz dazu — zu einem Schock für das narzißtische Gleichgewicht und zu einem schädigenden Einfluß auf das Ich, der mit sozialer Angst einhergeht. Das Ich-Ideal enthält, wie Freud (1914) sagt, nicht nur eine individuelle, sondern auch eine soziale Komponente.

Das Ich-Ideal hat — wenigstens in seiner typischen und vorherrschenden Form — seine Wurzeln in der Identifizierung mit dem gleichgeschlechtlichen Elternteil. Den entscheidenden formativen Schub erhält es während des Abbaus des Ödipuskomplexes, wenn das Kind aufhört zu verlangen, mit diesem Elternteil auf einer Stufe zu stehen und sein ganzes Bemühen darauf richtet, wie er zu sein und zu werden. Die primitive Identifizierung, die die Unterscheidung zwischen Subjekt und Objekt vernachlässigt, wird durch Identifizierung mit abstrakten Teil-Objekten ersetzt, wie bestimmte Züge, Werte, Haltungen. Diese Identifizierungen wachsen allmählich über ihre Vorläufer, das Wetteifern in bezug auf Körper oder Körperteile und Idealisierung des gesamten betreffenden Elternteils hinaus. Greenacre (1958) meint diese Periode, wenn er sagt: »Es ist also die Periode, in der die Idealbildung beginnt, und zwar sowohl durch partielle Identifizierung, Aufschub und Erwartung als auch eine Zunahme der Gelegenheiten zum Erleben und Prüfen der äußeren Realität.« Die analytische Beobachtung von Spät- oder Postadoleszenzfällen enthüllt die negative ödipale Bindung, d. h. die homosexuelle Komponente, die nicht in Ich-Ideal-Bildung verwandelt worden ist, mit dem Ergebnis, daß der Adoleszenzprozeß unter dem Impakt einer frühkindlichen sexuellen Fixierung zusammenbricht. Wir werden später auf die Rolle des Ich-Ideals in der Adoleszenz und seine Bedeutung für die Auflösung der frühkindlichen homosexuellen Bindung zurückkommen.

Das Ich-Ideal übernimmt allmählich einige Über-Ich-Funktionen. Diese Veränderung geschieht in ihrer dramatischsten Form während der Adoleszenz, wenn die Über-Ich-Beziehung radikal revidiert wird, d. h. also während derjenigen Phasen, in denen die Lockerung der frühen Objektbindungen oder die entscheidende Ablösung von dem ödipalen Elternteil vor sich geht. Sicher lassen sich sogar noch in der Adoleszenz — wie Anna Freud (1952) bemerkt hat — Über-Ich und Ich-Haltungen revidieren. Elemente des Über-Ichs werden also entweder positiv oder negativ modifiziert und in das Ich-Ideal aufgenommen. Identifizierungen der Adoleszenzperiode spielen hier eine wichtige Rolle, indem sie dem Ich-Ideal zusätzlichen Inhalt und spezifische Richtung geben. Normalerweise fehlt ihnen die Irrationalität, die für das Über-Ich charakteristisch ist, und schon nach ihrer Definition sind sie also ich-syntonisch.

Das libidinöse Modell des »ich liebe, was ich gern sein möchte«, stellt narzißtische Ganzheit dar. Dies ist oben als die homosexuelle Phase der Frühadoleszenz beschrieben worden. Der Erbe dieser Phase ist das Ich-Ideal in seiner endgültigen Organisation. So erlangt also das Ich-Ideal den Status einer Ich-Instanz, indem die homosexuelle Objektlibido in eine Ich-Libido verwandelt wird und in den diesen Vorgang begleitenden Zustand sexueller Ganzheit, der in der heterosexuellen Polarität gefunden wird. Diese entscheidende Modifikation schließt einerseits die Tür vor der bisexuellen Selbstgenügsamkeit (megalomane Selbsterhöhung der »eigentlichen Adoleszenz«) und andererseits vor der narzißtischen, d. h. homosexuellen Objektwahl. Hierzu sagt Freud (1914): »Große Beträge von wesentlich homosexueller Libido wurden so zur Bildung des narzißtischen Ich-Ideals herangezogen und finden in der Erhaltung desselben Ableitung und Befriedigung.« Es scheint, daß die Entwicklung des Ich-Ideals in der Adoleszenz nicht genügend Aufmerksamkeit gefunden hat, jedenfalls was den Einfluß anbetrifft, den es auf die Stabilisierung der Maskulinität und Femininität und, pari passu, auf den Charakter des Ichs ausübt. Benedek (1956 b) erwähnt einen Konflikt, der für das moderne Mädchen typisch ist, das in seiner Persönlichkeit entgegengesetzte Ziele zu integrieren versucht und ein maskulines (aktives) Ich-Ideal hat, das sich streng der Regression, als einem wesentlichen Schritt in der Entwicklung der Mütterlichkeit, entgegensetzt. Benedek (1956 b) fährt fort: »Indem sie maskuline Aspirationen integriert, entwickelt die moderne Frau ein strenges Über-Ich.«

Jede Diskrepanz zwischen Ich-Ideal und Selbst-Repräsentanz wird als eine Minderung des Selbstgefühls empfunden, die unerträgliche Proportionen annehmen kann. Beim Heranwachsenden beobachten wir oft eine Selbst-Vorstellungsbildung mit »paranoiden« Reaktionen, die durch eine feindliche Identifizierung mit einem degradierten Eltern-Image hervorgerufen ist. Diesem Zustand folgt dann eine narzißtische Restitution des abgewerteten Selbst, und nur auf diese Weise sind gewisse Jugendliche in der Lage, der Selbstkritik und den negativen Umweltreaktionen zu widerstehen, die dauernd auf sie einhämmern. Helene Deutsch (1954) hat dieses Problem im Zusammenhang mit der Psychologie des Hochstaplers besprochen.

6. Besetzungsverschiebungen

Das Abziehen der Objektbesetzung und ihr Wiederzurücklenken auf das Selbst ist von mehreren Autoren als typisch für die Adoleszenz beschrieben worden (Bernfeld, 1923; Landauer, 1935; A. Freud, 1936; Hartmann, 1950 b). In diesem Falle nimmt das Ich das Selbst zum Objekt. Es besteht — wie Freud (1914) sagte — ein Gegensatz zwischen der Ich-Libido und der Objektlibido. Je mehr die eine verbraucht, desto mehr verarmt die andere. Die libidinöse Verschiebung auf das Selbst hin bewirkt eine Zunahme des sekundären Narzißmus mit Beeinträchtigung der Realitätsprüfung.

Das Bemühen des Ichs, der Abziehung der Objektbesetzung, die durch emotionale Konflikte notwendig gemacht wird, entgegenzuwirken, läßt nie nach. Die Phänomenologie dieser Bemühungen wurde schon oben in der Besprechung der Entwicklungsphasen beschrieben. Sie alle arbeiten darauf hin, einen Bruch mit der Realität zu vermeiden. Entfremdung von der Außenwelt mit der daraus resultierenden narzißtischen Aufblähung kann überstürzt psychoseähnliche Zustände einleiten. Dieser Zustand ist zuerst von Bernfeld (1923) erwähnt worden; er ist normalerweise transitorisch und nimmt ab, wenn die Objektlibido wieder nach außen gekehrt und in neuen Objekten der Außenwelt investiert wird. Veränderungen in diesem Zustand laufen dem allmählichen Aufhören der Autoerotik (Masturbation), der Hinwendung zur Heterosexualität parallel.

Die typisch adoleszente Frage: »Wer bin ich?« stellt das subjektive Erleben dieser Besetzungsverschiebungen dar. Der Verlust des Identitätsgefühls, das von Jugendlichen oft als ein Gefühl der Entpersönlichung beschrieben wird — »das bin ich nicht«, »ich fühle nichts« — folgt dem Entzug der Objektbesetzung. Dieser Zustand wird erschwert, wenn die emotionale Lösung von dem einen Elternteil das Aufgeben der stark narzißtischen Beziehung bedeutet, auf den sich das Identitätsgefühl fast ausschließlich für seine Regulierung und Aufrechterhaltung stützt. Das Zerreißen solch einer Objektbindung bedeutet gleichzeitig in mehr oder weniger ernster Form das Zerbrechen oder den Verlust des Identitätsgefühls. Federn (1929) trägt in seinen Untersuchungen der Entfremdungsphänomene zu diesen Überlegungen noch bei, indem er betont, daß der Objektverlust eine begleitende narzißtische Not herbeiführt und daß die Stimmungsschwankungen, die solch einem Verlust folgen, ein gesundes Zeichen des Kampfes zwischen narzißtischer Selbstgenügsamkeit (Ablehnung der Außenwelt) und auf das Objekt gerichterer Libido sind. Klinisch können wir beobachten, daß die sprichwörtlichen Stimmungsschwankungen der Adoleszenz abnehmen, wenn sich die Objektlibido nach einer Periode verstärkten Narzißmus wieder nach außen richtet.

Der Objektverlust, den der Jugendliche in bezug auf die Eltern der Kindheit erfährt, d. h. in bezug auf das Eltern-Image, enthält Züge des Trauerns. Dieser Verlust ist endgültiger und unwiderruflicher als der, der am Ende der Ödipalperiode eintritt. Root (1957) hat gezeigt, daß »das Betrauern als solches eine wichtige psychologische Aufgabe der Adoleszenzperiode ist«. Dieses Werk der Trauer ergreift das Ich mit wohlbekannten Reaktionen. Teilweise ist sie für die Depressionszustände der Adoleszenz verantwortlich, ebenso wie für ihre Kummer-Reaktionen, die einen Aufschub des Affekts bedeuten. Um das Werk des Trauerns zu vollbringen, braucht es Wiederholung und Zeit.

Das Erscheinen von Zuständen narzißtischer Regression in seinem Dienste würde dann also eine positive Reaktion darstellen und die Entwicklung eines starken Ichs voraussagen.

Hartmann (1950 b) macht eine wichtige Unterscheidung zwischen den verschiedenen Formen des Entzugs der Libido von der Realität. Man muß überlegen, meint er, »ob der Teil der daraus resultierenden, im Ich lokalisierten Selbst-Besetzung noch eng zur Sexualität gehört oder einen gründlichen Neutralisierungsprozeß durchgemacht hat«. Eine Zunahme der neutralisierten Ich-Besetzungen wird keine pathologischen Manifestationen hervorrufen, aber die Überschwemmung mit ungenügend neutralisierter Triebenergie kann (unter gewissen Umständen) diesen Effekt haben. Diese Unterscheidung mag für die verschiedenen möglichen Folgen des Libidoentzugs von der Außenwelt verantwortlich sein — das bedeutet, für die verhältnismäßig gutartigen oder die pathologischen Folgen dieser Besetzungsverschiebung.

Ich-Betätigungen, die für diese Phase des Libidoentzugs typisch sind, haben den Zweck, durch Selbst-Stimulierung jenes Ich-Gefühl anzuregen, das für die Aufrechterhaltung der Ich-Grenzen und der Ich-Kontinuität nötig ist. Diese Anregung wird gewöhnlich von der Außenwelt besorgt. In bezug auf die Adoleszenz spricht Landauer (1935) vom »erhöhten Ich-Gefühl«, womit er das Erwachen von affektiven Zuständen meint, die ein Gefühl des intensiven Ich-Erlebens verschaffen. Diese »erhöhten Ich-Gefühle« zielen darauf hin, der Verarmung des Ichs entgegenzuarbeiten, die durch den »Besetzungsentzug von der Außenwelt« verursacht ist (A. Freud, 1936) oder vielmehr durch den Entzug der Besetzung der Objektrepräsentanz im Ich. Dieser Zustand der Ich-Verarmung scheint Schwankungen unterworfen zu sein (Stimmungsschwankungen), die den Erfolg oder Mißerfolg im Lösen der frühkindlichen Objektbindungen reflektieren.

Die schnelle Verschiebung und Labilität dieser Ich-Zustände ist für die Phänomenologie der Adoleszenz charakteristisch: in dieser Entwicklungsperiode sind Hilflosigkeit und Mangel an Stabilität nicht Zeichen eines schwachen oder zerbrochenen Ichs, sondern stellen eher die lebhaften Bemühungen des Ichs dar, seine Kontinuität, seine Kohäsion und den Kontakt mit der Realität zu sichern. Adoleszente Entwicklung ist die ganze Zeit hindurch durch oszillierende Progressionen, Regressionen und Stillstand charakterisiert. Ich habe diesen Stillstand vorher schon als »Aufhalteaktionen« (holding actions) bezeichnet, die innere Veränderungen und Gewinne konsolidieren und organisieren, bevor sie an der Umgebung artikuliert werden. Der positive Aspekt des Libidoentzugs von der Außenwelt liegt in der »inneren

Beherrschung« durch Denken, experimentelle Gefühlszustände, Selbstbeobachtung und Besetzungsveränderungen im Ich, in bezug auf Selbst- und Objektrepräsentanz. Dies alles sind Vorbereitungsstadien für eine entscheidende Wendung zur Objektwelt, die stattfindet, bevor die »äußere Beherrschung« eingeleitet ist. Die Vor-Stadien der inneren Wandlung machen einen Erfolg in der Anpassung an die neue Realität wahrscheinlicher.

7. Das Stadium der Konsolidierung

Der entscheidende Prüfstein für das Ich, jedenfalls soweit es seine integrative und synthetische Funktion betrifft, kommt mit der Spätadoleszenz, dem Stadium der Persönlichkeitskonsolidierung im Sinne von festen Vorzugsinteressen des Ichs, wie z. B. hochpersönliche Liebesbedürfnisse. Diese integrativen Bemühungen des Ichs gehen dann mit in die Postadoleszenz über, mit dem spezifischen Ziel, den inneren Gewinn auf die Umgebung zu aktivieren. Einige Beobachter der Adoleszenz waren überrascht, daß der Periode der emotionalen Reorganisation eine andere folgt, in der Ich-integrierende und -adaptierende Prozesse den Hauptteil der psychischen Energie absorbieren. Wittels (1948) sprach von einer »zweiten Latenz«, Braatöy (1934) von »Interregnum«, Erikson (1956), der die Zeitspanne betonte, die zwischen den Ich-integrierenden Vorgängen und ihrer Aktivierung auf die Außenwelt erforderlich ist, nannte diese Periode das adoleszente »Moratorium«.
Es ist schon betont worden, daß die Konflikte am Ende der Adoleszenz nur teilweise gelöst sind. Aber trotzdem wird eine Synthese erreicht, die sich als hoch-individuell und stabil erweist. Man könnte sagen, daß gewisse Konfliktkomplexe den Rang eines Leitmotivs bekommen, und zwar dadurch, daß sie Ich-gerecht gestaltet werden. Auf jeden Fall meine ich, daß diese schließliche Ich-Synthese am Ende der Adoleszenz noch ungelöste (traumatische) Reste der Kindheit beherbergt, und daß diese dynamisch aktiven Reste ihrerseits eine dringende und entschlossene Triebkraft (Wiederholungszwang) liefern, die sich in der Lebensführung bemerkbar macht. Diese Ich-Prozesse werden subjektiv als das Bewußtsein einer zweckvollen und bedeutsamen Existenz empfunden. Die intrasystemische Organisation des Ichs wird von differenzierenden und stratifizierenden Vorgängen beeinflußt, d. h. die Ich-Interessen werden enger bestimmt, so daß der unbegrenzten Auswahl unter »möglichen Lebensformen« ein Halt gesetzt wird. Diese Organisation bedeutet das Ende eines Zustandes der Kindheit, der bis zum Schluß der eigentlichen Adoleszenz typisch ist.

Die Konsolidierung am Ende der Adoleszenz wird von Verdrängungen begleitet, die einen Zustand der Amnesie hervorrufen, der an die Anfänge der Latenzzeit erinnert. Jedoch besteht hier ein wesentlicher Unterschied: am Ende der frühen Kindheit liegen die Erinnerungen näher an den erlebten Emotionen, und die Fakten werden verdrängt. Im Gegensatz dazu beziehen sich am Ende der Adoleszenz die Erinnerungen auf genaue faktische Einzelheiten, während die erlebten Emotionen verdrängt werden. Dies wurde durch die Geschichte eines einundzwanzigjährigen, männlichen Patienten illustriert, der sagte: »Ich erinnere mich an jenes wundervolle Gefühl aus der Zeit, als ich fünf oder sechs war — ich kann es jetzt noch fühlen —, daß ich die Treppe hinauf und herunterfliegen konnte.« Die Fakten aus dieser Zeit wurden nicht erinnert. Er fuhr dann fort, über die Erinnerungen an seine Adoleszenz zu sprechen: »Ich erinnere mich genau, wie mein Freund und ich zusammen onanierten und versuchten, die Spermatozoen unter dem Mikroskop anzusehen. Aber das einzige Gefühl, an das ich mich erinnern kann, ist die Verlegenheit darüber, daß ich bei der Ejakulation einen Fleck auf den Teppich gemacht hatte.« Es ist oft betont worden, daß die Rekonstruktion des emotionalen Lebens der Adoleszenz größere Aufmerksamkeit verdient, als ihr gewöhnlich in der Erwachsenenanalyse zuteil wird.

Die oben erwähnten Ich-Veränderungen, die für das Erwachsenwerden wesentlich sind, stellen die synthetischen und integrativen Fähigkeiten auf eine harte Probe. Deshalb fällt auch der größte Teil der psychischen Mortalität in diese Phase. In der Vergangenheit hat die deskriptive Psychiatrie Dementia Präcox als einen psychotischen Zustand bezeichnet, dessen Anfänge typischerweise in der Adoleszenz liegen. Braatöy (1934) hat in seiner Untersuchung über das Alter zwischen fünfzehn und fünfundzwanzig über die Häufigkeit von Psychosen (Schizophrenie) beim Manne gesprochen, die »genau in jenen Jahren in Erscheinung treten, in denen das Individuum anfangen sollte, das in die Praxis umzusetzen, was bis dahin Ausbildung, Traum und Schularbeit war«.

Wo immer das Ich siegreich aus dem Kampf dieser Phase hervorgeht, verleiht die legitime narzißtische Befriedigung darüber — Stolz, Selbstvertrauen und Selbstachtung — dieser Leistung Dauer und Stabilität. Untersuchungen über das Ich am Ende der Adoleszenz haben in zunehmendem Maße die Meinung unterstützt, daß Korrekturen und reparative Veränderungen sogar noch in der Spätadoleszenz einsetzen können. Untersuchung an Kindern (Beres und Obers, 1950), die in der frühen Kindheit schweren Mangel gelitten hatten, zeigten, daß die

»Verbildung der psychischen Struktur«, die sie erlebt hatten, »nicht unveränderbar fixiert« war. Sogar noch in der Adoleszenz wirkten reparative Kräfte, wenigstens teilweise, dem früheren Defizit entgegen, und ein bedeutendes Wachstum der Ich-Funktionen wurde beobachtet. Wir wissen immer noch nichts über die Faktoren, die es Kindern, die in der frühen Kindheit emotionell schwer geschädigt worden sind, ermöglicht, trotz allem in der Adoleszenz signifikante reparative Veränderungen zuwege zu bringen. In der Adoleszenz hat das Ich die Aufgabe, dem zerstörerischen Einfluß infantiler Traumen durch pathologische Lösungen entgegenzuarbeiten. Das wird durch die Anwendung stabilisierender Mechanismen und schließlich durch Differenzierungsprozesse, Stratifikation und Integration erreicht, die das psychologische Kennzeichen einer kohäsiven Persönlichkeit sind. Die Individualität wird durch die spezifische Reihe der Konfliktthemen (Traumen) bestimmt, die permanent integrierte Aspekte des Ichs geworden sind. Ihre Auflösung ist dazu bestimmt, eine Aufgabe für das ganze Leben zu sein.

8. Das Ich und das Selbst

Mit dem Konzept des Selbst kommen wir zu einem ganz neuen Phänomen in der Entwicklung des reifenden Ichs. Natürlich will ich damit nicht sagen, daß das Selbst erst in der Adoleszenz Gestalt annimmt; es erreicht jedoch in dieser Periode eine Qualität, die es bis dahin nicht gehabt hat.
Klinische Beobachter der Adolszenz haben oft angedeutet, daß es eine qualitativ ganz neue Bildung im geisten Leben der Spätadoleszenz gäbe, die nicht ganz durch die Tatsache erklärt werden kann, daß die psychosexuelle Entwicklung bis zum genitalen Primat vorgeschritten ist. Hier zeigt sich ein neues Niveau der Homoeostase im geistigen Apparat. Dieser Umstand deutet darauf hin, daß die Stabilität nicht — wie oben beschrieben — einzig und allein auf dem Abnehmen der Konflikte oder auf Ich-Syntonizität der spezifischen Spannungen basiert, sondern daß die Innovationen ein organisierendes Prinzip einer ganz neuen Ordnung reflektieren, die hier als das »Selbst« bezeichnet werden soll. »Wir brauchen einen Namen«, so bemerkte Grinker (1957), »für einen übergeordneten Prozeß, der in der Weise funktioniert, daß er die Sub-Systeme, einschließlich der vielen Identifizierungen, die das Ich, das Ich-Ideal und das Über-Ich bilden, integriert und das Verhalten in die verfügbaren Sozialrollen einordnet. Der passendste Name, der uns zur Verfügung steht, ist das ›Selbst‹.« In Anlehnung an ein Axiom der Gestaltpsychologie, das besagt, daß das Ganze mehr als

die Summe seiner Teile ist, kann man hier sagen, daß am Ende der Adoleszenz das Ich mehr ist als die Summe seiner aufgegebenen Objektbesetzungen oder die Summe seiner Identifizierungen. Kurz gesagt, eine Neubildung oder, besser, ein neues Ordnungsprinzip ist hier entstanden, das man mit dem Ausdruck »Selbst« bezeichnen kann.

Für eine Definition des Selbst verweise ich auf Jacobson (1954): »Unter einem realistischen Konzept des Selbst verstehen wir ein solches, das den Zustand und die Charakteristika, die Möglichkeiten und Fähigkeiten, die Vorteile und die Grenzen unseres körperlichen und geistigen Ichs korrekt widerspiegelt: einerseits unsere Erscheinung, unsere Anatomie und Physiologie, andererseits die bewußten und vorbewußten Gefühle und Gedanken, Wünsche, Impulse und Haltungen unserer physischen und geistigen Betätigungen.« Es muß betont werden, daß das Selbst eine lange individuelle Geschichte hat und nicht erst in der Adoleszenz als eine psychische Bildung auftaucht. Was neu bei dem Eintritt in das Erwachsenenstadium ist, ist die Qualität des Selbst, seine relative Stabilität und die Wirkung, die es auf beides, die Realitätsprüfung und die realistische Selbsteinschätzung als Grundlage für Denken und Handeln ausübt. Subjektiv fühlt der junge Erwachsene, daß er jetzt, wo der Aufruhr der Adoleszenz vorbei ist, ein anderer Mensch ist. Er fühlt »sich selbst«, er bemerkt eine Einheit des inneren und äußeren Erlebens an Stelle der fragmentierten Exzesse der Adoleszenz. All das summiert sich zu einem subjektiven Selbst-Erlebnis, das Erikson (1956) als »Ich-Identität« beschrieben hat. Spiegel (1958) sagt, daß zu dieser Zeit — der Abschlußphase der Adoleszenz — »die offenkundige Sexual-Wahl getroffen ist«.

Das Schlußstadium der Spätadoleszenz in bezug auf die Organisation des Selbst kann mit einem Individuationsprozeß verglichen werden, ähnlich dem des Säuglings von etwa acht Monaten, der seine Getrenntheit von der Umgebung als »Ich« und »Nicht-Ich« erlebt, und der das Objekt nicht mit in Rechnung setzt (Spitz, 1957). Dieser Schritt in der Ich-Differenzierung geht um mehrere Monate der Unterscheidung zwischen Selbst und Objekt voraus. Beide Individuationsprozesse haben das gemeinsam, daß sie eine progressive Resistenz gegen die auflösenden Wirkungen der inneren und äußeren Reize (Reizbarriere) zeigen und folglich eine zunehmende Unabhängigkeit von der Mutter, und zwar durch die Unterscheidung zwischen der geistigen Vorstellung und der Wahrnehmung.

Das Selbst ist genauso zentrifugal wie zentripetal in seinen perzeptiven und cognitiven Aspekten. »Alle Selbsterkenntnis vereinigt die Gewahrung der eigenen Person durch das Ich mit einem Wissen darum, wie

›andere‹ darauf reagieren.« (Spitz, 1957) Während für den Säugling die physischen Begrenzungen das physische Selbst als den Kern des Selbst-Bewußtseins errichten, hängt für den Heranwachsenden die Bildung des Selbst vom Erkennen seines emotionalen, intellektuellen, sozialen und sexuellen Selbst ab. Mit anderen Worten, das Selbst als eine wirkungsvolle, organisierte Einheit hängt von dem Aufgeben der frühkindlichen Megalomanie und des Bewußtseins des Besitzes magischer Kräfte ab. Dieser Prozeß kann auch als progressive Objektivierung angesehen werden.

Die Schwierigkeit, das übersteigerte Selbst-Image der Kindheit aufzugeben, wird gewöhnlich unterschätzt. Sie kann nur richtig eingeschätzt werden, wenn die Annehmlichkeit und der Lustgewinn, der aus dem begleitenden Ich-Zustand stammt, in Rechnung gestellt wird. Das Verschmelzen von Selbst und Objekt stellt eine primitive Identifizierung dar, die einem erlaubt, die schmerzlichen und unerwünschten Aspekte der Realität und des Selbst zu vernachlässigen. So wird es möglich, an den Attributen und Qualitäten des Objektes teilzunehmen. Dies kann jedoch nur um den Preis der Fälschung von innerer und äußerer Realität erreicht werden.

Es ergibt sich also, daß feste Grenzen zwischen der Besetzung, die auf das Selbst und der, die auf das Objekt gerichtet ist, für die Konstanz der Wirklichkeitswahrnehmung wichtig ist. Fließende Übergänge der Objektbesetzung von der Selbst- und Objektrepräsentanz oder umgekehrt, schließen eine Stabilität des Selbst aus: entweder wird die Selbst-Repräsentanz mit den Eigenschaften des Objekts ausgestattet, oder die Eigenschaften des Selbst werden der Objektwelt mitgeteilt. In beiden Fällen ist die Fähigkeit zur Realitätsprüfung (der Realitätssinn) gestört. Stimmungsschwankungen beeinflussen dauernd das Bewußtsein des Selbst und bestimmen dabei die Haltung und Wahrnehmung des Ichs gegenüber der Außenwelt (Jacobson, 1954). Der Einfluß der Erwachsenen dient dem Kinde als Regulativ, das den Fluß der Besetzung verhältnismäßig in Grenzen hält. Dies ist eine zusätzliche Quelle für die Abhängigkeit des Kindes von der normativen Autorität der Erwachsenen.

Das geistige Leben vieler Adoleszenten — und das trifft besonders auf Fälle von prolongierter Adoleszenz zu — erinnert an frühe Objektbeziehungen und die dazugehörigen Phantasien des »Eins mit dem anderen sein«, indem die Gesten und Affekte des Liebesobjektes imitiert werden, ohne sie mit dem funktionellen Aspekt in Beziehung zu bringen, d. h., der Heranwachsende kümmert sich nicht um die Unterscheidung zwischen der äußeren Wirklichkeit und dem Selbst. Zuflucht zu diesem Rettungsmanöver wird in solchen Fällen genommen, in denen der Heranwachsende von narzißtischer Niederlage durch ein übersteigertes Ich-Ideal bedroht wird. Diese archaische Methode, mit Frustration fertig zu werden, zielt darauf hin, durch primitive Identifizierung (transitorische Fusion) jenes Maß der Selbst-Achtung zu erwerben, das erlaubt, die unangenehmen Aspekte der Realität zu ignorieren. Was immer der Heranwachsende durch diese Mittel erreicht hat, gibt ihm aber nur ein falsches Sicherheitsgefühl. Statt der Bildung eines stabilen Selbst, das auf die Grenzen zwischen Selbst und Objekt gegründet ist, hat er zu primitiven Identifizierungen Zuflucht genommen, die auf der Schwächung dieser Grenzen basieren, und er lebt in einem Zustand, den er subjektiv als einen Verlust des Identitätsbewußtseins empfindet. Transitorische Zustände wie dieser sind normale Adoleszenzerscheinungen. Die omnipotente Erhebung, die das Kind empfindet, wenn Selbst- und Objektrepräsentanz in einem Zustand idealer Erhabenheit zusammenfließen und auch die Enttäuschung an den Eltern und die Bildung eines Image von dem degradierten Elternteil, das in Selbst-Entwertung und in einem Gefühl des Unwerts resultiert, — diese beiden Kindheitsschwankungen des Selbst haben makrokosmische Gegenspieler in der Adoleszenz, wenn die ganze Welt dazu gezwungen wird, an ähnlichen Widerspiegelungen der Besetzungsverschiebungen teilzunehmen, die innerhalb des Selbst stattfinden. Diese Besetzungsverschiebungen innerhalb des Ichs tragen ihren Teil bei zu dem veränderten Ich-Gefühl und zu den Stimmungsschwankungen der Adoleszenz bei (Jacobson, 1957). Wo die aggressiv-zerstörerische Komponente der Objektbesetzung zusammen mit der degradierten Objektrepräsentanz für immer auf das Selbst abgelenkt wird, nimmt das Verhalten der Adoleszenten im Leben einen selbstzerstörerischen, selbst-entwürdigenden und ruinösen Verlauf. Erikson (1956) hat dieses Phänomen »negative Ich-Identität« genannt.

Die Gefahren der Adoleszenz scheinen darin zu liegen, daß die Loslösung von den frühkindlichen Objektbindungen ein Zurückkehren zu frühen Objektbeziehungen bedeutet. Im Verlaufe dieser Reorganisation verwischen sich notwendigerweise die Grenzen zwischen Selbst- und Objektrepräsentanz. Besetzungsverschiebungen verursachen Affekt- und Identitätsstörungen, die sich nur geben, wenn diese Grenzen wieder fest aufgerichtet sind. Die Mangelhaftigkeit oder Unvollkommenheit einer scharfen Abgrenzung zwischen Selbst- und Objektrepräsentanz im Ich schließen jede erfolgreiche Persönlichkeitskonsolidierung aus. Wenn man dieses Adoleszenzdilemma von einem anderen Gesichtswinkel aus ansieht, kann man sagen, daß die Schwierigkeit die ist, eine zugrunde liegende Ambivalenz zu überwinden, die sich aus projektiv-introjektiven Prozessen der oralen Modalität ergibt. Es braucht wohl kaum wiederholt zu werden, daß prä-ödipale Objektbeziehungen hoch-ambivalent sind. Dieser Zustand macht sich in der typischen emotionalen Unstabilität der Adoleszenz bemerkbar.

Selbst- und Objektrepräsentanz erwerben keine festen Grenzen, d. h., sie werden nicht resistent gegen Besetzungsverschiebungen. Mit anderen Worten, Konstanz der Selbst-Achtung und innere Regulativkontrollen (Über-Ich, Ich-Ideal), die zu seiner Erhaltung nötig sind, werden nicht voll wirksam, bevor die Adoleszenz nicht abgeschlossen ist. In der Tat ist der Abschluß der Adoleszenz durch die Tatsache definiert, daß gerade dieser Prozeß vollendet ist. Diese Vollendung zeigt sich in einem Abnehmen der adoleszenten Stimmungsschwankungen und einem Überwechseln von den extremen Haltungen des Idealismus und Zynismus zu jener, die automatisch die Realität in Betracht zieht. Die übertriebenen Erwartungen und verhängnisvollen Enttäuschungen im Selbst werden allmählich durch vernünftige Zielsetzungen und durch das Akzeptieren von Leistungen und Befriedigungen ersetzt, die in der Reichweite des richtig erfaßten Selbst liegen. In dieser Weise wird ein Operationsfeld innerhalb des Bereichs der Selbst-Verwirklichung abgesteckt, dessen Grenzen durch Faktoren wie Befähigungen, Umstände und Zeit bestimmt sind.

Das Ich erringt in diesem Stadium der Reifung »wenigstens einen Teilsieg des Realitätsprinzips, nicht nur über das Lustprinzip, sondern auch über übertriebenen Idealismus und so über das Über-Ich« (Jacobson, 1954). Wie schon erwähnt, übernimmt das Ich-Ideal einige der Funktionen des Über-Ichs, dient als Leitschnur und gibt dem Ich die Richtung an. Gleichzeitig bindet es die homosexuelle Libido und bietet einen Strom narzißtischer Versorgung in der Form von abstrakten Werten, ideationaler Konstruktion und konkreten Zielen. Das Erreichen dieser Ziele, oder vielmehr das Sich-ihnen-Nähern und ihre unermüdliche Bestätigung und Verfolgung drängen sich dem Ich mit einer weniger strengen Intoleranz auf, als es die Über-Ich-Herrschaft jemals konnte.

Feste Grenzen zwischen Selbst- und Objektrepräsentanz (oft als Ich-Grenzen beschrieben) trennen den einzelnen von der Außenwelt. Die Bildung des Selbst beim Abschluß der Adoleszenz erlaubt ihm, Ich-Interessen unabhängig zu verfolgen, und gibt eine Sicherheit für objekt-gerichtete Spannungsabfuhr. Ebenso konfrontiert sie es aber auch mit den realistischen Einschränkungen und dem Erkennen der menschlichen Verhältnisse. Conrad Aiken (1952) spricht in seiner Autobiographie von diesem schicksalsträchtigen Augenblick. »Fähig zu sein, sich von seinem Hintergrund zu lösen, von seiner Umgebung — ist das nicht die packendste Entdeckung, deren das Bewußtsein fähig ist! Und zweifellos gerade aus dem Grunde, weil es die Entdeckung unserer Grenzen ist und daher der erste und schärfste Vorgeschmack des Todes.« Die beiden griechischen Göttinnen Tyche und Ananke, die philosophischen Prinzipien von Schicksal und Notwendigkeit ersetzen die Elternfiguren und werden zu den Kräften, denen der Mensch sich beugen muß. Das Gefühl der Tragik entwickelt sich erst am Ende der Spätadoleszenz. Ein Kind hat nur ein Gefühl für Glück und Traurigkeit, für das Gerechte und Ungerechte, das Wundervolle und das Schreckliche, das Gute und das Böse. Sogar ein Wunderkind wie Mozart konnte in seiner Musik nicht die Dimensionen des Tragischen ausdrücken, bevor seine Adoleszenz vollendet war.

Ein Aspekt der Selbst-Repräsentanz in der Adoleszenz muß noch besonders erwähnt werden, nämlich der des Körper-Image. Das Kind ist sich immer seines Körpers bewußt, was Größe, Fähigkeiten, Geschlechtsunterschiede, tabuierte und geduldete Gebiete und Gefühle anbelangt. Diese verschiedenen Komponenten einschließlich ihrer Besetzungen sind in dem Körper-Image zusammengefaßt. Mit der Reifung der Genitalien und dem Erscheinen der sekundären Geschlechtsmerkmale in der Pubertät wird das Körper-Bewußtsein revolutioniert und das Körper-Image radikal revidiert. Diese Veränderung ist oft von einem vorübergehenden Gefühl der Entpersönlichung begleitet. Anna Freud (1958) weist darauf hin, daß die Libido, die die geistige Repräsentanz der Körperteile besetzt, hypochondrische Gefühle und Wahrnehmungen bewirken kann. Verfrühte, verzögerte oder asymmetrische Reifung kann zu schweren Störungen des Körper-Image führen, die dann ihrerseits eine Ich-Dysfunktion hervorrufen — die sich oft im Versagen in der Schule bemerkbar macht. Die direkte Wirkung eines Defekts oder einer Verzerrung in der Körpervorstellung auf den Zusammenbruch der Ich-Funktionen — mit einem Minimum an Konfliktangst — ist von dem Autor an präadoleszenten Fällen von Kryptorchismus (Blos, 1960) untersucht worden. Hier sahen wir, wie der Genitaldefekt des Kryptorchismus, wenn er durch die Umgebung aggraviert wird, ein verzerrtes, verwischtes und unvollkommenes Körper-Image zur Folge hat, das seinerseits einen pathogenen Effekt auf die Ich-Entwicklung ausübt. In solchen Fällen spiegelt ein bisexuelles Identitätsgefühl die physische Realität der anatomischen Unvollkommenheit wider. Hier war das Verharren des weiblichen Körper-Image und die Abwehr der Kastration (Verzicht auf einen Körperteil) mehr direkt mit der Körperrealität

als mit einer psychologisch integrierten Trieb- und Ich-Organisation verbunden. Das wurde sofort klar, als diese Verwirrung des Körper-Image sich durch eine Operation als reversibel herausstellte.
Ein direkter und korrektiver Einfluß auf das Körper-Image — eine Komponente der Selbst-Repräsentanz — und ein indirekter Einfluß auf die Ich-Funktion ist in der Adoleszenz zweifellos möglich. Was als ein endopsychischer Konflikt erscheint, ist oft in Wirklichkeit die Wirkung eines verwirrten Körper-Image, aggraviert durch Wirklichkeitsangst wie z. B. bei einer Anomalie. Folglich haben Reifungsschübe in den geschlechtsgerechten Körperveränderungen in der Pubertät einen direkten und günstigen Einfluß auf die Ich-Funktionen wie Lernen, Denken und Realitätsprüfung. Geschlechtsgerechte Körperveränderungen in der Pubertät können — wenigstens teilweise — ein verzerrtes Selbstbild richtigstellen mit dem Resultat, daß die Abwehr, die daran gebunden ist, überflüssig wird. Es braucht nicht erst betont zu werden, daß solche Krisen bei verzögerter oder unangemessener puberaler Reifung die frühkindliche Angst um die Intaktheit des Körpers verstärken, Krisen, die konstante Punkte der Verletzlichkeit bilden.
Die Psychologie ist durch Spiegels (1959) Studium der Wahrnehmungsprobleme bereichert worden. Die Neuheit seiner Einstellung liegt in der Anwendung der perzeptuellen, d. i. der Gestaltpsychologie auf die innere Perzeption der Person (Selbst-Repräsentanz), ein Prozeß, der analogen Schwankungen ausgesetzt sein kann. Der Begriff des »Rahmens« wird von der Gestaltpsychologie angwandt, um die Stabilität oder Unstabilität — im wesentlichen also Relativität — der perzeptuellen Einschätzung zu untersuchen. Es scheint, als ob die subjektive Einschätzung von einem Rahmen bestimmt wird, den man von einem Nullpunkt aus messen kann. Bei wechselndem Rahmen werden die Perzeptionen desselben Objekts verschieden beurteilt. Die Konstanz der Perzeption beruht auf der Konstanz des Verhältnisses zwischen Perzept und Bezugsrahmen.
Auf die innere Perzeption angewandt, nennt Spiegel das Selbst den »Rahmen«. Er kommt zu dem Ergebnis, daß »die operative Bedeutung des Begriffes des ›Selbst‹ seine Funktion als Rahmen ist. Dieser konstante Bezugsrahmen (das Selbst) wirkt so als stetigendes Schwungrad, um die störende Unterbrechung der intermittierenden Selbst-Repräsentationen zu überwinden«. Die wechselseitige Beziehung zwischen Selbst-Gefühl und der Konstanz der inneren Perzeption sind wichtig für das Verstehen der adoleszenten Schwingungen im Selbst-Gefühl und seine schließliche Stabilisierung am Ende der Adoleszenz. Solange einzelne Selbst-Repräsentationen, die mit neuen Mengen von narziß-

tischer oder aggressiver Energie besetzt sind, nicht »vom Ich gesammelt werden, um ein Teil des Selbst zu werden«, existiert kein stabiler Bezugsrahmen, auf den sich die Stabilität des Selbst-Gefühls stützen kann. Wenn dann schließlich ein neues Besetzungsniveau des Selbst aufgerichtet ist, wird ein »stetiges Verhältnis zwischen Einzel-Selbst-Repräsentation und dem Selbst errichtet. Dies geschieht besonders gegen Ende der Adoleszenz, wenn ein verhältnismäßig stetiges Selbst-Gefühl aufzutauchen beginnt«. Die Verwandtschaft zwischen Spiegels Hypothese und Jacobsons Begriff der Besetzungsschwankungen unter den Teilelementen des Selbst ist klar.

Die Natur und die Funktion des Selbst sind hier dargestellt worden, weil es scheint, daß der Begriff des Selbst als Instrument der Untersuchung und der Begriffsbestimmung von wachsender Bedeutung für das Studium der Adoleszenz geworden ist. Die weitgehende Erforschung der Abwehrmechanismen während der Adoleszenz scheint ihren Platz an die Untersuchung des Selbst und seiner genetischen und pathologischen Aspekte abzutreten, und das Studium der psychischen Organisation und der psychischen Restrukturierung vervollständigt die Konzentration auf Triebkonflikte als den wichtigsten Zug des Adoleszenzvorganges.

6

Umgebungsdeterminanten

Es ist schon immer der Hauptgrundsatz der psychoanalytischen Theorie gewesen, daß die seelische Struktur ihren Ursprung darin hat, daß das Kind eine Trennung zwischen dem »Ich« und dem »Nicht-Ich« wahrnimmt, zwischen Selbst und Objekt, zwischen dem Ich und der äußeren Realität. »Die ersten Anfänge des Ichs, wie sie allmählich in der ersten Hälfte des ersten Lebensjahres auftauchen, formen sich nach den Umgebungsbedingungen, die dem Geiste des Kindes auf dem Wege seiner frühen Lust-Unlust-Erfahrungen ihren Stempel eingeprägt haben, wobei die Bedingungen selbst in der Ich-Struktur internalisiert werden.« (A. Freud, 1954)

Die Abhängigkeit des Kindes von der Pflege der Mutter, von der Nahrungszufuhr und von der Stimulierung des Sensoriums, die es für seine normale Reifung braucht, alle diese Bedingungen machen die Objektwelt zu einem wesentlichen Aspekt der frühkindlichen Existenz. Eine soziale Situation ist also die Vorbedingung für die psychische Entwicklung. Die psychosexuelle Entwicklung des Kindes, zugegebenermaßen einem Schema der physischen Reifung folgend, kann diese Verwandlungen, die das emotionale Wachstum des Kindes sichern, nur durchmachen, wenn die Umgebung gleichzeitig Gelegenheiten für die psychischen Ausarbeitungen der Triebe bietet. Vom »Triebmenschen« zu sprechen, ist ebenso irreführend, wie wenn man vom »Sozialmenschen« spricht, es sei denn, daß man dabei beachtet, daß beides nur wechselseitige und partielle Abstraktionen des »Gesamtmenschen« sind.

Die Umgebung des Kindes wird immer und überall von der spezifischen Handhabung und der Haltung bestimmt, mit der signifikante Personen seinen physischen und emotionalen Bedürfnissen begegnen. Die Außenwelt ist im Anfang nach dem Modell des Körperschemas gebaut, dessen geistige Vorstellung das Körper-Ich repräsentiert. Diese grundlegende Raum- und Wahrnehmungsorientierung ist für dauernd in der unbewußten Analogie des Körperschemas und der Außenwelt festgelegt und verliert niemals seine archaisch-assoziative Beziehung. Petos (1959) Bemerkungen sind hier wichtig: »Der Symbolismus der Träume und der Folklore zeigt, daß das Finden und Einschätzen der äußeren Realität zum großen Teil durch das Wiederfinden des eigenen Körpers in der Umgebung bestimmt ist. So ist also das Körper-Image von entscheidender Bedeutung für das Erfassen der Welt um uns herum. Eigenheiten des Körper-Image mögen dann der Grund dafür sein, daß die Welt in einer Weise verstanden wird, die sich von jener unterscheidet, wie der Durchschnittsmensch sie sieht.«

Die Realität ruht in der geistigen Repräsentanz der Außenwelt — der Umgebung — die bedeutungsvolle Objekte, Werte und Vorstellungen enthält, mit denen das Kind sich vertraut macht. Diese geistigen Repräsentationen werden wegen ihrer verschiedenartigen Besetzung zur Grundlage für Urteile, Motivierungen und Konflikte. Wenn man psychische Vorgänge beim Menschen beschreibt, ist implicite immer eine soziale Bezugnahme dabei, denn ohne sie kann kein psychisches Leben bestehen. Die Tatsache, daß das psychische Leben aus einem Zusammenwirken von biologischen Gegebenheiten — was die Triebanlage einschließt — und dem Eingreifen der Außenwelt entspringt, läßt keinen Zweifel darüber aufkommen, daß es sich um komplementäre Funktionen handelt. Es gibt verschiedene Grade der Komplexität, aber keine Alternativen in bezug auf Prioritäten. Die Internalisierung der äußeren Welt, die wachsende Unabhängigkeit von der Umgebung, die sich entfaltende Abhängigkeit von geistigen Instanzen, von komplexen geistigen Funktionen, wie Phantasie, Symbolbildung (Sprache) und Denken — alle diese Vorgänge mit ihren genetischen, dynamischen und strukturellen Schwankungen sind immer ein besonderer Gegenstand der psychoanalytischen Forschung gewesen.

Die ersten Reaktionen des Kindes auf seine Umgebung sind rein reflektorisch. Mit der Entwicklung von Erinnerungsspuren, neben der Reifung des Sensoriums, etabliert sich nun die Unterscheidung zwischen der inneren und äußeren Welt, zwischen dem »Ich« und dem »Nicht-Ich«. Reifungsvorgänge wie die zunehmende Muskelkoordination, z. B. beim Gehen, regen das Erkennen der Außenwelt und ihre selektive Wahrnehmung an. Die äußere Realität ist immer verschieden, was ihre besondere außerordentliche Spezifität oder Bedeutsamkeit für verschiedene Individuen anbelangt, und diese Unterscheidung bleibt durch das ganze Leben hindurch bestehen, trotz des Umstandes, daß das Individuum an übereinstimmenden Ähnlichkeiten von Verhalten und Haltungen teilnimmt, die ein Band der Gefühlsverbundenheit zwischen Menschen derselben Kultur herstellen. Die primitiven Ähnlichkeiten, mit denen die einzelnen Individuen die Umgebung ansehen, basieren auf der doppelten Tatsache, daß sie einerseits dieselbe Körperstruktur und -funktion haben, und daß sie andererseits dieselben Triebregungen in ihrer Beziehung zu ihrer grundlegenden Umgebung ausüben. Dieses genetische Bindeglied wird zunehmend verwischt, während geistige Instanzen einen Zustand der fortschreitenden Autonomie erreichen, aber es kann in Träumen, in der Sprache (Metapher, Gleichnisse) und in der Phantasie noch aufgespürt werden. Psychische Vorgänge und Strukturen sind für alle Individuen einer bestimmten Gesellschaft mehr oder weniger dieselben, jedoch sind die damit verbundenen Emotionen und der psychische Inhalt enorm verschieden, und die Zahl ihrer Variationen und Manifestationen ist unendlich.

Hier möchte ich nun die »Einfügung« des menschlichen Organismus in seine soziale Umgebung erwähnen — ein Vorgang der von Hartmann (1950 a) als die »durchschnittliche zu erwartende Umgebung« bezeichnet wird, für den der Organismus schon präadaptiert ist. Dies ist eine Umgebung, welche die Vorbedingung für das Überleben ist. Bei der durchschnittlichen zu erwartenden Umgebung klingen die physischen und geistigen Fähigkeiten an, mit denen das Kind ausgestattet ist. In der Tat bewirkt das Zusammenwirken dieser beiden — von der Reifung und Entwicklung unterstützt und geleitet — Differenzierungsvorgänge von zunehmender Komplexität. Hartmann (1950 a) nennt diese Erscheinung »soziale Einfügung«. Auf jeden Fall stellt die Interpretation der Umgebung als selektive Wahrnehmung und obligatorische Erinnerung die ersten Anfänge des Lernens dar und wird von den Hauptfiguren der kindlichen Welt besorgt. Diese signifikanten Figuren liefern den Ich-Inhalt und bringen seine Struktur zustande. Sie sind für die Auswahl der Perzepte, die besetzt werden, und für die geistige Repräsentanz der Außenwelt verantwortlich, die das Kind speziell zur Kenntnis nimmt und auf die es nicht umhin kann zu reagieren. Nachdem die ersten Anfänge des Selbst aufgerichtet worden sind, bekommt das Realitätsprinzip eine zusätzliche Dimension und zwar auf der Grundlage dessen, was gemeinsam und identisch ist, d. h. also, was gelernt wird, die Bewertung von Objekten und Gefühlen. Die Identifizierung mit den elterlichen Figuren richtet eine zunehmende Erfahrung der Konstanz der Außenwelt auf, ein Vorgang, der durch Symbolbildung, nämlich durch den Gebrauch der Sprache unterstützt und stabilisiert wird. Erst, nachdem es die primitive Ambivalenz aufgegeben hat, ist das Kind imstande, die Gefühle und Motive anderer in Rechnung zu setzen. Erst dann sehen wir, was Fenichel (1945 a) »die rationale Komponente der sozialen Angst« nennt. Er fährt fort, indem er sagt, »daß ein objektives Urteil der wahrscheinlichen Reaktionen der Umgebung bei normalen Menschen die rigiden und automatisierten Über-Ich-Reaktionen der Latenzzeit und der Adoleszenz ersetzen. Die volle Entfaltung des Realitätsprinzips schließt eine gewisse angemessene Reprojektion von Teilen des Über-Ichs auf die Außenwelt ein«.

Jedes Kind kennt das Verhalten, welches die Umgebung von ihm erwartet, und gebraucht dieses Wissen, um sich das Maximum an Befriedigung zu verschaffen. Aufschub, d. h. Spannungstoleranz und die Fähigkeit, die Zukunft vorauszusehen, spielen bei diesem Vorgang eine wesentliche Rolle. Unannehmbare Reize von innen oder außen werden an der direkten Abfuhr gehindert, und bringen so innere Veränderungen hervor — z. B. Reaktionsbildungen. Andererseits tragen sie auch ihren Teil zu der privaten Gedankenwelt bei, zur Phantasie und zum Gefühl, die jeder Erfahrung eine individuelle Note geben. Modifikationen der Ich- und Über-Ich-Haltungen durch soziale Umstände sind durch klinische und anthropologische Untersuchung weitgehend belegt.

Wir können jetzt sagen, daß Teilaspekte der Umgebung von den verschiedenen Individuen verschieden erlebt werden, und schließen daraus, daß die Umgebung das darstellt, was wahrgenommen wird, während die Realität das ist, was besetzt wird. Man könnte noch hinzufügen, daß im ersteren Falle das Sinnesorgan besetzt wird, und im zweiten das Perzept. Es folgt daraus, daß die Realität im psychologischen Sinne nur ein Fragment der Umgebung ist und daß die letztere, da sie übergeordnet ist, theoretisch unendlich ist. Die Dichotomie zwischen innerer und äußerer Perzeption bleibt jedoch unveränderlich. Die Fähigkeit der Realitätsprüfung ebenso wie das Realitätsgefühl sind beide in der festgelegten Trennung verwurzelt. Jede Kultursphäre besitzt ihr idiosynkratisches und geformtes Außenwelt-Image, das sie den Kindern vermittelt. Die Relativität der Realität im Sinne der Beschreibung, Bewertung und Erkenntnis, und der emotionalen Aspekte ist durch die Psychoanalyse, die Psychologie, die Anthropologie und Soziologie belegt worden. Die übereinstimmende Kongruenz der Realität bleibt eine Sache der Statistik. Was oft als ein rationales und identisches soziales Verhalten erscheint — wie z. B. das Übereinstimmen mit dem Gesetz — hat ganz verschiedene Motivierungen, wenn man sie in bezug auf die Gesamtpersönlichkeit betrachtet. Die gleichmäßige Anwendung der Logik und der Kausalität richtet eine objektive Realität in ihrem wissenschaftlichen und definitiven Sinne auf.

Die Psychoanalyse hat die Wege erforscht, auf denen der psychische Organismus sich so entwickelt, daß er in eine gegebene soziale Umgebung hineinpassen und sich in ihr erhalten kann. Die theoretische Erklärung, die das durchschnittliche Individualverhalten zu den sozialen Institutionen in Beziehung setzt und die Wirkungen beschreibt, die sie aufeinander haben, ist der Beitrag zur Soziologie. Parsons (1950) drückte diesen Gedanken sehr klar aus: »Was man unter Sozialstruktur versteht, ist ein System von bestimmten Formen der Erwartung in bezug auf das Verhalten des einzelnen, der einen besonderen Status im Sozialsystem einnimmt. Solch ein System der legitimen Erwartungsformen wird von den Soziologen als ein Rollensystem bezeichnet. Insofern als eine Gruppe von solchen Rollen für das Sozialsystem von strategischer Bedeutung ist, kann der Formenkomplex, der das erwartete Verhalten bestimmt, als eine Institution angesehen werden.« Parson betont, daß keine direkte Übereinstimmung zwischen der Persönlichkeits- und der Sozialstruktur besteht. Es steht jedoch außer Zweifel, daß »das Verhalten des einzelnen so motiviert ist, daß es mit den institutionellen Erwartungen übereinstimmt, sogar wenn die Persönlichkeitsstruktur als solche keinen ausreichenden Hintergrund dafür abgibt.« Jede ausgearbeitete Theorie, die solche postulierten Mechanismen des Sozialverhaltens erklärt, gehört in den Bereich der Soziologie. Man kann annehmen, daß die dauernd sich verändernden sozialen Verhältnisse einen entscheidenden Einfluß auf die psychische Organisation ausüben, wie es sich auch am veränderlichen Bilde der zu einer gegebenen Zeit vorherrschenden Neurosen zeigt. Die psychischen Vorgänge scheinen jedoch dieselben zu bleiben.

Biologische Bedürfnisse werden entweder befriedigt oder durch die Umgebung frustriert, die nacheinander durch Personen, Objekte und soziale Institutionen repräsentiert wird. Die Reaktion der Umgebung auf die Bedürfnisse des Kindes nimmt eine besondere Form an, die dahin zielt, die sozialen Institutionen aufrechtzuerhalten, wie z. B. das Verwandtschaftssystem (Familie, Monogamie), Eßgewohnheiten, Art der Kleidung, Wirtschaftssystem usw. Die kulturellen Formen sind in den emotionalen Reaktionen verankert, in übereinstimmenden Haltungen und in den Wertskalen der Umgebung. Diese angelernten Besonderheiten sind das Ergebnis der speziellen Praxis, die von der Gesellschaft angewandt wird, um die frühkindlichen Triebregungen in soziale Konventionen und Gewohnheiten umzuwandeln. Das, was mit der Formung der Triebe durch die Lust-Unlust-Erfahrung begonnen hat, wird bald auf das System des Ich- und Über-Ich ausgedehnt. In dieser Hinsicht kann man von einem Fortschritt vom somatischen zur symbolischen Akkulturation sprechen.

Erikson (1950) hat den spezifischen Methoden der Kinderaufzucht, die sich die Formbarkeit des frühkindlichen Organismus im Interesse der Gesellschaft zunutze machen, besondere Aufmerksamkeit geschenkt. Er belegt dies mit klinischem und anthropologischem Material, indem er die »psycho-soziale Entwicklung« des Kindes im Sinne der wesentlichen Wechselbeziehungen zwischen Kind und Gesellschaft beschreibt. Die

Gesellschaft benutzt biologische Gegebenheiten, um Haltungen, Empfindsamkeiten, Interessen zu entwickeln — sowohl im positiven wie im negativen Sinne —, die zu ihrer eigenen Erhaltung dienen, indem sie Ich-Kongruenz unter ihren Mitgliedern und Ich-Kontinuität bei jedem einzelnen herstellt.

Genau wie die altehrwürdige Dichotomie zwischen Körper und Seele unter dem Einfluß der psychoanalytischen Forschung in Vergessenheit geraten ist, so scheint es uns jetzt unratsam, die biologischen und sozialen Determinanten im Verhalten des Menschen als Antithesen aufzufassen. Biologische Bedürfnisse und soziale Umstände müssen als komplementär angesehen werden: die ersteren bleiben statisch und konservativ, die letzteren erscheinen veränderlich und fließend. Theoretisch besteht keine Begrenzung für die Zahl der Variationen, durch die die Triebbedürfnisse des Menschen ausgedrückt werden können. Grinker (1955) hat ähnliche Ideen vorgebracht: »Während das körperliche Wachstum sich selbst begrenzt, haben wir bisher noch keine Begrenzung für das psychische Wachstum beobachtet, außer jener, die durch das Altern der Körperorgane gesetzt ist; auch bestehen keine Grenzen für soziale und kulurelle Veränderungen. Menschliche Individuen und ihre Kollektive suchen nach neuen Erfahrungen, neuen Herausforderungen und neuen Konzepten. Sie scheinen sehr mit dem Wachsen beschäftigt zu sein, mit Entwicklung und Veränderung, und das unabhängig von der Selbsterhaltung, obgleich neue Wege zur inneren Regulation und Homoeostase schnell aufeinander folgen.« Diese Bemerkungen werden gut von den sozialen Phänomenen der Adoleszenz in der westlichen Kultur illustriert.

Es ist oft bemerkt worden, daß die westliche demokratische, kapitalistische Gesellschaft wohl kaum einheitliche Prozesse und Techniken liefert, um die Rolle der Adoleszenz festzulegen, noch anerkennt diese Gesellschaft ein Ritual der adoleszenten Statusveränderung. In vielen primitiven Gesellschaften — und auch in politischen Systemen von nationalistischer oder totalitärer Prägung — wird der Adoleszent anerkannt und wird in die Privilegien und Verantwortungen eingeführt, die zu seinem neuen Rang gehören oder zu seinem Status in der bestimmten Kultur oder dem System. Die ritualistischen Vorgänge symbolisieren oft das Stadium des »Erwachsenseins«. Die Anthropologie hat reichlich Beschreibungen von »des rites de passage« geliefert. »Wohnplatz-Veränderungen, der Eintritt in die Jugendgesellschaften, Tests der persönlichen Befähigungen und Ausdauer, das Erwerben eines Schutzgeistes, die Wichtigkeit, die den adoleszenten Träumen und Visionen zugeschrieben wird, Trennung von der Familiengruppe, das

Verschwinden aus dem Haus in den Wald oder in die Wüste, Einführung in das Sexualleben, Freiheit von Kindheitsbeschränkungen, der Gebrauch von Schmuck, Verstümmelungen, dienen als Symbole des erweiterten Status« (Van Waters, 1930).

Wir können die sozialen Institutionen der westlichen Kultur und die Art, in der sie in die Adoleszenz eingreifen, unter einem teleologischen Aspekt ansehen, ähnlich den Methoden, die für die Aufzucht der Kinder angewandt werden. Die besondere Art, in der die Gesellschaft die Pubertät zur Kenntnis nimmt, ist in bezug auf die Charakterstruktur, die eine gegebene Gesellschaft — in diesem Falle die westliche Kultur — zu ihrer wesentlichen Erhaltung braucht, sehr wichtig. Es ist kein bloßer Zufall, wenn die Erziehungsprinzipien sich ändern, noch ist die Richtung dieser Veränderungen zufällig. Während der Adoleszenz — in scharfem Gegensatz zu der frühen Kindheit — ist das Auffallende der Mangel an institutionalisierten Formen. Man könnte sagen, die Gesellschaft gibt die Jugend auf, und läßt sie selbst zusehen, wie sie weiterkommt.

In ihrer Wirkung auf das Individuum zielen die sozialen Institutionen auf die Herausarbeitung von Haltungen und Charakterzügen, auf selektive Reaktionsbereitschaft und Ansprechbarkeit auf soziale Reize und Wertsysteme hin, die alle Reaktionen auf ein umschriebenes Ausmaß beschränken. Soziale Angst ist das Signal, das das Individuum warnt, daß es die Grenzen überschritten hat und sich auf gefährlichem Boden befindet. Es ist von wesentlicher Bedeutung, daß die moderne demokratische, kapitalistische Gesellschaft der Jugend keine Bestätigung ihres Status liefert, keine Initiationsriten, keine Weihung. Die Adoleszenz ist sich selbst überlassen und bildet daher spontan miteinander wetteifernde Organisationen aus ihren eigenen Reihen. Banden, Cliquen, Gruppen zu allen möglichen Zwecken, durch alle möglichen Prinzipien geeint, arbeiten gegeneinander: ihre Betonung liegt auf der aggressiven Dominanz wetteifernder Überlegenheit und feindseliger Exklusivität. In der Struktur der Adoleszenz-Gruppen wirkt ein Doppel-Wert-Prinzip, nach dem die Haltung (Ethik) auf die Gruppe selbst, aber nicht nach außen angewandt werden, ohne daß dies als moralischer Widerspruch empfunden wird.

Das Vakuum der nicht-institutionalisierten Adoleszenz in der westlichen Gesellschaft erlaubt so einerseits einen hohen Grad von persönlicher Differenzierung und Individualisierung, da keine verpflichtenden Modelle bestehen, aber andererseits ermöglicht die Zusammenhanglosigkeit der sozialen Form und die Last der Selbstbestimmung auch abweichende und pathologische Entwicklung. Was, oberflächlich gesehen, ein rationales und adaptives Verhalten zu sein scheint, erweist sich bei näherem Hinsehen oft nur als persönliche Triebbefriedigung in solchen Bereichen wie Wettbewerb, Habsucht und Rachsucht — Befriedigungen, die die Gesellschaft übersieht oder sogar unterstützt. Jede Gesellschaft begünstigt gewisse Rationalisierungen, Reaktionsbildungen und Sexualisierungen des Verhaltens. Und hier enthüllt sich in karikierter Weise die Heuchelei der Gesellschaft, die ja im Wesen ihrer Organisation liegt, herausgefordert durch das asoziale und antisoziale Verhalten der Jugend. Das aggressiv-wetteifernde Verhalten der adoleszenten Sozialorganisationen reflektiert nur das soziale Bild der Kultur, von der sie ja ein Teil sind. Die Wechselwirkung zwischen den Bedürfnissen des einzelnen und der sozialen Situation kann als sozialer Determinismus des menschlichen Verhaltens angesehen werden. Diese soziale Nachgiebigkeit erlaubt einerseits bestimmte Formen der Triebbefriedigung, andererseits aber bildet sie eine Parallele zu Abwehrfunktionen des Ichs, indem sie die Angst bindet und in Schach hält.

Interessant in diesem Zusammenhang ist die kritische Grenze der Sozialinstitutionen, über die hinaus die biologischen Bedürfnisse des Menschen keinen adäquaten, d. h. adaptiven Ausdruck mehr finden können. Am kritischen Punkt zeigt dann die physische und seelische Gesundheit Zeichen des Zusammenbruchs. Diese Überlegungen sind in bezug auf jene Perioden der menschlichen Entwicklung, wie z. B. die Adoleszenz, von besonderer Bedeutung, wo die Umwandlung der Triebe sich in permanenten Reaktionsformen konsolidiert — kurz gesagt, wo die Charakterformung stattfindet. Die Umgebung, die durch soziale Institutionen und Rollenzuweisungen repräsentiert wird, kann als das angesehen werden, was sowohl nützliche wie schädliche Reize liefert. Die schädlichen Einflüsse bestehen in somatischer wie psychischer Überreizung des Organismus, die normalerweise zu adaptiven wie pathologischen Schutzmaßnahmen führt. In allen Funktionsbereichen gibt es ein optimales Reiz- und Abfuhrniveau für das Individuum. Jede Entwicklungsphase erfordert spezifische Erfahrung, spezifisch in Art und Ausmaß. Weiter erfordert jede Entwicklungsphase Schutzbereitschaft in bezug auf spezifische Punkte der Verletzbarkeit, die in irgendeiner Weise durch das ganze Leben hindurch bestehen bleiben. Wir haben ihr Wiederaufleben in der eigentlichen Adoleszenz und ihre Integrierung in die Persönlichkeit in der Spätadoleszenz verfolgt. Normalerweise schützt eine Reizbarriere das Kind gegen schädliche Einflüsse von seiten der Umgebung. In analoger Weise verteidigt das adoleszente Ich seine Integrität gegen desorganisierende, schädliche Einflüsse, die vom Es, dem Über-Ich und der Außenwelt ausgehen, durch psychische Vorgänge, die oben beschrieben worden sind. Nützliche Reize oder Erfahrungen müssen mit den phasengerechten Bedürfnissen übereinstimmen. Einige solche Erfahrungen in der Adoleszenz sehen wir in dem Anschluß an Altersgenossen, extrafamiliären Identifizierungen, Gelegenheiten zum Experimentieren und einer angemessenen Gleichstellung mit den Erwachsenen — z. B. bei der Arbeit. Man ist versucht, der durchschnittlich zu erwartenden Umgebung der Adoleszenz eine Definition zu geben; aber das Problem nimmt bald überwältigende Proportionen der Komplexität an; und außerdem liegt es außerhalb des Rahmens dieser Besprechung. Jedoch schon eine Definition dieses Konzepts zu geben, mit der wir arbeiten können, würde einen entscheidenden methodologischen Schritt vorwärts in der Richtung auf ein positives psychohygienisches Programm für die Adoleszenz bedeuten. Hartmann (1947) faßte das zugrundeliegende Problem in abstrakter Form so zusammen: »Wir dürfen nicht vergessen, daß soziale Institutionen und ein psychologisches Klima auf eine Weise sich entwickeln oder aufgebaut werden, daß die Handlung, wenn sie in Übereinstimmung mit der veränderten Einstellung zu den Trieben und dem Über-Ich erfolgt, zugleich die Ich-Interessen zu befriedigen geeignet ist (z. B. gesellschaftlichen Status, Einfluß, Besitz usf.)«.

Um die Phänomenologie der Adoleszenz aufzuzeichnen, würde ein weitgefaßter Fragebogen nötig sein, nur um jeden Tag wieder erneut korrigiert zu werden. Wollen wir daher einfach nur eine Verhaltensweise der Adoleszenz betrachten, nämlich die Kleidung, die gewisse Gruppen, Cliquen, Klüngel und Banden von mehr oder weniger leicht zu definierender Kohäsion charakterisiert und untereinander unterscheidet. Viele Moden machen sich da in der Teenager-Kleidung bemerkbar. Diese selbstgewählten Kleiderstile geben dem sich verändernden Körper- und Selbst-Image des Heranwachsenden Ausdruck, und dienen außerdem der Herstellung einer Gruppenidentität innerhalb unserer Gesellschaft. Natürlich ist die Kleidung nur eine Einzelheit, die einfach herausgegriffen worden ist; sie lenkt aber unsere Aufmerksamkeit auf die unendliche Variabilität, die in jedem Aspekt des adoleszenten Verhaltens gefunden werden kann. Andere Bereiche, die ebenso interessant sein mögen, sind z. B. der Slang, der Tanzstil, ritualistisches Verhalten, gesellschaftliche Etikette, vorgeschriebene männliche und weibliche Privilegien und Verpflichtungen im heterosexuellen Verhalten.

Eine Beschreibung des typischen Verhaltens in der Adoleszenz kann unendlich lange fortgesetzt werden; denn da sind nicht nur die dauernden Verschiebungen und Innovationen, sondern auch Wohnviertelnuancen, Klassen- und Kastenmodifikationen und selbstverständlich geographische Unterschiede — die zweifellos von Klima, lokaler Geschichte (z. B. in West-Texas), von glänzenden oder dominanten Berufen und Beschäftigungen (z. B. Kino, Cowboys) und von der vorherrschenden Ethik des in Frage kommenden Landes oder der Gegend bestimmt werden. Man könnte sich eine Ökologie des adoleszenten Verhaltens vorstellen, dessen systematische Untersuchung Wertvolles zu den Verhaltenswissenschaften beisteuern könnte. Wir sind daran gewöhnt, in den Verhaltensformen der Kindheit das vorherrschende Ethos der Gesellschaft und ihrer Institutionen zu sehen. Es würde genau so interessant sein, die Einflüsse dieses selben Ethos auf adoleszente Modelaunen, Kostümierungen, Rituale und Sitten zu untersuchen. Die amerikanische Jugend z. B. spiegelt deutlich die dominanten Züge ihrer Gesellschaft wider: Extroversion, Kameradschaft, Popularitätshunger, »immer in Bewegung sein«, ein »guter Gesellschafter« sein wollen und »sich um seine eigenen Angelegenheiten kümmern«.

Soziologen haben die Gegenden und die Gesellschaftsgruppen untersucht, in denen der Einfluß des Milieus auf die vorherrschende Form des Verhaltens gut dokumentiert ist. Jedoch ist die Phänomenologie der Adoleszenz nicht der Zweck dieser Untersuchung, und wir müssen uns statt dessen darauf konzentrieren, den Variationen des manifesten Verhaltens eine einheitliche Linie zu geben, indem wir sie den Entwicklungsprinzipien unterordnen, d. h., indem wir in ihnen einen beherrschenden adaptiven Prozeß erkennen, der durch die Pubertät eingeleitet wird und unzählige Formen annehmen kann. So universell wie die Pubertät selbst sind die inhärenten Aufgaben, die in der westlichen Kultur bewältigt werden müssen, um heranzuwachsen. Der Adoleszenzprozeß hat viele Facetten, da er von der Gesamtsumme der Bedingungen — sozialen, wirtschaftlichen, religiösen, historischen, erzieherischen — bestimmt wird, die die Matrix des individuellen und kollektiven Lebens bilden. Der Heranwachsende muß seine Reifungsaufgaben so bearbeiten, daß sie mit der gegebenen Umgebung übereinstimmen. Folglich variieren die adoleszenten Charakteristika sehr stark, aber wir können annehmen, daß der zugrundeliegende Prozeß teleologische Ähnlichkeiten widerspiegelt.

Bernfeld war der erste, der dieses Problem gründlich studiert und die Einflüsse der sozialen Bedingungen auf den Adoleszenzprozeß untersucht hat. Er beschreibt die Ähnlichkeiten und Verschiedenheiten der Entwicklung, wie sie in verschiedenen sozialen Milieus typisch sind und von der Kaste oder Klasse innerhalb des Sozialsystems abhängen, und er schließt daraus, daß die psychologische Entwicklung nicht ganz verstanden werden kann, wenn man nicht auf die soziale Umgebung als unabhängige Variable Rücksicht nimmt. Bernfeld (1929) sagt: »Die Triebschicksale erfahren unbeschadet der Gültigkeit aller Freudschen Mechanismen und Dynamismen je nach dem Milieu, in dem sie ablaufen, ihre eigenartige Prägung ... Man kann die Fragestellung nach dem historischen Aspekt und nach der Milieuprägung eines seelischen Vorgangs als den Gesichtspunkt des »›sozialen Ortes‹ zusammenfassen und hervorheben«.

Bernfeld schloß daraus, daß sowohl ein historischer als auch ein Milieu-Aspekt in allen normalen und pathologischen Vorgängen umrissen werden kann, und wandte dieses Konzept auf die Beschreibung der »einfachen männlichen Pubertät« (1935) an, die insofern milieugebunden ist, als sie der kürzest möglichen Strecke zur erwachsenen sexuellen Organisation folgt. Diese Entwicklung, die für die abgekürzte Adoleszenz typisch ist, resultiert immer in gewissen Primitivisierung der Persönlichkeit. Wie schon oben bemerkt, erfordert die Adoleszenz eine optimale, — ja, wirklich kulturgebundene — Zeitspanne, denn nur unter solchen Bedingungen werden die phasengerechten Trieborganisationen die passenden Ich-Interessen und Ich-Haltungen hervorrufen, oder, allgemein gesagt, der Persönlichkeit ihr komplexes Gesicht geben. Der Einfluß der Umgebung ist so entweder in der relativen Komplexität oder Primitivisierung der Persönlichkeit erkennbar, im Hinblick auf das Ziel und die Zeit, die vom sozialen Milieu der Vollendung des Adoleszenzprozesses zugemessen werden.

Wir wollen nun zu der Tatsache zurückkehren, daß die Manifestationen des Adoleszenzvorgangs endlose Variationen erlauben, und sie als Epiphänomene ansehen. Andererseits bringt der Adoleszenzvorgang als psychologische Reaktion auf die Pubertät, innerpsychische Veränderungen hervor, die wir als Kernphänomene ansehen wollen. Um irgendein Segment des Adoleszenzvorganges zu beschreiben, muß man ein gegebenes Epiphänomen auf das Niveau des korrespondierenden Kernphänomens abstrahieren. Nur dann können wir die dynamischen und strukturellen Vorgänge innerhalb der psychischen Organisation erkennen. Diese Korrelationen sind wesentliche Hilfsmittel in der psychologischen Beschreibung und den Diagnosen von adoleszentem Verhalten.

Ein Beispiel mag die obigen Bemerkungen illustrieren: Zwei heranwachsende Jungen, die entgegengesetztes Verhalten und Haltungen zeigen, haben das gemeinsam, daß sie mit den identischen psychologischen Problemen kämpfen, nämlich der Loslösung von frühkindlichen

Objektbindungen. Einer von ihnen akzeptiert das Wertsytem und den Klassenmaßstab seiner Familie. Er konzentriert seine »Rebellion« darauf, so schnell wie möglich die Vergnügungsprivilegien der Erwachsenen zu erringen. Im Gegensatz dazu steht der andere, der seine »Rebellion« auf das Wertsystem seiner Eltern und das Milieu richtet, zu dem er gehört. Er will ihre Privilegien nicht haben, er möchte nur anders sein als sie. Alles, was diesem Milieu fremd ist, scheint ihm wünschenswert und wert, getan, gedacht und gefühlt zu werden. Diese Art der Adoleszenz mag sich in einen Künstler, einen Reformator, einen Verbrecher, einen sozialen Rebellen oder einen verrückten Weltverbesserer auswachsen. Er tendiert dazu, außerhalb seiner Gesellschaftsklasse, außerhalb seiner Religion oder ethnischen Gruppe zu heiraten.
Wie ist die Situation, wenn die Gesellschaft — oder besser der Staat — sich die Rebellion der Jugend selber zunutze macht? Wenn dies geschieht, versiegen notwendigerweise die Ströme der Rebellion, mit denen wir in einer demokratischen, kapitalistischen Gesellschaft bekannt sind, und die Adoleszenz zeigt ein völlig anderes Bild. Ein Bericht über den Status der Jugend in einem totalitären Staat illustriert dies:

»In Ost-Deutschland wird die kommunistische Jugend für das Wohlverhalten der Älteren in Handel und Gewerbe verantwortlich gemacht. Mitglieder der Kommunistischen Föderation der deutschen Jugend sollen als Kontrolleure in Handels- und Geschäftstransaktionen eingestellt werden. Jugendkontrollposten werden in allen Staatsläden und Kooperativen eingestellt. Sie sollen Schwächen und Versehen in Handelsunternehmungen überprüfen. Sie sollen ›rücksichtslos sein, wo es sich um Verschwendung, Bürokratie und Defizitgeschäfte handelt‹... Jugendbrigaden sind in der Industrie tätig, um dafür zu sorgen, daß die Normen des ersten Fünfjahresplans, der jetzt in seinem letzten Jahre ist, ausgeführt werden... Mitglieder der Kommunistischen Jugendföderation kontrollieren den Unterricht in den Schulen. Jedes Abweichen von dem Plan, der vom Regime festgelegt ist, muß sofort den Behörden gemeldet werden. Von Lehrern, die nicht selbst Kommunisten von Rang sind, wird berichtet, daß sie die Schüler ihrer Klasse, die einen Rang bei der Jugendorganisation innehaben, mit Achtung und Respekt behandeln... Die Jugend wird scheinbar schnell zur herrschenden Kaste mit Privatinteressen im Regime, was von der Generation der Erwachsenen als eine von außen kommende Zumutung angesehen wird. Der Konflikt kam letzte Woche wieder zum Vorschein, als es zwischen der Kirche und dem kommunistischen Regime um die Zeremonie der ›Jugendweihe‹ ging, bei der die jungen Leute feierlich ihre Verpflichtung gegenüber der kommunistischen Gesellschaft auf sich nehmen.« *

---

* Bericht von Albion Ross aus Berlin, New York Times, 21. Februar 1955.

Es ist zu erwarten, daß die Jugend, die auf diese Weise hochgespielt und der von den Führern der Regierung ein Kastenstatus gegeben wird, auf diese Weise daran gehindert wird, ihre Rebellion gegen die existierende soziale und politische Ordnung zu richten. Diese Erben des Regimes werden, wenn sie herangewachsen sind, konservativ werden und in rigider Identifizierung mit der vergangenen Ordnung leben. Aber wenn die Mächte, die diese Jugend »geweiht« haben, einmal besiegt sein sollten, dann würde eine narzißtische Enttäuschung und ein Identitätsverlust (die Entwertung der narzißtischen Identifizierung) restitutive Maßnahmen mobilisieren. Mehrere italienische Schriftsteller haben dieses Problem und den tragischen Zustand der Jugend nach dem Zusammenbruch des Faschismus behandelt. Berto (1948), Pratolini (1951) und andere haben in ihren Romanen gezeigt, wie ernüchtert die Jugend, die hochgespielte Giovinezza (Jugendorganisation) Mussolinis, sich entweder neuen, meist radikalen politischen Ideologien, der Selbsttäuschung (Verneinung), Selbsterniedrigung oder dem Zynismus und der Kriminalität zuwendet.

Die soziale Wirklichkeit, in der der Heranwachsende sich findet, bietet ihm Wege zur Befriedigung und zu Triebmodifikationen, innerhalb einer begrenzten Reihe von Verhaltensformen und Abfuhrwegen. Um adaptiv zu sein, muß die Verfolgung dieser offenen Wege eine parallele in den passenden Ich-Einstellungen haben. Die Verflechtung von Trieb, Ich und Umgebung ist weder statisch noch linear, sondern kann am besten als eine zirkuläre Reaktion beschrieben werden.

Wollen wir doch einmal das Folgende überlegen: bevor ein dem Konflikt unterworfener Wunsch in der Außenwelt vollzogen wird, geht er durch mehrere Vorbereitungsstadien hindurch, wie vorbewußte Mentation, Probehandlungen — in Gedanken und Phantasie — Experimentieren (noch nicht ich-syntonisch) und wird schließlich zur ichsyntonischen Handlung ohne Konflikt oder Angst. Jeder Schritt zum Ausdruck eines dem Konflikt unterworfenen, aber phasengerechten Triebes, wird dadurch weniger angsterregend, daß der Betreffende sich auf Grund seiner Erfahrung klarmacht, daß die gefürchtete Gefahr übertrieben und eingebildet ist. Dieser Prozeß der Realitätsprüfung verstärkt die Herrschaft des Ichs über die Umwelt, eine Leistung, die der einzelne als einen Zuwachs an Selbstachtung und Selbstsicherheit und als ein festeres Gefühl der Identität erlebt.

Ein Grund für den Hang des Adoleszenten zum sozialen Experimentieren liegt in der Gelegenheit, die solche Erfahrungen ihm bieten, um Tatsachen von Phantasie zu trennen, d. h. die Herrschaft des Wirklichkeitsprinzips auszudehnen. Ein kleines Kind schreibt oft seinen

Handlungen stark verzerrte und übertriebene Konsequenzen zu: Strenge resultiert aus der projizierten Aggression des Kindes. Dieser Faktor spielt eine entscheidende Rolle bei der Bildung des Über-Ichs und ist zum Teil für die Intensität der Schuldgefühle verantwortlich. Die Strenge des Über-Ichs ist also teilweise von der Realität unabhängig. Die Beobachtung hat gezeigt, daß viele Jugendliche, die von wohlwollenden und nachgiebigen Eltern erzogen worden sind, die schwersten Über-Ich-Probleme zeigen. Dies sind, in der Tat, Probleme einer ungelösten Ambivalenz. Adoleszente Aggression, die sich nicht gegen die Eltern, gegen das Über-Ich oder das Selbst richtet, wird auf ein Eltern-Image in der Umgebung projiziert — die Polizei, den Lehrer, den Boß.

»In der Pubertät wird der Ödipuskomplex wieder belebt und versinkt dadurch, daß nicht-inzestuöse Autoritätsfiguren die Stelle der Eltern einnehmen ... post-ambivalente Reihen werden aufgestellt, in denen Liebes- und Haßobjekte durch verschiedene Personen repräsentiert werden. Liebe und Haß bestehen dann also relativ unabhängig voneinander« (Landauer, 1935). Die Gesellschaft liefert die Objekte für gemeinsamen Haß (Aggression), eine Bedingung für die Aufrechterhaltung der Kohäsion der Gruppe. Die Objekte gemeinsamer Liebe liegen fester in Werten und Ideen, die oft durch eine »zentrale Person« repräsentiert werden (Redl, 1942). Diese Dichotomie wird nur langsam erreicht. Der Adoleszent kämpft gegen Autoritätsfiguren mit der mitwirkenden Unterstützung der Gruppe, deren Einfluß die Über-Ich — wie die soziale Angst mildert. Durch vorübergehende Identifizierung mit der zentralen Person der Gruppe, oder mit dem Ich der einzelnen Mitglieder, wird dem Individuum geholfen, die projektive Komponente und objektive Tatsachen auseinanderzuhalten. Dieser Prozeß kann sich über Jahre hinziehen. Er zeigt, wie wichtig adoleszentes Gruppenleben ist und demonstriert auch den konventionalisierenden Einfluß, den die Gruppe auf das Individuum ausübt: die Umgebung wird von allen Mitgliedern der Gruppe identisch gesehen. Die Transformation durch gruppenpsychologische Vorgänge involviert oft sogenanntes verbrecherisches Verhalten der Art, wie Glover (1956) es als »funktionelles Verbrechertum« bezeichnet hat. Dieses Verhalten ist eher der Ausdruck eines akuten Wachstumsproblems als die Folge einer frühkindlichen pathogenen Fixierung.

Redls (1942) Beitrag zum Problem der Gruppenbildung sollte hier Erwähnung finden. Er studierte die Arten der Gruppenbildung, die den verschiedenen Entwicklungsniveaus des Kindes entsprechen. Das Latenzkind akzeptiert einen »patriarchalischen oder matriarchalischen

Herrschertyp in der Gruppenform«, während der Präadoleszente »stark vom Banden-Gruppentyp angezogen wird ... Sogar sehr egoistische und verwöhnte Personen können durch eine Phase starker Banden-Loyalität gehen. Sie gibt ihnen Prestige ... Ein bedeutendes Maß an Sicherheit geht von dieser Art der Gruppenbeziehungen aus. Sie (die Präadoleszenten) ringen verzweifelt darum, unterdrücktem Drang und Trieb Ausdruck zu geben. Viele unter ihnen brauchen Triebschutz mehr als Triebsublimierung ... Der Heranwachsende zieht immer mehr eine sublimiertere Gruppenbildung vor. Die Bedürfnisse der Jugend suchen ein Ventil in der Gruppe, die sie auch gegen Schuldgefühle und Ängste schützt, und zu einer reiferen Lebensform führt ... Der jugendliche Kriminelle behält jedoch sein Bedürfnis nach präadoleszentem Triebschutz gegen den Erziehungsprozeß bei. Das ist der Grund, daß sogenannte ›Verbrecherbanden‹ offenbar auf dem präadoleszenten Niveau der Gruppenbildung verbleiben.«

Welche Erfahrungen oder welcher geistige Inhalt im Leben des Heranwachsenden imaginäre und verzerrte Qualitäten annehmen, sind Fragen, die wohl kaum allgemein beantwortet werden können. Aber die Methode, nach der die Wirklichkeitsverzerrung wieder richtiggestellt wird, folgt einem typischen Muster. Aus der Therapie von Adoleszenten ist bekannt, daß das selektive Bewußtwerden der Umgebung für das Individuum sich z. B. mit der Lösung eines Konflikts oder einer Fixierung oder auch mit einer Verschiebung der Abwehr verändert. Dieselben Vorgänge, wie sie in der Analyse der Adoleszenten erforscht worden sind, sind im allgemeinen in dieser Altersgruppe wirksam. Doch was uns hier interessiert, ist der aktive Gebrauch, den der Heranwachsende von seiner Umgebung macht oder auch nicht macht. Seine Erfahrungen sind der subjektive Aspekt dieses Prozesses. Sie richten sich nach seiner Fähigkeit, die Hilfsmittel aus der Umgebung und andere Reize zur Unterstützung seiner fortschreitenden Entwicklung zu gebrauchen. Ich hatte oft Gelegenheit zu beobachten, daß z. B. die Unterbringung eines Heranwachsenden in einem Internat eine abweichende Entwicklung verhüten kann, die durch dauernde schädliche Überreizung durch einen Elternteil oder beide Eltern verursacht würde.

Redl (1942) erwähnt ein kaum erforschtes Problem, wenn er sagt, daß »viele Kinder, die Schwierigkeiten haben, sich an ihre Gruppen anzuschließen, eine Veränderung in ihrem persönlichen Triebmodell brauchen, bevor sie sich erfolgreich anpassen können, wenn es auch genau so richtig ist zu sagen, daß viele Kinder nur durch gewisse gruppenpsychologische Bedingungen in ihrer Persönlichkeitsentwicklung unterstützt werden«. Normalerweise schafft sich der Adoleszent eine

Umgebung, die für seine Entwicklungsphase förderlich ist. Die Stabilisierungsmechanismen, die er anwendet, sind schon oben beschrieben worden; hier wollen wir nur noch die Identifizierung mit einem familienfremden Milieu hinzufügen. Indem er diesen Schritt tut, verschiebt er Bedürfnisse und libidinöse Abhängigkeitsbedingungen, die in der ursprünglichen Familie keine Befriedigung mehr finden können. Dieser Versuch, einen inneren Konflikt, der entweder konformistisch oder aufrührerisch sein kann, durch soziale Handlung zu lösen, stellt oft eine Form der Aktion, aber kein adaptives Verhalten dar. Das trifft besonders auf diejenigen Jugendlichen zu, deren permanente soziale Opposition durch einen ambivalenten Konflikt mit der Familie bestimmt ist. Jedoch kann die Flucht in eine familienfremde Subkultur auch einer progressiven Entwicklung dienen. Die vorübergehende Identifizierung mit einer Adoleszenzgruppe, mit einer spezifischen Altersgenossenkultur oder mit erwachsenen Gruppen bestimmter ideologischer oder sozialer Richtung erlaubt dem Jugendlichen, sich in verschiedenen Rollen auszuprobieren und so zu prüfen, ob sie erstrebenswert sind. Solche Flucht wird oft als Aufhalteaktion benutzt. Die Entfernung des schädlichen elterlichen Reizes und die Tatsache, einer Umgebung mit einem positiven Identifizierungspotential ausgesetzt zu sein, setzt oft eine progressive Entwicklung, die fast zum Stillstand gekommen ist, wieder in Gang. Die Nützlichkeit der Umgebung als ein Anregungsfaktor hängt von der selektiven Empfänglichkeit des Adoleszenten und diese Empfänglichkeit wieder stark von seinem Selbst-Image ab und wird zweifellos durch die soziale Billigung erweitert und modifiziert, die in seiner Gruppe vorherrscht, ebenso wie durch verfügbare Modelle für Identifizierung und Gegenidentifizierung.

Redl (1942) studierte den besonderen Einfluß der Gruppe auf bestimmte Konfliktsituationen. Er nannte sie den »Schuld-und-Furcht-beschwichtigenden Effekt des Einführungsaktes«. Er führt dann weiter aus: »Ich habe bemerkt, daß es Kindern oft in ihrer Entscheidung hilft — entweder zugunsten des Triebs oder der Über-Ich-Forderung —, wenn sie sich mit anderen Kindern verbinden, die definitiv die eine oder die andere Lösung repräsentieren ... Die Vorbedingung dafür ist, daß das Kind gerade dabei ist, entweder die eine oder die andere Entscheidung zu treffen. Darüberhinaus muß die Einfluß-ausübende Person ganz entschieden ihre eigenen Konflikte gelöst haben«. Hier haben wir das, was man meint, wenn man gesprächsweise von guter und schlechter Gesellschaft und ihrem Einfluß auf junge Leute spricht.

Zu den beiden adaptiven Prinzipien des alloplastischen und autoplastischen Verhaltens fügt Hartmann (1956) noch eine dritte Möglichkeit hinzu, »in der weder die Außenwelt noch das Individuum sich in Wirklichkeit wandelt. Statt dessen wird deren gegenseitige Beziehung verändert: ich denke hier an die Suche und das Finden einer geeigneteren Umwelt«. Wieviele Menschen haben in der Spätadoleszenz erfolgreich ihre Umgebung verändert, indem sie sich nicht mit dem Inhalt und der Reichweite der Gelegenheit für Selbstverwirklichung, die ihre ursprüngliche Umgebung ihnen bot, zufriedengaben. Vorübergehende Flucht vor konfliktreichen Familienbeziehungen hilft oft dazu, frühkindliche Objektbindungen zu lösen und zu einer konfliktfreieren Art, mit der Familie zu leben, zurückzukehren.

Der pathognomische Aspekt des Übergangs von einem Sozialmilieu zum anderen wurde von Bernfeld (1929) beschrieben: »Dieser Wechsel des sozialen Ortes verdient als eigene Unterart der Ziel-Ablenkung oder der Triebbefriedigung eine gewisse Beachtung. Wir kennen den Vorgang gut genug ... Er ist nicht gerade selten bei Jugendlichen aus bürgerlichem Milieu, die Verwahrlosungssymptome aller Art zeigen. Man findet bei ihnen geglückte, aber auch weniger geglückte Versuche, den sozialen Ort zu wechseln, natürlich im Sinne verringerten Verdrängungs- oder Sublimierungsaufwandes. Die meisten aber können diesen Wechsel nicht real vornehmen. Die libidinöse oder soziale Anziehungskraft ihres Ursprungsmilieus bleibt zu groß.«

Ein Fall, der dieses spezielle Problem illustriert, ist der von Frank, der — im Alter von neunzehn Jahren — im College versagt hatte und in einen Zustand der Unschlüssigkeit und Lethargie verfallen war. Er war das Adoptivkind hochintellektueller Eltern. Im Verlaufe der Psychotherapie beschloß Frank, Arbeiter zu werden und fing an, in einer Fabrik zu arbeiten. Dort fühlte er sich glücklich und frei im Umgang mit seinen Arbeitskollegen und beschloß bald, zu einem von ihnen zu ziehen. Er genoß sehr die einfachen Vergnügungen und Interessen des neuen Milieus. Indem er diese Veränderung vornahm, folgte Frank dem unerbittlichen Sog der frühkindlichen Objektbindung an seine Pflegeeltern. Er hatte, bevor er im Alter von drei Jahren adoptiert worden war, bei ungebildeten Leuten gelebt. Als er soweit war, daß er die Erinnerungen an seine Kindheit und ebenso die Liebe zu den Pflegeeltern zurückrufen konnte, fand ein allmählicher Loslösungsprozeß statt. Dieses Agieren als eine spezielle Form der Erinnerung wurde in die konkreten Erinnerungen seiner Vergangenheit transponiert. Als das Wiedererleben der Vergangenheit nicht mehr nötig war, kehrte er zu seinen Adoptiveltern zurück. Von dem regressiven Zug zu seinem ursprünglichen Milieu und dem Trauma der abrupten Trennung von ihm befreit, ging er ins College zurück, bereitete sich erfolgreich auf sein Doktorexamen vor und wurde intellektuell hervorragend wie seine Eltern.

Fenichel (1945 a) bemerkt in diesem Zusammenhang: »Sicher sind nicht nur Frustrationen und Reaktionen auf Frustrationen sozial bestimmt: was ein menschliches Wesen sich wünscht, wird auch von seinem kulturellen Milieu bestimmt.« Sowohl die Verbreitung wie Art von Geistesstörungen sind tief von den sozialen Umständen beeinflußt. Die klassische Hysterie der Jahrhundertwende ist jetzt selten geworden, wo die Kinderstubenatmosphäre weniger von Verboten und einer starren Haltung dem Kinde gegenüber bestimmt ist. Die Vorbedingung für die Entwicklung der Hysterie — starke sexuelle Unterdrückung als Folge von strengen Verboten — ist weitgehend verschwunden. Zweifellos ist diese aufgeklärte Einstellung von den Entdeckungen der Psychoanalyse in Gang gesetzt worden. Man sollte aber nicht vergessen, daß diese Ideen gleichzeitig dem Wunsche des Menschen nach Omnipotenz entgegenkamen. Die ehrgeizigen Hoffnungen der Eltern für ihre Kinder schienen wissenschaftlich möglich, jetzt wo die unmodern gewordenen Fesseln der Vererbung ein für alle Mal abgeworfen waren. Es ist nicht weiter überraschend, daß die zur Zeit vorherrschenden Störungen in ihrer Struktur die aufgeklärte Haltung in den Erziehungsprinzipien und ihre weniger auffallenden, aber trotzdem irrationalen Motivierungen widerspiegeln. »Die Inkonsequenz der modernen neurotischen Persönlichkeit stimmt mit der Inkonsequenz der heutigen Erziehung überein. Der Wandel in der Neurose reflektiert den Wandel in der Moral. Verschiedene Gesellschaften, die verschiedene Werte betonen und verschiedene Erziehungsmaßnahmen anwenden, schaffen verschiedene Anomalien« (Fenichel, 1945 b).

Die Analyse heranwachsender Mädchen und älterer Frauen zeigt, daß das Aufgeben der doppelten Moral das Phantasieleben des Mädchens nicht beeinflußt hat (Deutsch, 1944). Die Frauen sind jetzt in der Gesellschaft den Männern gleichgestellt, aber die doppelte Moral ist in Wirklichkeit nie aufgegeben worden; sicherlich nicht von den Männern. Die Furcht des modernen Mannes vor Passivität oder vor der aktiven Frau hat sich als so beständig erwiesen wie die Bemühungen der Frau, mit ihrer Femininität fertig zu werden. Der Konservatismus der frühkindlichen Phantasie bleibt stärker als der Einfluß der aufgeklärten Erziehung. Helene Deutsch (1944) sagt, daß »es kaum zu glauben sei, wie viele, auch sehr moderne Mädchen noch in der Adoleszenz die Vorstellung hegen, daß die Öffnungen des Körpers nur schmutzigen Dingen dienen und nichts mit Liebe zu tun haben«. Der Begriff der Kloake persistiert hier im Unbewußten. Der sexuelle Konflikt be-

steht also weiter trotz größerer Toleranz gegenüber dem Triebausdruck und trotz sexueller Aufklärung, und die so geschaffene neue Situation hat eine Zunahme neurotischer Charakterbildung mit sich gebracht.
Der scharfe Geist des Kindes bemerkt sehr schnell die Diskrepanz zwischen dem, was von den Eltern erlaubt, und dem, was institutionell sanktioniert ist. Dieses Dilemma des modernen Kindes aus fortschrittlichem Hause wird durch die folgende Anekdote illustriert: eine aufgeklärte Mutter, die entdeckt hatte, daß ihr achtjähriger Sohn und sein Spielkamerad sich heimlich nackt ausgezogen hatten, entschloß sich, diesen Vorfall leicht zu nehmen. Ganz nüchtern erklärte sie ihm, daß der Penis nichts so furchtbar Besonderes sei, »er ist einfach ein Körperteil wie dein Arm oder deine Nase oder dein Fuß«. Der Junge wandte sich zur Mutter und sagte: »Doch, da ist ein Unterschied, Mutti. Die Lehrerin hat uns gesagt, wie man Arm schreibt und Nase und Fuß, aber sie hat uns nie gesagt, wie man Penis schreibt«.
Die Beurteilung des Adoleszenzverhaltens wird immer dadurch kompliziert, daß »das Prinzip der multiplen Funktion« (Waelder, 1936) in alle Verhaltensweisen eingreift. Eine Unmenge von Trends wirken bei jedem psychischen Vorgang mit, und es ist die synthetische Funktion des Ichs, die sie zu einer zweckmäßigen Handlung zusammenfügt. Adoleszentes Verhalten ist immer komplex und überdeterminiert: es spricht nicht für sich selbst, sondern braucht eine Interpretation. Die konfluierenden Determinanten des Verhaltens, die ihren Ursprung sowohl innerhalb wie außerhalb des Organismus haben, erlangen nur insofern psychologische Einheit, als das Ich imstande ist, sie im Dienste der progressiven Entwicklung zu integrieren. Wo immer die Kohäsion des Ichs geschwächt ist, und wo immer isolierte Motivierungen um sich greifen können — wie es bei seelischen Störungen der Fall ist —, bekommt der klinische Beobachter gerade durch dieses Versagen einen Einblick in die adaptiven Vorgänge. Es ist eine allgemein anerkannte Tatsache, daß wir durch Entwicklungsstörungen und ihren disruptiven Einfluß auf die homoeostatische Persönlichkeitskontrolle etwas über den normalen Verlauf der Entwicklung lernen können.
In dieser Besprechung der sozialen Determinanten habe ich einige relevante Bereiche herausgegriffen, die unter dem Aspekt eines vereinheitlichenden Prinzips angesehen werden können. Das Konzept, das den Anlaß zum psychosozialen Determinismus des menschlichen Verhaltens gab, hatte seinen Ursprung im Zusammenfließen von drei Nebenflüssen: nämlich die konstitutionelle Ausstattung, die Aufeinanderfolge von Trieb- und Ich-Organisation und die Umgebung. Keiner der drei hat irgendeine Priorität bei der Bestimmung des menschlichen Verhal-

tens: alle beeinflussen sich gegenseitig. Die Konstitution kann nicht durch Umwelteinflüsse verändert werden, und wir pflegen kongenitale Variationen als Aktivitätstypen darzustellen (Fries), als Temperament, Intelligenz oder Reizbarriere (Escalona). Freud (1937) war überzeugt, daß das Es und das Ich eine konstitutionelle Anlage haben, die die individuellen Neigungen zu spezifischen Körperzonenbedürfnissen beeinflussen, zu dem Ausmaß von Bisexualität und überhaupt zu besonderen Arten der Stabilisierung, die das Ich ausübt. Dieser konstitutionelle Faktor macht die Anpassung an eine gegebene Kultur entweder schwieriger oder leichter, was ganz von dem vorherrschenden Trend seiner beherrschenden Institutionen abhängt, ihrer Bevorzugung oder Belobigung gewisser Persönlichkeitscharakteristika. So z. B. bevorzugt die amerikanische Gesellschaft das aktive, aus sich herausgehende, überhebliche Kind und den Draufgänger.

Daß die Pubertät zuallererst ein biologischer Vorgang ist, ist zu oft betont worden, als daß man diese grundlegende Erkenntnis außer Acht lassen könnte. Indem wir dem Modell der psychosexuellen und der Ich-Entwicklung der frühen Kindheit folgen, können wir schließen, daß die sexuelle Reifung der Pubertät auch eine ähnliche Aufgabe der Anpassung an soziale Verhältnisse hat, als Fortführung eines Prozesses, der schon seit dem Anfang des Lebens wirksam war. Die Anpassung an die soziale Realität während der Adoleszenz erwirbt eine Festigkeit und Stabilität, die in der Kindheit noch nicht dagewesen ist. Ein gewisser Grad der Kontinuität, Konstanz und Gleichförmigkeit der Umgebung ist von funktioneller Bedeutung für die Stabilität der psychischen Struktur und Funktion. Die Schaffung einer idiosynkratischen Umgebung ist die Aufgabe der Abschlußphase der Adoleszenz. Nach dem Ausmaße, in dem das gelingt, kann man das alloplastische Potential des betreffenden Menschen messen. Der kritische Punkt, an dem das Gleichgewicht gestört wird, und ebenso das Ausmaß der Umweltsveränderungen, die ertragen und integriert werden können, variieren von Mensch zu Mensch.

Die adaptiven Aufgaben der Adoleszenz werden immer in Übereinstimmung mit der inneren Realität bewältigt, bestimmt durch die vorhergehende Erfahrung, ein Kind in einer gegebenen Familie, an einem gegebenen Ort, in einer gegebenen Geschichtsepoche, mit einer gegebenen Anlage gewesen zu sein. Die besondere Art, in der sich die Bedürfnisse des Heranwachsenden der Umgebung gegenüber ausdrücken, geht innerhalb dieser festgesetzten Bedingungen vor sich, und bestimmt den sichtbaren Kurs, den jede einzelne Reise durch die Adoleszenz nimmt.

7

Zwei Illustrationen zur abweichenden Adoleszenzentwicklung

Bei der Beschreibung der Phasen der Adoleszenz habe ich wiederholt die phasengerechten psychologischen Aufgaben erwähnt. Diese Schritte in der fortschreitenden Entwicklung wurden im Sinne von Trieb- und Ich-Organisation definiert. Sie wurden als kritische Punkte in der Epigenese der adoleszenten Entwicklung angesehen, da das Nicht-Erreichen wesentlicher Umwandlungen in einer gegebenen kritischen Periode notwendigerweise zu abweichenden Persönlichkeitsbildungen führt.

Es versteht sich von selbst, daß Abweichungen von der normalen Entwicklung niemals zustandekommen, ohne daß bedeutsame Ereignisse vorausgegangen sind. Was wir klinisch beobachten können, ist einfach ein definitiver Bruch in der fortschreitenden Entwicklung. Wir bezeichnen dieses Versagen als Fixation in einer der verschiedenen Phasen, entweder in der Kindheit oder in der Adoleszenz. Dieses Versagen kann an jedem der kritischen Punkte der Adoleszenz eintreten, die wir oben beschrieben haben. Allerdings wird es oft erst auf dem Adoleszenzniveau klar — wenn der Fortschritt der Entwicklung aufgehalten ist —, wie persistent eine frühkindliche Fixierung geblieben ist, und mit welcher unverminderten Stärke sie sich durchsetzt. Während es für das Kind vielleicht möglich war, bis zur Adoleszenz durchzukommen, wird es nun evident, ob Umwandlungsveränderungen Kompromißlösungen bewirken — in der Form von »adaptiven Reparaturen« (vgl. den Fall von John auf S. 158) oder ob die Entwicklung zum Stillstand kommen wird. Eine pathologische Entwicklung ist gewöhnlich durch die Tatsache maskiert, daß Ich und Trieb trotz ihrer fortgesetzten Unterordnung unter frühe Fixierungen doch teilweise progressieren. Wenn wir eine Entwicklung beurteilen müssen, die in der Präadoleszenz gescheitert ist, sollten wir uns nicht dadurch irreführen lassen, daß sich doch ein gewisses Maß von sozialer Anpassung und heterosexueller Orientierung gezeigt hat. Wir können in den Abkömmlingen der phasengerechten Trieb- und Ich-Modalitäten, ferner in schlecht organisierter hierarchischer Anordnung von Triebkomponenten und Ich-Interessen und besonders in der — oft stark überkompensierten — Furcht vor der phallischen, kastrierenden Frau, die unverkennbaren Zeichen der Fixierung an die präadoleszente Phase erkennen. Die Analyse des klinischen Bildes zeigt, daß primitive, d. h. phasenfremde Ich- und

Triebmodalitäten sich auf körperlichem und geistigem Niveau durchsetzen, das durch die Wachstumsfunktion vorwärtgebracht worden ist. Die puberale Entwicklung geht ja schließlich unabhängig vom seelischen Wachstum vor sich, wenn auch sicherlich unter normalen Bedingungen optimale Übereinstimmung besteht. Der Begriff der adoleszenten Fixierung wird durch das hier folgende klinische Material illustriert.

Es scheint hier angezeigt zu wiederholen, daß kein natürlicher Verlauf der Adoleszenz skizziert und mit der Präzision und Sicherheit vorausgesagt werden kann, wie sie das puberale Wachstum für sich beanspruchen kann. Alles, was man zu sagen vermag, ist, daß die Adoleszenz eine unendliche Zahl von Abwandlungen ihrer progressiven seelischen Transformation innerhalb der Grenzen der Aufeinanderfolge und innerhalb gewisser Grenzen der individuellen Toleranz gestattet.

Der Adoleszenzentwicklung stehen verschiedene Wege offen. Die schematische Darstellung, die hier folgt, ist als ein Versuch, die gemachten Beobachtungen nach den typischen Formen der klinischen Variation zu klassifizieren.

1. *Typische Adoleszenz:* fortschreitende Persönlichkeitsmodifizierung in Übereinstimmung mit dem Pubertätswachstum und der wechselnden sozialen Rolle. 2. *Protrahierte Adoleszenz:* eine kulturell bedingte Verlängerung des Adoleszenzzustandes. 3. *Abgekürzte Adoleszenz:* hier wird der kürzest mögliche Weg zum erwachsenen Funktionieren, wenn auch auf Kosten der Persönlichkeitsdifferenzierung gewählt. 4. *Simulierte Adoleszenz:* eine abortive Latenzperiode bringt es dazu, daß die Pubertät sich in einfacher Intensivierung einer der Vorlatenz-Trieborganisationen manifestiert. 5. *Traumatische Adoleszenz:* regressives Agieren (»acting out«). Ein Beispiel hierfür findet sich bei der weiblichen Kriminalität. 6. *Prolongierte Adoleszenz:* durch Libidinisierung adoleszenter Ich-Zustände bewirktes Verharren im Adoleszenzzustand. 7. *Abortive Adoleszenz:* psychotischer Zusammenbruch mit Verlust des Wirklichkeitskontaktes und Versagen beim differenzierten Lernen. Die ersten drei dieser Kategorien liegen im Bereiche der normalen Adoleszenz. Die letzten vier stellen abweichende Entwicklungen dar. Es ist zu hoffen, daß die Formulierung dieser Phasen insofern von Nutzen sein wird, als sie eine Einsicht in die Dynamik und Aetiologie des Entwicklungsversagens gibt.

Die beiden Beispiele von abweichender Entwicklung, die hier folgen sollen, illustrieren die Theorie der Adoleszenzentwicklung, indem sie spezifische Formen des Zusammenbruchs des Adoleszenzprozesses zeigen. Die Bedeutung gewisser, als phasengerechte Ich- und Triebver-

änderungen definierter Vorgänge, können durch das Studium der abweichenden Adoleszenz bestätigt und klarer zum Ausdruck gebracht werden. Die abweichende Entwicklung zeigt ihrerseits die Grenzen an, bis zu denen die phasengerechte Entwicklung gehen kann, und legt die pathogenen Folgen klar, die ein Abweichen von wesentlichen Entwicklungsvoraussetzungen haben kann. Das klinische Material wird also zuallererst die normale Entwicklung zeigen, deren Auslotung und Beschreibung der Hauptzweck dieses Buches ist. Die beiden klinischen Illustrationen sollen nicht die Psychopathologie der Adoleszenz im allgemeinen hervorheben, sondern einen typischen Verlauf zeigen, den die Entwicklung nehmen kann, wenn sie in eine kritische Sackgasse gerät. In diesem Sinne stellen die Fälle natürlich eine Psychopathologie dar, die für die Adoleszenzperiode typisch und auf sie beschränkt ist.
Da Knaben und Mädchen in ihrer seelischen Entwicklung verschiedenen Wegen folgen, leuchtet es ein, daß die abweichende Entwicklung durch ein männliches und ein weibliches Syndrom dargestellt werden muß.

1. Verlängerte Adoleszenz beim jungen Mann *

Der Ausdruck »verlängerte Adoleszenz« wurde von Bernfeld (1923) eingeführt. Zu jener Zeit war der Gegenstand seiner Untersuchungen die verlängerte männliche Adoleszenz als eine soziale Erscheinung, wie sie in europäischen Jugendbewegungen nach dem ersten Weltkrieg beobachtet wurde. Mitglieder dieser Gruppen zeigten starke Vorliebe für Intellektualisierung und sexuelle Verdrängung und verzögerten so die Konsolidierung des Adoleszenzkonfliktes. Im Laufe der Jahre hat der Terminus »verlängerte Adoleszenz« eine breitere Bedeutung angenommen, mit dem Ergebnis, daß seine psychologische Spezifizität verloren gegangen ist. Wir sind nun gezwungen zu sagen, daß »verlängerte Adoleszenz« ein Deskriptiv- und Kollektivausdruck ist, der Zustände von heterogenen dynamischen Konstellationen umfaßt, aus denen ich einen für eine genauere Besprechung herausgegriffen habe.
Meine Beobachtungen wurden an amerikanischen bürgerlichen jungen Leuten gemacht, im Alter von ungefähr achtzehn bis zweiundzwanzig, die gewöhnlich das College besuchten oder jedenfalls irgendwelche akademischen Ziele verfolgten. Diese Tatsache macht sie während die-

* Dieser Abschnitt basiert auf einer Arbeit, die zuerst in etwas veränderter Form im American Journal of Orthopsychiatry (October, 1954) erschienen ist.

ser Jahre in den allermeisten Fällen finanziell von der Familie abhängig. Das klinische Bild, das ich im Folgenden skizzieren will, ist oft genug beobachtet worden, um eine synoptische Zusammenfassung zu erlauben.

Der Ausdruck »verlängerte Adoleszenz«, wie er hier gebraucht wird, bezieht sich auf ein statisches Verharren in der adoleszenten Einstellung, die normalerweise vorübergehender Natur ist. Eine Reifungsphase, die überwunden werden soll, nachdem sie ihren Zweck erreicht hat, wird so zur Lebensform. Statt des progressiven Schubs, der normalerweise den Adoleszenten in das Erwachsenenalter hinüberträgt, stoppt die verlängerte Adoleszenz dieser Vorwärtsbewegung mit dem Ergebnis, daß die Adoleszenzkrise niemals aufgegeben, sondern für immer offen gehalten wird. In Wirklichkeit wird an der Adoleszenzkrise entschlossen, verzweifelt und angstvoll festgehalten. Eine Beimischung von Befriedigung mit diesem Tumultzustand fehlt niemals. Wer so einen Menschen beobachtet, bemerkt sofort, wie oberflächlich die Sicherheit ist, die aus einem Zustand der unabgeschlossenen Adoleszenzkrise herrührt. Das leidenschaftliche Sich-Anklammern an die adoleszente Ungelöstheit aller Lebensfragen macht jedes Fortschreiten zum Erwachsensein zu einer Leistung, die sich kaum lohnt. In diesem Dilemma werden sehr geschickt Wege gefunden, wie man die Befriedigungsformen der Kindheit mit den Vorrechten des Erwachsenseins vereinigen kann. Der Heranwachsende ist hier bestrebt, die Endgültigkeit von Entscheidungen zu umgehen, die von ihm am Ende der Adoleszenz verlangt werden.

Das Leben im Zwielicht eines arretierten Übergangs macht den Betreffenden befangen und beschämt. Allein geblieben, wird er unruhig und verwirrt. Seine Unfähigkeit, allein zu sein, zwingt ihn, sich an Gruppen anzuschließen. Gesellschaft rettet ihn davor, Wachträumen und der Beschäftigung mit der Autoerotik nachzuhängen. Seine Freundschaften mit anderen Jungen bleiben transitorisch und unstabil, während homosexuelle Beziehungen eine konstante Bedrohung darstellen. Wenn er sich an ein Mädchen anschließt, klammert er sich mit hingegebener und abhängiger Treue an sie. Dem Anschein nach ist er zur Intimität fähig und findet Sexualbeziehungen befriedigend. Bei näherem Hinsehen erscheinen aber diese »Sexualbeziehungen«, wie Küsse, Liebkosungen, Körpernähe, Freude am Nacktsein und gegenseitige Masturbation, vom Typ der Vor-Lust zu sein. Das Teilen von Interessen, von Ideen und Idealen mit einem anderen spielt hier eine wichtige Rolle. Dieses intensive Bedürfnis mit einem anderen zu teilen, ist aber extrem egozentrisch und anspruchsvoll, was die infantile Natur dieser

Beziehung enthüllt. Das erwählte Mädchen paßt immer irgendwie zu des Partners inzestuösen Bindungen, denn es zeigt Züge, die auffallend verschieden oder auffallend ähnlich denen sind, die sich bei dem betreffenden Familienmitglied finden, ob es nun Mutter oder Schwester ist. Der Mädchentyp, den er sich aussucht, wird gewöhnlich von der Familie abgelehnt. Es scheint so, als ob er durch die Wahl seines Liebesobjektes einen krampfhaften Versuch macht, sich aus seinen frühkindlichen Verwicklungen herauszuziehen. Dieser Emanzipationskampf wird mit dem Mädchen als Mitkämpfer geführt und kann oft lange Zeit dauern. Ich habe auch gesehen, wie sich solch eine Beziehung zu einer guten Ehe entwickelte, nachdem die Therapie bei dieser Krise im Trennungskampf von der Familie eingegriffen hatte.

Übertriebene Erwartungen für sich selbst nehmen eine beherrschende Stellung im Leben solcher jungen Männer ein. In irgendeiner Weise haben sie als Kinder vielversprechende Talente gezeigt, und die meisten sind recht begabt und intelligent. Unter dem Einfluß des elterlichen Ehrgeizes und narzißtischer Überschätzung kommen diese Kinder schließlich dazu, fabelhafte Leistungen von sich selbst zu erwarten. Ruhm und Größe, Leidenschaft und Reichtum, Abenteuer und Aufregung figurieren lebhaft in ihrer Phantasie. Die ersten Versager in der Karriere, von der angenommen wurde, daß alles glatt gehen würde, kommen als vernichtende Schläge. Niemals verliert danach der junge Mann das Gefühl, daß ihm Versagen droht. Er ist ärgerlich, irritiert und ängstlich. Aber er versucht weder einer leblosen Phantasmagorie nachzujagen, noch kehrt er zu einer Kindheitseinstellung zurück. Er sucht weder Erleichterung in asozialem Agieren noch in vergeltender Passivität. Die Initiative zur zielstrebigen Handlung ist nicht verloren gegangen. Im Gegenteil, die drohende Gefahr des Unterliegens mobilisiert alle inneren Hilfsquellen, um die letzten und entscheidenden Stadien des Kampfes abzuwehren. Bei solchen Adoleszenten sieht das Leben niemals leer und fade aus; nur wenn man näher hinsieht, wird einem klar, wie sie in dieser Leere von Unsicherheit und Zweifel an sich selbst verloren sind. Um der narzißtischen Verarmung zu entgehen, raffen sie sich verzweifelt immer wieder zu Versuchen auf, sich zu »erweisen«. Aber bei näherem Hinsehen zeigen sich auch diese Versuche als nachlässig und unecht. In all diesem Tumult geht aber die Fähigkeit der kritischen Selbstbeobachtung niemals ganz verloren und kann in der Tat recht leicht hervorgerufen werden, wenn man in der Therapie das richtige Stichwort findet. Der bekannte schizophrenieähnliche Zustand der Adoleszenz ist hingegen kein Teil dieses klinischen Bildes.

Wenn wir nun für den Augenblick einmal die vielen Ähnlichkeiten außer Acht lassen, die zwischen der obigen Übersicht und dem allgemeinen Bild der Adoleszenz bestehen, werden wir den wesentlichen Unterschied, der diese Fälle von anderen Arten der Adoleszenzreaktionen unterscheidet, klarer sehen. Der Unterschied besteht in einer bemerkenswerten Resistenz gegen den regressiven Zug, zusammen mit konstantem Vermeiden jeglicher Stabilisierung des Adoleszenzprozesses. Dieses sind die vorherrschenden Züge jenes spezifischen Zustandes, den wir verlängerte Adoleszenz genannt haben. Umgekehrt kann man sagen, daß die verlängerte Adoleszenz der Ausdruck eines inneren Bedürfnisses ist, die Adoleszenzkrise offen zu halten.

Die obige klinische Übersicht muß hier durch dynamische Überlegungen ergänzt werden. Aus Freuds (1905 b) »Transformationen der Pubertät« lernen wir, daß mit dem Einsetzen der sexuellen Reifung zur Zeit der Pubertät eine neuartige Verteilung in der Betonung bei der sexuellen Erfahrung eingeführt wird, die die Unterscheidung zwischen antizipierter und schließlich erlangter Lust erlaubt, und eine Neuanordnung der Triebziele anregt. Die biologische Innovation der Pubertät macht eine hierarchische Neuanordnung der zahlreichen Kindheitseinstellungen notwendig — der Art der Befriedigung und Spannungsminderung ebenso wie die der Identifizierungen — die aus verschiedenen Gründen unerläßlich für das Funktionieren der Persönlichkeit geworden sind und nach weiterem Ausdruck verlangen. Es ist bekannt, daß die prägenitalen Triebregungen beim Einsetzen der Pubertät wieder in Erscheinung treten. Das dringende Bedürfnis nach einer endgültigen hierarchischen Trieborganisation gewinnt mit fortschreitender Adoleszenz an Wucht und liefert den Reifungsschub, der kein Nachlassen auf dem Wege zur Reifung erlaubt. Jedoch ist die hierarchische Organisation nicht auf das sexuelle Triebleben beschränkt, sondern gilt auch für die Ich-Funktion. Wenn in der Adoleszenz magisches Denken in den Vordergrund tritt, zerbricht es die Einheitlichkeit des Ichs und desorganisiert so die Fähigkeit zur Realitätsprüfung. Wenn aber magisches Denken in den Bereich der Phantasie relegiert wird und ein Ventil in schöpferischer Betätigung findet, dann kann das Ich seine Einheitlichkeit beibehalten. In solch einem Falle kann man sagen, daß phantasieorientiertes und auf die Realität gerichtetes Denken deutlich werden und sich gegenseitig ausschließen. Dieser Differenzierungsprozeß erweitert die konfliktfreie Sphäre des Ichs.

Der Adoleszenzprozeß kann als abgeschlossen gelten, wenn eine hierarchische und verhältnismäßig unbeugsame Organisation der genitalen und prägenitalen Triebe erreicht ist, und wenn die Ich-Funktionen deutliche Widerstandsfähigkeit gegen Regression erworben haben. Offenbar spielen Sublimierungen und Abwehr in diesem Prozeß eine Rolle. Das Ergebnis von verlängerter Adoleszenz, wenn sie als unbegrenzte Ruhepause auf dem Wege zum Erwachsensein angesehen wird, ist — wie jedes übertriebene Verharren in einem Entwicklungsstadium — die Verbildung von Persönlichkeitsattributen. In scharfem Kontrast zu den Differenzierungsprozessen, die für die adoleszente Ich-Synthese wesentlich sind, scheint es, als ob verlängerte Adoleszenz durch ein Versagen der hierarchischen Trieborganisation und der Ich-Funktionen charakterisiert ist.

Bei der verlängerten Adoleszenz werden Ich-Funktionen — Denken, Gedächtnis, Urteil, Konzentration, Beobachtung — von zwei Seiten behindert, nämlich durch eine Überschwemmung mit sexuellen und aggressiven Triebregungen und durch das Hochkommen von archaischen Ich-Funktionen und primitiver Abwehr. Der Heranwachsende greift auf die frühesten Hilfsmittel, um mit Spannungen fertigzuwerden, zurück. Das zeigt dann, daß die Latenzperiode nur einen schwachen Fortschritt in der Ich-Entwicklung gebracht hat. Ich möchte dies mit einem typischen Beispiel belegen: wenn das Lernen in der Adoleszenz eine Spannung schafft, die nur durch autoerotische Abfuhr gemildert werden kann — Masturbation, Schlaf, Essen — oder wenn das Lernen sich gewohnheitsmäßig mit fesselnden Phantasien assoziiert, dann kann die Spannungsbreite, die für das Verstehen und Beherrschen eines Problems erforderlich ist, nicht aufrechterhalten werden, und jeder Versuch zu lernen, ist zum Scheitern verurteilt. In der normalen Adoleszenz bestehen diese modi operandi nur vorübergehend und werden schließlich aufgegeben. Bei der verlängerten Adoleszenz hingegen wird dieses Aufgeben nicht nur nicht versucht, sondern wird vermieden und bekämpft.

Es erhebt sich nun die Frage nach den ökonomischen Faktoren, die den jungen Mann daran hindern, seine Zuflucht zu irgendeiner, wenn auch abortiven Regelung der Adoleszenzkrise zu nehmen. Bei der Untersuchung dieser Gruppe von jungen Adoleszenten wurde es klar, daß sie alle eine typische Kindheitskonstellation gemeinsam hatten. Bei allen hatten beide Eltern, aber besonders die Mütter, geglaubt, daß sie zu großen Dingen im Leben bestimmt seien. Aus Gründen, die mit ihrer eigenen Persönlichkeitsbildung zu tun hatten, waren diese Mütter geneigt, ihre Kinder mit Erfolgsphantasien auszustatten, ohne die geringste Rücksicht auf Geschlecht, Fähigkeiten und Interessen des Kindes zu nehmen. Dies erhellt besonders gut aus der Geschichte von einer schwangeren Frau, die einer Freundin stolz antwortet, als sie eine Bemerkung über ihren Zustand macht: »Ja, ich trage meinen Sohn, den Doktor!« Kinder, die dazu neigen, die Phantasien ihrer Eltern in die Wirklichkeit umzusetzen, erwarten vom Leben, daß es sich nach den Versprechungen von Mutter oder Vater entfaltet. Die verlängerte Adoleszenz kann eine Krise abwenden, die in der vernichtenden Erkenntnis besteht, daß die Welt außerhalb der Familie die Rolle nicht anerkennt, die das Kind während der ersten zwei Lebensjahrzehnte gespielt hat. Wo immer die Quellen seiner Identität in überwältigendem Maße von außen kommen, verliert sie der Mensch, sobald er aus seinem Milieu entfernt wird. Wo immer er auch ist, verfolgt er dieses Schema der infantilen Aufrechterhaltung der Identität, das besagt: »Ich bin, was die anderen glauben, daß ich bin«. Das ist genau das, was geschieht, wenn die Heranwachsenden versuchen, ihre emotionalen Bindungen zu zerreißen. Es wird ihnen plötzlich klar, daß dieser Schritt von narzißtischer Verarmung begleitet ist, die sie nicht ertragen können. Sie fahren daher fort, in dem Selbst-Image zu leben, das ihre Mütter, Väter oder Schwestern für sie geschaffen haben.

Von diesen jungen Leuten kann man sagen, daß sie ihre große Zukunft schon hinter sich haben, wenn sie die Schwelle des Mannesalters erreicht haben. Nichts, was die Wirklichkeit ihnen bieten kann, kann mit dem angenehmen Hochgefühl und dem Bewußtsein der Einzigartigkeit konkurrieren, die das Kind erlebte, als es mit mütterlicher Bewunderung und Vertrauen überschüttet wurde. Beide, sowohl die Mutter wie das Kind, übersehen seine frühen Versager, Hemmungen, nervöse Angewohnheiten oder weiblich-exhibitionistischen Züge. Die Sanktionierung durch einen Elternteil hebt die Bedeutung des Versagens auf. Das Kind kommt dazu, narzißtische Größenideen als Beherrschung der Realität zu verstehen. Die Phantasie ist bei ihm niemals deutlich von realitätsorientiertem Denken getrennt. Sein Zeitsinn wird durch dauernde Ersetzung der Zukunft durch die Vergangenheit beeinträchtigt, und zusätzlich durch seinen vagen Glauben, daß ein Glückszufall bei ihm das vollbringen werde, was für den gewöhnlichen Menschen Jahre der Bemühung bedeuten würde.

Wir sind nicht überrascht, im frühen Leben dieser jungen Leute erschreckende Abweichungen vom typischen Identifizierungsvorgang zu finden. Als Kinder fehlt es ihnen immer an Selbstsicherheit und Selbstkritik. Sie nehmen gelassen die überlegene Stellung ein, in die die Mutter sie gestellt hat. Als Folge davon entwickeln sie eine nachgiebige, feminine und narzißtische Selbstgenügsamkeit, die sie oft zu reizenden und anziehenden Jungen macht. Als junge Männer fühlen sie sich dann in der Gesellschaft von Frauen wohl, fühlen sich aber unbehag-

lich, ängstlich und gehemmt, wenn sie es mit Männern zu tun haben. Indem sie sich mit der Mutter identifizieren, geben solche jungen Leute früh den Wettbewerb mit dem Vater auf, und daher brechen bei ihnen immer leicht passive Strebungen durch. In der Adoleszenz behandeln sie ihren Vater entweder mit liebevoller Bewunderung oder mit Mitleid und Verachtung. Auch hier borgen sie sich ihre Haltung von der Mutter. Es ist nicht weiter überraschend, daß sich die adoleszente Revolte, wenn sie dann kommt, ausschließlich gegen die Mutter richtet. Bernfeld (1923) unterstreicht die Rolle der femininen Identifizierung bei einem gewissen Typ von verlängerter Adoleszenz, die er »genialische Pubertät« nennt. Ein Beispiel des hier beschriebenen Syndroms, aber in einem anderen Kulturmilieu verwurzelt und artikuliert — dem der Sowjet-Gesellschaft — findet man in »Oleg: ein Mitglied der Sowjetischen ›Goldenen Jugend‹« (Beier und Bauer, 1955). Die Suche des sowjetischen Jugendlichen nach einer »doppelten Sicherheit« bringt seine Adoleszenzentwicklung zum Stillstand. Die ätiologischen Faktoren scheinen denen der verlängerten Adoleszenz ähnlich zu sein.
Die zugrundeliegende Identifizierung mit der Mutter bringt den wachsenden Jungen in eine Krise, wenn die Pubertät ihm mit dem dringenden Problem der sexuellen Identität entgegentritt. Dieses Dilemma wurde von einem älteren Jungen in der Adoleszenz so ausgedrückt: »Da ist etwas, worüber man Sicheres wissen müßte: nämlich ob man ein Mann oder eine Frau ist.« Während der Konflikt der Bisexualität, der ein Teil der normalen Adoleszenz ist, bei der eigentlichen Adoleszenz nach einer endgültigen Regelung drängt, umgeht die verlängerte Adoleszenz ihn durch ein Verharren in der bisexuellen Phase. Allerdings wird diese Einstellung libidinisiert, und der Versuch, sie aufzugeben, wird nicht gemacht, ja, sogar abgewiesen. Die Befriedigungen, die so erreicht werden können, unterstützen das Bedürfnis nach unbegrenzten Möglichkeiten im Leben und besänftigen gleichzeitig die Kastrationsangst, und zwar dadurch, daß sie die Zweideutigkeit der sexuellen Identität perpetuieren. Diese Zweideutigkeit spiegelt sich in bedeutsamer Weise in dem Herumtappen in bezug auf Beruf oder Erziehung, in Unbrauchbarkeit oder Versagen wider. Das Fortschreiten zur Spätadoleszenz ist nun blockiert.
Das narzißtische Kind hat immer eine leicht erreichbare Flucht vor Konfliktspannung zur Hand. Es umgeht den Konflikt durch Ablehnung und/oder Selbsterhöhung. In der Tat erlebt das Kind nicht die Natur des Konflikts, sondern eher Wut und Zorn über narzißtische Zurücksetzung. Wenn ein Kind, das nur narzißtische Abwehr benutzt, sich der Adoleszenz nähert, ist es nicht weiter überraschend, daß die typi-

schen Konflikte seines Alters wirklich außerhalb der Reichweite seiner bewußten Erfahrung liegen. Ein Adoleszent dieser Art bekommt Angst, wenn er merkt, daß er seine übertriebenen Selbsterwartungen nicht erfüllt. Er sucht gierig nach Ermutigung, auf die er dann mit Begeisterung reagiert, so wie sie zu seinem gewohnheitsmäßigen Vermeiden der Konfliktspannung paßt. Die verlängerte Adoleszenz bietet ein paradoxes Bild: es besteht kein Konflikt, mit dem man fertig werden muß, weil der Konflikt nicht erlebt wird. Man muß den Heranwachsenden dann helfen, den Konflikt der eigentlichen Adoleszenz zu erreichen, bevor sie in die Konsolidierungsphase der Spätadoleszenz eintreten können.

Für solche Jungen erweist sich die Adoleszenz als eine hoffnungsvolle neue Entwicklung. Anna Freud (1936) weist drarauf hin, daß die sexuelle Reifung der Pubertät in dem passiv-femininen Knaben das Hochkommen der Maskulinität einleitet und die zeitweise passiven Strebungen in den Hintergrund drängt. So wird also ein Zustand geschaffen, der der potentiellen fortschreitenden Entwicklung günstiger ist. Der Trieb nach emotionaler Befreiung von drückenden Familienbindungen gewinnt für den Augenblick die Oberhand, und der Adoleszent ist hoffnungsvoll, solange die Adoleszenzkrise weiterbesteht. Die Unfähigkeit, Kindheitspositionen aufzugeben, verbunden mit dem Wunsch nach Unabhängigkeit und männlicher Selbstbehauptung außerhalb der Familie, verbinden sich, um die Verlängerung der Adoleszenz zur einzigen erreichbaren Lösung zu machen. Wir haben allmählich verstanden, daß die Notwendigkeit, die Adoleszenzkrise offen zu halten, eine Schutzmaßnahme gegen zwei schicksalsträchtige Alternativen ist: entweder Regression und Bruch mit der Realität (psychotische Lösung) oder Verdrängung und Symptombildung (neurotische Lösung). In diesem Dilemma versucht das adoleszente Ich, beide Alternativen zu vermeiden und statt dessen seine eigene Natur zu ändern. So wird aus einer transitorischen Reifungsphase eine Lebensform. »Es wird dem Ich immer möglich sein, den Bruch nach irgendeiner Seite dadurch zu vermeiden, daß es sich selbst deformiert, sich Einbußen an seiner Einheitlichkeit gefallen läßt, eventuell sogar zerklüftet oder zerteilt« (Freud, 1924 a).

Ich-Beschränkung und Ich-Regression bringen den Heranwachsenden in Disharmonie mit den Forderungen der Gesellschaft und behindern die Ausübungsfunktionen des Ichs. Die sich daraus ergebende Frustration wird durch narzißtische Überkompensierung — wie übertriebener Optimismus, und Phantasiebefriedigung — neutralisiert. Ein mächtiger Rückfall bei der Aufrechterhaltung der narzißtischen Harmonie wird aus dem magischen Denken hergeleitet, das niemals aufgegeben und niemals fest durch das Realitätsprinzip ersetzt worden ist. Absicht und Möglichkeit treten leicht an die Stelle von Leistung, Erreichen und Beherrschen ein. Eine immer bestehende Unterströmung von Angst wird nur teilweise durch Abwehrmaßnahmen eingedämmt. Was übrig bleibt, dient dazu, intensivierte Pseudo-Aktion, abortive Versuche, die infantilen Phantasien in erwachsene Betätigungen zu übertragen, anzuregen. Zur Illustration: Ein Student, der sich auf eine Prüfung in elementarer Biologie vorbereiten mußte, beschäftigt sich statt dessen leidenschaftlich mit hochgelehrten Arbeiten auf diesem Gebiet und vernachlässigte seine Lehrbücher und Kollegheft e.

Konfliktangst, die während der Adoleszenz normalerweise die libidinöse Reorganisation und Verdrängung aktiviert, hat in der verlängerten Adoleszenz sehr wenig motivierende Kraft, um synthetisierende Prozesse zu aktivieren. Durch die beschriebenen Ich-Unterbringungen wird die Adoleszenzkrise offen gehalten. Man kann sagen, daß der Aufbau der verlängerten Adoleszenz einer Charakterstörung ähnelt; bei beiden werden die Ich-beschränkenden Haltungen nicht als Ich-fremd empfunden, während die Rigidität einer Charakterstörung bei der verlängerten Adoleszenz nie besteht. In der Tat wird der Adoleszenzprozeß im Fluß gehalten und kann therapeutisch angegegangen werden. Es darf nicht übersehen werden, daß das Verharren in der Adoleszenzeinstellung nur innerhalb gewisser Altersgrenzen durchführbar ist. Schließlich — d. h. um die Mitte bis zum Ende der Zwanziger — muß die verlängerte Adoleszenz einer organisierteren und festeren Regelung weichen. Die narzißtische Charakterstörung beschreibt am besten den allgemeinen Zug einer pathologischen Entwicklung, die die verlängerte Adoleszenz schließlich verfolgt.

Die dynamischen und ökonomischen Bedingungen der verlängerten Adoleszenz eignen sich für therapeutisches Eingreifen. Die Persönlichkeitsentwicklung ist noch im Fluß und besitzt einen hohen Grad von Formbarkeit. Dazu kommt, daß die Abwehreinstellung, die das Ich an zwei Fronten unterhält, nämlich gegen Progression und gegen Regression, bedeutende Kräfte entfaltet, die in der Therapie ausgenutzt werden können. Es muß zugegeben werden, daß, wenn junge Leute von diesem Typ um Hilfe bitten, sie mit der Hoffnung kommen, eine narzißtische und verhältnismäßig spannungsfreie Existenz wiederherzustellen und — wie durch Zauber — auch die Erfüllung ihrer widersprüchlichen Triebregungen zu erleichtern — z. B. Selbstbehauptung und Nachgiebigkeit. Jedoch, was ihnen den endgültigen Anstoß, zur Therapie zu kommen, gibt, ist die narzißtische Frustration, die durch wiederholte Enttäuschungen oder durch Versagen im Berufs- Bildungs- und gesellschaftlichen Betätigungen ausgelöst wird. In diesem Bilde hebt sich besonders die Enttäuschung über die ins Auge springende Unvereinbarkeit zwischen Selbst-Image und Realitätsleistungen ab, sowie die ängstliche Dringlichkeit, schnell einen Ausweg aus der narzißtischen Verzweiflung zu finden. Aber wir halten hier vergebens nach Konfliktangst als Anzeichen eines intrapsychischen Kampfes Ausschau. Diese Konstellation enthält die Suche nach einer Lösung, die im wesentlichen äußerlich ist. Daher werden in der Therapie dauernd erschöpfende Erklärungen, Enthüllung der pathogenen Kindheitserlebnisse, Ratschläge, eine Formel, ein Trick gefordert. Wo immer so ein Wunsch erfüllt wird, fühlt sich der Jugendliche für den Augenblick besser, ist hoffnungsvoller und glücklicher. Diese Reaktion stimmt mit der gewohnten Aufrechterhaltung der Selbstachtung, wie sie in der Kindheit bestanden hat, überein.

Die Tatsache, daß die Spannung nicht so wie ein psychischer Konflikt strukturiert und organisiert ist, zeigt die Richtung an, in der sich die Anfangstherapie bewegen muß, nämlich die, ein Konfliktserlebnis zustandezubringen. Mit anderen Worten, die Therapie muß dem jungen Mann helfen, den Konflikt der eigentlichen Adoleszenz zu erreichen. Zu diesem Zweck muß in der Hauptsache zweierlei getan werden: 1. die Spannungstoleranz muß erhöht, 2. die narzißtische Abwehr bloßgestellt werden. Dies macht es für den Therapeuten notwendig, sich von sogenannten »tiefen« oder Trieberklärungen zurückzuhalten, denn wenn er das tun würde, würde die Situation im Dienste des narzißtischen Abwehrsystems ausgenutzt werden. Die Reaktion des Patienten könnte so formuliert werden: »Ah — jetzt weiß ich, warum — also ist dieses Problem gelöst.« Ferner muß sich der Therapeut davor hüten, so zu tun, als ob er die ihm zugeschriebene Allwissenheit und die magischen Kräfte besäße, die für diesen Typ der Adoleszenten so beruhigend sind. In dieser Weise stellt sich der Therapeut in direkte Opposition zur Mutterfigur, die dadurch eine narzißtische Befriedigung gibt, daß sie das Kind an ihrer Größe teilnehmen läßt. Es ist für den Patienten sehr irritierend, wenn der Therapeut auf seine ängstlichen Fragen mit einem »ich weiß nicht« antwortet. Andererseits respektiert der Patient seinen Mut, seine Ehrlichkeit und Unbestechlichkeit. Man darf nicht vergessen, daß der Heranwachsende immer bereit ist, sich mit einem Erwachsenen zu identifizieren, der die Persönlichkeitsattribute besitzt, an denen er teilhaben möchte. Das Ziel der Therapie ist, das infantile Teilen und Zusammenschmelzen durch Identifizierung zu ersetzen. Oder — anders ausgedrückt — die Suche nach äußerlichen Quellen für seine Selbstachtung (Rettungsphantasien) durch die Entdeckung der eigenen Findigkeit zu ersetzen. In der Tat stellt das Erforschen und Testen, das Bestätigen und Differenzieren dieser Findigkeit im täglichen Leben einen großen Teil der therapeutischen Bemühungen dar.

In dieser Phase der Arbeit zeigt es sich, daß der Patient es begrüßt, wenn der Therapeut durch die Fassade seiner Prätentionen und seiner Arroganz hindurchsieht. Zur Illustration: Ein zwanzigjähriger Mann hatte einen Vortrag gehört und erzählte nun von all den dummen Fragen, die die Leute dem Vortragenden gestellt hatten. Als der Therapeut fragte, welche Frage er selbst gestellt habe, antwortete er ganz ruhig: »Keine. Was hat das damit zu tun?« Als der Therapeut aber auf seiner Frage bestand (im Hinblick auf seine kritischen Bemerkungen über seine Mithörer), wurde der Patient verlegen und gestand, daß er nicht die geringste Ahnung von dem Vortragsthema habe, obgleich es innerhalb seines speziellen Interessenbereiches lag. Freiwillig gab er zu, daß seine gebildeten Gespräche sich ausschließlich auf Gedanken stützten, die er geschickt von anderen aufgelesen hatte. Er hatte seit seinem ersten Jahr im Gymnasium kein Buch mehr gelesen, aber es war ihm gelungen, den Eindruck zu erwecken, als ob er ein belesener Schüler wäre. Dieser Auszug aus der Krankengeschichte illustriert die Entlarvung der narzißtischen Abwehr. Ob das Aufgeben des Bücher-Lesens mit einem Kindheitskonflikt zusammenhing, war in diesem Stadium der Therapie nicht wichtig, da das Hauptgewicht auf Unterbrechung des narzißtischen Abwehrsystems lag und der Aufgabe, das Ich der Spannung und dem Konflikt auszusetzen.

Wo immer stereotype Ich-Haltungen aufgegeben werden, treten neue Versuche der Beherrschung hinzu, die man unter dem allgemeinen Begriff des Experimentierens zusammenfaßt. Experimentieren schließt die Prüfung der Realität, des Selbst und des Zusammenwirkens dieser beiden ein. In diesem Sinne gehen Experimentieren und progressives Differenzieren des Selbst-Image Hand in Hand und bringen so ein leistungsfähigeres Funktionieren zustande. Eine zunehmend mehr und mehr adäquate Beherrschung wird zur neuen — man könnte sagen, zu einer legitimen — Quelle der narzißtischen Befriedigung. Folglich wird die Aufrechterhaltung der narzißtischen Balance immer mehr durch selbstregulative Prozesse bestimmt, statt ausschließlich von äußeren Einflüssen abhängig zu sein.

Während dieses Stadiums der Therapie wird die Lebenserfahrung des Jugendlichen gewöhnlich durch zweckgerichtetes Experimentieren bereichert; der Bereich der autonomen Ich-Funktionen wird erweitert, während die infantilen Strebungen allmählich eine ich-dystonische Note annehmen und vom übrigen Ich abgetrennt werden. Reale Leistungen und eine höhere Toleranzschwelle für Spannungen machen diesen Fortschritt möglich. Gleichzeitig werden die pathogenen Determinanten mehr konzentriert, und eine organisierte neurotische Störung nimmt Gestalt an: der Patient erlebt Konflikt und Angst. Die Entscheidung, ob die Therapie hier abgebrochen werden soll, hängt von dem Gleichgewicht zwischen der affektiven Beweglichkeit, die in der ersten Phase der Therapie erreicht worden ist, und der unnachgiebigen Kraft der Fixierung ab, die davon nicht ergriffen worden ist. Wenn sich herausstellt, daß die Kräfte, die ursprünglich für das Bestehen der verlängerten Adoleszenz verantwortlich waren, sich ununterbrochen weiter durchsetzen, dann bleibt der Fortschritt zur Reife — trotz einer oft eindrucksvollen Funktionsbesserung — eine Illusion, und die Psychoanalyse muß die Arbeit zu Ende führen. In anderen Fällen bewirkt schon die erste Phase der Therapie, daß die narzißtische Abwehr der verlängerten Adoleszenz aufgegeben wird und daß die affektive eigene Findigkeit bis zu einem Punkt mobilisiert und kanalisiert wird, von dem aus der Patient den Adoleszenzprozeß weiterführen und ohne Hilfe zum Abschluß bringen kann.

2. Pseudoheterosexualität bei kriminellen Mädchen *

Beim Studium der Psychodynamik der Kriminalität beobachtete man schon immer eine Neigung zu Verallgemeinerungen und generellen Formulierungen, und die vorherrschenden Ideen auf dem Gebiete menschlicher Verhaltensweisen und Motivationen wurden gern zur Lösung herangezogen. In der Tat wechseln die ätiologischen Determinanten mit der im Moment vorherrschenden Tendenz der psychoanalytischen Forschung. Die Theorien der Triebbefriedigung und die des fehlenden Über-Ichs sind schon lange aufgegeben worden; statt dessen sind die Überlegungen der Ich-Pathologie in den Vordergrund getreten.

Was uns beim Kriminellen am rätselhaftesten ist, ist seine Unfähigkeit, Konflikte zu internalisieren oder vielmehr noch die Genialität, mit der er die Symptombildung umgeht, indem er eine endopsychische Spannung als Konflikt mit der Außenwelt erlebt. Der ausschließliche Gebrauch von alloplastischen, antisozialen Lösungen ist ein Zug der

* Dieses Material erschien in abgeänderter Form in »The Psychoanalytic Study of the Child«, Bd. XII, 1957.

Kriminalität, der sie von allen anderen Formen des adaptiven Versagens unterscheidet. Sie steht in deutlichem Gegensatz zu den psychoneurotischen oder psychotischen Lösungen, da die ersteren eine autoplastische und die letzteren eine autistische Adaption darstellen.

Nach der Definition bezieht sich der Ausdruck Kriminalität auf eine Persönlichkeitsstörung, die sich im offenen Konflikt mit der Gesellschaft manifestiert. Schon diese Tatsache allein stellt den sozialen Aspekt des Problems in den Vordergrund, und regt die soziologische Forschung an, die dann ihrerseits Licht auf jene Umweltsbedingungen wirft, die in bedeutsamer Weise mit dem kriminellen Verhalten verbunden sind. Die Erforschung der Kriminalität muß notwendigerweise immer multidisziplinär sein und sollte von keiner akademischen Disziplin allein als ihr ausschließliches Forschungsgebiet in Anspruch genommen werden. Ich werde mich hier jedoch auf die Besprechung einiger psychodynamischen prädisponierenden Faktoren beschränken, wie man sie aus dem offenen kriminellen Verhalten ableiten kann, und wie sie durch die Krankengeschichten spezieller Fälle unterstützt werden.

Ich bin immer der Meinung gewesen, daß männliche und weibliche Kriminalität gesonderte Wege gehen, daß sie in der Tat in ihrem Wesen verschieden sind. Es hat den Anschein, als ob die weibliche Kriminalität den Perversionen nahe steht, was auf die männliche Kriminalität nicht zutrifft. Das Repertoire des kriminellen Mädchens ist in Reichweite und Varietät viel enger begrenzt als das des Knaben. Es fehlt hier ferner bedeutsamerweise an destruktiv-aggressiven Handlungen gegen Personen und Besitz, noch zeigt sich der hochstaplerische Abenteurergeist des Knaben. Wenn das Mädchen sich abwegig benimmt, so beschränkt sich das auf Stehlen im Sinne der Kleptomanie, auf Vagabundieren, auf provokatives, schamloses Verhalten in der Öffentlichkeit und offene sexuelle Abwegigkeit. Natürlich begeht der kriminelle Junge dieselben Vergehen auch; sie stellen aber bei ihm nur einen kleinen Teil seiner Übertretungen dar. Beim Mädchen scheint die Kriminalität ein offener Sexualakt zu sein, oder stellt, genauer gesagt, sexuelles Agieren dar.

Dieser Unterschied entwickelt sich deshalb, weil beim Mädchen die infantile Trieborganisation, die niemals richtig aufgegeben wird, mit dem Eintritt der Pubertät durchbricht und eine körperliche Abfuhr in genitaler Betätigung findet. Die prägenitalen Triebziele, die das kriminelle Verhalten des Mädchens beherrschen, bringen ihre Vergehen den Perversionen nahe. Ein heranwachsender Junge, der sich in einem Ambivalenzkonflikt mit seinem Vater befindet, mag sich gegen Kastrationsangst sowie Kastrationswunsch wehren, indem er sich betrinkt, Besitz zerstört, ein Auto stiehlt und es dann in Grund und Boden fährt. Oft stellen seine Handlungen einen — wenn auch abortiven — Versuch zur fortschreitenden Entwicklung dar (Neauks und Winokur, 1957). Die typischen kriminellen Akte des Knaben enthalten Elemente von lebhaften Interesse an der Wirklichkeit. Ferner ist er von dem Kampf fasziniert, der sich zwischen ihm und den anderen Menschen, sozialen Institutionen und der Natur abspielt. Im Gegensatz dazu rächt sich ein heranwachsendes Mädchen, das eine gleichwertige Neigung zum Agieren besitzt, an ihrer Mutter, von der sie sich zurückgewiesen fühlt, indem sie sexuelle Beziehungen sucht. Mädchen dieser Art haben mir von ständigen Phantasien erzählt, die sie während des Sexualspieles oder während des Coitus hatten, so etwa: »Wenn Mutter das wüßte, würde es sie umbringen«, oder »Du siehst, (Mutter), ich habe auch jemanden«. Aichhorn (1949) meint, in einer Arbeit über Mädchen mit sexuellen Vergehen, daß hier die Prädisposition jeden Umweltsfaktor überwiegt. In bezug auf die weitverbreitete jugendliche Prostitution nach dem zweiten Weltkrieg in Wien, sagt er, daß seine Beobachtungen ihn zu der Annahme gebracht hätten, »daß einer der Gründe für ihr (der jungen Prostituierten) Verhalten eine bestimmte emotionale Konstellation sei. Milieu und Not wären nur sekundäre Faktoren«. Vielleicht könnte man kriminelle Mädchen, die als Psychopathen klassifiziert werden, als Fälle von Perversion ansehen. Schmideberg (1956) verfolgt ähnliche Gedankengänge, sie stellt die neurotischen und perversen Reaktionen oder Symptome einander gegenüber und betont, daß die ersteren eine autoplastische und die letztere eine alloplastische Adaptation darstellt. Sie fährt fort: »In gewissem Sinne ist das neurotische Symptom mehr von sozialer Art, während die Perversion mehr antisozial ist. Es besteht also eine enge Beziehung zwischen sexueller Perversion und kriminellem Verhalten, das — nach der Definition — antisozial ist.« Daß die Impulsivität beim Agieren und in der Perversion gleich stark ist, ist wohlbekannt. Ohne über das Verbrechen an sich generalisieren zu wollen, möchte ich doch betonen, daß die Identität des Verbrechens mit der Perversität außerordentlich gut zum klinischen Bilde der weiblichen Kriminalität paßt, während sie bei der verschiedenartigen und weit heterogeneren Ätiologie der männlichen Kriminalität nur eine spezielle Variante darstellt.

Warum haben männliche und weibliche Kriminalität eine verschiedene Struktur? Ich kann diese Frage am besten beantworten, indem ich bestimmte Aspekte des Entwicklungsschemas der frühen Kindheit bespreche. Die Entwicklungspunkte, die ich hier herausgreife, stellen auch potentielle Fixierungspunkte dar, die den heranwachsenden Jungen und das heranwachsende Mädchen in ganz verschiedenartige Krisen führen können.

1. Alle Säuglinge nehmen im frühen Leben die Mutter als die »aktive Mutter« wahr. Die charakteristische Antithese dieser Lebensperiode ist »aktiv« und »passiv« (Mack Brunswick, 1940). Die archaische Mutter ist immer aktiv, das Kind ist in seiner Beziehung zu ihr passiv und rezeptiv. Normalerweise bringt die Identifizierung mit der aktiven Mutter die frühe Phase der Ur-Passivität zu einem Ende. An diesem Punkte wirft die Verschiedenheit der psychosexuellen Entwicklung von Junge und Mädchen schon ihre Schatten voraus. Das Mädchen wendet sich allmählich der Passivität zu, während die erste Wendung zur Aktivität beim Knaben später in der Identifizierung mit dem Vater absorbiert wird.

Die frühe Identifizierung mit der aktiven Mutter führt das Mädchen über die phallische Phase in eine anfängliche, aktive (negative) ödipale Einstellung als einem typischen Schritt in ihrer Entwicklung. Wenn das Mädchen sein Liebesbedürfnis dem Vater zuwendet, dann besteht immer die Gefahr, daß ihre auf ihn gerichteten passiven Strebungen die frühe orale Abhängigkeit wiedererwecken können. Eine Rückkehr zu dieser Ur-Passivität schließt ein erfolgreiches Fortschreiten zur Femininität aus. Wo immer eine außergewöhnlich starke Bindung an den Vater die ödipale Situation des Mädchens bestimmt, können wir immer dahinter den Vorläufer einer ungewöhnlich tiefen und dauernden Beziehung zur prä-ödipalen Mutter vermuten. Nur wenn es für das Mädchen möglich wird, ihre passive Bindung an die Mutter aufzugeben und zu einer passiven (positiven) ödipalen Einstellung vorzudringen, wird ihr die verhängnisvolle Regression zur prä-ödipalen Mutter erspart bleiben.

2. Das erste Liebesobjekt jedes Kindes ist die Mutter. Das Mädchen gibt schließlich dieses erste Liebesobjekt auf und sucht ihr Gefühl der Vollständigkeit und auch die Erfüllung ihrer Femininität in der Zuwendung zum Vater. Das geschieht immer nach einem enttäuschenden Erlebnis mit der Mutter. Das Geschlecht des Liebesobjektes beim Knaben bleibt immer dasselbe. Aus diesem Grunde ist seine Entwicklung gradliniger und weniger kompliziert als die des Mädchens.

Im Gegensatz zum Jungen wird beim Mädchen die ödipale Situation niemals zu einem abrupten Ende gebracht. Freud (1933) wies schon darauf hin, daß das Mädchen für unbegrenzte Zeit in der ödipalen Situation verbleibt, sie erst spät im Leben und dann nur unvollkommen aufgibt. Daher ist das Über-Ich des Mädchens nicht so starr und streng wie das des Jungen. Es konsolidiert sich nur allmählich und ist weniger tyrannisch und weniger absolut. Beim Mädchen bleibt die ödipale Situation durch die ganze Latenzperiode hindurch ein Teil ihres Gefühlslebens. Ist dies vielleicht der Grund dafür, daß es sich in der Pubertät leicht der Heterosexualität zuwendet? Auf jeden Fall kann man bei der weiblichen Adoleszenz einen regressiven Zug beobachten, der seine Wirkung in Richtung auf die Rückkehr zur prä-ödipalen Mutter ausübt. Diesem regressiven Zug, dessen Stärke sich nach den bestehenden Fixierungen richtet, wirken aber übertriebene Unabhängigkeit, Überaktivität und starke Zuwendung zum anderen Geschlecht entgegen. Dieses Dilemma zeigt sich dramatisch in der verzweifelten Bindung des adoleszenten Mädchens an Jungen, als ein Versuch, der Regression zu widerstehen. Regression kommt beim Jungen wie beim Mädchen durch passive Abhängigkeit mit irrationaler Überbewertung der Mutter oder des Muttterersatzes zustande.

3. Oft ist die Frage aufgeworfen worden, warum die Präadoleszenz beim Knaben und Mädchen so sehr verschieden verläuft; warum der Knabe an die Heterosexualität, die durch die Pubertät eingeleitet wird, auf dem Umwege über ein verlängertes Verharren in der Präadoleszenz mit einer langen und oft ausgetüftelten Rekapitulation prägenitaler Impulse herantritt. Nichts von diesem Ausmaße kann beim präadoleszenten Mädchen beobachtet werden. Es besteht kein Zweifel, daß das Sozialmilieu einen beschleunigenden oder hemmenden Einfluß auf die Adoleszenzentwicklung hat. Daher kann ein vernünftiger Vergleich von Adoleszenzabläufen nur zwischen Jungen und Mädchen desselben Sozialmilieus gemacht werden.

Die Präadoleszenz als eine Phase, die durch heterogene libidinale Ziele bem Knaben und Mädchen gekennzeichnet ist, ruft bei Kindern dieses Alters schwere Spannungen hervor. Das Mädchen wendet sich der Hetero-Sexualität direkter und schneller zu als der Knabe. Die andere Bedeutung, die die Masturbation als körperliche Abfuhr für sexuelle Spannung bei beiden Geschlechtern hat, mag mit an der leichteren Bereitschaft des Mädchens zur Heterosexualität schuld sein. Ich denke aber, daß frühere Ereignisse im Leben des Mädchens solche Betrachtungen weit überwiegen. Der Unterschied im präadoleszenten Verhalten, den man beobachten kann, zeigt sich schon durch die massive Verdrängung der Prägenitalität an, die das Mädchen vornehmen muß, bevor es in die ödipale Phase eintrete kann. In der Tat ist diese Verdrängung eine Vorbedingung für die normale Entwicklung zur Feminität. Das Mädchen wendet sich von der Mutter ab, oder — genauer gesagt — entzieht ihr ihre narzißtische Libido, die die Basis für ihre tröstliche Überbewertung war, und überträgt diese Überbewertung auf den Vater. All das ist aber bekannt. Ich beeile mich daher, darauf hinzuweisen, daß das Mädchen, indem es sich von der Mutter abwendet, jene Triebregungen verdrängt, die eng mit der Pflege und körperlichen Fürsorge — d. h. mit der ganzen Reichweite der Prägenitalität — verbunden waren. Die Rückkehr zu dieser Form der Befriedigung in der Pubertät liefert die Grundlage für die Beziehung zwischen weiblicher Kriminalität und Perversion. Regression und Fixierungen erscheinen immer als notwendige und sich ergänzende Zustände.

Es scheint also, daß das Mädchen, das in der Adoleszenz die Verdrängung ihrer Prägenitalität nicht aufrechterhalten kann, Schwierigkeiten in ihrer fortschreitenden Entwicklung haben wird. Eine Fixierung auf die prä-ödipale Mutter und die Rückkehr zu den Befriedigungen dieser Zeit resultieren oft in aktivem Agieren, dessen beherrschendes Thema »Baby und Mutter« und die Wiedererrichtung einer Vereinigung ist, in der die Rollen von Mutter und Kind vertauscht sind. Adoleszente und unverheiratete Mütter und ihr Verhalten ihrem Baby gegenüber bieten genügend Gelegenheit, dieses Problem zu studieren.

Hiervon ist die Lage des Knaben vollkommen verschieden. Da er ein und dasselbe Liebesobjekt durch die ganze Kindheit hindurch beibehält, sieht er sich nicht der Notwendigkeit gegenübergestellt, die ganze Prägenitalität in derselben summarischen Weise zu verdrängen, wie es das Mädchen tut. Mack Brunswick (1940) sagt hierzu in ihrer klassischen Arbeit über »Die prä-ödipale Phase der Libidoentwicklung«: »Einer der größten Unterschiede zwischen den Geschlechtern ist das enorme Ausmaß, in dem die frühkindliche Sexualität beim Mädchen verdrängt wird. Außer in tief neurotischen Zuständen nimmt kein Mann zu ähnlicher Verdrängung seiner frühkindlichen Sexualität Zuflucht.«

Der heranwachsende Junge, der während transitorischer Regressionsepisoden zu prägenitaler Triebbefriedigung zurückkehrt, ist immer noch einigermaßen in Übereinstimmung mit seiner fortschreitenden geschlechtsgerechten Entwicklung; sicherlich steht er zu ihr nicht in irgendeiner Weise in verhängnisvoller Feindschaft. Verhaltensstörungen, die durch diese regressiven Bewegungen ausgelöst sind, sind nicht notwendigerweise so schädlich für seine Gefühlsentwicklung, wie sie es für das Mädchen sind. »Paradoxerweise ist die Mutterbeziehung des Mädchens persistenter und oft intensiver und gefährlicher als die des Knaben. Die Hemmung, der es begegnet, wenn es sich der Realität zuwendet, bringt es für eine Zeitlang zur Mutter zurück, eine Zeit, die durch erhöhte und infantilere Liebesforderungen gekennzeichnet ist« (Deutsch, 1944).

4. Aus all dem folgt, daß es im Grunde zwei Typen von weiblicher Kriminalität gibt: der eine ist zur prä-ödipalen Mutter zurückgekehrt, und der andere klammert sich verzweifelt an einen Halt in der Ödipalphase. Das zentrale Beziehungsproblem bei beiden ist die Mutter. Diese zwei Typen von adoleszenten Kriminellen begehen Straftaten, die gleich erscheinen und rechtlich gleich behandelt werden, die aber in bezug auf Dynamik und Struktur im wesentlichen verschieden sind. In dem einen Fall haben wir eine regressive Lösung vor uns, während in dem anderen ein ödipaler Kampf vorherrscht, der nie irgendeinen Grad von Internalisierung oder Regelung erfahren hat.
Theoretische Überlegungen unterstützen die These, daß die weibliche Kriminalität oft durch den starken regressiven Zug zur prä-ödipalen Mutter und durch die Panik, in die die Niederlage das Mädchen stürzt, beschleunigt wird. Es ist leicht zu erkennen, daß für das Mädchen, das einem ödipalen Versagen oder einer Enttäuschung gegenübersteht, die sie nicht überwinden kann, zwei Wege zur Lösung offen stehen. Entweder kehrt sie in ihrer Objektbeziehung zur Mutter zurück, oder sie hält eine illusorische, ödipale Situation aufrecht, die das alleinige Ziel hat, der Regression zu widerstehen. Dieser Abwehrkampf manifestiert sich durch das Zwangsbedürfnis, in der Wirklichkeit eine Beziehung zu schaffen, in der sie vom Sexualpartner gewollt und benötigt wird. Diese Konstellationen stellen die paradigmatischen Vorbedingungen für weibliche Kriminalität dar.
5. Mein Eindruck ist, daß dieser zweite Typ des kriminellen Mädchens nicht nur eine ödipale Niederlage erlitten hat — im wörtlichen oder übertragenen Sinne — durch einen kalten, grausamen oder abwesenden Vater, sondern außerdem noch Zeuge der Unbefriedigtheit der Mutter mit ihrem Manne war. Mutter und Tochter teilen hier ihre Enttäuschung, und so verbindet sie weiter ein starkes und ambivalentes Band. Unter diesen Umständen kann keine befriedigende Identifizierung mit der Mutter zustande kommen. Statt dessen schmiedet eine feindliche oder negative Identifizierung mit ihr eine destruktive und doch unzerstörbare Beziehung zwischen Mutter und Tochter. Junge Mädchen von diesem Typ phantasieren sich oft ganz bewußt vor, daß, wenn sie nur an der Stelle ihrer Mutter sein könnten, der Vater sein wahres Selbst zeigen würde, daß er durch ihre Liebe in den Mann ihrer ödipalen Wünsche verwandelt werden würde. Im wirklichen Leben sind solche Mädchen in der Wahl ihrer Sexualpartner promiskuös, und bevorzugen solche, die auffallende persönliche Defekte haben, die sie dann ableugnen oder in masochistischer Unterwerfung ertragen.
Allgemeiner gesprochen kann man sagen, daß das kriminelle Verhal-

ten des Mädchens durch das Bedürfnis ausgelöst wird, einen festen Partner zu haben, der ihr dazu dient, — in der Phantasie — der ödipalen Sackgasse zu entkommen — aber wichtiger als das ist es, Rache an der Mutter zu nehmen, die den Vater gehaßt, abgewiesen und lächerlich gemacht hat. Ferner beobachtet man bei ihnen den Wunsch, sexuell benötigt, verlangt und gebraucht zu werden. Boshafte und rachsüchtige Phantasien über die Mutter herrschen vor. In der Tat ist dann sogar der Sexualakt von solchen Phantasien beherrscht, mit dem Ergebnis, daß niemals sexuelle Befriedigung eintritt. Vergebens halten wir bei solch einem Mädchen nach dem Wunsch nach einem Kinde Ausschau. Wenn sie schwanger wird, so ist dies ein Akt der Rache oder des Wetteiferns, der sich in ihrer Haltung dem Kinde gegenüber wiederspiegelt: »Es könnte ja eigentlich auch weggegeben werden.«

6. Weibliche Kriminalität, die auf der Regression zur prä-ödipalen Mutter basiert, bietet ein völlig anderes dynamisches Bild. Helene Deutsch (1944) lenkt die Aufmerksamkeit auf die Auflösung der passiven Abhängigkeit von der Mutter, die beim Mädchen als Vorbedingung für die normale Entwicklung zur Femininität auftreten muß. Diese »Lösungsaktion« ist typisch für die Frühadoleszenz. Ein präpuberaler Versuch, sich von der Mutter zu befreien, der mißlungen ist oder zu schwach war, könne, so meinte sie, das künftige psychologische Wachstum hemmen und der ganzen Persönlichkeit einen entschieden infantilen Stempel aufdrücken.

Das kriminelle Mädchen, dem es nicht gelungen ist, sich von der Mutter zu befreien, schützt sich gegen Regression durch wilde Zurschaustellung von Heterosexualität. Zu ihren Sexualpartnern hat sie keine echte Beziehung, noch hat sie irgendein Interesse an ihnen. Im Gegenteil, ihre Einstellung zum Mann ist ausgesprochen feindlich. Eine Illustration hierzu liefert der Traum eines dreizehnjährigen Mädchens, das seiner Mutter vorwarf, daß sie es nicht liebte, und das zum Trotz sexuelle Beziehungen zu Teenager-Jungen aufnahm. Im Traum, so erzählt es, hatte es 365 Babies, eines für jeden Tag im Jahr, alles von einem Jungen, den es dann erschoß, nachdem dies vollbracht war. Der Mann diente ihm nur dazu, seine unersättlichen oralen Bedürfnisse zu befriedigen. Bewußt war sie fast besessen von dem Wunsch, ein Kind zu haben, was — in der kindlichen Phantasie — an den Wunsch eines kleinen Mädchens nach einer Puppe erinnerte.

Ein Verhalten, das auf den ersten Blick das Wiederaufflackern der ödipalen Wünsche darzustellen scheint, erweist sich also bei genauerem Hinsehen als auf frühere Fixierungspunkte bezogen, die in der prägenitalen Phase der libidinalen Entwicklung liegen, während derer schwere Not oder Überreizung oder beides erlebt wurde.

Die Pseudo-Heterosexualität dieses Typs von kriminellen Mädchen dient als Abwehr gegen den regressiven Zug zurück zur prä-ödipalen Mutter, d. h. also gegen Homosexualität. Eine Vierzehnjährige sagte, als man sie fragte, wozu sie zehn Freunde auf einmal brauchte, mit ehrlicher Entrüstung: »Ich muß das tun. Wenn ich nicht so viele Freunde hätte, würde man sagen, ich sei lesbisch.« Dieses selbe Mädchen war von der Idee besessen, daß sie heiraten müßte. Sie beschrieb diese Phantasien der Sozialfürsorgerin, um ihr schützendes Eingreifen zu veranlassen. Als die Fürsorgerin ihren Heiratsplänen gleichgültig gegenüberstand, brach sie in Tränen aus und beschuldigte sie: »Sie stoßen mich da hinein. Ich will nicht heiraten.« Hier sieht man klar, wie das heterosexuelle Agieren seine Dringlichkeit oder seinen entscheidenden Stoß von dem frustrierten Bedürfnis herleitet, von der Mutter geliebt zu werden. Die Besessenheit dieses Mädchens von dem Gedanken der Heirat verhüllte nur ihre Sehnsucht nach der prä-ödipalen Mutter und fand Ersatzbefriedigung in der heterosexuellen Pseudo-Liebe.

Eine akute Enttäuschung an der Mutter ist oft der entscheidende auslösende Faktor für die illegitime Geburt. »Ersatzweise« — sozusagen — wird hier die Mutter-Kind-Einheit wiederhergestellt, aber unter den ungünstigsten Umständen für das Kind. Ledige Mütter von diesem Typ können nur solange in der Mutterschaft Befriedigung finden, als der Säugling von ihnen abhängig ist. Sie wenden sich gegen das Kind, sobald seine Unabhängigkeitsstrebungen sich durchsetzen. Eine Infantilisierung des Kindes ist dann das Ergebnis.

7. Noch eine Möglichkeit steht dem Mädchen offen, das an seine Mutter fixiert ist; und das ist die Identifizierung mit dem Vater. Die Auslösung des Ödipalkonfliktes kommt dann oft durch eine schmerzliche Zurückweisung durch den Vater zustande. Das Mädchen, das dann so die maskuline Rolle übernimmt, wacht eifersüchtig über die Mutter und wendet sich gegen jeden Mann, der sie besitzen will. Gewöhnlich bezeichnen wir diese Konstellation als Penisneid, der aber nicht die überwältigende Wichtigkeit verdient, die ihm einmal für die Ätiologie der weiblichen Kriminalität zugeschrieben worden ist. Natürlich kann seine Rolle bei der Kleptomanie nicht geleugnet werden, und das Vorherrschen dieses Symptoms bei Frauen bezeugt seine ätiologische Bedeutung. Jedoch kann der dynamische Faktor des Penisneids nicht von der ihm zugrundeliegenden Beschuldigung der Mutter getrennt werden, daß ihre scheinbar willkürliche Verweigerung einer erwarteten Befriedigung das Kind verhindert hat, seine orale Gier zu überwin-

den. »..in Übereinstimmung mit dem oralen Ursprung der Regulierung der Selbstachtung von außen, wird das Penis- oder Fäkalsymbol, das durch Beraubung, Stehlen oder Betrug erlangt worden ist, ... letzten Endes immer in all diesen Formen so vorgestellt, als ob es oral durch Hinunterschlucken erworben worden ist« (Fenichel, 1939).
Diese theoretischen Betrachtungen werden an dem folgenden Auszug aus einem Krankenbericht, der Nancy, ein junges heranwachsendes Mädchen, betrifft, gut exemplifiziert. Nancy bekam Bewährung unter der Bedingung, daß sie sich einer Behandlung unterziehen werde. Es ist der klinische Bericht — oder die Sprache des Verhaltens —, auf die wir hören müssen, um jene Ideen zu verifizieren, die oben auseinandergesetzt worden sind.

Als Nancy dreizehn Jahre alt war, stellte sie für die Familie, die Schulbehörden und das Gericht ein Sexual-Problem dar. Daß sie stahl, war nur ihrer Mutter bekannt. Zu Hause war Nancy unbeherrschbar und frech. Sie benutzte obszöne Worte, verfluchte ihre Eltern und tat, was sie wollte, ohne Rücksicht auf die Erwachsenen zu nehmen. »Die Schimpfworte, die ich zu hören bekomme, sind immer so sexy«, beklagte sich die Mutter wiederholt. Trotz dieser zur Schau getragenen Unabhängigkeit, versäumte Nancy nie, der Mutter von ihren sexuellen Taten zu berichten oder wenigstens genügend anzudeuten, so daß sie deren Neugier, Zorn, Schuldgefühle und Sorge erregten. Nancy genoß es, der Mutter Geschichten zu zeigen, die sie geschrieben hatte und die hauptsächlich aus unanständigen Worten bestanden. Sie war ein gieriger Leser von »schmutzigen Sex-Büchern«. Um sie zu kaufen, stahl sie Geld von der Mutter. Die Mutter war bereit, ihr das Geld zu geben, aber Nancy erklärte der Fürsorgerin, daß es das nicht sei, was sie wolle. Ich wollte das Geld *nehmen*, und nicht, daß es mir jemand gab«.
Böse beschuldigte Nancy die Mutter, daß sie, als sie noch klein war, nicht strenger mit ihr gewesen sei: »Mutter hätte merken sollen, daß ich mich nur so anstellte, um ihre Aufmerksamkeit auf mich zu lenken und damit die Erwachsenen mit mir angeben sollten.« Sie würde niemals einen Mann nehmen, der nur immer »Liebling, Liebling« zu ihr sagen würde, sondern einen, der sie verhauen würde, wenn sie im Unrecht wäre. Die Kritik, die in dieser Bemerkung lag, war ganz offensichtlich gegen ihren schwachen Vater gerichtet. Sie nahm es ihm nicht übel, daß er keine Erziehung besaß und nur ein bescheidenes Einkommen als Schlächter verdiente, sondern daß er gleichgültig war und in der Familie eine schwächliche Rolle spielte. Nancy wuchs in einer kleinen Wohnung in einer dichtbevölkerten Gegend auf. Ihre Familie wollte, daß sie die »besseren Dinge im Leben« haben sollte, und fand Mittel und Wege, dafür zu bezahlen. So bekam Nancy Unterricht im Tanzen, Turnen und in Rezitation. Mit Einsetzen der Pubertät nahm all das ein Ende.
Nancy dachte nur an Sex und zwar in einem Ausmaß, das fast alles andere

ausschloß. Bald nach der ersten Menstruation, als sie elf war, nahm dieses Interesse anormale Proportionen an. Sie spielte sich mit ihren vielen Freunden auf, mit ihren sexuellen Beziehungen und damit, daß sie ihre Altersgenossen in der Schule aufforderte, ihrem »Sex-Klub« beizutreten. Nancy mochte nur »schlimme Jungen« leiden, die stahlen, logen und schon vorbestraft waren, die »wußten, wie man ein Mädchen herumkriegt«. Sie selbst wollte stehlen und rauchen, ging aber nicht mit den Jungens auf ihre kriminellen Abenteuer mit, weil sie »vielleicht geschnappt werden« könnte. Nancy zerbrach sich den Kopf darüber, warum sie einen Jungen nur dann bekommen konnte, wenn ein anderes Mädchen hinter ihm her war, niemals anders. Sie wurde von den Mädchen respektiert, da sie sie immer gleich zu einem Faustkampf herausforderte. »Ich muß ihnen zeigen, daß ich keine Angst vor ihnen habe.«

Nancy gab der Fürsorgerin gegenüber zu, daß sie zwar das Verlangen nach sexuellen Beziehungen hätte, leugnete aber, jemals diesem Verlangen nachgegeben zu haben. Sie sagte, daß sie ihren Körper nur dazu gebrauchte, um die Jungens anzuziehen und ihre Aufmerksamkeit zu erregen. Sie wurde aber beobachtet, wie sie intime Beziehungen zu mehreren Jungen auf einem Dach hatte, und wurde dort aufgefunden, »verwirrt, zerzaust und naß«. Es war bei dieser Gelegenheit, daß der Fall vor das Gericht kam. Im Hinblick auf die Beweise leugnete sie der Fürsorgerin gegenüber nicht mehr, daß sie sexuelle Beziehungen hätte, drückte aber nun die Hoffnung aus, ein Baby zu bekommen. Sie erklärte, daß sie diese Beziehungen nur hätte, um sich an ihrer Mutter zu rächen. Sie, Nancy, würde dann das Baby behalten und den Jungen heiraten. Sie war überzeugt, daß ihre Mutter sie nicht haben wollte und sie niemals hatte haben wollen. Zu dieser Zeit hatte sie einen Traum, in dem sie sexuelle Beziehungen zu Teenagern hatte. In dem Traum hatte sie 365 Babys, eines für jeden Tag im Jahr von einem Jungen, den sie erschoß, als alles fertig war.

Nancy hatte viele Wachträume. Ihre Phantasien bezogen sich auf die Heirat, und sie war von dem Wunsch verzehrt, ein Kind zu haben. Sie hatte Angst, für Männer nicht anziehend zu sein und nie geheiratet zu werden. Körperlich war Nancy für ihr Alter gut entwickelt, war aber mit ihrem Aussehen unzufrieden, besonders mit ihrer Haut, ihrem Haar, ihrer Größe, ihren Augen (Brille) und ihren Ohren (die Ohrläppchen waren angewachsen). Zu Hause war sie extrem prüde und erlaubte ihrer Mutter nie, sie nackt zu sehen. Sie konnte sich nur einen einzigen Grund für all ihre Sorgen, Enttäuschungen und Ängste denken — ihre Mutter »war an allem schuld«. Sie warf der Mutter vor, daß sie ihr ihre Freunde — Jungen wie Mädchen — wegnehme oder ihr das Glück, Freunde zu haben, nicht gönne, daß sie das Telefon abschloß, um sie von der Welt abzuschneiden. Nancy sagte, sie brauchte Freundinnen, ganz enge Freundinnen, die ihre Blutsschwestern werden sollten. Sie und Sally ritzten sich mit einer Rasierklinge ihre Initialen gegenseitig in den Arm, als Beweis ihrer ewigen Freundschaft. Die Mutter schalt Nancy, als sie ihr die Narben zeigte. Für die Tochter war das ein zusätzlicher Beweis dafür, daß die Mutter nicht wollte, daß sie enge Freundinnen habe. In ihrer Enttäuschung versuchte sie, von zu Hause fortzulaufen; aber die Bindung an die Mutter erwies sich immer als zu stark. Es dauerte nicht lange, bis sie wieder zurückkam.

Trotz ihrer heftigen Zurückweisung der Mutter brauchte sie diese doch bei jeder Gelegenheit. Sie bestand z. B. darauf, daß die Mutter mit zur Sozialfürsorgerin kam. Als sie nicht wußte, was für einen Job sie im Sommer annehmen sollte, dachte Nancy, daß ihre Mutter eine Stelle als Beraterin in einem Sommerlager annehmen sollte, und sie würde dann ihre Hilfsberaterin sein. Nancy merkte überhaupt nicht, daß die Mutter völlig ungeeignet für eine solche Stelle war, noch war sie imstande, ihre eigenen Fähigkeiten vernünftig einzuschätzen.

Wenn Mutter — so fuhr sie mit ihren Beschuldigungen fort — nur mehr Kinder gehabt hätte, nicht nur dies einzige Kind — und dazu noch ein Mädchen —, war Nancy sicher, daß ihr Leben anders verlaufen wäre. Bei dem ersten Interview mit der Fürsorgerin, die teilnehmend fragte, was Nancy zu ihr geführt habe, schwieg sie lange und mürrisch. Dann plötzlich fing sie an zu weinen. Mit ihren ersten Worten enthüllte sie ihr überwältigendes Bedürfnis, geliebt zu werden. Sie sagte: »Als einziges Kind war ich immer so einsam.« Sie hatte immer einen kleinen Bruder oder eine kleine Schwester haben wollen und hatte ihre Mutter gebeten, ein Kind zu bekommen. Sie hatte einen Traum, in dem sie Babys pflegte, die aber eigentlich die ihrer Freundinnen waren. In diesem Traum sagte Nancys Mutter: »Es ist doch eine Schande, daß so süße Kinder keine richtige Mutter haben, die auf sie aufpassen kann. Wollen wir sie adoptieren!« Im Traum war Nancy überglücklich und lief zu ihrer Fürsorgerin, um ihr zu erzählen, daß sie Kinder adoptieren wollten. Die Fürsorgerin sagte, daß das eine Menge Geld kosten würde, aber Nancy antwortete: »Wissen Sie nicht, daß wir einen Haufen Geld haben?« Als sie aus diesem Traum erwachte, bat sie ihre Mutter, ein Pflegekind aufzunehmen. »Das Kind«, sagte sie, »muß ein Junge sein, weil ich nur weiß, wie man Jungen wickelt«. Sie stellte sich vor, sie würde immer einen Sommer-Job haben, bei dem sie Kinder versorgen würde, ganz weit draußen auf dem Lande. Als sie ein bißchen älter war, nämlich vierzehn, nahm sie wirklich eine Sommerstellung an — als Hilfskraft in einem Kindergarten in einem Community Center. Hier war sie ein Kind unter Kindern, eine ältere Schwester, die den Kleinen beim Spielen half. Sie hatte schon immer gern »Babysitting« übernommen. Sie war entzückt, ein Baby im Arm zu halten, besonders wenn es noch ganz klein war. Als ihre Kusine schwanger wurde, freute sich Nancy schon darauf, das Baby zu versorgen, fügte aber hinzu: »Drei Monate lang will ich Babysitting ohne Bezahlung übernehmen, das wird Spaß machen, aber später müssen sie mir bezahlen.«

Während der Jahre ihrer sexuellen Besessenheit schloß sich Nancy an eine junge schwangere Frau von zwanzig an, die mit sechzehn Jahren geheiratet hatte, drei Kinder besaß und ein sprunghaftes und promiskuöses Leben führte. Nancy teilte »in Vertretung« ihr Sexleben und ihre Mutterschaft. Sie versorgte die Kinder, wenn die Mutter nicht zu Hause war. Das schloß ein, daß sie über Nacht dort bleiben mußte, wenn die junge Frau ein oder zwei Tage nicht nach Hause kam. Als Folge davon schwänzte sie die Schule. Einmal nahm sie die Kinder mit zu sich nach Hause und versorgte sie, während ihre Freundin auf einer ihrer sexuellen Eskapaden aus war und drei Tage lang nichts von sich hören ließ. Ganz entschieden war sie immer auf Seiten ihrer Freundin gegen deren Mann, in den sie — wie sie sagte — einmal verliebt gewesen war. Sie setzte sich auch heftig gegen die Anschuldigungen ihrer Mutter für ihre Freundin ein und bemerkte zu der Fürsorgerin: »Meine Mutter hat eine schmutzige Phantasie.« Nancy wußte, daß sie ihre Freundin verstand. Sie wußte, daß diese unglücklich war, da ihr Vater schon früh gestorben war und sie ihre Mutter nie geliebt hatte. »Es lohnt sich nicht«, sagte sie, »mit Mutter zu streiten« und faßte alles zusammen, indem sie sagte: »Meine Mutter und ich verstehen uns einfach nicht.« Nach diesen Zerwürfnissen bekam sie plötzlich Angst, daß der Ärger, den sie ihr verursacht hatte, ihre Mutter töten könne, da sie einen hohen Blutdruck hatte.

Nancy fand eine zeitweise Zuflucht — wenn auch eine gefährliche — im Hause dieser verheirateten Freundin. In der engen Freundschaft mit dieser schwangeren Mutter, die wußte, wie man Männer anzieht und viele Kinder bekommt, fühlte sie sich sicher. Sie genoß auch den eifersüchtigen Zorn ihrer Mutter, die diese Freundschaft mißbilligte. Nancy hatte das Gefühl, daß sie nun eine Freundin-Mutter hatte, mit der sie alles teilen konnte. Während dieser Zeit zog sich Nancy von den gleichaltrigen Mädchen zurück, da sie das Gefühl hatte, daß sie nichts mehr mit ihnen verband. Ein peinliches Zeugnis für die Tatsache, daß sie über die Gleichaltrigen hinausgewachsen war, war ihre Reaktion auf eine Gruppe Mädchen, die sich über Kleider unterhielten. Auf die Frage: »Welche Kleider hast du am liebsten?« rief Nancy aus: »Umstandskleider!«. Solche Vorkommnisse zogen sie immer mehr in das Schein-Familienleben mit ihrer Freundin hinein. Nancy liebte diese Frau und sagte zu der Fürsorgerin: »Ich kann nicht aufhören, an sie zu denken.«

In ihrer Beziehung zu der Fürsorgerin schwankte Nancy zwischen Annäherung und Zurückhaltung. Diese Labilität drückte sich gut in ihren eigenen Worten aus: »Wenn ich daran denke, daß ich in das Büro muß, mag ich nicht hingehen; aber wenn ich erst hier bin, bin ich froh, und ich möchte gerne sprechen.« Schließlich gab sie zu, daß sie sich gerne der Fürsorgerin anvertrauen würde, warnte sie aber, indem sie zugab, daß sie in Wirklichkeit eine »Zwangslügnerin« sei. Sie schlug der Fürsorgerin vor, daß sie sich gegenseitig die Geheimnisse ihres Lebens anvertrauen sollten, so daß sie voneinander lernen könnten. Das Bedürfnis nach Intimität mit ihr, das seinen emotionalen Zug auf sie ausübte, war umgekehrt auch daran schuld, daß sie oft vor ihr davonlief.

Nancy kam schließlich dazu, das »rohe Gehaben der Teenager« abzulehnen, und ihre Ideen richteten sich nun auf Schauspielerei. Hier stützte sie sich auf die Interessen und Spiele ihrer Latenzzeit. Wilde und kindische Wachträume, wie sie Filmschauspieler treffen, vor ihnen in Ohnmacht fallen und als neuer Star entdeckt werden würde, machten schließlich einer nüchternen Einstellung zum Schauspielstudium Platz. Vom Schauspielern erwartete Nancy, daß

sie eine »Dame werden« könnte, damit meinte sie, daß sie sanft und leise sprechen und sich auch so benehmen würde und dann — dessen war sie sicher — würden die Leute sie gern haben.
Nancy klammerte sich durch die ganze Adoleszenzperiode hindurch an den Gedanken der Schauspielerei. Tatsächlich gewann sie, als sie sechzehn war, eine bescheidene Anerkennung im Sommertheater. Die Bühne war ihr nun zum legitimen Territorium geworden, wo sich ihre Impulsivität in vielen Richtungen ausdrücken konnte, und wo ihre exhibitionistischen Bedürfnisse allmählich durch den ästhetischen Code des Schauspielerns selbst gezähmt wurden. Zu dieser Zeit war sie recht prüde geworden. Sie verstand sich gut mit ihren Altersgenossen, aber nur soweit, wie das ihr Vorteile beim Einstudieren von Stücken brachte. Sie war ein guter Drahtzieher, wie es auch ihre Mutter schon immer gewesen war. Nancy bekam nun eine narzißtische Beziehung zu ihrer Umgebung und lernte, wie man andere ausnutzt. Ihr Interesse am Schauspielern wurde zu ihrer Identiät, um die herum ihre Persönlichkeitsintegration sich abspielte. Der Kern dieser Identität geht auf »die feineren Dinge des Leben« zurück, die Nancys Mutter sich immer für ihre Tochter gewünscht hatte. In der Adoleszenz kam sie auf diese ihr aufoktroyierten Aspirationen zurück, die ihr als Kind und während der Latenzzeit durch Unterricht in den Künsten eingeflößt worden waren. Es war genau dieses künstlerische Bemühen, das in der Adoleszenz als ein Weg zur Sublimierung der ungelösten Fixierung an die Mutter diente. Die berufliche Identität rettete Nancy vor Regression und Kriminalität, verhütete aber auch das Fortschreiten zur reifen Objektfindung. Schließlich war es ja immer noch die Mutter, deren Wünsche sie durch ihre künstlerische Betätigung erfüllte. Als man sie im Alter von sechzehn Jahren einmal an ihren Wunsch nach Kindern erinnerte, fuhr sie die Fragerin an: »Babys sind kindisch.«

Es scheint kaum nötig, auf jene Aspekte des Falles hinzuweisen, die die ätiologische Bedeutung der prä-ödipalen Mutterfixierung in Nancys kriminellem Verhalten illustrieren. Ihre Pseudo-Heterosexualität war ganz deutlich eine Abwehr gegen die Rückkehr zur prä-ödipalen Mutter und gegen die Homosexualität. Die einzige sichere Beziehung, die Nancy fand, war die einer folie-à-deux mit einer schwangeren Mutter-Freundin. Diese Bindung und vorübergehende Identifizierung machte das sexuelle Agieren vorübergehend überflüssig. Jedoch war ein Fortschreiten in ihrer emotionalen Entwicklung ausgeschlossen, bevor eine sublimierte Bemühung — nämlich die, eine Schauspielerin zu werden — sich ihrer bemächtigt hatte. Dieses Ich-Ideal — wenn auch adoleszent und wahrscheinlich transitorisch — brachte es schließlich zu einer verhältnismäßig stabileren Selbstvorstellung und eröffnete den Weg zum adoleszenten Experimentieren und zu Ich-integrativen Prozessen.

Nancys kriminelles Verhalten kann nur in Verbindung mit der Persönlichkeitsstörung ihrer Mutter verstanden werden. Wenn man die Familienpathologie näher ansieht, erkennt man — wir zitieren hier Johnson und Szurek (1952) — »die unbewußte Benutzung eines Kindes durch einen Elternteil, um die eigenen, schlecht integrierten und verbotenen Impulse in die Tat umzusetzen«.
Aus der Analyse von Erwachsenen, die zufällig auch Eltern sind, wissen wir um ihre kriminellen, perversen und abwegigen unbewußten Phantasien, und wir wissen auch, wie ein Elternteil sich oft mit dem Kind und seinem Triebleben in seinen verschiedenen Altersstufen identifiziert. Jedoch viele Kinder solcher Eltern zeigen keinerlei Neigung, die kriminellen, perversen und abwegigen unterbewußten Strebungen ihrer Eltern zu agieren, in Wirklichkeit zeigen viele hier einen Widerstand, der bei Nancy vollkommen fehlte. Normalerweise suchen Kinder in ihrer Umgebung kompensatorische Erfahrungen, die in gewissem Maße die Fehler gutmachen, die in der emotionalen Diät der Familie bestehen. Das trifft im besonderen auf Kinder der Latenzperiode zu. Es trifft aber auch auf kleinere Kinder zu, die Beziehungen mit älteren Geschwistern anknüpfen, mit Nachbarn, Verwandten, Familienfreunden, Lehrern und anderen mehr. Im Gegensatz dazu sind Kinder wie Nancy völlig unfähig, ihre emotionalen Erfahrungen in ihrer erweiterten Umgebung zu ergänzen; sie fahren fort, ihr verarmtes soziales Leben im engen Rahmen der Familie weiterzuleben.
Es scheint so, als ob eine besondere Art von Zusammenwirken zwischen Eltern und Kind da sein muß, die das Kind daran hindert, ein fortschreitend mehr oder weniger unabhängiges Leben aufzubauen. Diese besondere Note der Eltern-Kind-Beziehung liegt in dem sadomasochistischen Bild, das nicht nur das Triebleben des Kindes durchdrungen, sondern auch seine Ich-Entwicklung schädlich beeinflußt hat. Die primale Ambivalenz, die ihre Wurzeln in dem Beißstadium der oralen Organisation hat, stellt den Kern für ein Dauermodell des Zusammenwirkens zwischen Mutter und Kind dar. Dies wird wie ein Leitmotiv durch alle Stadien der psychosexuellen Entwicklung weiterverfolgt. Die Polaritäten von Liebe-Haß, Geben-Nehmen, Unterwerfung-Beherrschung bestehen in ambivalenter, gegenseitiger Abhängigkeit von Mutter und Kind fort. Die sado-masochistische Modalität überschwemmt allmählich jedes Zusammenwirken zwischen Kind und Umgebung. Sie beeinflußt schließlich die Ich-Entwicklung auf dem Wege über die Introjektion eines ambivalenten Objekts. Als Folge davon sind die Hemmungsfunktionen schlecht entwickelt, und die Spannungstoleranz ist niedrig. Der Reizhunger dieser Kinder ist ein dauernder Ausdruck

ihrer oralen Gier. Ist vielleicht Nancys impulsives Verhalten ein wesentlicher Aspekt einer alles durchdringenden sado-masochistischen Trieborganisation? Szurek (1954) wies darauf hin, daß »zwei Faktoren, nämlich die libidinösen Fixierungen und die Internalisierung der Haltung der Eltern, bestimmen, welche Impulse des Kindes ich-syntonisch und welche verdrängt werden. In dem Maße, wie diese Faktoren in die am meisten zufriedenstellende Erfahrung des Kindes in irgendeiner Entwicklungsphase störend eingreifen, werden die internalisierten Haltungen rachsüchtig (d. h. sadistisch) karikiert, und die libidinösen Impulse werden masochistisch verzerrt, d. h., daß die libidinöse Energie des Es sowohl wie die des Über-Ich mit der Wut und der Angst verschmelzen, die durch die wiederholte Vereitelung ausgelöst wird«. Nancys Fall ist im Hinblick auf diese Betrachtungen interessant. Wir wollen uns nun ihrem früheren Leben zuwenden und nach jenen Erfahrungen suchen, die eine primäre und prädisponierende Rolle im Sinne der sado-masochistischen Fixierung an die prädipale Mutter und in der schließlich mißlungenen Adaptation in der Pubertät spielen.

Nancy war ein einziges Kind und wurde zwei Jahre nach der Hochzeit geboren. Ihre Mutter wollte sie haben, da sie sich viele Kinder wünschte. Ihr Mann neigte mehr dazu, zehn Jahre zu warten. Die Frau, die diesen Aufschub nicht ertragen konnte, beantragte eine Adoption, wurde aber abgewiesen. Bald darauf wurde sie schwanger.

Nancy bekam sechs Monate lang die Brust. Mit vier Monaten fing sie an, die Brustwarze zu beißen, was der Mutter ziemliche Schmerzen verursachte. Trotz ihrer Proteste bestand der Arzt darauf, daß sie weiter nährte. Zwei Monate später, als das Nähren ihr zur Qual geworden war, erlaubte man ihr, das Kind abzusetzen. Zwei Monate lang kämpften Mutter und Kind einen Kampf um Saugen und Beißen, um Anbieten und Versagen der Brust. Eine nachhaltige Wirkung dieser Periode kann in Nancys stetiger Weigerung, Milch zu trinken, gesehen werden. Mit drei Monaten fing sie an, am Daumen zu lutschen. Das wurde zwangsweise durch Handschuhe unterdrückt. Man kann annehmen, daß das Kind im ganz frühen Alter ungenügend Anreize und Befriedigung durch das Nähren erhielt. Das Kind fing mit ungefähr einem Jahr an zu sprechen, und mit sechzehn Monaten lief sie gut.

Als sie in den Kindergarten kam, erbrach sie jeden Tag, bevor sie wegging. Das hörte auf, nachdem man sie mehrere Wochen lang gezwungen hatte hinzugehen. Die Kindergärtnerin merkte dann, daß das Kind ihre Gegenwart in einer Weise ignorierte, daß man annehmen mußte, daß es nicht gut höre. Bei der Untersuchung zeigte sich aber, daß das nicht zutraf. Als Nancy in die erste Schulklasse kam, hatte sie Trotzanfälle und versuchte, von der Schule wegzulaufen. Ihre Mutter lauerte ihr auf und zwang sie, in die Klasse zurückzugehen. Nach ein paar Wochen hörte das Davonlaufen auf. Von dieser Zeit an war ihr Verhalten in der Schule ein konstanter Anlaß zu Beschwerden. Durch die ganze Latenzzeit hindurch war Nancy »bockig« und jähzornig, sie »quängelte und nörgelte«. Bis sie acht Jahre alt war, schlief sie im Schlafzimmer der Eltern. Dann bekam sie ein eigenes Zimmer. Nun fing sie an, Alpträume zu haben, und in das Schlafzimmer ihrer Eltern zu kommen. Keine Strafe hielt sie davon ab, ihre Eltern im Schlaf zu stören. Dann — als Nancy sich weigerte, in ihr Zimmer zurückzugehen, — ließ die Mutter sie die ganze Nacht im Zimmer der Eltern in einem Stuhl aufsitzen. Nach dieser Quälerei gab das Kind nach, blieb in seinem Zimmer und klagte nicht mehr über Alpträume. Nancy kannte nur sehr wenige Kinder und spielte selten mit ihnen. Sie blieb lieber bei ihrer Mutter. Durch die ganze frühe Kindheit hindurch und auch während der Latenzjahre hatte sie »Phantasie-Freunde«. Noch in der Frühadoleszenz fuhr sie fort, im Bett mit sich selbst zu sprechen, und verbot der Mutter zuzuhören. Die Mutter war genauso neugierig auf Nancys Privatleben wie Nancy es auf das ihre war. In bezug auf Nancys Mangel an Freunden, meinte sie: »Nancy will zu viel Liebe haben.«

Zwei sich ergänzende Faktoren in der frühen Mutter-Kind-Beziehung scheinen Nancy und ihre Mutter zu einer dauernden ambivalenten Bindung prädisponiert zu haben. Die Mutter wollte Kinder haben, um ihre eigenen infantilen Bedürfnisse zu befriedigen, während Nancy — die vielleicht einen ungewöhnlich starken oralen Trieb hatte — Forderungen an die Mutter stellte, die diese nicht erfüllen konnte. Dieser Kampf um Selbstinteressen, die nicht gegenseitig toleriert wurden, dauerte ohne Unterlaß und ohne Beilegung weiter bis zur Pubertät. Ihr Sich-Unterwerfen unter die rohe Strenge der Mutter, das Aufgeben von Symptomen auf Kosten masochistischer Befriedigung enthüllen die progressive Integration einer sado-masochistischen Objektbeziehung, die die Entwicklung irgendeiner erfolgreichen Individuation verhinderte. Im Gegenteil, das Ergebnis war die enge, symbiotische Verwicklung des Kindes mit der archaischen Mutter.

Nancys Versuche, sich in der frühen Kindheit und in der Pubertät unabhängig zu machen, sind aus ihren »Phantasiefreunden« zu ersehen, und aus ihrer Bindung an die Mutter-Freundin im Alter von dreizehn. Diese Befreiungsversuche waren erfolglos und Pseudoheterosexualität stellten den einzigen Weg dar, der diesem triebhaften Kinde für die Befriedigung seiner oralen Gier offenstand, um Rache an seiner »selbstsüchtigen« Mutter zu üben und um sich selbst gegen Homosexualität zu schützen. Nancys kriminelles Verhalten geht also auf prädisponierende Ereignisse in der zweiten (sadistischen) Oral-Phase zurück. Der Kreis hat sich geschlossen.

Anhang: Chronologische Bibliographie der psychoanalytischen Literatur über Adoleszenz

1905

Freud, S.: Bruchstück einer Hysterie-Analyse, Ges. W., Frankfurt a. M., Bd. V.

Freud, S.: Die Verwandlung der Pubertät, in: Drei Abhandlungen zur Sexualtheorie, Ges. W., Bd. V.

1912

Die Onanie, 14 Beiträge zu einer Diskussion der Wiener Psychoanalytischen Vereinigung, Wiesbaden (J.F.Bergmann) 1912. Introduction and Concluding Remarks, von S. Freud, in: Standard Edition, Vol. XII, The Hogarth Press, London 1958; On Masturbation von V. Tausk in: The Psychoanalytic Study of the Child, Vol. VI. New York (International Universities Press) 1951.

1914

Freud, S.: Zur Psychologie des Gymnasiasten, Ges. W., Bd. X.

1919

Hug-Hellmuth, H. v.: Tagebuch eines halbwüchsigen Mädchens, Leipzig, Wien, Zürich (Internationaler Psychoanalytischer Verlag) 1922.

1922

Bernfeld, S.: Vom Gemeinschaftsleben der Jugend, Wien (Internationaler Psychoanalytischer Verlag) 1922.

Jones, E.: Some Problems of Adolescence, in: Papers on Psycho-analysis, Baltimore (The William & Wilkins Co.) 1948.

1923

Bernfeld, S.: Über eine typische Form der männlichen Pubertät, Imago, Vol. IX.

1924

Bernfeld, S.: Vom dichterischen Schaffen der Jugend, Wien (Internationaler Psychoanalytischer Verlag).

Harnik, J.: The Various Developments Undergone by Narcissism in Men and Women, International Journal of Psycho-analysis, Vol. V.

1925

Aichhorn, A.: Verwahrloste Jugend. Die Psychologie in der Fürsorgeerziehung. Zehn Vorträge zur Einführung, Leipzig—Wien (Internationaler Psychoanalytischer Verlag).

1927

Bernfeld, S.: Die heutige Psychologie der Pubertät, Imago, Vol. XIII.

1928

Federn, P.: Die Wiener Diskussion aus dem Jahre 1912, Zeitschrift für psychoanalytische Pädagogik, Vol. II.

Onanie, Sonderheft, Zeitschrift für psychoanalytische Pädagogik, Vol. II.

Read, C. S.: The Struggle of Male Adolescence, London (Allen & Unwin).

1929

Bernfeld, S.: Der soziale Ort und seine Bedeutung für Neurose, Verwahrlosung und Pädagogik, Imago, Vol. XV.

Williams, F. E.: Adolescence, New York (Farrar Rinehart).

1931

Bernfeld, S., Trieb und Tradition im Jugendalter; kulturpsychologische Studien an Tagebüchern, Leipzig (J. A. Barth).

Menstruation, Sonderheft, Zeitschrift für psychoanalytische Pädagogik, Vol. V.

1932

Chadwick, M.: The Psychological Effects of Menstruation, New York & Washington (Nervous and Mental Disease Publishing Co.).

—, Adolescent Girlhood, London (Allen & Unwin).

Klein, M.: The Technique of Analysis in Puberty, in: The Psycho-analysis of Children, Chap. 5, London (The Hogarth Press).

Meng, H.: Über Pubertät und Pubertätsaufklärung, Zeitschrift für psychoanalytische Pädagogik, Vol. VI.

1933

Buxbaum, E.: Angstäußerungen von Schulmädchen im Pubertätsalter, Zeitschrift für psychoanalytische Pädagogik, Vol. VII.

1934

Balint, M.: Der Onanie-Abgewöhnungskampf in der Pubertät, Zeitschrift für psychoanalytische Pädagogik, Vol. VIII.

1935

Bernfeld, S.: Über die einfache männliche Pubertät, Zeitschrift für psychoanalytische Pädagogik, Vol. IX.

Horney, D.: Personality Changes in Female Adolescents, American Journal of Orthopsychiatry, Vol. XIX.

Landauer, K.: Die Ichorganisation in der Pubertät, Zeitschrift für psychoanalytische Pädagogik, Vol. IX.

Psychoanalyse und Pubertät, Sonderheft, Zeitschrift für psychoanalytische Pädagogik, Vol. IX.

Redl, F.: Pansexualismus und Pubertät, Zeitschrift für psychoanalytische Pädagogik, Vol. IX.

Verzeichnis der psychoanalytischen Literatur über Pubertät, Zeitschrift für psychoanalytische Pädagogik, Vol. IX.

Zulliger, H.: Über Hochstapler und Verwahrloste, Zeitschrift für psychoanalytische Pädagogik, Vol. IX.

1936

Freud, A.: Das Ich und das Es in der Pubertät und Triebangst in der Pubertät, in: Das Ich und die Abwehrmechanismen, München (Kindler) 1964.

Freud, S.: Eine Erinnerungsstörung auf der Akropolis, Ges. W., Bd. XVI.

1937

Katan, A.: The Role of Displacement in Agoraphobia, International Journal of Psycho-analysis, Vol. XXXII (1951). Zuerst veröffentlicht in: Internationale Zeitschrift für Psychoanalyse, Vol. XXIII, 1937.

1938

Bernfeld, S.: Types of Adolescence, Psychoanalytic Quarterly, Vol. VII.

1939

Hartmann, H.: Ich-Psychologie und Anpassungsproblem, Stuttgart (E. Klett) 2. A. 1970.

Zachry, C.: Contributions of Psychoanalysis to the Education of the Adolescent, Psychoanalytic Quarterly, Vol. VIII.

1941

Friedlander, K.: Children's Books and Their Function in Latency and Puberty, American Imago, Vol. III (1942). Zuerst veröffentlicht in: Internationale Zeitschrift für Psychoanalyse und Imago, Vol. XXVI, 1941.

1942

Gitelson, M.: Direct Psychotherapy in Adolescence, American Journal of Orthopsychiatry, Vol. XII.

Lander, J.: The Pubertal Struggle against the Instincts, American Journal of Orthopsychiatry, Vol. XII.

1944

Deutsch, H.: Die Psychologie der Frau, Bern (Huber) 1948—54.

Johnson, A. M. und Fishback, D.: Analysis of a Disturbed Adolescent Girl and Collaborative Psychiatric Treatment of the Mother, American Journal of Orthopsychiatry, Vol. XIV.

1945

Buxbaum, E.: Transference and Group Formation in Children and Adolescents, The Psychoanalytic Study of the Child, Vol. I.

Fenichel, O.: Hysterien und Zwangsneurosen. Psychoanalytische Spezielle Neurosenlehre, Wien (Internationaler Psychoanalytischer Verlag) 1931.

Hacker, F. J., und Geleerd, E. R.: Freedom and Authority in Adolescence, American Journal of Orthopsychiatry, Vol. XV.

Redl, F.: The Psychology of Gang Formation and the Treatment of Juvenile Delinquents, The Psychoanalytic Study of the Child, Vol. I.

1946

Blos, P.: Psychological Counseling of College Students, American Journal of Orthopsychiatry, Vol. XVI.

Erikson, E. H.: Ego Development and Historical Change, The Psychoanalytic Study of the Child, Vol. II.

Hartmann, H., Kris, E., und Loewenstein, R. M.: Comments on the Formation of Psychic Structure, The Psychoanalytic Study of the Child, Vol. II.

Hoffer, W.: Diaries of Adolescent Schizophrenics, The Psychoanalytic Study of the Child, Vol. II.

Maenchen, A.: A Case of Superego Disintegration, The Psychoanalytic Study of the Child, Vol. II.

1947

Friedlander, K.: The Psycho-analytical Approach to Juvenile Delinquency, New York (International Universities Press).

1948

Gitelson, M.: Character Synthesis: The Psychotherapeutic Problem of Adolescence, American Journal of Orthopsychiatry, Vol. XVIII.

1949

Aichorn, A.: Some Remarks on the Psychic Structure and Social Care of a Certain Type of Female Juvenile Delinquent, The Psychoanalytic Study of the Child, Vol. III—IV.

Eissler, K. R.: Some Problems of Delinquency, in: Searchlights on Delinquency, hrsg. Eissler, K. R., New York (International Universities Press).

Johnson, A. M.: Sanctions for Superego Lacunae of Adolescents, in: Searchlights on Delinquency, hrsg. Eissler, K. R., New York (International Universities Press).

Wittels, F.: The Ego of the Adolescent, in: Searchlights on Delinquency, hrsg. Eissler, K. R., New York (International Universities Press).

1950

Beres, D. und Obers, S. J.: The Effects of Extreme Deprivation in Infancy on Psychic Structure in Adolescence: A Study in Ego Development, The Psychoanalytik Study of the Child, Vol. V.

Eissler, K. R.: Ego-Psychological Implications of the Psychoanalytic Treatment of Delinquents, The Psychoanalytic Study of the Child, Vol. V.

Erikson, E. H.: Kindheit und Gesellschaft, Stuttgart (E. Klett) 4. A. 1971.

Greenacre, P.: The Prepuberty Trauma in Girls, Psychoanalytic Quarterly, Vol. XIX. Wiederabgedruckt in: Trauma, Growth and Personality, New York (W. W. Norton & Co.).

Lample-de Groot, J.: On Masturbation and Its Influence on General Development, The Psychoanalytic Study of the Child, Vol. V.

Reich, A.: On the Termination of Analysis, International Journal of Psychoanalysis, Vol. XXXI.

1951

Arlow, J. A.: A Psychoanalytic Study of a Religious Initiation Rite, Bar Mitzvah, The Psychoanalytic Study of the Child, Vol. VI.

Erikson, E. H.: Sex Differences in the Play Configurations of Preadolescents, American Journal of Orthopsychiatry, Vol. XXI.

Reich, A.: The Discussion of 1912 on Masturbation and Our Present-Day Views, The Psychoanalytic Study of the Child, Vol. VI.

Spiegel, L. A.: A Review of Contributions to a Psychoanalytic Theory of Adolescence: Individual Aspects, The Psychoanalytic Study of the Child, Vol. VI.

1953

Blos, P.: The Contribution of Psychoanalysis to the Treatment of Adolescents, in: Psychoanalysis and Social Work, hrsg. Heiman, M., New York (International Universities Press).

Keiser, S.: A Manifest Oedipus Complex in an Adolescent Girl, The Psychoanalytic Study of the Child, Vol. VIII.

1954

Bettelheim, B.: Symbolic Wounds, Glencoe (The Free Press).

Blos, P.: Prolonged Adolescence: The Formulation of a Syndrome and Its Therapeutic Implications, American Journal of Orthopsychiatry, Vol. XXIV.

Joselyn, I.: The Ego in Adolescence, American Journal of Orthopsychiatry, Vol. XXIV.

1955

Fraiberg, S.: Some Considerations in the Introduction to Therapy in Puberty, The Psychoanalytic Study of the Child, Vol. X.

1956

Erikson, E. H.: The Problem of Ego Identity, Journal of the American Psychoanalytic Association, Vol. IV. Wieder abgedruckt in: Identity and the Life Cycle, New York (International Universities Press), deutsch: Das Problem der Identität, Psyche, X (1956/7).

Male, P.: Etude Psychanalytique de l'Adolescence, in: La Psychanalyse d'Aujourdhui, hrsg. Nacht, S., Vol. I, Paris (Presses Universitaires).

Wolfenstein, M.: Analysis of a Juvenile Poem, The Psychoanalytic Study of the Child, Vol. XI.

1957

Blos, P.: Preoedipal Factors in the Etiology of Female Delinquency, The Psychoanalytic Study of the Child, Vol. XII.

Geleerd, E. R.: Some Aspects of Psychoanalytic Technique in Adolescents, The Psychoanalytic Study of the Child, Vol. XII.

Lample-de Groot, J.: On Defense and Development: Normal and Pathological, The Psychoanalytic Study of the Child, Vol. XII deutsch: Über Verlaufsformen von Abwehr und Entwicklung, Psyche, XIX.

Noshpitz, J. D.: Opening Phase in the Psychotherapy of Adolescents with Character Disorders, Bulletin of the Menninger Clinic, Vol. XXI.

Root, N.: A Neurosis in Adolescence, The Psychoanalytic Study of the Child, Vol. XII.

1958

Adatto, C. P.: Ego Reintegration Observed in Analysis of Late Adolescents, International Journal of Psycho-analysis, Vol. XXXIX.

Blos, P.: Preadolescent Drive Organization, Journal of the American Psychoanalytic Association, Vol. VI.

Buxbaum, E.: The Psychology of Adolescence, Journal of the American Psychoanalytic Association, Vol. VI.

Erikson, E. H.: Der junge Mann Luther, München (Szczesny) o. J.

Freud, A.: Adolescence, The Psychoanalytic Study of the Child, Vol. XIII.

Loomie, L. S., Rosen, V. H., und Stein, M. H.: Ernst Kris and the Gifted Adolescent Project, The Psychoanalytic Study of the Child, Vol. XIII.

Pearson, G. H. J., Adolescence and the Conflict of Generations, New York (W. W. Norton & Co.).

Spiegel, L. A.: Comments on the Psychoanalytic Psychology of Adolescence, The Psychoanalytic Study of the Child, Vol. XIII.

1959

Gardner, G. E.: Psychiatric Problems of Adolescence, in: American Handbook of Psychiatry, hrsg. Arieti, S., New York (Basic Books).

Solnit, A. J.: The Vicissitudes of Ego Development in Adolescence, Journal of the American Psychoanalytic Association, Vol. VII.

1960

Lample-de Groot, J.: On Adolescence, The Psychoanalytic Study of the Child, Vol. XV, deutsch: Zur Adoleszenz, Psyche, XIX.

Levy, K.: Simultaneous Analysis of a Mother and Her Adolescent Daughter: The Mother's Contribution to the Loosening of the Infantile Objekt Tie, mit einer Einleitung von Anna Freud, The Psychoanalytic Study of the Child, Vol. XV.

1961

Fountain, G.: Adolescent into Adult: An Inquiry, Journal of the American Psychoanalytic Association, Vol. IX.

Geleerd, E. R.: Some Aspects of Ego Vicissitudes in Adolescence, Journal of the American Psychoanalytic Association, Vol. IX.

Harley, M.: Some Observations on the Relationship between Genitality and Structural Development at Adolescence, Journal of the American Psychoanalytic Association, Vol. IX.

Lorand, S. und Schneer, H. I. (Hrsg.): Adolescents, Psychoanalytic Approach to Problems and Therapy (Paul B. Heober) New York.

Spiegel, L. A.: Disorder and Consolidation, Journal of the American Psychoanalytic Association, Vol. IX.

Literatur

Abegg, W. (1954): Aus Tagebüchern und Briefen junger Menschen, Basel (Ernst Reinhard).

Adatto, C. P. (1958): Ego Reintegration Observed in Analysis of Late Adolescents, International Journal of Psychoanalysis, Vol. XXXIX.

Aichhorn, A. (1949): Some Remarks on the Psychic Structure and Social Care of a Certain Type of Female Juvenile Delinquent, The Psychoanalytic Study of the Child, Vol. III—IV, New York (International Universities Press).

Aiken, C. (1952): Ushant, New York (Duell, Sloan & Pearce).

Alexander, F. (1929): The Psychoanalysis of the Total Personality, Nervous and Mental Disease Monographs, No. 52, New York.

Alpert, A. (1941): The Latency Period, American Journal of Orthopsychiatry, Vol. XI.

Anderson, Sherwood (1919): Winesburg, Ohio, Werke, Bd. 3, Olten, Freiburg/Br. (Walter) 1963.

Arlow, J. A. (1953): Masturbation and Symptom Formation, Journal of the American Psychoanalytic Association, Vol. I.

Balint, A. (1939): Liebe zur Mutter und Mutterliebe, in: Balint, M.: Die Urformen der Liebe und die Technik der Psychoanalyse, Stuttgart (E. Klett) 1966.

Barker, G. (1951): The Dead Seagull, New York (Farrar, Straus & Young).

Beier, H. und Bauer, R. A. (1955): Oleg: A Member of the Soviet Golden Youth, Journal of Abnormal and Social Psychology, Vol. 51, No. 1.

Benedek, T. (1956 a): Toward the Biology of the Depressive Constellation, Journal of the American Psychoanalytic Association, Vol. IV.

— (1956 b): Psychobiological Aspects of Mothering, American Journal of Orthopsychiatry, Vol. XXVI.

— (1959 a): Sexual Funktions in Women and Their Disturbance in Handbook of Psychiatry, ed. Avieto, S., Vol. I, New York (Basic Books).

— 1959 b): Parenthood as a Developmental Phase, Journal of the American Psychoanalytic Association, Vol. VII.

Beres, D. und Obers, S. J. (1950): The Effects of Extreme Deprivation in Infancy on Psychic Structure in Adolescence: A Study in Ego Development, The Psychoanalytic Study of the Child, Vol. V, New York (International Universities Press).

Bernfeld, S. (1923), Über eine typische Form der männlichen Pubertät, Imago, Vol. IX.

— (1924): Vom dichterischen Schaffen der Jugend, Wien (Internationaler Psychoanalytischer Verlag).

— (1927): Die heutige Psychologie der Pubertät, Imago, Vol. XIII.
— (1929): Der soziale Ort und seine Bedeutung für Neurose, Verwahrlosung und Pädagogik, Imago, Vol. XV.
— (1931): Trieb und Tradition im Jugendalter; kulturpsychologische Studien an Tagebüchern Leipzig (T. A. Barth).
— (1935): Über die einfache männliche Pubertät, Zeitschrift für psychoanalytische Pädagogik, Vol. IX.
Berto, G. (1948): The Sky Is Red, übers. Davidson, A., New York (New Direktions).
Bettelheim, B. (1954): Symbolic Wounds, Glencoe (The Free Press).
Bibring, G. (1953): On the Passing of the Oedipus Complex in a Matriarchal Family Setting, in: Drives, Affects and Behavior, Hrsg. Loewenstein, R. M., New York (International Universities Press).
Blos, P. (1941): The Adolescent Personality, New York (Appleton-Century-Crofts).
— (1954): Prolonged Adolescence: The Formulation of a Syndrome and Its Therapeutic Implications, American Journal of Orthopsychiatry, Vol. XXIV.
— (1960): Comments on the Psychological Consequences of Cryptorchism: A Clinical Study, The Psychoanalytic Study of the Child, Vol. XV, New York (International Universities Press).
Bornstein, B. (1951): On Latency, The Psychoanalytic Study of the Child, Vol. VI.
— (1953): Masturbation in the Latency Period, The Psychoanalytic Study of the Child, Vol. VIII.
Braatöy, T. (1934): Männer zwischen 15 und 25 Jahren, Oslo (Fabritius and Sønner).
Brierley, M. (1951): Trends in Psychoanalysis, London (The Hogarth Press).
Buxbaum, E. (1951): A Contribution to the Psychoanalytic Knowledge of the Latency Period, American Journal of Orthopsychiatry, Vol. XXI.

Church, Richard (1956): Over the Bridge, New York (E. P. Dutton & Co).
Conrad, Joseph (1900): Lord Jim, Berlin (S. Fischer) 1927.

Deutsch, H. (1944): Die Psychologie der Frau, Bern (Huber) 1948—54.
— (1954): The Imposter, Psychoanalytic Quarterly, Vol. XXIII.
Dostojewski, Fedor (1879—1880): Die Brüder Karamasow.

Erikson, E. H. (1946): Ego Development and Historical Change, The Psychoanalytic Study of the Child, Vol. II.
— (1950): Kindheit und Gesellschaft, Stuttgart (E. Klett) 4. A. 1971.
— (1951): Sex Differences in the Play Configurations of Preadolescents, American Journal of Orthopsychiatry, Vol. XXI.

— (1956): The Problem of Ego Identity, Journal of the American Psychoanalytic Association, Vol. IV; deutsch: Das Problem der Identität, Psyche, X (1956/7).
— (1958): Der junge Mann Luther, München (Szczesny) o. J.

Federn, P. (1929): Ego as Subject and Object in Narcissism, in: Ego Psychology and the Psychoses, New York (Basic Books) 1952.
Fenichel, O. (1939): Über Trophäe und Triumph, Internationale Zeitschrift für ärztliche Psychoanalyse, Vol. XXIV, 1939.
— (1945 a): Neurotic Acting Out, Collected Papers, Vol. II, New York (W. W. Norton & Co.) 1954.
— (1945 b): The Psychoanalytic Theorie of Neurosis, New York (W. W. Norton & Co.).
Frank, Anne (1947): Tagebuch, Heidelberg (Lambert und Schneider) 1957.
Freud, A. (1936): Das Ich und die Abwehrmechanismen, London (Imago), München (Kindler) 1964.
— (1949): Certain Types and Stages of Social Maladjustment, in: Searchlights on Delinquency, hrsg. Eissler, K. R., New York (International Universities Press).
— (1951): A Connection between the States of Negativism and of Emotional Surrender *(Hörigkeit)*, (Vorlesung gehalten auf dem Internationalen Psychoanalytischen Kongress, Amsterdam, August, 1951), Summary in: International Journal of Psycho-analysis, Vol. XXXIII, 1952, S. 265.
— (1952): Mutual Influences in the Development of Ego and Id, The Psychoanalytic Study of the Child, Vol. VII.
— (1954): Psychoanalysis and Education, The Psychoanalytic Study of the Child, Vol. IX.
— (1958 a): Adolescence, The Psychoanalytic Study of the Child, Vol. XIII.
— (1958 b): Child Observation and Prediction, The Psychoanalytic Study of the Child, Vol. XIII.
Freud, S. (1898): Die Sexualität in der Ätiologie der Neurosen, Ges. W., Frankfurt a. M., Bd. I.
— (1905 a): Bruchstück einer Hysterie-Analyse, Ges. W., Bd. V.
— (1905 b): Drei Abhandlungen zur Sexualtheorie, Ges. W., Bd. V.
— (1908): Hysterische Phantasien und ihre Beziehung zur Bisexualität, Ges. W., Bd. VII.
— (1909 a): Bemerkungen über einen Fall von Zwangsneurose. Ges. W., Bd. VII.
— (1909 b): Der Familienroman der Neurotiker, Ges. W., Bd. VII.
— (1910): Beiträge zur Psychologie des Liebeslebens, Ges. W., Bd. VIII.
— (1914): Zur Einführung des Narzißmus, Ges. W., Bd. X.
— (1915): Triebe und Triebschicksale, Ges. W. Bd. X.
— (1920): Über die Psychogenese eines Falles von weiblicher Homosexualität Ges. W., Bd. XII.
— (1921): Massenpsychologie und Ich-Analyse, Ges. W. Bd. XIII.

— (1923 a): Das Ich und das Es, Ges. W., Bd. XIII.
— (1923 b): Die infantile Genitalorganisation, Ges. W., Bd. XIII.
— (1924): Neurose und Psychose, Ges. W. Bd. XIII.
— (1924): Der Untergang des Ödipuskomplexes, Ges. W., Bd. XIII.
— (1925): Einige psychische Folgen der anatomischen Geschlechtsunterschiede, Ges. W., Bd. XIV.
— (1926): Hemmung, Symptome und Angst, Ges. W., Bd. XIV.
— (1928): Dostojewski und die Vatertötung, Ges. W., Bd. XIV.
— (1930): Das Unbehagen in der Kultur, Ges. W., Bd. XIV.
— (1931): Über die weibliche Sexualität, Ges. W., Bd. XIV.
— (1933): Neue Folge der Vorlesungen zur Einführung in die Psychoanalyse, Ges. W., Bd. XV.
— (1936): Eine Erinnerungsstörung auf der Akropolis, Ges. W., Bd. XVI.
— (1937): Die endliche und die unendliche Analyse, Ges. W., Bd. XVI.
— (1938): Abriß der Psychoanalyse, Ges. W., Bd. XVII.
— (1939): Moses, sein Volk und die monotheistische Religion, Ges. W., Bd. XVI.
Friedlander, K. (1942): Children's Books and Their Function in Latency and Puberty, American Imago, Vol. III.
Fries, M. E. (1958): Review of the Literature on the Latency Period, Journal of the Hillside Hospital, Vol. VII.

Gallagher, J. R. (1960): General Principles in Clinical Care of Adolescent Patients, Pediatric Clinics of North America, Vol. VII, No. 1, Philadelphia (W. B. Saunders Co.).
Gesell, A., Ilg, F. L. und Ames, L. B. (1956): Jugend, Bad Nauheim (Christian Verlag) 1958.
Gitelson, M. (1943): Character Synthesis: The Psychotherapeutic Problem of Adolescence, American Journal of Orthopsychiatry, Vol. XVIII.
Glover, E. (1956): Psycho-analysis and Criminology: A Political Survey, International Journal of Psycho-analysis, Vol. XXXVII.
Golan, J., Ed. (1954): The Diary of a Boy (Tagebuchnotizen und Briefe eines israelischen Jungen im Alter von 13—18), The Kibuts Artsi, Hashomer Hazair, Merhavia (hebräisch).
Greenacre, P. (1948): Anatomical Structure and Super-ego, in: Trauma, Growth and Personality, New York (W. W. Norton & Co.) 1952.
— (1950 a): Special Problems of Early Female Sexual Development, in: Trauma, Growth and Personality, New York (W. W. Norton & Co.) 1952.
— (1950 b): The Prepuberty Trauma in Girls, ebd.
— (1954): Problems of Infantile Neurosis, A Discussion, The Psychoanalytic Study of the Child, Vol. IX.
— (1958): Early Physical Determinants in the Development of the Sense of Identity, Journal of the American Psychoanalytic Association, Vol. VI.
Greenson, R. (1954): The Struggle against Identification, Journal of the American Psychoanalytic Association, Vol. II.

Greulich, W. W. et al. (1942): Somatic and Endocrine Studies of Pubertal and Adolescent Boys, Society for Research in Child Development, Vol. VII, No. 3. National Research Council, Washington, D.C.
Grinker, R. R. (1955): Growth Inertia and Shame, International Journal of Psycho-analysis, Vol. XXXVI.
— (1957): On Identification, International Journal of Psychoanalysis, Vol. XXXVIII.

Harnik, J. (1924): The Various Development Undergone by Narcissism in Men and Women, International Journal of Psycho-analysis, Vol. V.
Hartmann, H. (1939 a): Ich-Psychologie und Anpassungsproblem, Stuttgart (E. Klett) 2. A. 1970.
— (1939 b): Psychoanalyse und Gesundheitsbegriff, in: Ich-Psychologie. Studien zur psychoanalytischen Theorie, Stuttgart (E. Klett) 1972.
— (1944): Psychoanalyse und Soziologie in: Ich-Psychologie. Studien zur psychoanalytischen Theorie, Stuttgart (E. Klett) 1972.
—, Kris, E. und Loewenstein, R. M. (1946): Comments on the Formation of Psychic Structure, The Psychoanalytic Study of the Child, Vol. II.
— (1947): Über rationales und irrationales Handeln in: Ich-Psychologie. Studien zur psychoanalytischen Theorie, Stuttgart (E. Klett) 1972.
— (1950 a): Psychoanalyse und Entwicklungspsychologie in: Ich-Psychologie. Studien zur psychoanalytischen Theorie, Stuttgart (E. Klett) 1972.
— (1950 b): Bemerkungen zur psychoanalytischen Theorie des Ichs in: Ich-Psychologie. Studien zur psychoanalytischen Theorie, Stuttgart (E. Klett) 1972.
— (1956): Bemerkungen zum Realitätsproblem in: Ich-Psychologie. Studien zur psychoanalytischen Theorie, Stuttgart (E. Klett) 1972.
Hoffer, W. (1954): Defensive Process and Defensive Organization: Their Place in Psycho-analytic Technique, International Journal of Psychoanalysis, Vol. XXXV.
Horney, K. (1935): Personality Changes in Female Adolescents, American Journal of Orthopsychiatry, Vol. V.
Hug-Hellmuth, H. v. (1919): Tagebuch eines halbwüchsigen Mädchens, Leipzig, Wien, Zürich (Internationaler Psychoanalytischer Verlag).

Inhelder, B. und Piaget, J. (1958): The Growth of Logical Thinking, New York (Basic Books).

Jacobson, E. (1950): The Wish for a Child in Boys, The Psychoanalytic Study of the Child, Vol. V.
— (1953): Contribution to the Metapsychology of Cyclothymic Depression, in: Affective Disorders, hrsg. Greenacre, P., New York (International Universities Press).
— (1954): The Self and the Object World, The Psychoanalytic Study of the Child, Vol. IX.

— (1957): On Normal and Pathological Moods, The Psychoanalytic Study of the Child, Vol. XII.

Johnson, A. M. und Szurek, S. A. (1952): The Genesis of Antisocial Acting Out in Children and Adults, Psychoanalytic Quarterly, Vol. XXI.

Jones, E. (1913): Generations-Umkehrphantasie, Internationale Zeitschrift für ärztliche Psychoanalyse, Bd. 1 (1913).

— (1955): Das Leben und Werk von Sigmund Freud, Bern & Stuttgart (Huber) 1960—62.

Josselyn I. (1954): The Ego in Adolescence, American Journal of Orthopsychiatry, Vol. XXIV.

Joyce, J. (1916): Jugendbildnis des Dichters, Fischer-Bücherei, 1967.

Katan, A. (1937): The Role of Displacement in Agraphobia, International Journal of Psycho-analysis, Vol. XXXII, 1951.

Kinsey, A. C., et al. (1948): Sexual Behavior in the Human Male, Philadelphia (W. B. Saunders Co.).

Kris, E. (1939): Das Lachen als mimischer Vorgang, in: Internationale Zeitschrift für ärztliche Psychoanalyse, Bd. 24 (1939).

— (1950): On Preconscious Mental Processes, Psychoanalytic Explorations in Art, New York (International Universities Press) 1952.

Kris, M. (1957): The Use of Prediction in a Longitudinal Study, The Psychoanalytic Study of the Child, Vol. XII.

Lampl-de Groot, J. (1950): On Masturbation and Its Influence on General Development, The Psychoanalytic Study of the Child, Vol. V.

— (1957): On Defense and Development: Normal and Pathological, The Psychoanalytic Study of the Child, Vol. XII, deutsch: Über Verlaufsformen von Abwehr und Entwicklung, Psyche, XIX.

Landauer, K. (1935): Die Ichorganisation in der Pubertät, Zeitschrift für psychoanalytische Pädagogik, Vol. IX.

Loomie, L. S., Rosen, V. H., und Stein, M. H. (1958): Ernst Kris and the Gifted Adolescent Project, The Psychoanalytic Study of the Child, Vol. XIII.

Mack Brunswick, R. (1940): The Preoedipal Phase of the Libido Development, in: The Psychoanalytic Reader, hrsg. Fleiss, R., New York (International Universities Press) 1948.

Mann, Thomas (1903): Tonio Kröger, in: Sämtliche Erzählungen, Frankfurt/M. (S. Fischer) 1971.

Mead, M. (1959): Cultural Contexts of Puberty and Adolescence, Bulletin of the Philadelphia Association for Psychoanalysis, Vol. 9.

More, D. M. (1953): Development Concordance and Discordance During Puberty and Early Adolescence, Monograph, Society for Research in Child Development, Vol. XVIII, No. 1, National Research Council, Washington, D.C.

Neauks, J. C., und Winokur, G. (1957): The Hot-Rod Driver, Bulletin of the Menninger Clinic, Vol. XXI.

Parsons, T. (1950): Psychoanalysis and the Social Structure, Psychoanalytic Quarterly, Vol. XIX.

Pearson, G. H. J. (1958): Adolescence and the Conflict of Generations, New York (W. W. Norton & Co.).

Peller, L. (1954): Libidinal Phases, Ego Development, and Play, The Psychoanalytic Study of the Child, Vol. IX.

— (1958): Reading and Daydreaming in Latency, Journal of the American Psychoanalytic Association, Vol. VI.

Peto, A. (1959): Body Image and Archaic Thinking, International Journal of Psychoanalysis, Vol. XL.

Pratolini, V. (1951): A Hero of Our Time, New York (Prentice-Hall, Inc., Englewood Cliffs).

Redl, Fritz (1942): Group Emotion and Leadership, Psychiatry, Vol. V.

Reich, A. (1951): The Discussion of 1912 on Masturbation and Our Present-Day Views, The Psychoanalytic Study of the Child, Vol. VI.

Root, N. (1957): A Neurosis in Adolescence, The Psychoanalytic Study of the Child, Vol. XII.

Sachs, Hanns (1929): One of the Motive Factors in the Formation of the Superego in Women, International Journal of Psycho-analysis, Vol. X.

Schilder, P. (1935): The Image and Appearance of the Human Body, New York (International Universities Press) 1950.

Schmideberg, M. (1956): Delinquent Acts as Perversions and Fetishes, International Journal of Psycho-analysis, Vol. XXXVII.

Sharpe, E. F. (1940): An Examination of Metaphor, The Psychoanalytic Reader, hrsg. Fliess, R., New York (International Universities Press) 1948.

Shuttleworth, F. K. (1938): The Adolescent Period: A Graphic and Pictorial Atlas, Monograph, Society for Research in: Child Development, Vol. III, No. 3, National Research Council, Washington, D.C.

Solnit, A. J. (1959): The Vicissitudes of Ego Development in Adolescence, Journal of the American Psychoanalytic Association, Vol. VII.

Spiegel, L. A. (1958): Comments on the Psychoanalytic Psychology of Adolescence, The Psychoanalytic Study of the Child, Vol. XIII.

— (1959): The Self and Perception, The Psychoanalytic Study of the Child, Vol. XIV.

Spitz, R. A. (1957): Nein und Ja. Die Ursprünge der menschlichen Kommunikation, Stuttgart (E. Klett).

Stolz, H. R. und Stolz, L. M. (1951): Somatic Development of Adolescent Boys, New York (The Macmillan Co.).

Stone, C. P. und Baker, R. G. (1939): The Attitudes and Interests of Premenarchial and Postmenarchial Girls, Journal of Genetic Psychology, Vol. 54.

Stuart, H. (1946): Normal Growth and Development during Adolescence, New England Journal of Medicine, May 1946.
Szurek, S. A. (1954): Concerning the Sexual Disorders of Parents and Their Children, Journal of Nervous and Mental Diseases, Vol. CXX.

Tausk, V. (1912): On Masturbation, The Psychoanalytic Study of the Child, Vol. VI.

Van der Leeuw, P. J. (1958): On the Preoedipal Phase of the Male, International Journal of Psycho-analysis, Vol. XXXIX.
Van Waters, M. (1930): Adolescence, Encyclopaedia of the Social Sciences, Vol. I, New York.

Waelder, R. (1936): The Principle of Multiple Function, Psychoanalytic Quarterly, Vol. V.
Warren, A. (1945): Gerald Manley Hopkins, New Directions, New York.
Weiss, E. (1950): Principles of Psychodynamics, New York (Grune & Stratton).
Werner, H. (1940): Comparative Psychology of Mental Development, Chicago (Folett Publishing Co.) 1948.
Winnicott, D. W. (1953): Transitional Objects and Transitional Phenomena, International Journal of Psycho-analysis, Vol. XXXIV.
Wittels, F. (1949): The Ego of the Adolescent, in: Searchlights on Delinquency, hrsg. Eissler, K. R., New York (International Universities Press).
Wolf, K. M. (1945): Edouard Pichon: Le Development de l'Enfant et de l'Adolescent, The Psychoanalytic Study of the Child, Vol. I.
Wolfenstein, M. (1955): Mad Laughter in a Six Year Old, The Psychoanalytic Study of the Child, Vol. X.
— (1956): Analysis of a Juvenile Poem, The Psychoanalytic Study of the Child, Vol. XI.
Woolf, Virginia (1928): Orlando, Frankfurt/M. (Fischer) 1961.

Personen- und Sachregister